हिमालय एक खोज

नमिता गोखले की अन्य किताबें

ट्रेवलिंग इन, ट्रेवलिंग आउट: ए बुक ऑफ़ अनएक्सपेक्टेड जर्निस
(संपादित संकलन)

द हिमालयन आर्क: जर्निस ईस्ट ऑफ़ साउथ-ईस्ट
(संपादित संकलन)

बिट्रेड बाय होप: ए प्ले ऑन द लाइफ ऑफ़ माइकल मधुसुदन दत्त
(मालाश्री लाल के साथ)

हिमालय एक खोज

लामा, संत और नास्तिक

सम्पादक

नमिता गोखले

अनुवाद

प्रभात रंजन

हार्पर
हिन्दी

प्रथम प्रकाशन 2024

हार्पर हिन्दी

(हार्परकॉलिंस पब्लिशर्स इंडिया) द्वारा प्रकाशित 2024

बिल्डिंग नं. 10, टावर A, 4th फ्लोर,
डीएलएफ साइबर सिटी, फेज II, गुरुग्राम 122002, भारत
www.harpercollins.co.in

चित्र सिद्धार्थ के सौजन्य से
पृष्ठ 302 कॉपीराइट पृष्ठ का विस्तार है

P-ISBN: 9789356999077
E-ISBN: 9789356996779

टाइपसेटिंग : निओ साफ्टवेयर कन्सलटैंट्स, प्रयागराज (इलाहाबाद)

मुद्रक : गोपसंस पेपर्स प्राईवेट लिमिटेड, नोएडा

FSC www.fsc.org
MIX
Paper from responsible sources
FSC® C191020

विषय-सूची

फ्रंट कवर इमेज: पर्ल ऑफ़ सर्चिंग

ये प्रभावशाली कवर चित्र रोएरीच की कृति 'पर्ल ऑफ़ सर्चिंग' से लिया गया है, जिसकी रचना 1924 में हुई थी।

निकोलस रोएरीच एक रशियन कलाकार, लेखक, दार्शनिक और विजनरी थे, जिनकी अध्यात्म में गहन रुचि थी। पेशे से एक वकील के तौर पर, उन्होंने युद्ध के समय में कला और वास्तुकला को बचाने की भरपूर कोशिश की। रोएरीच पैक्ट (सांस्कृतिक धरोहरों को बचाने के लिए) पर 1935 में अमेरिका और दूसरे देशों ने हस्ताक्षर किए।

मैक्सिम गोर्की ने रोएरीच को 'अपने समय की बेहतरीन प्रतिभा' कहा था। ऐल्प्स की सम्मोहक वादियों में बैठे हुए, रोएरीच ने कहा था: 'ये सच है की पहाड़ हर जगह पहाड़ ही होते हैं, पानी हर जगह पानी ही होता है, आकाश हर जगह आकाश ही होता है, और आदमी भी हर जगह आदमी ही होता है। लेकिन फिर भी, अगर आप ऐल्प्स के सामने बैठकर, हिमालय कि तस्वीर बनाने कि कोशिश करेंगे, तो उसमें वह प्रमाणिकता नहीं आ पाएगी।'

विश्व नागरिक रोएरीच ने हिमालय को अपना घर बना लिया था। उनकी मृत्यु 1947 में, हिमाचल प्रदेश के कुल्लू में हुई थी।

शब्द और चित्र: सिद्धार्थ की कलम से

चित्रकार सिद्धार्थ का एक लेख, 'लाल बाबा' इस संग्रह में शामिल है, जो धरती के वास्तविक रंग को समर्पित है। उनके बनाए अनेक चित्रों को इस किताब के अध्यायों के साथ शामिल किया गया है, जो इस किताब के शब्दों को और गहरा अर्थ प्रदान कर जाते हैं।

उनके चित्र लिथो पेपर पर, गहरी पेन्सिल के माध्यम से उकेरे गए हैं।

हिमालय यात्रा के दौरान आपको संयोग से होने वाली भेंट-मुलाकातों के लिये सजग रहना चाहिए, हो सकता है आपकी भेंट किसी संत, सिद्ध, किसी पागल या मायावी से हो जाए। ये सलाह मुझे बचपन में एक बुजुर्ग संत, तांत्रिक, विद्वान ने दी थी, जिस सलाह को मैंने हमेशा अपने मन में सजोकर रखा।

'ईश्वर हमारे पास अनेक रूपों में आते हैं,' उन्होंने मुझसे कहा था। 'वो आपके पास किसी वरदान के साथ भी आ सकते हैं, या अगर आपने सही तरह से व्यवहार नहीं किया, तो आपको कोई श्राप भी दे सकते हैं।'

भूमिका

नमिता गोखले

अचल वस्तुओं में, मैं हिमालय हूँ

—भगवद्गीता

हिमालय भगवान शिव तथा देवी पार्वती की पावन भूमि है। कुमाऊँ में किशोरावस्था के दिनों में मुझे उनकी मौजूदगी हर कहीं महसूस होती थी, प्रत्येक पत्ते और बादलों में, मंदिरों के घंटे में जो तेज हवा के चलने पर झनझनाने लगते थे, गायों के रंभाने में तथा लंगूरों की उछलकूद में, या कभी-कभी साँपों की सरसराहट में, जिनको सभी जीवों के देवताओं का आशीर्वाद प्राप्त होता था। मैंने शिव को उनकी संगिनी पार्वती के चेहरे की छवि में देखा था, जो पहाड़ी औरतों के कठोर चेहरे में दिखाई देती थीं। वे औरतें निर्लिप्त भाव से अपने रोज़मर्रा के काम करतीं और अक्सर उनका नाम भी देवी पार्वती के नाम पर होता था। मैं इन मजबूत पहाड़ी महिलाओं में कुमाऊँ की संरक्षक देवियों, नंदा और सुनंदा को देखा करती। मैं देवी देवताओं के समूह की कल्पना किया करती, जो ऊपर बादलों से हम पर नजर बनाए रहते थे, और कभी-कभी हमारी ज़िंदगी में भी उतर आते थे।

मैं मध्य हिमालय में अवस्थित नैनीताल में पली बढ़ी, जहाँ मेरी माँ के छोटे भाई, खूबसूरत और मनमौजी मुकुल पांडे पूरी तरह से अध्यात्मिक जीवन जीने लगे थे। उन्होंने न जाने किस चीज़ की तलाश में—जो उनके लिए भी अज्ञात थी—कॉलेज की पढ़ाई और अपना शानदार भविष्य छोड़ दिया। वे कुमाऊँ के घने जंगलों और खड़े पहाड़ों पर, अलखनंदा की तेज, जोखिम भरी धाराओं में जाने क्या ढूंढ़ते रहते थे। उन्होंने अंत में गंगा के पवित्र जल में संन्यासियों की तरह 'जल समाधि' ले ली। पीछे मुड़कर सोचने पर किसी को ऐसा लग सकता है कि अपने जुनून, अपनी कठिन तलाश के कारण वे कुछ हिल से गए थे, टूट गए थे; लेकिन मुझे पूरा विश्वास है कि उनको भी उन लोगों की तरह कुछ धुंधला सा दैवीय अनुभव हुआ था और शिव ने तीसरे नेत्र को खोलकर उनको आशीर्वाद भी दिया था।

नैनीताल और नई दिल्ली में मैंने ईसाई मिशनरी स्कूल में पढ़ाई की थी, लेकिन उसकी दीवारों के बाहर मुझे संयोग से, और शायद मुक्की मामा की वजह से, यह मौका मिला और मैं अंग्रेजियत में डूबी मध्यवर्गीय शिक्षा की

धुंधली दुनिया से बाहर निकलकर कमउम्र से साधुओं, संतों के पास जाने लगी।

हालाँकि इनमें से अधिकतर साधू सम्मोहित किस्म के होते, शिथिल लगते, और आदतन नशे के आदी होते थे, लेकिन उनको देखी और अनदेखी उपस्थितियों का अनुभव भी होता था। उनके पास वो ज्ञान था, जिसे शब्दों में बयां नहीं किया जा सकता। एक किस्म की दैवी समझ, अंतर्दृष्टि का कौशल तथा रहस्यमय शक्तियाँ भी होती थीं।

यह किताब कोई प्रतिनिधि या ज्ञानवर्धक लेखों का संकलन नहीं है। आपको इसमें जो किस्से मिलेंगे, जिन व्यक्तित्वों से आपका सामना होगा, वे अलग-अलग दिशाओं से चलकर मेरी दिशा में आए। वे उसी तरह से विविध हैं जिस तरह से पहाड़ों की वनस्पतियों और जीव जंतुओं का संसार। उनका मकसद शायद जानबूझकर ही अबूझ रखा गया होगा, उनके शब्द इतने गूढ़ थे कि उनकी पहेलियों को सुलझा पाना मुश्किल लगता है।

साधु और साध्वियाँ अपने रहस्यों की सुरक्षा के लिए बहुत मेहनत करते हैं। सब कुछ ऐसा नहीं होता कि उसको व्यवहारिक समझबूझ के स्तर पर उदघाटित किया जा सके। वे एक दूसरे से पीढ़ियों के पार जाकर, रहस्यमय अबूझ भाषा में संवाद करते हैं जिसको साधु-वाणी कहा जाता है।

इस किताब में बहुत सी त्रुटियों के बारे में मुझे अपनी तरफ से यह कहना है कि ये लेख मुलाकातें, उद्गम और आत्मोद्घाटन हैं। मैं हिमालय के महात्माओं से इस किताब को आशीर्वाद देने का आह्वान करती हूँ। इसमें गुरु पद्मसंभव हैं, जिनका जन्म कमल से हुआ था। महान गुरु रिंपोचे हैं, जिनका जीवन इतना विराट है कि उसको एक लेख में नहीं बांधा जा सकता। उनकी मौजूदगी हिमालय के भूगोल को मंदिरों, भग्नावशेषों तथा किस्से कहानियों के रूप में प्रस्तुत करती है, और अपने भक्तों के लिए वे दिन और रात की तरह, आकाश और तारे की तरह अटल रूप से विद्यमान हैं।

महान गुरुओं में, निजी तौर पर द्रुपका कुनले के व्यक्तित्व का प्रभाव मुझ पर रहा है। 'डिवाइन मैडमैन' कहलाये जाने वाले द्रुपका इस किताब में शामिल नहीं हैं। लेकिन उनकी परम्परा के कुछ अन्य संत इसमें हैं, जेटसन मिलारेपा से लेकर मेरे गुरु, नीम करौली बाबा हैं, लेकिन द्रुपका कुनले का विस्तृत अंतर्ज्ञान और समझ, सूरज की किरणों को झुका देने की उनकी क्षमता को कभी किसी और किताब के लिए छोड़ दिया गया है।

मैं बचपन से ही गोलू देवता की भक्त रही हूँ, वे मध्यकाल के एक राजा थे जिनको न्याय के देवता के रूप में पूजा जाता है और वे कुमाऊँ के संरक्षक संत हैं। वे इस किताब के पन्नों पर नहीं हैं लेकिन उनकी मौजूदगी कागज और स्याही में दर्ज है, उन शब्दों तथा विचारों में जिसने इस किताब को बनाया है।

मैंने इस पहाड़ के अन्य अभिभावकों का आशीर्वाद भी लिया है— नागाओं का, किन्नरों का, देवी देवताओं का, ओझाओं एवं साधुओं का, राक्षसों तथा डाकिनियों का, जिनमें दुनिया के सबसे ऊँचे तथा सबसे नए पहाड़ की आत्मा धड़कती है। मैं राक्षसों के धनुर्धर, ऐरी का आह्वान करती हूँ, जिसको अगर हम देख पाएँ तो वह आज भी मध्य एशिया के पहाड़ी रास्तों पर चलता रहता है।

मैं करुणा के अवतार, अवलोकितेश्वर की प्रार्थना करती हूँ कि वे हम भक्तों तथा जिज्ञासुओं को आशीर्वाद दें, हमें अंदर से आलोकित करें।

इन लेखों का क्रम अनुक्रमिक है। सभी लेख आकार, शैली तथा विषय में अलग-अलग हैं। कुछ लेखों में लचीला संशयवाद है, जो सच्चे विश्वास का आधार होता है। कुछ लेखों में दृढ़ विश्वास है। कलाकार सिद्धार्थ के साथ हुई बातचीत से मेरी समझ में बहुत इज़ाफ़ा हुआ, सिद्धार्थ ने मूर्तियों तथा धार्मिक प्रतीकवाद की कला में स्वयं को विकसित किया है।

इस संकलन के लेखों में मुख्य सूत्र है 'तंत्र' की तिब्बती तथा भारतीय समझ।

इस किताब में एक लेख येशे तोग्याल का है—जो तिब्बत की महिला तांत्रिकों में प्रमुख नाम हैं, वह पद्मसंभव की संगिनी थीं। वज्रयान के गुरु, पद्मसंभव 8वीं शताब्दी में भारत से तिब्बत गए और वहाँ उन्होंने प्रथम बौद्ध मठ की स्थापना की। हॉली गेले का लेख समय से परे जाकर खान्द्रो तारे ल्हामो (1938-2002) को येशे तोग्याल की परम्परा में देखता है।

शायद सबसे बड़े गुरुओं में दक्ष तिब्बती बौद्ध मिलारेपा (1052-1135) थे, जो महान अनुवादक मारपा के सबसे बड़े शिष्य बने, ज़िनके गुरु भारतीय गुरु नरोपा थे। उनके प्रसिद्ध 'सोंग्स ऑफ मिलारेपा' (अंग्रेज़ी में अनुवाद

एंड्रयू क्विंटमैन द्वारा), में उन्होंने मध्यकालीन पद्धति को लेकर अपना समर्पण दिखाया है।

> मेरे दरवाज़े पर किसी के पैरों के निशान नहीं हैं
> और अंदर खून के निशान भी नहीं हैं—
> अगर इस पहाड़ी आश्रय में मैं इस तरह से मरा
> तो इस योगी के मकसद पूरे हो जाएँगे।

डब्ल्यू.वाई. इवान वेंट्स द्वारा लिखी मिलारेपा की चिरस्थायी जीवनी के अंश में इस महान गुरु के जीवन और समय को जीवंत तरीके से दिखाया गया है।

इसके बाद 14वीं शताब्दी की रहस्यवादी कवयित्री लल्लेश्वरी या लल्ल-द्यद की कविताएँ हैं, जो कश्मीर के प्रसिद्ध अध्यात्मिक और साहित्यिक व्यक्तित्वों में एक रही हैं। रंजीत होस्कोटे की किताब *आई, लल्ला—द पोएम्स ऑफ़ लल्ल-द्यद* से एक चुनिंदा लेख हमें उनके जीवन के रहस्यों के बारे में बताता है।

इसके बाद सिख धर्म के संस्थापक तथा सिख धर्म के दस गुरुओं में पहले गुरु नानक (1469-1539) की सुमेर पर्वत की अध्यात्मिक यात्रा की दास्तान है। यह शायद कैलाश पर्वत का संदर्भ है, जहाँ उनका सामना 84 गुरुओं से हुआ था और जिनके साथ उन्होंने भक्ति के सच्चे मार्ग पर चर्चा की थी। सिखों के दसवें और अंतिम गुरु, गुरु गोविंद सिंह (1666-1708) ने हिमालय की तलहटी में यमुना नदी के तट पर पाँवटा साहिब में अपने शुरुआती साल बिताए थे।

स्वामी विवेकानंद (1863-1902) ने धरती पर बहुत कम समय बिताया लेकिन इस दौरान उन्होंने हिंदू धर्म तथा दर्शन को पुनर्नवा करने का काम किया। मकरंद परांजपे ने हिमालय में अपने शिष्यों के साथ विवेकानंद की यात्रा के बारे में लिखा है तथा यह बताया है कि कुमाऊँ, गढ़वाल एवं कश्मीर के रास्ते लम्बी तथा कष्टप्रद यात्रा के किस तरह के भावनात्मक और अध्यात्मिक रूपांतरण से वे गुजरे।

एलेक्जेंड्रा डेविड नील (1868-1969) ने एक शानदार जीवन जिया, जिस दौरान उनको असाधारण रोमांच और अनुभव हुए। वह प्रसिद्ध हैं 1924

में तिब्बत की निषिद्ध नगरी, ल्हासा की अपनी यात्रा के लिए। वह जिज्ञासु, अध्यात्मिक, अराजकतावादी तथा ओपेरा गायिका थीं। इस किताब में उनकी क्लासिक कृति *मैजिक एंड मिस्ट्री इन तिब्बत* से जो अंश लिया गया है उसमें अन्य बातों के अलावा 13वें दलाई लामा के साथ उनकी मुलाक़ात का वर्णन भी है—इसके सूत्र को हमने राजीव मेहरोत्रा द्वारा 14वें दलाई लामा के साथ की गई बातचीत के लिप्यंतरण से जोड़ा है।

आदरणीय संत परमहंस योगानंद (1893-1952) दुनियाभर में बेस्टसेलर रही किताब *ऑटोबायोग्राफ़ी ऑफ़ ए योगी* के लेखक के रूप में जाने जाते हैं, यह किताब 1947 में प्रकाशित हुई थी। हमने एक हल्का-फुल्का अंश इस किताब से लिया है जो बचपन की शरारतों से जुड़ा है, जब उन्होंने स्कूल के अपने कुछ मित्रों के साथ हिमालय जाने की कोशिश की। जिसमें बाद के जीवन में उनके संन्यासी होने का पूर्वाभास मिलता है।

राहुल सांकृत्यायन (1893-1963) बहुत कुछ थे और उनके बहुत सारे रूप थे—बौद्ध, मार्क्सवादी, विद्वान, रहस्यवादी, साधक, संशयवादी, एक्टिविस्ट, यायावर, बहुभाषाविद। सुजाता प्रसाद ने नेपाल तथा तिब्बत की उनकी भौतिक, बौद्धिक तथा अध्यात्मिक यात्राओं के बारे में तथा असाधारण विद्वान तथा कवि गेंदुम चोफ़ेल के साथ उनकी मित्रता के बारे में लिखा है।

रोमोला बुटालिया का चिंतन समयातीत है क्योंकि उन्होंने 'सिद्ध परम्परा: धूनी और चिमटा' में सिद्धों के कर्मकांड के मूल चिमटे तथा सिद्धों से जुड़ी रहस्यमय कहानियाँ सुनाई हैं।

नीम करौली बाबा (1900-1973) तथा सिद्धि माँ (1928-2017) पर आधारित मेरा लेख, मेरे अपने जीवन काल के कुछ महत्वपूर्ण लोगों के बारे में है, जिनमें शामिल हैं स्वामी चिदानंद सरस्वती (1916-2008)। नीम करौली बाबा तथा सिद्धि माँ बेहद दूर-दराज के विविध क्षेत्रों में पूजनीय रहे हैं, जैसे न्यू मेक्सिको में ताओस, सिलिकन वैली तथा कुमाऊँ के ग्रामीण इलाकों में। किसी जीवित गुरु का सामीप्य एक ऐसा अनुभव है जिसका वर्णन कर पाना बहुत मुश्किल होता है, लेकिन इस किताब के अनेक लेखों में इसका वर्णन मिलता है।

मधु टंडन ने अपने गुरु श्री माधव आशीष (1920-1997) की बात की है, जिनका जन्म एडनबर्ग में एलेक्जेंडर फ़िलिप के रूप में हुआ था। वे द्वितीय

विश्वयुद्ध के समय ऐरोनॉटिकल इंजीनियर थे। मधु टंडन ने उनके आश्रम में रहने के अपने अनुभवों के बारे में लिखा है। उनका दृष्टिसंपन्न लेख उनकी किताब *फ़ेथ एंड फ़ायर: ए वे विदिन* का एक अंश है, जिसमें गुरु और शिष्य के जटिल रिश्ते के बारे में गहराई से बात की गई है।

रेने वॉन नेबेस्की-वोजकोविच (1923-1959) चेक मूल के साहसी तिबतोलोजिस्ट एवं एथनोलोजिस्ट थे, जिन्होंने अपने छोटे से जीवनकाल में बड़ी मेहनत से कर्मकांडीय अनुष्ठानों को लेकर बहुत सारी सामग्री इकट्ठा की थी। उनकी किताब *वेयर द गाड्ज़ आर माउंटेन्स* के इस अंश से पाठक जान पाएंगे कि वे रहस्यवादी तथा संशयवादी दोनों तरह की कथाएँ सुनाना बखूबी जानते थे।

स्वामी राम (1925-1996) एक अध्यात्मिक गुरु व योग गुरु थे, जिनमें ज़बरदस्त भौतिक शक्तियों के साथ ही यह क्षमता थी कि वे अपने शरीर को योग निद्रा में नियंत्रित रख सकते थे। उनकी पुत्री, शिक्षाविद देवयानी मुंगली ने अपने अस्वाभाविक बचपन तथा अपने पिता से जुड़ी यादों को साझा किया है। इसके बाद स्वयं स्वामी राम द्वारा लिखा गया एक सुंदर आलेख है, जिसमें फूलों की घाटी की एक अप्रत्याशित यात्रा दर्ज है। यह यात्रा उन्होंने एक बौड़म बाबा, एक जापानी भक्त तथा रहस्यमयी शक्तियों वाले एक कंबल के साथ तय की थी!

इसके बाद भूषिता वशिष्ठ की रोमांचक कहानी उस दौर के बारे में है, जब वह काठमांडू के बाहरी हिस्से में ओशो के एक कम्यून में रह रही थीं। यह इस बात का साक्ष्य है कि किस तरह अहंकार और सत्ता अध्यात्मिक खोज को दूषित कर सकती है, विशेष रूप से कमसिन तथा संवेदनशील लोगों के लिए।

पेंटर और कवि सिद्धार्थ ने लाल बाबा के ऊपर एक चिंतनपरक आलेख लिखा है, जो हमें किसी और ही स्तर और आयाम में ले जाने वाला है—धरती और आकाश तथा बर्फ़ से ढँकी पहाड़ी चोटियों, जड़ी-बूटियों के बारे में, पत्थरों और चट्टानों के बारे में और तेज बहती जलधाराओं के बारे में। हर अध्याय के साथ सिद्धार्थ के प्रेरक रेखांकन इस किताब को गहरा अध्यात्मिक संदर्भ देने वाले हैं।

त्सेरिंग डोंडुप की सम्मोहक कहानी 'द हैंडसम मंक' में अतीत और वर्तमान की निरंतरता, साथ ही ऐतिहासिक बदलावों की धाराओं तथा भ्रंश

रेखाओं को देखा जा सकता है। त्सेरिंग डोंडुप का जन्म 1961 में हुआ था, जो मंगोलियाई घूमंतु जाति से ताल्लुक़ रखते हैं और तिब्बत के एक बड़े समकालीन लेखक हैं। वे वस्तुनिष्ठ रूप से न सिर्फ़ किस्से कहानियों की इस धरती के बारे में लिखते हैं बल्कि उस तिब्बत के बारे में भी, जो पीपल्स रिपब्लिक ऑफ़ चाइना में बहुत मजबूती से बना हुआ है। त्सेरिंग वर्तमान में अपनी अनवरत यात्रा के बारे में भी विस्तार से लिखते हैं। वे एक शानदार कथावाचक हैं और उनकी कृति द *हैंडसम मंक*, में संशयवादी तथा रहस्यवादी दोनों तरह की कथाएँ हैं, और यह गहरे साहित्यिक गुणों वाली किताब है।

डॉक्टर जोनो लिनीन गंगा के उद्गम, गंगोत्री में अवस्थित गंगा माई मंदिर की एक अप्रत्याशित कथा लेकर आए हैं।

भूटानी इतिहासकार तथा संस्कृतिविद त्शेरिंग ताशी हमें हवा से बात करने वाले 'ट्रांस रनर्स' की कथा सुनाते हैं, जो कड़े शारीरिक तथा अध्यात्मिक प्रशिक्षण की बदौलत बहुत कम समय में लम्बी-लम्बी दूरी तय कर लेते हैं। उनके लिखे को हमने नेबेस्की-वोकोविज की किताब *वेयर द गाड्ज़ आर माउंटेंस* के एक लम्बे अंश के बरक्स रखा है, जो सुदूर अतीत में आयोजित होने वाले अध्यात्मिक मैराथन के बारे में है, जो हर दस साल में बर्फीली धरती पर आयोजित की जाती थी।

ख़ासी परम्परा पर अपने लेख में लेखिका बिजोया स्वैन ने ख़ासी पहाड़ियों की भविष्यवाणी की परम्परा के बारे में लिखा है, शकुन विचारने की कला, भविष्यकथन तथा ज्योतिष ज्ञान के संदर्भ में।

तिब्बत की परम्परा में भगवान शिव को भैरव और समय के स्वरूप महाकाल के रूप में देखा जाता है; जो ब्रह्मांड का पोषण करते हैं तथा उसको सतत बनाए रखते हैं। उनकी पत्नी पार्वती विधि-विधानों को लेकर बहुत समर्पित थीं और उन्होंने सती रूप में अपने पिता द्वारा अपमानित किए जाने पर, अपने आपको आग के हवाले कर दिया। उनके पति के दुःख की कोई सीमा नहीं रही, और वे अपनी पत्नी के मृत शरीर को उठाकर तांडव करने लगे। यह देखकर देवताओं को चिंता हुई क्योंकि शिव के इस दैवी उन्माद से ब्रह्मांड के असंतुलित होने का ख़तरा हो गया था। भगवान विष्णु ने अपना सुदर्शन चक्र उठाया और उससे सती के जले हुए शरीर के टुकड़े करने शुरू कर दिए, वे टुकड़े जहाँ-जहाँ गिरे वह पावन स्थल बन गया। ये शक्ति पीठ

वैष्णो देवी, शारदापीठ, ज्वालामुखी, नैना देवी, कामाख्या आदि अन्य स्थलों पर हैं, ये हिमालय की स्त्री ऊर्जा का प्रतीक हैं। अलका पाण्डे ने एक बहुत भावप्रवण टिप्पणी लिखी है, जो पहाड़ के साथ उनके रिश्ते को लेकर है, जिसका शीर्षक है 'माई देवी माई शक्ति', जिसमें उन्होंने इन पवित्र स्थलों की सामूहिक शक्ति का आह्वान किया है।

इन कहानियों का अपना आंतरिक तर्क भी है जो हो सकता है कि पाठकों को पहले दिखाई न दे। इनमें अचानक हुई मुलाकातें हैं और खोज, यात्राएँ और खोए हुए रास्ते, निराशा तथा छल की कहानियाँ, लेकिन इन सबमें एक जिज्ञासु का आत्म है। अपने अंदर की खोज और अनवरत यात्रा है। अगर पाठक इसके माध्यम से हमारे पहाड़ों को समझ पाते हैं, हिमालय में बिखरे रहस्यों का कुछ भेद पा सकते हैं, जो आशीष और मंगल की भावना उनमें है उस तक पहुँच पाते हैं, तो इस किताब का मक़सद पूरा होता है।

येशे तोग्याल की कहानी अस्तित्व के आरम्भ से ही चली आ रही है। डिपार्टमेंट ऑफ़ रिलीजियस स्टडीज़, यूनिवर्सिटी ऑफ़ कोलरडो बोल्डर में असोसिएट प्रोफ़ेसर हॉली गेले ने राजकुमारी से योगिनी बनी इस स्त्री के बारे में लिखा है। गुरु पद्मसंभव की शिष्या और अपने आपमें शिक्षिका अपने उद्भव के समय से ही कई शताब्दियों के बाद भी येशे तोग्याल की जीवंत उपस्थिति बनी हुई है।

यह गहरा और सहानुभूतिपूर्ण लेख हमें येशे तोग्याल की कहानी से शुरू करके वर्तमान काल तक ले आता है और एक समकालीन स्त्री संत के बारे में बताता है, जो चीन के संघर्षपूर्ण अधिग्रहण के ऐतिहासिक काल में मौजूद थी, और तिब्बत की आस्था और अध्यात्मिक परम्परा के ऊपर उनका प्रभाव भी देखा जा सकता है। खान्द्रो तारे ल्हामो (1938-2002) को येशे तोग्याल का अवतार बताया जाता था। बहुत से चमत्कारों को उनसे जोड़कर देखा जाता था, साथ ही उनको साहस और सहनशक्ति के लिए भी याद किया जाता है जिससे उन्होंने चीन की सरकार की पाबंदियों और ज़्यादतियों का सामना किया, उनको उस महान संत के अवतार के रूप में देखा गया, जो पद्मसंभव की शिक्षाओं को जानती थी और तिब्बत के पवित्र भूभाग की अध्यात्मिक धरोहर तक उनकी पहुँच थी।

जो स्त्रियाँ रहस्यवादी मार्ग को अपनाती थीं वह अदृश्य हो जाती थीं, हिमालय के ऊँचे इलाक़ों में तो और भी अधिक। यह लेख स्त्री विदुषियों, रहस्यवादियों और संतों की छिपी हुई, भूली हुई उपस्थिति को लेकर है और इस लेख ने मुझे बहुत प्रभावित किया और इसमें मुझे एक गहरी अनुगूँज भी सुनाई दी, जो पाठकों को भी महसूस होगी।

अध्याय 1

जीवंत उपस्थिति

येशे तोग्याल और खान्द्रो तारे ल्हामो

हॉली गेले

येशे तोग्याल तिब्बती बौद्धधर्म की प्रमुख स्त्री हैं। उनके जीवन के बारे में हम जितना जानते हैं वह पूरी तरह से मिथक समान है। तिब्बत में उनको 8वीं शताब्दी के तांत्रिक गुरु, पद्मसंभव की प्रधान शिष्या और पत्नी के रूप में जाना जाता है। माना जाता है कि तिब्बत में बौद्धधर्म की स्थापना में पद्मसंभव की प्रमुख भूमिका थी। येशे तोग्याल की प्रसिद्धि का कारण यह भी है कि उन्होंने पद्मसंभव की शिक्षाओं को लिखा और उनको खजाने की तरह से तिब्बत और पूरे हिमालय में छिपा दिया, जिन्हें बाद में, कलह के दौर में आने वाले तेर्तों या 'रहस्योद्‌घाटन' ने लोगों के लिए प्रस्तुत किया।

उनकी प्रसिद्ध नामतर या 'पूर्ण मुक्ति' की कहानी जिसको 17वीं सदी के तेर्तों तकशम नुदेन दोरजी ने प्रकट किया। इसमें येशे तोग्याल को एक साहसी स्त्री के रूप में दिखाया गया है, जो ज्ञान प्राप्ति के लिए कठोर मेहनत कर रही थी। जब वह पहाड़ के एकांत में तपस्या कर रही थीं तो उनको अनेक परीक्षाओं से गुजरना पड़ा: गाँववालों का तिरस्कार, राक्षसों द्वारा सताया जाना, भूख और शारीरिक उत्पीड़न। इन परीक्षाओं से गुजरते हुए उन्होंने विपरीत परिस्थिति को अपनी तपस्या के लिए ईंधन में बदलना शुरू कर दिया और उनको ज्ञान होने लगा। सबसे बढ़कर उनके नामतर में एक उल्लेखनीय कथन मिलता है, जो पद्मसंभव का है कि जिस स्त्री की इच्छाशक्ति मजबूत होती है उसमें पुरुषों की अपेक्षा ज्ञानप्राप्ति की संभावना अधिक होती है। इस तरह से येशे तोग्याल ऐसी स्त्री का महत्वपूर्ण उदाहरण हैं, जिन्होंने बौद्धधर्म के मुश्किल पथ को पार किया।

हालाँकि, अगर हम येशे तोग्याल को प्राथमिक रूप से ऐसे पूर्वज के रूप में देखते हैं, जिन्होंने स्त्री को ज्ञान के रूप में दर्शाया, तो हम तिब्बत के लोगों के महत्व को बहुत कम करके आंक रहे हैं। सबसे बढ़कर, हम उनकी ऐतिहासिकता को स्थापित करने की परेशानी में फँस सकते हैं (क्योंकि बौद्ध साहित्य में अनेक स्त्रियों का वर्णन आता है)।

तिब्बतवासियों के लिए येशे तोग्याल सुदूर अतीत का एक व्यक्तित्व भर नहीं हैं; उनकी उपस्थिति सक्रिय और टिकाऊ है। नामतर के बाहरी ढाँचे में हम यह देखते हैं कि उनको समयातीत व्यक्तित्व के रूप में दर्शाया है—देवी सरस्वती के अवतार के रूप में, जिन्होंने तिब्बत में मानवरूप लिया ताकि धर्म का प्रचार किया जा सके। और अपनी कहानी के अंत में, अंतरिक्ष में गायब होने से पहले येशे तोग्याल ने अपने भक्तों से वादा किया कि वह उनकी प्रार्थनाओं के उत्तर देती रहेंगी, उनके सपने में देवी के रूप में आती रहेंगी और

अपने अवतार भेजती रहेंगी।

लेकिन उनकी कहानी यहीं समाप्त नहीं हो जाती। इसके बाद की शताब्दियों में येशे तोग्याल आम तिब्बतियों के लिए उपलब्ध रही हैं। इसके अलावा, यह भी माना जाता है कि वह जिस स्थान पर तपस्या करती थीं, जिन चीजों को छूती थीं (बालों की लटें, कपड़े के सामान, कर्मकांड से जुड़ी चीजें, आदि), उन्हें उनसे संपर्क का माध्यम माना गया। अध्यात्मिक सिद्ध लोगों (स्त्री-पुरुष दोनों) के सपने में येशे तोग्याल आती हैं, पहेलियाँ बुझाती हैं, उत्साह बढ़ाती हैं या धरोहर शिक्षण के बारे में उनसे चर्चा करती हैं।

सबसे बढ़कर, ऐतिहासिक स्त्रियों के जीवन में उनकी उपस्थिति को पहचाना गया। सच में, तिब्बत के बौद्धधर्म की निंग्मा शाखा में असाधारण स्त्रियों को येशे तोग्याल के अवतार के रूप में देखा गया और कई बार तो उनको येशे तोग्याल के स्वरूप के रूप में भी देखा गया। उनके अवतारों में कुछ स्त्री तेर्तों (धर्म व्याख्याकार) के नाम भी शामिल हैं, जैसे जोमो मेनमो (13वीं शताब्दी) तथा सेरा खांद्रो (20वीं शताब्दी की शुरुआत में), साथ ही मिंग्यूर पेलद्रों, जो 17वीं शताब्दी की तेर्तों टेरदाक लिंग्पा की बेटी और उत्तराधिकारी थीं, जिन्होंने ल्हासा के बाहर मिंद्रोलिंग मठ की स्थापना की।

एक नज़रिए से हम यह कह सकते हैं कि येशे तोग्याल ने तिब्बत के पुरुष-प्रधान बौद्धधर्म में स्त्री संतों के लिए स्थान बनाने में महत्त्वपूर्ण भूमिका निभाई। एक और नज़रिए से अपने बताए गए अवतारों के माध्यम से येशे तोग्याल आम तिब्बतियों के जीवन में आज भी सक्रिय रूप से मौजूद रही हैं, उनके जीवन में हस्तक्षेप करती रही हैं।

इसको समझाने के लिए, मैं एक समकालीन स्त्री तेर्तों के बारे में बता रही हूँ जो पूर्वी तिब्बत के गोलक क्षेत्र की हैं: खान्द्रो तारे ल्हामो (1938-2002), येशे तोग्याल का एक अवतार, जिनको तिब्बत की तबाही के उस दौर में स्थानीय लोग उम्मीद की किरण के रूप में देखते थे। इस काल में सांस्कृतिक क्रांति (1966-1976) का दौर भी समाहित था, जिस दौरान तिब्बत की सांस्कृतिक पहचानों को नष्ट करने का काम किया गया: बौद्ध मठों को बंद कर दिया गया, धर्मग्रंथों को जला दिया गया, पवित्र चीजों को लूट लिया गया, भिक्षुओं और भिक्षुनियों को अपने काम से हट जाने के लिए मजबूर किया गया तथा सार्वजनिक रूप से धार्मिक कृत्यों पर रोक लगा दी गई। बहुत से लामाओं को जबरन निर्वासन पर भेज दिया गया या वे जेलों में मर गए, जिनमें खान्द्रो तारे ल्हामो के पहले पति तथा तीन भाई भी शामिल थे, जिन्हें 1950 के

दशक के उत्तरार्ध में क़ैद कर लिया गया था।

शायद इस वजह से कि खान्द्रो तारे ल्हामो एक स्त्री थीं, उनको क़ैद नहीं किया गया। जबकि मुझे बताया गया कि उन्होंने मार-पिटाई को सहन किया। एक भयानक मौक़े पर अधिकारियों ने उनकी खुली छाती को चूल्हे में जलती लकड़ी पर डाल दिया। जिस बूढ़ी स्त्री ने मुझे यह कहानी सुनाई थी उसके अनुसार खान्द्रो तारे ल्हामो ने इस बारे में सोचा कि नर्क में लोगों को अधिक पीड़ा भुगतनी पड़ती है और इसके बाद उनके शरीर पर जलने का कोई निशान नहीं आया।

लेकिन उनके नामतर, *स्पाइरलिंग वाइन ऑफ फेथ* में इस कहानी का ज़िक्र नहीं है। चूँकि इसका प्रकाशन चीन में हुआ था इसलिए इसमें निजी परेशानियों और दुर्भाग्य की उन कहानियों को बाहर रखा गया था, जो तिब्बत के प्रति संवेदनशीलता की वजह बनतीं। इसी कारण से खान्द्रो तारे ल्हामो के नामतर में जो कहानियाँ कही गई हैं, उनमें जोर दिया गया है कि अपने आसपास के समुदाय के लिए उन्होंने कैसे चमत्कार किए। ये बात सफाई से छिपा दी गई कि इसके लिए उनको क्या-क्या सहन करना पड़ा। उदाहरण के लिए, 'ग्रेट लीप फॉरवर्ड' के काल में अकाल के दौरान इस बात का कोई उल्लेख नहीं है कि उनको तथा अन्य लोगों को भी भूखा रहना पड़ा था। हम बस यही पढ़ते हैं कि अपने आसपास के लोगों के लिए वह चमत्कार से चावल की मात्रा बढ़ा देती थीं। और जंगली याकों के लिए बाड़ा बनाते समय उन्होंने एक इतना बड़ा पत्थर उठा लिया था, जिसको उनके दल के पुरुष भी नहीं उठा पा रहे थे, जिसके कारण उस पत्थर पर उनके हाथों के निशान रह गए।

इन कहानियों से पता चलता है कि खान्द्रो तारे ल्हामो ने एक प्रबुद्ध व्यक्तित्व के रूप में दूसरों की भलाई के लिए पुनर्जन्म लिया था, जो अपने समय के विरोधाभास में फंसी हुई थीं। उन्होंने जो किया वह देखने में चमत्कारिक लगता था, जैसे उन्होंने लोगों के ऊपर गिरती हुई चट्टान को हाथ के इशारे से रोक दिया था। लेकिन उनकी ज्यादातर गतिविधियाँ आम जीवन से जुड़ी हुई थीं, जो स्थानीय आबादी की तात्कालिक ज़रूरतों के हिसाब से होती थीं।

1980 के दशक में, गोलोक में बौद्धधर्म के पुनरुत्थान में खान्द्रो तारे ल्हामो इसलिए भूमिका निभा पाईं क्योंकि उनको येशे तोग्याल से जोड़कर देखा जाता था। चीन में 'सुधार और खुलेपन' की नीति की शुरुआत के बाद धार्मिक कार्यकलापों को एक बार फिर से अनुमति दे दी गई, जिसके बाद से तिब्बतवासी मठों को फिर से बनाने के मेहनत भरे काम में लग गए और वे

मूल्यवान किताबों को फिर से प्राप्त कर उनके पुनर्प्रकाशन का काम करने लगे। गोलोक में इस पुनरुत्थान के दौरान धरोहर की व्याख्या ने मलबे में से प्राचीन शिक्षाओं को वापस हासिल करने में महत्वपूर्ण भूमिका निभाई। निंग्मा धरोहर के बारे में कहा जाता है कि उनकी व्याख्या मुश्किल दौर में ही की गई, जब उन्होंने यह वादा किया कि शिक्षाओं तथा उनके अस्तित्व को हुए नुकसान की वे भरपाई करेंगे तो इससे बौद्धधर्म में एक नए दौर की शुरुआत हुई और समाज को आगे बढ़ने का मौका मिला।

येशे तोग्याल की अवतार होने के कारण खान्द्रो तारे ल्हामो के बारे में कहा जाता है कि उनकी पहुँच पद्मसंभव की उन शिक्षाओं तक धरोहर के रूप में थी, जो तिब्बती भूदृश्य में बंधी हुई थीं तथा तेर्तों के दिमाग में भी। अपने दूसरे पति के साथ खान्द्रो तारे ल्हामो ने धरोहर साहित्य के बारह खंडों की व्याख्या की, जिसमें एक खंड येशे तोग्याल तथा अन्य देवियों को समर्पित था। 1980 के दशक के मध्य से दोनों घूम-घूमकर इस धरोहर साहित्य का प्रचार करने लगे।

इन कहानियों से पता चलता है कि तिब्बतवासियों के लिए येशे तोग्याल उनके सुदूर अतीत की पूर्वज होने से या ज्ञान प्राप्ति के लिए स्त्री संभावनाओं की मानक होने से अधिक थीं। सच में, तिब्बत के निवासियों के जीवन में उनकी सक्रिय उपस्थिति रही है—उनको जो कर्मकांड समर्पित किए गए हैं वे उस ऐतिहासिक स्त्री को ध्यान में रखकर किए गए, जिनका अवतार उन्हें माना जाता रहा है। येशे तोग्याल के अवतार की यह जानी-मानी कहानी तो महज शुरुआत है। समय बीतने के साथ तिब्बत में स्त्री संतों की एक से एक कहानियाँ निकलकर आ रही हैं। वास्तव में, जहाँ तक वर्तमान माहौल में किसी तरह का कोई संकेत है, तो इतिहास में दर्ज होने वाली प्रत्येक बौद्ध स्त्री गुरु के पीछे कम से कम दर्जन भर और स्त्रियाँ होती थीं। जैसे-जैसे तिब्बत की इन असाधारण स्त्रियों के बारे में अध्ययन बढ़ेगा, तो केवल लिंग से जुड़े मुद्दों के कारण ही नहीं बल्कि बौद्ध इतिहास पर इन स्त्रियों के महत्व और प्रभाव के बारे में भी चर्चा कर पाएँगे।

——

इस किताब को जितने बड़े गुरुओं का आशीर्वाद मिला है उनमें से मिलारेपा से अधिक मेरे करीब और कोई नहीं है। इसका कारण शायद यह है कि उनका आंतरिक संघर्ष बहुत बड़ा रहा है, बदला लेने की उत्कट लालसा और पश्चाताप जो उनके ऊपर उनके आदरणीय गुरु मारपा ने थोप दिया था, जिन्होंने भारत के जाने माने संत नरोपा से शिक्षा ग्रहण की थी।

उनके बारे में पहली छोटी सी टिप्पणी एंड्रयू क्विंटमैन ने लिखी है, जो बहुमूल्य ट्रेज़री ऑफ़ लाइव्स में प्रकाशित है, एक अंश 'सौंग्स ऑफ़ रियलाइज़ेशन' से लिया गया है, जिसको मिलारेपा के एक आरम्भिक जीवनीकार सांग्योन हेरुका ने दर्ज किया था। इसके बाद एक यादगार अंश डब्ल्यू. वाई. इवान वेंट्ज की प्रसिद्ध कृति तिब्बत'स ग्रेट योगी, मिलारेपा—मिलारेपा के आखिरी दिनों की दास्तान, जब उन्होंने ईर्ष्यालु गेशे साकपवा द्वारा पेश की गई ज़हरीली दही को खुशी-खुशी ग्रहण कर लिया।

अध्याय 2

मिलारेपा

गुरुओं के गुरु

एंड्र्यू क्विंटमैन

तिब्बत बौद्धधर्म की परम्परा में मिलारेपा सबसे प्रसिद्ध व्यक्तित्वों में एक रहे हैं, लेकिन उनके जीवन के बारे में ऐतिहासिक निश्चितता के साथ बहुत कम जानकारी मिलती है। यहाँ तक कि उनके जीवन और मृत्यु की तिथियों की गणना भी बहुत मुश्किल है। मिलारेपा के सबसे प्रसिद्ध जीवनीकार सांग्योन हेरुका (1452-1507) के अनुसार उनका जन्म वाटर-ड्रेगन ईयर (1052) में हुआ था और उनकी मृत्यु वुड-हेयर ईयर (1135) में हुई। यही तिथि एक शताब्दी पहले की एक जीवनी में भी मिलती हैं। कई अन्य प्रकार के स्रोत भी हैं, 15वीं शताब्दी के मध्य की एक महत्वपूर्ण किताब, *रिलीजियस हिस्ट्री ऑफ लोरोंग* में उनकी तिथियों को 12 साल पीछे धकेलकर, 1040-1123 के काल को उनका माना गया है। अधिकतर आधुनिक विद्वान उनके इसी जीवनकाल को स्वीकारते हैं। उनके बारे में यह कहा जाता है कि वे 84 साल की उम्र तक जीवित रहे थे। जो भी हो, यह स्पष्ट है कि वे 11वीं और 12वीं शताब्दी के शुरुआती सालों में मौजूद थे, जिस काल में तिब्बत में बौद्धधर्म का प्रसार हो रहा था।

सांग्योन हेरुका के अनुसार मिलारेपा के पूर्वज ख्यंगपो कुल के खानाबदोश थे, जो तिब्बत के केंद्रीय प्रांत के दो प्रशासनिक क्षेत्रों में एक 'सेंट्रल हॉर्न' के उत्तरी क्षेत्र के थे। उनके एक पूर्वज निंग्मा तांत्रिक मार्ग के उपासक थे, जिनका नाम था जोसे। ख्यंगपो जोसे झाड़फूंक के कारण बहुत प्रसिद्ध हुए और इसके कारण उनको अच्छी ख़ासी संपत्ति भी हासिल हुई। वे लातो जंग क्षेत्र के चुंगपाची में रहते थे। उनका सामना एक बहुत ही क्रुद्ध प्रेतात्मा से हुआ था और आखिरकार वह राक्षस डर के मारे चिल्लाने लगा, 'मीला मीला', जो हार स्वीकार करने की घोषणा थी। बाद में जोसे ने अपने कुल के लिए इस नए उपनाम को अपना लिया और उनके वंशज मीला के नाम से जाने गए।

ख्यंगपो जोसे ने बाद में शादी की और उनका एक बेटा हुआ। उनके बेटे के दो बेटे हुए, बड़े बेटे को मीला दोटोन सेंगी के नाम से जाना गया और दूसरे को मीला दोर्जे सेंगी। दोर्जे सेंगी को जुए की लत थी और इसी खेल में वह अपने घर और संपत्ति को हार गया। इसके बाद परिवार को मजबूर होकर किसी और स्थान पर जाना पड़ा और बाद में वे एक छोटे से गाँव क्यांगस्ता में रहने के लिए चले गए, जो मांग्यल गूँगतांग में था, जो नेपाल की आधुनिक सीमा के करीब है। उसके पिता दोटोन सेंगी गाँव के पुजारी बन गए, तथा वहाँ धार्मिक आयोजन करवाने लगे, जबकि बेटा तिब्बत और नेपाल में व्यापार के लिए यात्राएँ करने लगा। इस तरह से उन लोगों ने काफ़ी संपत्ति अर्जित

कर ली। दोर्जे सेंगी ने एक स्थानीय औरत से विवाह कर लिया और उनका एक बेटा हुआ जिसका नाम था मीला शेराब ज़्ल्टसेन; छोटे बेटे ने न्यांगतसा कारग्येन से विवाह कर लिया। इस जोड़े से एक बेटे का जन्म हुआ जो बाद में मिलारेपा बना।

जब यह बालक सात साल का हुआ तो उसके पिता को एक भयानक बीमारी हो गई और उन्होंने अपनी एक अंतिम वसीयत तैयार की जिसमें अपनी पत्नी, बच्चों और संपत्ति को मिलारेपा के चाचा-चाची की देखरेख में इस शर्त के साथ छोड़ दिया कि मिलारेपा को वयस्क होने पर उसका उत्तराधिकार वापस मिल जाएगा। चाचा-चाची को लालची और कठोर हृदय दिखाया गया, और उन्होंने उसकी संपत्ति पर क़ब्ज़ा कर लिया, इस तरह मिलारेपा का परिवार ग़रीबी में जीवन गुज़ारने लगा। लड़के को पढ़ाई-लिखाई के लिए निंग्मा गुरु के पास भेज दिया गया जबकि उसकी माँ और बहन को चाचा-चाची ने जबरन नौकर की तरह काम करने के लिए रख लिया।

न्यांगस्ता कार्ग्येन ने अपने बेटे को काला जादू सीखने के लिए भेज दिया ताकि वह वापस आकर उनके रिश्तेदारों से बदला ले सके। अपनी माँ की इच्छा का पालन करते हुए मिलारेपा ने नबचूँग योंटेन ज्ञातसो से प्रशिक्षण लिया और उसके बाद अपने चाचा-चाची के घर में शादी का भोज खा रहे 35 लोगों को मौत के घाट उतार दिया। युंगतों त्रोग्याल से उन्होंने ओलावृष्टि करना सीख लिया। इससे उनके गाँव में जबरदस्त आँधी आई, जिससे गाँव में जौ की फ़सल नष्ट हो गई, जो कटने को तैयार थी। इस आंधी में आसपास के गाँवों को भी नुकसान पहुंचा।

मिलारेपा को बाद में अपने भयानक अपराधों के लिए अफ़सोस होने लगा और अपने कर्मों के प्रायश्चित के लिए वह एक बौद्ध गुरु के पास गए। उन्होंने पहले न्यांगतो रिनांग में रोंग्तोन लागा से दोगचेन सीखा। लेकिन उनका अभ्यास कारगर नहीं हुआ, रोंग्तोन ने तब मिलारेपा से कहा कि वह मारपा चोकयी लोद्रो (1012-1097) के पास जाए, जो प्रसिद्ध अनुवादक थे और दक्षिण तिब्बत के लोडराक में रहते थे।

मिलारेपा जब लोडराक पहुँचे तो उनको खेत में खड़ा एक भारी-भरकम हलवाहा मिला। वह मारपा थे जिनको यह सपना आया था कि मिलारेपा उनका सबसे बड़ा शिष्य बनेगा। इसलिए उन्होंने भेष बदलकर अपने शिष्य के स्वागत की योजना बनाई। मारपा की ख्याति अपने ग़ुस्से के कारण थी और उन्होंने मिलारेपा को तत्काल सिखाना शुरू नहीं किया। बल्कि उन्होंने अपने नए शिष्य

को खूब गालियाँ दीं और उसे पत्थर की चार मीनारें बनाने के लिए मजबूर कर दिया। मारपा ने धीरे-धीरे उन्हें बताया कि उनके गुरु भारत के नरोपा ने भविष्यवाणी की थी। उन्होंने आगे यह भी बताया कि मिलारेपा की परीक्षा इसलिए ली जा रही थी ताकि उनके पूर्व पाप धुल सकें। अंतिम मीनार, जिसको सेखर गोतुक कहा जाता है, आज भी मठ के बीचोंबीच खड़ी है।

मारपा ने पहले बोधिसत्व के वचन सिखाए और मिलारेपा को नया नाम दिया दोर्जे ज्ञेल्त्सेन। उसके बाद मिलारेपा को तांत्रिक विद्या के निर्देश सिखाए गए जो मारपा ने भारत में सीखे थे, ख़ासकर उन्होंने तुम्मो या योगिक गर्मी का पाठ सीखा, जो तंत्र विद्या का प्रभामंडलीय ज्ञान था, और उन्होंने महामुद्रा भी सीखी। मारपा ने मिलारेपा को गुप्त शिक्षा दी और जेपा दोर्जे नाम देकर उनको यह आदेश दिया कि वह पहाड़ के एकांत में तपस्या करते हुए आगे का जीवन बिताएँ।

मिलारेपा कुछ समय के लिए लौटकर अपने घर आए और फिर आसपास के आश्रमों में रहने के लिए चले गए। इनमें सबसे प्रसिद्ध था द्राकर तासो, जहाँ रहकर उन्होंने कई साल कठोर साधना की। जहाँ उनके खाने के लिए जंगली बिच्छुओं के सिवा कुछ नहीं था, उनका शरीर बहुत कमजोर पड़ गया और उनकी त्वचा हल्के हरे रंग की हो गई। बाद में उन्होंने दक्षिण तिब्बत और उत्तरी नेपाल के सीमा क्षेत्रों की खूब यात्रा की, और उनके जीवनकाल से जुड़े क़रीब दर्जनभर स्थान महत्वपूर्ण तीर्थस्थल और और आश्रम बन गए। उनके जीवन की कथा में सांग्योन हारूका ने पुराने स्रोतों के आधार पर ऐसे दर्जन भर स्थानों के नाम दिए हैं, लेकिन उन्होंने उनको नए तरह से व्यवस्थित किया और तीर्थस्थलों का नया नक्शा तैयार किया—जिनमें से अनेक को तपस्या के किले के रूप में पहचाना गया—जो तिब्बत की दक्षिणी सीमा के पास हैं: छह जाने-माने बाहरी किले, छह अनजान अंदरूनी किले और छह गुप्त किले, जिनके साथ अनेक गुफ़ाएँ भी।

मिलारेपा ने इन स्थानों पर किस तरह से राक्षसों को पकड़कर उनका हृदय परिवर्तन कर दिया, इसको सांग्योन हेरुका ने एक दूसरी किताब, *द हंड्रेड थाउजेंड सोंग्स ऑफ मिलारेपा* में दर्ज किया है, जिसमें 8वीं शताब्दी के भारतीय गुरु पद्मसंभव के कारनामों की गूंज सुनाई देती है। मिलारेपा के अनेक प्रसिद्ध आश्रम उन्हीं स्थानों पर थे जिनके बारे में कहा जाता था कि वहाँ पहले स्वयं पद्मसंभव रहते थे। सांग्योन हेरुका द्वारा मिलारेपा के तपस्या स्थलों की गणना से अध्यात्मिक पुनर-उपनिवेशीकरण की प्रक्रिया का खुलासा

हुआ, जिसने प्रभावी रूप से हिमालय की सीमाओं के बड़े हिस्से पर मिलारेपा के वंशजों का दावा किया। दक्षिणी और पश्चिमी तिब्बत में तीन प्रसिद्ध स्थल हैं—त्सारी, लाबची और कैलास, जिनके बारे में कहा जाता है कि इनकी स्थापना मिलारेपा ने की थी और तीनों बाद में काग्यू के प्रमुख आश्रम और तीर्थस्थल बन गए। जिनकी पहचान हिमालय/हिमावत, गोदावरी और चरित/देविकोटा के रूप में की गई, जो चक्रसंवर तंत्र के चौबीस पीठों में शामिल थे, साथ ही, चक्रसंवर के शरीर, वाक् और मस्तिष्क के मंडल बन गए। द्राकर तासो एक प्रमुख मठ तथा छापाखाना बन गया जिसके प्रधान थे सांग्योन हेरुका के शिष्य लातसुन रिंचेन नामग्याल (1473-1557)।

मिलारेपा ने अपना शेष वयस्क जीवन एकांत में ध्यान करने और शिष्यों के समूहों को मुख्य रूप से अनुभूत किए गए सहज गीतों के माध्यम से सिखाने में व्यतीत किया। सांग्योन हारूकी ने मिलारेपा के शुरुआती गीतों में से एक गीत अपने लेखन में दर्ज किया है, जो तब का है जब वे पहली बार अपने घर लौटकर आए और अपना यह निर्णय सुनाया कि वे अपना शेष जीवन एकांत में ध्यान साधना करते हुए बिताएँगे:

मैं सबसे अच्छे मारपा के चरणों में सिर झुकाता हूँ।
इस भिखारी के दामन को खुशियों से भर दिया।

ओह ओह यह कितना दुखद है।
लोग जीवन भर चीजों में निवेश करते रहते हैं—
मैं बार बार सोचता हूँ और दुखी हो जाता हूँ
वे लगे रहते हैं और गहराई से इतनी सारी यातना लाते हैं।
वे चक्कर लगाते हैं और अपने अंदर के जीवन को पलट देते हैं।

जो कर्म के बंधन में होते हैं वे इस तरह की यातना से पीड़ित होते हैं—
क्या किया जाए? क्या किया जाए? इसका धर्म के सिवा कोई इलाज नहीं।
भगवान अकसोभ्य सार रूप में, वज्रधारा,
एक भिक्षुक को आशीर्वाद दीजिए पहाड़ के आश्रम में रहने के लिए

अस्थायित्व और भ्रम के नगर में
इन खंडहरों में एक बेचैन यात्री संताप से पीड़ित है।

गूँगतांग के माहौल में। एक शानदार भूदृश्य,
चारागाह जहाँ याक, भेड़, गाय और बछड़े चरते हैं
जहाँ आजकल नुकसान पहुँचाने वाले भूतों का क़ब्ज़ा है
ये भी अस्थायित्व तथा भ्रम के उदाहरण हैं,
उदाहरण जो मुझ योगी को तपस्या के लिए बुलाता है।

भगवान अकसोभ्य सार रूप में, वज्रधारा,
एक भिक्षुक को आशीर्वाद दीजिए पहाड़ के आश्रम में रहने के लिए।

द्राकर तासो में रहते हुए मिलारेपा ने बाद में ध्यान के प्रति अपने समर्पण की पुनः पुष्टि की, एक उत्तेजक गीत है जिसमें उन्होंने अपना लक्ष्य, आश्रम के एकांत में मरने की कामना की है:

मैं अपनी प्रार्थना लामा जी के शरीर को समर्पित करता हूँ
इस भिखारी को पहाड़ के आश्रम में रहने का आशीष दो।

मेरी खुशी के बारे में मेरे प्रियजनों को पता नहीं है
और तकलीफ़ के बारे में दुश्मनों को पता नहीं है—
अगर मैं इस पहाड़ी आश्रम में मर सकता हूँ
तो इस योगी का लक्ष्य पूरा हो जाएगा।

मेरे द्वार पर किसी के पैरों के निशान नहीं हैं
और अंदर खून का कोई निशान नहीं—
अगर मैं इस पहाड़ी आश्रम में मर सकता हूँ
इस योगी का लक्ष्य पूरा हो जाएगा।

मेरी लाश के आसपास कोई नहीं होगा
मेरी मृत्यु का शोक मनाने वाला कोई नहीं होगा—
इस तरह अगर मैं इस पहाड़ी आश्रम में मरा
तो योगी का लक्ष्य पूरा हो जाएगा।

कोई नहीं पूछेगा मैं कहाँ जा रहा
न कोई कहने वाला होगा कि मैं आ गया—
अगर मैं इस पहाड़ी आश्रम में मरता हूँ

तो योगी का लक्ष्य पूरा हो जाएगा।

हो सकता है कि इस भिक्षुक के मरने की प्रार्थना
किसी एकांत धरती पर किसी गुफा में हो
जो लोगों के हित के लिए हो।
ऐसा हुआ तो मेरा मकसद पूरा हो जाएगा।

मिलारेपा का निधन 84 साल की अवस्था में तब हो गया जब ईर्ष्यालु गेशे त्सफुवा ने उन्हें ज़हरीली दही खाने के लिए दे दी। जब मिलारेपा के शरीर का अंतिम संस्कार कर दिया गया तो कहा जाता है कि डाकिनियाँ उनके बचे हुए अवशेषों को ले गईं, उनके शिष्यों के पास उनके चोग़े का एक टुकड़ा, पत्थर की चीनी का एक टुकड़ा, एक चाकू और चकमक पत्थर रह गया, और साथ में रह गए उनके आत्मज्ञान से जुड़े अनेक गीत।

मिलारेपा को श्रेय जाता है कि उन्होंने असंख्य शिष्यों को जुटाया; सबसे अधिक जाने-माने थे रेचूँग दोर्जे द्रापका और गंपोपा सोनम रिंचेन। रिंचेन ने काग्यू गुरुओं की परम्परा को बनाने में मदद की और एक संस्था खड़ी की जिसने तिब्बत में बौद्धधर्म के प्रसार में महत्वपूर्ण भूमिका निभाई।

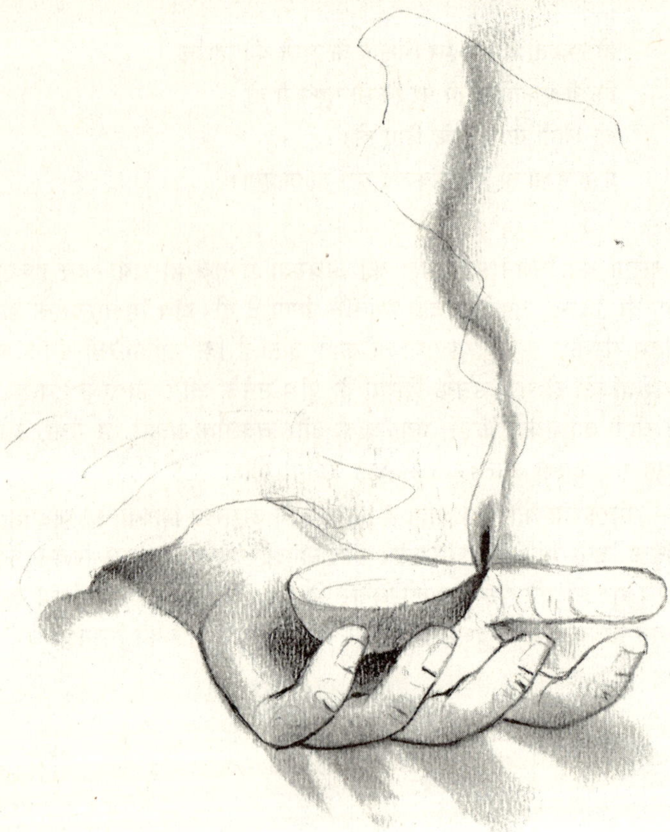

अध्याय 3

तिब्बत के महान योगी मिलारेपा

डब्ल्यू. वाई. इवान वेंट्स

जिस समय जेटसन अपने तरह तरह के कर्तव्यों को पूरा कर रहे थे, उस समय ब्रिन के अंदरूनी इलाक़ों में एक ज्ञानी लामा रहते थे जिनका नाम था त्सफुवा। वह बहुत अमीर और प्रभावशाली थे, उन्हें ब्रिन की जनता की आमसभा में सबसे ऊँचे आसान पर बिठाया जाता था। त्सफुवा जेटसन के लिए ऊपर से तो बहुत आदर जताते थे लेकिन दिल ही दिल में उनसे घोर ईर्ष्या करता था, और उसकी ख्वाहिश थी कि वह जेटसन के अज्ञान को सबके सामने प्रकट करे, इसलिए आम सभा के दौरान उसक समर्थक जेटसन से कठिन सवाल पूछते, वह भी ऐसे मानो वे अपनी शंकाओं का समाधान करना चाह रहे हों।

इसके बाद वुड-टाइगर साल के पतझड़ के पहले महीने में विवाह के एक बहुत बड़े भोज का आयोजन किया गया था जिसमें जेटसन को भी आमंत्रित किया गया। वहां उनको मेहमानों की पहली पंक्ति में सबसे ऊँचे आसान पर बिठाया गया, और उनके बगल में गेशे त्सफुवा को बिठाया गया। गेशे ने जेटसन का झुककर अभिवादन किया, उसको ऐसी आशा थी कि जेटसन भी बदले में झुककर उसका अभिवादन करेंगे; लेकिन उन्होंने ऐसा नहीं किया; वह अपने गुरु को छोड़कर किसी के भी सामने न तो अभिवादन में झुकते थे, न ही किसी के अभिवादन का जवाब देते थे, उस अवसर पर भी वह अपने सामान्य शिष्टाचार से नहीं हटे।

गेशे ने झुँझलाहट के मारे मन ही मन सोचा, 'मेरे जैसा ज्ञानी ने एक अज्ञानी के सामने अपना सिर झुकाकर अभिवादन किया, और उसने मेरे अभिवादन का जवाब भी नहीं दिया। मैं लोगों की नज़र में इसके सम्मान को कम करने में किसी तरह की कसर नहीं छोड़ूँगा।' उसने दर्शन शास्त्र की एक किताब निकाली और जेटसन से बोला, 'जेटसन जी, कृपया इस किताब को पढ़कर मेरी उलझनों को दूर कीजिए और मुझे शब्द दर शब्द इस किताब को समझा दीजिए।'

यह सुनकर जेटसन ने जवाब दिया:

'जहां तक इन तर्कों के शब्दश: व्याख्या की बात है तो इसमें आप स्वयं ही निष्णात हैं; लेकिन उनको सच्चे रूप में समझने के लिए यह ज़रूरी है कि आठ सांसारिक महत्वाकांक्षाओं से मुक्ति पाई जाए, अपने सिर को मुंडवाना, जिससे कि निजी अहं में विश्वास के भ्रम को कम किया जा सके; निर्वाण और संसार को एकमेक मानना; आध्यात्मिक अहं को जीतने के लिए पहाड़ के एकांत में जाकर तपस्या करना। मैंने कभी भी विश्व ज्ञान के महज सत्याभास को न तो महत्व दिया, न ही उसका अध्ययन किया, पारम्परिक तरीक़े से स्मृति

के आधार पर सवाल जवाब के रूप में किताब लिखी (और अपने विरोधियों के मुँह बंद कर दिए); इनके कारण मानसिक उलझन में वृद्धि हुई न कि ऐसी प्रवृत्ति के कि जिससे सत्य का वास्तविक आभास हो। मैं अज्ञानी हूँ; और मुझे इसके बारे में अगर कभी पता भी था तो मैं काफ़ी पहले इस बात को भूल चुका हूँ। मैं यह प्रार्थना करता हूँ कि किताब से सीखे ज्ञान को भूल जाने के कारणों को लेकर अभी जिस गीत को मैं गाने वाला हूँ उसका मतलब आपको समझ में आए।'

और फिर जेटसन ने यह गीत गया:

अनुवादक मार्पा के पावन चरणों में अभिवादन!
कि मैं परम्पराओं और घिसे-पिटे विश्वासों के लिए तर्क करने से बहुत दूरी पर रहूँ।

अनुवादक मार्पा के चरणों में अभिवादन!
तरह तरह के प्रलोभनों में मेरा दिमाग कभी नहीं भटका।
जो न जाने कब से प्रेम और करुणा पर चिंतन कर रहा है,
मैं अपने तथा दूसरे लोग़ों के बीच के सारे भेदों को भूल चुका हूँ।

न जाने कब से मुझे आदत है अपने गुरुओं को सिर पर आभामंडल की तरह बसाकर
ध्यान करने की,
मैं ऐसे तमाम लोगों को भूल चुका हूँ जो सत्ता और सम्मान से चालित हैं
न जाने कब से मैं अपने अभिभावक देवताओं का ध्यान ऐसे कर रहा हूँ
जैसे वे मुझसे अभिन्न हों।
मैं हाड़ मांस के सांसारिक रूप को भूल चुका हूँ।
फुसफुसाहट में चुनिंदा सत्य को लेकर ध्यान के अभ्यस्त,
मैं वह सब भूल चुका हूँ जो किताबों में लिखा है।

आदतन मैंने सामान्य विज्ञान पढ़ा,
गुमराह अज्ञानता का ज्ञान मैं खो चुका हूँ।

आदतन मैंने अपने अंदर के तीन शरीरों के बारे में चिंतन किया,

मैं उम्मीद और भय के बारे में सोचना भूल गया।

आदतन मैं इस जीवन और भविष्य के जीवन को एक रूप में सोचता था,
मैं जन्म और मृत्यु को भूल गया।

लम्बे समय से आदत थी अपने आप पढ़ने की, अपने अनुभवों को,
मैं दोस्तो, भाइयों की राय लेना भूल गया,

लम्बे समय से आदत थी हर नए अनुभव को अपने आध्यात्मिक विकास
के लिए लगाना,
मैं सभी धर्मों और उनके सिद्धांतों को भूल गया।

लम्बे समय से अजन्मे, अविनाशी और अस्थिर का ध्यान करने की आदत थी,
मैं इस और उस विशिष्ट लक्ष्य की सभी परिभाषाओं को भूल गया।

लम्बे समय से आदत थी सभी दृश्यमानज को धर्म काया के रूप में देखने की
मैं दिमाग़ निर्मित सभी ध्यानों को भूल गया।

लम्बे समय से आदत थी अपने दिमाग़ को स्वतंत्रता की अनिर्मित अवस्था में रखने की,
मैं पारम्परिक और कृत्रिम उपयोगों को भूल गया

लम्बे समय से आदत थी विनम्रता की, शरीर और मानस की,
मैं शक्तिशाली के गर्वीले और घमंडी रूप को भूल गया।

लम्बे समय से आदत थी अपने हाड़ मांस के शरीर को आश्रम के रूप में देखने की,
मैं मठों की सहजता और आराम को भूल गया।

लम्बे समय से अबोले के अर्थ की आदत थी, मैं क्रिया के मूल की
तलाश करना तथा शब्दों एवं मुहावरों के स्रोत भूल गया;
इसलिए हे विद्वान पुरुष इन चीजों की तलाश मानक किताब में करो।

जब जेटसन ने अपना गाना समाप्त कर लिया तो गेशे बोला, 'यह सब योगी के लिए तो बहुत अच्छा हो सकता है लेकिन अपने दार्शनिकों का अनुसरण करने से इस तरह के धार्मिक विमर्श कहीं नहीं ले जाते (यथा वास्तविक समझबूझ का अहसास नहीं होता)। मैंने तो यह सोचकर आपके सामने सिर झुकाया था कि आप मुझे बहुत उच्च कोटि के मनुष्य लगे!'

उसके ऐसा कहने से वहाँ लोगों में (विशेषरूप से उसके अपने समर्थकों में) असहजता की भावना आ गई, और मानो सभी ने एक स्वर में कहा, 'सुनो गेशे तोंपा हो सकता है कि आप बड़े विद्वान हों, और हालाँकि दुनिया में आपके जैसे बहुत से विद्वान हों, लेकिन आप सभी लोगों को मिलाकर भी जेटसन के शरीर के एक बाल के बराबर भी नहीं हो सकते, उनकी अंगुली के एक पोर के बराबर भी नहीं हो सकते। इसलिए यही बेहतर है कि हमारी पंक्ति के प्रमुख के रूप में आपको जो जगह दी गई है उसी से संतुष्ट हो जाइए, और सूद से अपनी संपत्ति में जो जोड़ना चाहते हैं जोड़िए। जहां तक धर्म की बात है, यह कला है कि इसकी सुगंध से कम से कम प्रभावित हुआ जाए।'

गेशे यह सुनकर आगबबूला हो गया, लेकिन चूँकि वहाँ मौजूद सारे लोग एकमत से उसके ख़िलाफ़ थे, इसलिए वह लड़ाई नहीं कर सकता था, इसलिए वह रुआंसे भाव से शांत बैठा रहा, मन ही मन सोचता रहा, 'इस अज्ञानी मिलारेपा ने अपनी सनक के प्रदर्शन के माध्यम से तथा झूठे वचनों के द्वारा, जो बौद्ध धर्म के नाश के लिए हैं, लोगों को प्रभावित कर लिया है, जो इसको तरह-तरह के उपहार देते हैं, जबकि मैं किताबी ज्ञान का इतना बड़ा ज्ञाता हूँ, तथा इस स्थान पर सबसे अधिक अमीर प्रभावशाली व्यक्ति हूँ, लेकिन मेरी धार्मिक दक्षता के बावजूद मुझे एक कुत्ते से अधिक महत्त्व नहीं दिया जा रहा है। इसका अंत करने के लिए कुछ किए जाने की ज़रूरत है।'

अपने संकल्प के ऊपर काम करते हुए उसने अपनी एक रखैल को पटाया, उसको वचन दिया कि वह उसको मूल्यवान कछुआ देगा, और कहा कि वह जाए जेटसन को ज़हरीली दही दे आए। जब जेटसन ब्रिन के मठ में थे तो उस स्त्री ने वही किया। जेटसन अपना कर्तव्य पूरा कर चुके थे, अपने प्रिय शिष्यों को वह मुक्ति का मार्ग तथा आदर्श सिखा चुके थे, इसलिए वह जानते थे कि उनकी आयु पूरी हो चुकी थी, चाहे वह ज़हर लें या न लें। लेकिन जेटसन यह देख रहे थे कि यह महिला अभी तो कछुआ ले भी सकती है लेकिन बाद में यह नहीं ले पाएगी (अपराध करने के बाद), इसलिए जेटसन ने उससे कहा, 'फ़िलहाल मैं आपकी दी हुई दही को खा नहीं पाऊँगा। बाद में लेकर

आना तब मैं ले लूँगा।'

उस औरत को लगा कि जेटसन को शायद उसके इरादे के बारे में पता चल गया था, इसलिए वह बहुत शर्मिंदा और दुखी भाव से गेशे के पास लौट गई, और उसको उसने पूरी कहानी सुनाई, और बोली कि जेटसन ने अपनी अतींद्रिय दृष्टि से उसके षड्यंत्र को भाँप लिया और इसलिए ज़हरीला भोजन लेने से साफ़ इंकार कर दिया। यह सुनकर गेशे ने उसको ढाढ़स बँधाते हुए कहा, 'अगर जेटसन के पास अतींद्रिय शक्ति होती तो उसने उससे भोजन बाद में लेकर आने के लिए नहीं कहा होता, बल्कि उसने उसके हाथ में वापस देकर उससे खा लेने के लिए कहा होता; इससे यह बात समझ में आती है कि उसके पास अतींद्रिय शक्ति नहीं है। वैसे तुम इस कछुए को अभी ले जा सकती हो लेकिन इस बात को निश्चित करना कि वह ज़हरीला भोजन ले ले।' इसके बाद उसने उस स्त्री को कछुआ दे दिया; तब वह बोली, 'सब इस बात को मानते हैं कि जेटसन के पास अतींद्रिय शक्ति है। पहली बार उन्होंने भोजन लेने से मना कर दिया और इससे भी यही बात साबित होती है। मुझे पूरा यक़ीन है कि दूसरी बार भी वह भोजन लेने से मना कर देंगे। मुझे यह कछुआ नहीं चाहिए; उनके पास दोबारा जाने में मुझे बहुत डर लग रहा है; और मैं पक्का नहीं जाऊँगी।'

तब गेशे ने जवाब दिया:

'निरक्षरों को ऐसा लगता है कि उसके अंदर अतींद्रिय शक्ति है, चूँकि उनको शास्त्रों का ज्ञान नहीं होता है इसलिए वे उसकी चालबाज़ी में फँस जाते हैं। शास्त्रों में अतींद्रिय शक्ति वाले इनसान का जिस रूप में व़र्णन किया गया है वह उससे बहुत अलग तरह का इनसान है; मुझे पूरा विश्वास है कि उसके पास यह शक्ति नहीं है। अब अगर तुम उसको फिर से भोजन देती हो और उसको खिला पाने में सफल हो जाती हो तो इसको देखते हुए चूँकि हम दोनों साथ रह ही रहे हैं और कहावत भी है, "लहसुन का आप छोटा टुकड़ा खाएँ या बड़ा टुकड़ा वह होता तो लहसुन ही है"—इसके बाद से हम पति पत्नी की तरह रहने लगेंगे। तब न केवल यह कछुआ तुम्हारा हो जाएगा बल्कि मेरी जो भी संपत्ति है तुम सबकी मालकिन हो जाओगी; और हम दोनों सुख दु:ख साझा करेंगे। चूँकि हम दोनों को ही उससे चिढ़ है, इसलिए इस काम को सफलतापूर्वक करने की कोशिश करो।'

गेशे की बात को सुनकर उस स्त्री का मन दूसरी बार कोशिश करने के लिए मचल गया, एक बार फिर से उसने ज़हर और दही को एक साथ मिलाया

और उस मिश्रण को जेटसन के पास खाने के लिए ले गई, उस समय जेटसन ट्राशी-गंग में थे। मुस्कुराते हुए जेटसन ने उसकी कटोरी अपने हाथ में ले ली, और वह सोचने लगी कि गेशे शायद सही ही कह रहा था कि जेटसन के पास अतींद्रिय शक्ति नहीं थी। उसी समय जेटसन बोल पड़े, 'इस काम के लिए तुमको कछुए का शुल्क मिला है।' डर के मारे वह औरत काँपने लगी; और उसने काँपती आवाज़ में भरे गले से स्वीकार किया, 'हे स्वामी, मुझे कछुआ मिल गया है,' कहते हुए वह उनके पैरों में गिर पड़ी, वह जेटसन से विनती करने लगी कि वह ज़हरीला खाना न खाए, बल्कि उसको वापस दे दें क्योंकि उसने बहुत जघन्य अपराध किया है (ताकि वह इसको खा ले)।

जेटसन ने उत्तर दिया:

'सबसे पहले, मैं इसे किसी भी तरह से तुमको पीने के लिए वापस नहीं दे सकता; तुम्हारे लिए मेरी करुणा बहुत अधिक है। अगर मैंने ऐसा किया तो मुझे बोधिसत्व के वचनों का उल्लंघन करना होगा और इसके लिए मुझे बहुत भारी आध्यात्मिक जुर्माना चुकाना होगा। सबसे बढ़कर, मेरे जीवन का मक़सद लगभग पूरा हो चुका है; मेरा काम पूरा हो चुका है; दूसरी दुनिया में जाने का मेरा समय आ चुका है। हालाँकि इस ज़हरीले भोजन का मेरे ऊपर कोई असर नहीं पड़ेगा। बहरहाल, पहले मैंने इसलिए खाने से मना कर दिया था जिससे कि तुमको कछुआ मिल जाए, जो कि इस अपराध के शुल्क के रूप में तुमको दिए जाने का वादा किया गया था। अब चूँकि तुमको कछुआ मिल चुका है इसलिए मैं यह ज़हरीला भोजन ग्रहण कर लूँगा, जिससे कि गेशे की इच्छा पूरी हो जाए और मनोरथ पूरा करने वाला यह कछुआ तुम्हारा हो जाए। जहां तक उसने इस अपराध के सफलतापूर्वक हो जाने के बाद भविष्य को लेकर जितने वादे किए हैं उनके ऊपर भरोसा करने की कोई ज़रूरत नहीं है; क्योंकि वह तुमको निराश करेगा।

'मेरे ख़िलाफ़ उसने जो बहुत सी बातें कही हैं उनमें किसी तरह की सच्चाई नहीं है। समय आएगा जब तुम और वह, दोनों को इन बातों का अफ़सोस होगा। जब ऐसा समय आए तो हो सके तो तुम अपने आपको पूरी तरह से तप और भक्ति में लगा देना; और अगर ऐसा न कर पाओ तो ऐसे जघन्य पाप करने से बचना, चाहे तुम्हारी ज़िंदगी ही दांव पर क्यों न हो, तथा मेरी और मेरे शिष्यों की सच्चे अंत:करण से प्रार्थना करना। असहाय होकर तुम लोग अनंत काल तक ख़ुशियों से दूर रहोगे; और तुमको बहुत पीड़ा उठानी होगी; इसलिए मैं तुम्हें तुम्हारे बुरे कर्मों से मुक्ति दिलाने का प्रयास करूंगा।

लेकिन मैं तुमको यह आदेश देता हूँ कि जब तक मैं ज़िंदा हूँ इस बात को गुप्त रखना; समय आने पर इस घटना के बारे में सबको पता चल जाएगा। हो सकता है कि तुमने मेरी कही अन्य बातों के ऊपर विश्वास नहीं किया हो, हालाँकि इस मामले में तुम्हारे पास मौक़ा होगा मेरी बात में विश्वास करने का (या पूरी तरह से आश्वस्त होने का)। इसलिए इस बात को अपने दिमाग़ में अच्छे से रख लो, और इसके पूरा होने की प्रतीक्षा करो।'

कहकर जेटसन ने ज़हरीले भोजन का प्याला ले लिया।

जब उस औरत ने इस बारे में गेशे से कहा तो वह बोले, 'हर कही गई बात सच नहीं होती। (एक कहावत है)। "हर पकाई गई चीज़ खाने के लिए उपयुक्त नहीं होती।" मेरे लिए इतना ही काफ़ी है कि उसने ज़हर का प्याला ले लिया। अब सावधान रहो और अपना मुँह बंद रखो।'

इसके बाद जेटसन ने टिंगरी तथा न्यानम के उन सभी लोगों को—जो उनको जानते थे, उनके ऊपर विश्वास करते थे—खबर भिजवाई कि आकर उनसे मिल लें, सब छोटा-मोटा कुछ उपहार लेकर आएँ। उन्होंने उन तमाम लोगों को निमंत्रण भिजवाया जो उनसे मिलना चाहते थे लेकिन कभी मिल नहीं पाए थे। साथ ही उनके सभी शिष्यों को भी यह संदेश भेजा गया; अनिष्ट की आशंका से सभी आए, स्त्री-पुरुष, जाने अनजाने, सब आए, और लापची-चुबार की सभा में बैठ गए। इसके बाद कई दिनों तक जेटसन उन लोगों को आभासी सत्य (यानी कर्मसिद्धांत) और वास्तविक सत्य (यानी धर्म काया) के बारे में उपदेश देते रहे।

उन दिनों में आध्यात्मिक रूप से अधिक जाग्रत लोगों ने जब आसमान को देखा तो उनको लगा कि देवता भी जुटकर सुन रहे थे। बहुत से लोगों को ऐसा अनुभव हुआ मानो आकाश में और धरती पर बहुत सारे देवगण इनसान के रूप में धर्म को लेकर उनके उपदेश को सुन रहे थे; और उनको ऐसा महसूस हुआ कि पूरी सभा में आनंद फैल गया था। और वहाँ उपस्थित लोगों को तरह-तरह की घटनाओं का अनुभव हुआ, जैसे साफ़ आकाश में इंद्रधनुष छा गया, फिर अलग-अलग रंगों के बादल छतरियों, पताकाओं और तरह-तरह के उपहारों के आकार के बन गए; और रंग-बिरंगी बारिश होने लगी। उन लोगों को अलग-अलग वाद्यों से तरह तरह के संगीत सुनाई देने लगे, और वहाँ ऐसी ख़ुशबू भर गई कि जैसी उन्होंने कभी महसूस ही नहीं की थी। जिन लोगों में थोड़ी बहुत आध्यात्मिकता जागृत थी उन्होंने इस अच्छे शकुन को महसूस किया और उन लोगों ने जेटसन से पूछा कि ऐसा क्यों महसूस हो रहा था कि

आकाश में देवगण क्यों आ गए थे और धरती पर दूत क्यों दिखाई दे रहे थे, और तरह-तरह के शुभ संकेत वहाँ क्यों दिखाई दिए, जिनको वहाँ उपस्थित प्रत्येक आदमी ने महसूस किया।

जेटसन ने जवाब दिया, 'इनसानों में अगर अनुभवी तथा अनुभवहीन दोनों तरह के लोगों को शामिल कर लिया जाए तो ऐसे लोगों की संख्या बहुत नहीं है जो आध्यात्मिक रूप से जाग्रत हैं, जबकि पवित्र भाव से दैवी सत्ता के प्रति उन्मुख हैं, जो धर्म को सुनना चाहते हैं, आकाशीय सत्ता को सुनना चाहते हैं और मुझे पूजा में आनंद की पंच आकाशीय वस्तुओं को चढाना चाहते हैं, और सब दिल दिमाग़ से आनंदित रहते हैं। इसीलिए आप आनंदित हैं और आपको आनंदित करने वाली एवं हितकारी लक्षण दिखाई दे रहे हैं।'

इसके बाद उन लोगों ने जेटसन से पूछा, 'यह बताइए कि दैवी सत्ता हम लोगों के लिए अदृश्य क्यों रहती है?'

जेटसन ने जवाब दिया:

'देवों में बहुत से ऐसे हैं जिन्होंने अनागामी की अवस्था को प्राप्त कर लिया है, तथा कई अनेक स्तर की पवित्रता को भी; और आप उनको देख पाएँ इसके लिए यह ज़रूरी है कि आपकी दृष्टि आदर्श हो एवं दो प्रकार के गुणों को पाने की उत्कट लालसा हो, तथा अज्ञानता से उपजी दो प्रकार की दृष्टि बाधक अशुद्धता से मुक्त हो। जब प्रधान देवताओं को देखा जा सकता है तो उनके अनुयायी भी दिखाई देंगे। जो भी दैवी शक्तियों को देखना चाहता है उसको सभी बुरे कर्मों से मुक्त होकर पर्याप्त अर्हता अर्जित करनी चाहिए। इसके बाद व्यक्ति को सबसे बड़े और सबसे पवित्र देवता दिखाई देंगे (जो कि शुद्ध मानस है)।'

इसके बाद जेटसन ने एक मंत्र का पाठ किया जो देवता को देखने को लेकर था:

> उदार मार्पा के चरणों में नमन है!
> अपने आध्यात्मिक वंशजों को यह आशीष दीजिए कि उनकी संख्या
> दोगुनी हो जाए।
>
> मेरे लिए मिलारेपा, भक्त
> आकाशीय जीव, तूसिता स्वर्ग के,
> एवं अन्य पवित्र क्षेत्रों से जो मेरे उपदेश को सुनने के लिए आए हों।
> वे आकाश के सभी कोनों में भरे हुए हैं

लेकिन केवल वे (उनके इनसान भक्तों में) जिनमें पाँच
प्रकार की दृष्टि है,
उनको देख सकते हैं; आम आदमी उनको नहीं देख सकते;
लेकिन मैं बिना किसी अड़चन के उनमें से एक-एक को देख सकता हूँ।
सभी धर्मसंघों की भलाई के लिए,
वे मुझे आशीर्वाद दे रहे हैं, आकाशीय उपहारों के साथ।

आकाश में इंद्रधनुष की आभा भरी हुई है;
आकाश से भीनी सुगंधित फूलों की बारिश हो रही है;
सभी मनुष्य एक सी मधुर धुन को सुन रहे हैं,
और सुगंध का आनंद ले रहे हैं;
दैवी प्रेम और प्रसन्नता, पूरी सभा में भर गई है।
कार्ग्युत्पा संतों के दिए ऐसे फल हैं।

अगर आप देवों और देवदूतों को देखने की इच्छा रखते हैं
तो अपने आपको विश्वास की शरण में लेकर जाओ,
ध्यान लगाकर मेरे इस मंत्र को सुनो:

चूँकि तुम्हारे पिछले जन्मों के बुरे कर्म जमा हो गए हैं,
जिस पल तुम्हारी माँ से तुम्हारा जन्म हुआ, तुमको पाप में आनंद आया;
अच्छे काम और अच्छे गुणों वाले कर्म तुमको अच्छे नहीं लगते;
जब आप बूढ़े हो जाते हैं तब भी आपकी प्रकृति गलत कामों में लिप्त रहती है:
इस तरह आपके पापों के परिणाम संचित होते रहते हैं।

अगर आप यह सोच रहे हैं कि बुरे कर्मों को समाप्त किया जा सकता है या नहीं,
तो यह जान लीजिए कि इसको अच्छाई की कामना से शांत किया जा सकता है।

लेकिन जो जानबूझकर बुरे कर्मों में लिप्त रहते हैं,
उनको बदनामी मिलती है।

जिनको यह पता नहीं होता है कि वे स्वयं बंधन में बंधे होते हैं,
लेकिन जो दूसरों के दिशा निर्देशक बनने का स्वाँग करते हैं
वे अपना भी और दूसरों का भी नुक़सान करते हैं।

अगर आप दु:ख और पीड़ा से सच में बचना चाहते हैं,
तो दूसरों को नुक़सान पहुँचाने से बचिए।

अपने सभी पुराने पापों के बारे में अपने गुरुओं तथा
देवताओं के चरणों में बैठकर क्षमा माँगिए, पाप स्वीकार कीजिए,
और यह वचन दीजिए कि भविष्य में कभी भी
गलती नहीं करेंगे।

अपने द्वारा किए गए सभी बुरे कर्मों से मुक्ति का यह सबसे आसान मार्ग है।
पापियों की बड़ी तादाद हाज़िरजवाब होती है;
(दिमाग) अस्थिर और अनिश्चित होता है, उनको तरह-तरह के विकर्षण में मज़ा आता है;
धार्मिक जीवन के प्रेम के मामले में वे प्रतिभाहीन होते हैं:
यह अपने आप में इस बात को बताता है कि वे पाप को लेकर अस्पष्ट हैं,
उनको बार-बार पश्चाताप और पाप स्वीकार करने की ज़रूरत है।

अगर आप उत्साह के साथ यह करेंगे
पाप से मुक्त होंगे और सद्गुणों का विकास करेंगे
अगर आप ऐसा कर पाए तो आपको न केवल
धर्म प्रिय आकाशीय देव दिखाई देंगे
बल्कि सबसे पवित्र और सबसे ऊँचे देवगण।

अपने दिमाग की धर्म काया भी दिखाई देगी
और इसको देखकर आपको सब कुछ दिखाई देगा
अनंत दृष्टि, संसार और निर्वाण
फिर आपकी कर्म गति रुक जाएगी।

जेटसन द्वारा इस मंत्र के जाप के बाद वहाँ आध्यात्मिक रूप से अत्यधिक विकसित जो मनुष्य और देवता थे उनको धर्म काया की अवस्था का उचित नज़रिया मिला। जिन लोगों की आध्यात्मिक अवस्था थोड़ी विकसित थी उनको आनंद और शून्यता की अवस्था का ऐसा संवेदनशील अनुभव हुआ जैसा कि उनको पहले कभी नहीं हुआ था, और इस तरह से उनको निर्वाण के मार्ग पर जाने में मदद मिली। और वहाँ मौजूद शेष लोगों को कुछ अनुभव नहीं हुआ जो वहाँ थे तो लेकिन महान मुक्ति की कामना रखते थे।

इसके बाद जेटसन ने वहाँ मौजूद सभा को संबोधित किया:

'मेरे शिष्यगण, देवगण और यहाँ आए तमाम लोग, यह पूर्व जन्मों का फल ही है कि हम आज एक साथ जुटे हैं; और इस जीवन में हम लोगों ने धार्मिक सम्मेलन के माध्यम से शुद्ध और पवित्र रिश्ता बनाया है। अब मेरी आयु बहुत हो गई है, यह निश्चित नहीं है कि इस जन्म में हम दोबारा फिर कभी मिल पाएँ। मैं आप लोगों को यह सलाह देता हूँ कि मैंने जितने भी धार्मिक प्रवचन दिए हैं आप उनको नज़रअन्दाज़ मत कीजिए और उनको संजोकर रखें, तथा उन शिक्षाओं को जहाँ तक संभव हो सके अपने रोज़मर्रा के जीवन में अपनाएँ। अगर आप ऐसा करते हैं तो पूर्ण बुद्धत्व प्राप्त करने के बाद चाहे मैं जिस भी क्षेत्र में आऊँ तो मेरे पास देने के लिए जो भी सत्य होगा वह सबसे पहले आप लोगों को ही दूँगा। इसलिए इसी में आनंदित रहिए।'

वहाँ उपस्थित न्यानम के लोगों ने जब महान जेटसन के इन शब्दों को सुना तो वे एक-दूसरे से पूछने लगे कि क्या उनके गुरु का यह कहना था कि वे इसलिए इस संसार को छोड़कर जाना चाह रहे थे क्योंकि वे किसी और संसार को लाभ पहुँचाना चाहते थे; और फिर बोले कि अगर उनके कहने का यह मतलब था तो हमें उनसे यह अनुनय करना चाहिए कि वे न्यानम से स्वर्ग लोक में जाएँ, और अगर ऐसा नहीं हो सकता हो तो कम से कम अंतिम बार न्यानम जाकर उसको अपना आशीष देना चाहिए। इसलिए वे जेटसन के पास और उनके पैरों को पकड़कर, आँखों में आंसू भरकर अपना विश्वास और प्रेम जताने लगे ताकि वे उनकी प्रार्थना को सुन लें। इसी तरह से टिंगरी के रहने वाले उनके शिष्य और आम लोग जेटसन से यह प्रार्थना करने लगे कि वे टिंगरी चलें। उन सब लोगों की प्रार्थना पर जेटसन ने जवाब दिया, 'न्यानम या टिंगी जाने के लिहाज़ से मेरी उम्र बहुत हो गई है; मैं ब्रिन और चुबार में ही मौत का इंतज़ार करना चाहूँगा। इसलिए आप सभी लोग मुझे शुभकामना दीजिए और अपने-अपने घर लौट जाइए; मैं आप सभी लोगों से पवित्र स्वर्ग

में मिलूँगा।'

इसके बाद उन लोगों ने प्रार्थना की कि अगर जेटसन उनके देश नहीं जा सकते थे तो कम से कम उन सभी स्थानों को अपना आशीष दे दें जहां जहां वे गए, और उन लोगों को विशेष शुभकामनाएँ दे दें जिन्होंने उनका चेहरा देखा था, या जिन्होंने उनकी आवाज़ सुनी थी, या उनके उपदेश सुने थे; और कुल मिलाकर उनके आशीष केवल उन लोगों के लिए ही नहीं होना चाहिए, बल्कि ब्रह्मांड के सभी सचेतन जीवों के लिए होना चाहिए।

इस संदर्भ में जेटसन ने कहा: 'आप लोगों ने मेरे ऊपर जो विश्वास जताया है और जिस तरह से आप लोगों ने मुझे जीवन के लिए ज़रूरी चीजें मुहैया करवाई हैं उन सबके लिए मैं आप लोगों का आभारी हूँ। आप लोगों के लिए कभी अच्छा सोचकर; आपके लिए कभी कुछ अच्छा करके, आप लोगों को धर्म का उपदेश देकर आप लोगों का आभार प्रकट करता रहता हूँ, और इस कारण से हमारे बीच आपसी रिश्ता स्थापित हुआ। और अब यह देखते हुए कि मैं एक योगी हूँ और आप लोगों को सच समझ में आ गया है, तो मेरा यह कर्तव्य बनता है कि आपको शांति और प्रसन्नता के लिए शुभकामनाएँ दूँ, लौकिक और आध्यात्मिक दोनों तरह की, वर्तमान समय के लिए तथा अनंत काल के लिए भी।'

इसके बाद जेटसन ने निम्नलिखित कविता में अपनी शुभकामना व्यक्त की:

हे सभी जीवों के पिता और रक्षक,
उसने जिसने सभी शुभकामनाओं को संभव बनाया,
अनुवादक मार्पा, मैं आपके चरणों में नमन करता हूँ!

हे मेरे शिष्यों, जो यहाँ मुझे सुनने के लिए आए हैं,
आप लोग सच में मेरे प्रति कृपालु रहे हैं,
और मैं आप लोगों के प्रति कृपालु रहा हूँ;
हम लोग एक दूसरे से मदद के बंधन से बंधे हैं,
हम ख़ुशियों के संसार में मिलते हैं।

मुझे दान देने वालों, जो यहाँ बैठे हैं,
आप लोगों का जीवन दीर्घ हो, और आप लोग समृद्ध हों;

आपके दिमाग में किसी तरह के बुरे विचार न आएँ;
आपके सभी विचार पवित्र हों और आपको धार्मिक रूप से सफलता की ओर ले जाएँ।

इस धरती पर शांति हो, सौहार्द हो;
यह युद्ध की विकृति से हमेशा मुक्त रहे;
भरपूर फसल हो, और ऊपज में खूब वृद्धि हो;
सभी नेकी करें और खुश रहें।

जिन्होंने भी मेरा चेहरा देखा है और सुनी है मेरी आवाज़,
और उन सभी लोगों को जिनको मेरा इतिहास याद है, और जिसको उन्होंने अपने दिल में संजो रखा है,
और जिन लोगों ने भी मेरा नाम सुना है मेरी कहानी सुनी है,
मुझसे प्रसन्नता के संसार में मिलेंगे।

जिन लोगों ने मेरे जीवन का अध्ययन किया है
और उसका अनुसरण किया है, और स्वयं को ध्यान में समर्पित कर दिया है;

और ऐसे प्रत्येक आदमी जो मेरी कहानी को लिखेंगे, उसको सुनाएँगे,
और सुनेंगे मेरे इतिहास को,
या जो भी इसको पढ़ेंगे और आदर देंगे,
या इसको अपने आचरण में उतारेंगे,
मुझसे प्रसन्नता के संसार में मिलेंगे।
भविष्य का हर आदमी
जिसमें ध्यान लगाने की आकांक्षा होगी,
तपस्या करने का मेरे जैसा गुण होगा
वह हर बाधा और गलतियों से मुक्त रहेगा।

जो अपने भक्तों के लिए परेशानियों का सामना करता है,
उसको असंख्य गुण मिलें;
उनके लिए जो दूसरे लोगों को सही मार्ग दिखाते हैं,
उनके लिए असंख्य आभार है;

जो मेरे जीवन की कहानी को सुनेंगे,
उनके लिए अपार गरिमा:
अपने असंख्य गुणों, आभार और गरिमा की बदौलत,
हर वह इनसान जो मेरी कहानी को सुनेगा
उसको मुक्ति मिलेगी,
और जैसे ही वे इसके ऊपर मनन करेंगे तो उनको सच्ची सफलता मिलेगी।

जिस जगह मैं रहा, और जिन चीजों पर मैंने विश्राम किया,
और हर वह चीज़ जो मेरी थी,
वह जिनको भी मिले उनके जीवन में शांति तथा प्रसन्नता लेकर आए।

धरती, जल, आग और हवा,
और स्वर्ग जहां भी वे व्याप्त हों—
मैं उन सबको अपना सकूँ।

और देवगण, नागागण एवं आठ संप्रदायों की आत्माएँ,
सभी स्थानीय जिन और भूत प्रेत,
किसी को नुक़सान न पहुँचा सकें,
लेकिन इनमें से एक-एक धर्म के अनुसार अपनी इच्छाओं की पूर्ति कर सकें।

न कोई जीवित जीव, न कोई कीट,
अपने सांसारिक जीवन से बंधे होकर भी; उनमें से एक की नहीं;
मुझे ऐसी शक्ति मिले मैं सबकी रक्षा कर सकूँ।

इन शब्दों को सुनकर जो साधारण शिष्य थे वे बहुत खुश हुए, लेकिन उनको अब इस बात का संदेह हो गया था कि जेटसन का मतलब निधन से तो नहीं था; न्यानम और टिंगरी के रहने वाले उनके आशीर्वाद के लिए और अधिक व्यग्र हो गए, उनके धार्मिक प्रवचन को सुनने के लिए और बेचैन हो गए।

जैसे ही सभा विसर्जित हुई और सब अपने-अपने घर गए तो आकाश में जो इंद्रधनुष तथा अन्य तरह की परिघटनाएँ दिखाई दे रही थीं सब ग़ायब हो गईं।

अब ब्रिन के लोगों ने जेटसन से विनती की कि वे उनको भी उपदेश दें। इसके बाद जेटसन एक चट्टान के ऊपर बने आश्रम में रहने के लिए चले गए जिस चट्टान का नाम था 'छूने में जहरीला', क्योंकि ऐसा माना जाता था कि उस जगह पर ब्रिन के एक ज़हरीले साँप की आत्मा वहाँ थी। वहाँ आश्रम का निर्माण इसलिए करवाया गया था ताकि साँप की आत्मा को वश में किया जा सके (उस आश्रम में रहने वाले व्यक्ति के गुणों के कारण); और उस स्थान पर बैठकर जेटसन ब्रिन की साधारण जनता को उपदेश देने लगे। जब उन्होंने अपना उपदेश संपन्न किया तो उन्होंने उन लोगों से कहा, 'इस विशेष शिक्षा के संदर्भ में अगर किसी को कुछ समझना हो, किसी को किसी तरह की शंका हो तो वे जल्दी से सामने आकर बताएँ, क्योंकि मुझे लग नहीं रहा है कि मैं ज़्यादा दिन जी पाऊँगा।'

इसके बाद वहाँ उपस्थित शिष्यों ने पूजा करने की पेशकश की क्योंकि उनकी विशेष शिक्षा पूरी हो गई थी (क्योंकि जेटसन ने उनकी शंकाओं को दूर कर दिया था)। इसके बाद ब्री-गोम-रेपा और सेबान-रेपा ने जेटसन से पूछा, 'हे जेटसन, आपने अभी जो कहा इससे हमें इस बात का डर लग रहा है कि आप निर्वाण की अवस्था को हासिल करना चाहते हैं। आपका जीवन अभी पूर्ण नहीं हो सकता?' जेटसन ने जवाब दिया, 'मेरा जीवन तथा दूसरे लोग़ों को रूपांतरित करने की क्षमता अब समाप्त हो चुकी है। इसलिए मुझे अपने जन्म लेने के परिणाम से मिलना चाहिए।'

कुछ समय बाद, जेटसन में बीमारी के लक्षण दिखाई देने लगे, तथा न्यान जांग रेपा शिष्यों की ओर से गुरुओं, देवताओं और डाकिनियों के लिए की जाने वाली पूजा की तैयारी में जुट गए; और उसी समय उन्होंने जेटसन से औषधि लेने का आग्रह किया क्योंकि वह सभी साधारण जनों एवं शिष्यों को ज़रूरी तैयारियाँ पूरी करने के लिए बुलाने वाले थे; लेकिन जेटसन ने जवाब दिया:

'आमतौर पर यह नियम है कि जब कोई योगी बीमार पड़े तो उसको भक्ति की निरंतरता के प्रबोधन के रूप में देखा जाना चाहिए, और उसके ठीक होने के लिए किसी तरह की विशेष प्रार्थना नहीं की जानी चाहिए। उसको अपनी बीमारी को अपने पाठ पर आगे बढ़ने की मदद के रूप में लेना चाहिए, और पीड़ा के लिए हमेशा तैयार रहना चाहिए, यहाँ तक कि मृत्यु के लिए भी। जहां तक मेरी बात है, मिलारेपा, तो अपने महान गुरु मार्पा की कृपा से मैंने बीमारी से मुक्त होने के लिए उनकी बताई विशेष पद्धति से सभी तरह की

क्रियाएँ कर ली हैं; और अब मुझे न तो शक्ति चाहिए न मध्यस्थ। मैंने अपने दुश्मनों को भी अपने प्रिय मित्रों में बदल लिया इसलिए मुझे प्रार्थना करने की कोई ज़रूरत नहीं है। न ही मुझे किसी बुरी आत्मा को दूर भगाने के लिए किसी तरह के झाड़-फूंक की ज़रूरत है; क्योंकि मैंने सभी बुरी आत्माओं को आस्था के अभिभावक देवों में बदल दिया है, जो सभी चार प्रकार के आयोजन करेंगे। पाँच प्रकार के ज़हर से पैदा हुए विष को मैंने पाँच दैवी ज्ञान में बदल दिया है; इसलिए छह प्रमुख जड़ी बूटियों से बनी औषधि नहीं चाहिए। समय आ गया है कि इस दृश्य, भ्रामक, भौतिक काया, मानसिक रूप से बनी धर्म काया को आध्यात्मिक प्रकाश में विलीन हो जाना चाहिए; और इसके लिए अभिषेक के किसी तरह के कर्मकांड की ज़रूरत नहीं है। ऐसे सांसारिक लोग जिन्होंने अपने जीवन काल में बुरे कर्मों को इकट्ठा कर लिया हो, वो जन्म, बुढ़ापे, बीमारी और मृत्यु को दूर भगाने के लिए पूजा पाठ एवं इलाज का सहारा लेते हैं। न तो राजा की सत्ता, न ही किसी वीर की वीरता, न किसी मोहिनी का मोहक रूप, न किसी अमीर की सम्पत्ति, न ही किसी कायर का भगोड़ापन, न ही किसी योग्य वकील की वाकपटुता, होनी को एक पल के लिए भी टाल सकती है। न तो ऐसा कोई साधन है, न ही कोई शांत, उच्च, आकर्षक नया सख़्त तरीक़ा है कि जिससे होनी को टाला जा सके।

'अगर कोई ऐसा है जो सच में ऐसी अनहोनी से भयभीत है और सच में होनी को रोकना चाहता है तथा अनंत आनंद की अवस्था को प्राप्त करना चाहता है, तो मैं उसको पाने के लिए गुप्त क्रिया करना चाहता हूँ?'

जब जेटसन ने ऐसी बात कही तो उनके कुछ शिष्यों ने उनसे यह प्रार्थना की कि वे उनको उस क्रिया को सिखा दें; यह सुनकर जेटसन ने कहा:

'यह संभव नहीं है। सभी सांसारिक चीजों का अंत निश्चित होता है और जिसको टाला नहीं जा सकता, जो दुःख में होता है: जमा पूँजी का अंत बिखराव में होता है; इमारतों का विनाश में; मिलन का जुदाई में, जन्म का मरण में। इस बात को समझते हुए किसी को शुरू से ही संचय करने, अट्टालिकाएँ बनवाने, मेलजोल बढ़ाने से बचना चाहिए, और किसी बड़े गुरु की शरण में जाकर सत्य का ज्ञान लेना चाहिए (जिसका न जन्म होता है न मृत्यु)। यही सबसे बड़ी क्रिया है। मुझे अंतिम ज़रूरी शिक्षा देनी है। वह यह कि मुझे भूल मत जाना, मैं इसके बाद भी बना रहूँगा।'

एक बार फिर शिवा-वोद-रेपा और न्यान-जांग-रेपा ने जेटसन से कहा, 'हे जेटसन, आपको स्वस्थ होना होगा, अभी आपको बहुत से सचेतन जीवों

का भला करना है। इसलिए चूँकि आप हमारी प्रार्थनाओं के उत्तर देने के लिए पूरी तरह से स्वस्थ नहीं हैं, इसलिए हम लोगों को किसी तरह का अफ़सोस न रहे हम आपसे एक बार फिर प्रार्थना करते हैं कि आप अपने स्वस्थ होने के लिए तांत्रिक पूजा कीजिए, और साथ ही औषधि भी ले लीजिए।'

जेटसन ने उत्तर दिया:

'मेरा समय आया हो या नहीं लेकिन मुझे आप लोगों के आग्रह का पालन करना चाहिए। लेकिन बिना किसी तर्क के अगर कोई अपने दीर्घ जीवन के लिए तांत्रिक क्रिया करे, जिसके पीछे दूसरों की मदद करने का कोई मकसद नहीं हो तो यह देवताओं के प्रति उचित व्यवहार नहीं होगा, ठीक उसी तरह से; और इस तरह की गतिविधियों का अपना दंड होता है। इसलिए आप लोगों से मेरी यह विनती है कि कभी तांत्रिक क्रिया सांसारिक सुखों के लिए नहीं करनी चाहिए; हालाँकि स्वार्थी को ऐसा करने में किसी तरह का दोष नहीं दिया जा सकता। मैंने अपना जीवन उच्च तांत्रिक सत्यों के अभ्यास में लगाया है; अब यह धार्मिक क्रियाओं के काम आएगा (बुरी आत्माओं को दूर भगाने में)। ऐसे समर्पण के कारण मेरे दिमाग को यह नहीं पता है कि सत्य के मजबूत आसन से किस तरह दूर हुआ जाए; दीर्घ जीवन की क्रिया की जगह पर यही पर्याप्त है। मार्पा के उपचार ने पाँच विषों (यथा लालच, घृणा, बेवक़ूफ़ी, अहं, ईर्ष्या) की बीमारी को जड़ से समाप्त कर दिया है; यह औषधीय चिकित्सा की जगह पर कारगर रहेगा। जहां तक आप लोगों की बात है, आप जो महज भक्त हैं, या धार्मिक जीवन को अपनाया है, तो आपके लिए यह पर्याप्त नहीं रहेगा; इसके लिए आपको इस मार्ग में सहनशीलता और आत्म नियंत्रण को अपनाना होगा। अगर किसी का समय पूरा नहीं हुआ है, और किसी के जीवन पर बुरी आत्मा का साया है तो उसके ठीक होने के लिए औषधीय चिकित्सा या झाड़ फूंक का सहारा लेने में किसी तरह की दिक़्क़त नहीं है, बशर्ते कि वह उनके मार्ग में सहायक हो। हाल की बुराइयों को इससे होने वाली आपस में जुड़ी घटनाओं की शक्ति से दूर किया जा सकता है; और ऐसे में ऐसी बुराइयाँ भी आशीर्वचन में बदल जाती हैं। इसी तरह से पुराने जमाने में बुद्ध ने भी अपने कम विकसित शिष्यों के बारे में सोचते हुए चिकित्सक जीवक कुमार को अपनी नाड़ी देखने के लिए हाथ बढ़ा दिया था, और उनके द्वारा बताई दवाइयाँ भी ली। लेकिन जब उनका समय आ गया तो भगवान बुद्ध ने निर्वाण ले लिया। इसी तरह से अब मेरा समय आ गया है, इसलिए ठीक होने के लिए मैं चिकित्सा का सहारा नहीं लूँगा, न ही किसी तरह के अनुष्ठान का सहारा लूँगा।'

इस तरह से जेटसन ने अपने लिए कुछ भी किए जाने की अनुमति नहीं दी। इसके बाद, उनके दो जाग्रत शिष्यों ने उनसे यह अनुनय किया कि वे इन बातों के संदर्भ में उन्हें निर्देशित करें: 'अगर जेटसन सच में किसी और दुनिया में जा रहे हैं तो हम अपनी भलाई के लिए उनका अंतिम संस्कार किस तरह से करें, उनकी अस्थियों तथा अवशेषों को किस तरह सम्मानपूर्वक रखा जाए, और स्तूपों का निर्माण किस तरह से किया जाएगा? फिर उनका उत्तराधिकारी किसको बनाया जाना चाहिए; और उनकी पुण्यतिथि को किस तरह से मनाया जाएगा? फिर यह भी पूछा कि उनका कौन सा शिष्य उनकी धार्मिक शाखा का अनुसरण करेगा, जैसे सुनना (निर्देशों को), मनन करना या ध्यान करना। इन मामलों में आपके शब्दों को निर्देश की तरह से मानेंगे।'

इसके जवाब में जेटसन ने कहा:

'मार्पा की कृपा से मैंने संघ के सभी कर्तव्यों को पूरा कर लिया है और मुक्ति प्राप्त कर ली है। मेरे व्यक्तित्व के तीन सिद्धांत (शरीर, वचन और मानस) सत्य के रूप में रूपांतरित हो चुके हैं, यह भी निश्चित नहीं है कि मेरे पीछे मेरा शरीर भी रहेगा या नहीं। इसलिए स्तूप या मिट्टी की प्रतिमा बनाने की कोई ज़रूरत नहीं है। चूँकि मेरा न तो कोई मंदिर है न ही मठ इसलिए मुझे अपना उत्तराधिकारी नियुक्त करने की कोई ज़रूरत नहीं है। पहाड़ी, पहाड़ की चोटियों पर बने जितने भी एकांत आश्रम हैं आप लोग उनमें रह सकते हैं। छह लोकों के सभी जीव बच्चों और अनुयायियों की तरह आपकी रक्षा करेंगे। बजाय स्तूप बनवाने के धर्म के सभी हिस्सों में प्रेम को बढ़ाओ; और बजाय मूर्ति बनवाने के रोज़ाना बिना रुके चार बार प्रार्थना की जाए। मेरे निधन के बाद मेरी स्मृति में कुछ आयोजित करने के बजाय अपने हृदय के अंतरतम से मेरी प्रार्थना करना। व्यावहारिक ज्ञान प्राप्त करने के क्रम में अगर कोई इस तरह की क्रिया मिले जिससे आपके अंदर की बुराई बढ़ने लगे तो चाहे वह कितना ही गुण प्रदान करने वाला लग रहा हो लेकिन उसका त्याग कर दें; अगर किसी क्रिया से पाँच बुरी आदतों पर रोक लगने लगे, और उससे जीवों का भला लगे तो उसको सच्चे धर्म के रूप में मानें और उसको जारी रखें, चाहे वह पाप समान ही क्यों न लगे (उनके लिए जो सांसरिकता में बंधे रहते हैं)।

'अगर उन सलाहों को सुनने के बाद कोई इनका पालन नहीं कर पाता है और उनका उल्लंघन करता है तो चाहे वह कितना ही ज्ञानी क्यों न हो उसकी जगह स्वर्ग के निचले हिस्से में बनती है। जीवन छोटा है और मौत का समय अनिश्चित इसलिए अपना समय ध्यान में लगाओ। बुरे कर्मों से बचो, अपनी

योग्यता भर सद्‌गुणों को अपनाएँ, चाहे अपने जीवन की क़ीमत पर ही क्यों न करना पड़े। संक्षेप में, कहने का मतलब यह है: इस तरह के कर्म करो कि आपको शर्मिंदा न होना पड़े; और इस सिद्धांत का पूरी तरह से पालन करें। अगर आप ऐसा करते हैं तो आप निश्चित रूप से सर्वोच्च बुद्ध के किसी आदेश का कभी उल्लंघन नहीं करेंगे, चाहे इससे अलग कोई सिद्धांत आपको लिखित रूप में मिल जाए। इसमें सुनने तथा चिंतन करने संबंधी सभी निर्देश हैं। अगर आप इसके अनुसार काम करेंगे तो इस बूढ़े आदमी को दिल से राहत पहुँचेगी, इसके बाद संसार तथा निर्वाण दोनों के प्रति आपके कर्तव्य पूरे हो जाएँगे।'

कवि, अंतरनुशासनिक विद्वान तथा क्यूरेटर रंजीत होस्कोटे ने कश्मीर की 14वीं सदी की रहस्यवादी कवयित्री लल द्यद के बारे में बहुत विचारोत्तेजक और दिल को छू लेने वाली टिप्पणी लिखी है, जिसे उन्होंने बड़े जुनून तथा पांडित्यपूर्ण ढंग से लिखा है। उनकी किताब 'आई लल्ला: द पोएम ऑफ़ लल द्यद' में उन्होंने लल द्यद की रहस्यवादी, दार्शनिक कविताओं का बहुत विश्वसनीय तथा जानदार अनुवाद किया है। वह स्वयं कश्मीरी पंडितों के आपस में गहरे जुड़े समुदाय से आते हैं, और अपने प्रिय राज्य से निर्वासन की अवस्था में रहते हैं।

लल द्यद को लल्ला के नाम से भी जाना जाता था, और वह कश्मीरी शैव परम्परा की प्रशिक्षित योगिनी थीं। अपने लेख में होस्कोटे ने संत बनने के क्रम में उठाई गई परेशानियों को जीवंत कर दिया है तथा उनकी कविता की शक्ति तथा करुणा को उजागर किया है।

अध्याय 4

लल द्यद

जीवन, कविता तथा ऐतिहासिक संदर्भ

रंजीत होस्कोटे

एक पल के लिए मैंने इसमें विश्वास नहीं किया
लेकिन मैंने अपनी आवाज़ की सुरा पी ली।
और फिर मैं अपने अंदर के अंधेरे से लड़ने लगी,
उसको पटक दिया, उसको पंजों में जकड़ लिया, उसके चिथड़े-चिथड़े कर दिए।

14वीं सदी की कश्मीरी रहस्यवादी कवयित्री लल द्यद की कविताएं हमें चौंधिया देने वाली रोशनी से भर देती हैं: दैवी प्रकाश, भड़काऊ होने के साथ-साथ वे अतिसंवेदनशील शंका तथा लचीलेपन एवं चिंतन के माध्यम से प्राप्त अंतर्दृष्टि की आश्वस्ति के बीच आती-जाती रहती हैं। ये कविताएँ संभवतया यह माँग करती हैं कि दैवी स्वरूप अपने विस्मयकारी एवं परिवर्तनशील व्याप्ति की शिकायत करने के लिए अपने आपको प्रकट करता है। वे अनुष्ठानों के अवलोकन के ऊपर महत्ता तथा योगी के पेशेवर जोश के ऊपर आत्म-ज्ञान की स्पष्टता को महत्व देती थीं। अगर वे ऐसे विद्वान का उपहास उड़ाती हैं जो अनुभव के ऊपर शास्त्र को महत्व देता है और वह पुजारी जो देवता को नियमित प्रार्थनाओं में क़ैद कर लेता है, तो वे त्याग करने वाले द्वारा की जाने वाली शरीर की अवमानना को भी ख़ारिज कर देती हैं। उनकी विस्तृत कविताओं में जो कवयित्री है, एक घुमंतू से विकसित होती दिखाई देती है, अपने आपको लेकर अनिश्चित, तथा प्रतिकूल माहौल में सहारा तलाश करती, ख़ज़ांची के रूप में जिसको आकाश के नीचे संपत्ति मिल गई हो जो उसके दिमाग में सतत रूप से हो।

बाहर के संसार के लिए लल द्यद निश्चित रूप से कश्मीर की सबसे जानी-मानी आध्यात्मिक और साहित्यिक हस्ती हैं, लगभग सात शताब्दियों तक उनको हिंदुओं तथा मुसलमानों के द्वारा समान रूप से सम्मान दिया जाता रहा। इस दौरान वे ज़्यादातर किसी एक धर्म द्वारा अपने ऊपर किए गए दावे को धता बताती रहीं। हालाँकि, 1980 के दशक के बाद के वर्षों से लगातार चल रहे संघर्षों के कारण कश्मीर की सामासिक संस्कृति क्षीण हुई है, जिसमें दूसरे देश से फैलाए जा रहे आतंकवाद, राज्य के द्वारा उत्पीड़न और स्थानीय उग्रवाद ने भी अपना-अपना योगदान दिया। राज्य में धार्मिक पहचान अधिक प्रखर होती गई, जिसके बाद 1990 के दशक में बड़ी तादाद में हिंदू अल्पसंख्यकों को घाटी से विस्थापित होना पड़ा, और धीरे-धीरे कश्मीर का जो विशिष्ट समन्वयकरी इस्लाम था उसको अरब केंद्रित वैश्विक इस्लाम में

ढालने की कोशिश की गई। यह बात सच है कि लल द्यद को हर समुदाय ने अपने-अपने तरीक़े से गढ़ा, इसलिए वह हिंदुओं के लिए लल्ला योगिनी थी तो मुसलमानों के लिए लालारिफ़ा; दुर्भाग्य से आज इन पहचानों को एक-दूसरे की क़ीमत पर आगे बढ़ाया जा रहा है। बहुवचनीय संवेदनाओं का सम्मान करते हुए, जिसको कश्मीर ने लम्बे समय तक सींचा है, मैं इस रहस्यवादी कवयित्री को उस नाम से पुकारूँगा जिस नाम से उनकी ख्याति है और जो नाम सभी धर्मों की पहचान से मुक्त है, लल द्यद। स्थानीय भाषा में इसका मतलब है 'दादी माँ लाल'; शाब्दिक रूप में इसका अर्थ है लाल कोख, यह नाम उनको देवी माँ से जोड़ने वाला है जिसको भारतीय धार्मिक जीवन में उर्वरता तथा प्रचुरता के प्रतीक के रूप पूजा जाता रहा है। इस किताब में उनके बारे में लिखते हुए मैं उनके उस नाम को भी लिखूँगा जिससे उनको सभी समुदायों में प्यार से याद किया जाता रहा है: लल्ला।

अजीब विरोधाभास है कि लल्ला की उपस्थिति कश्मीरी संस्कृति में इतनी व्यापक रही है लेकिन पारम्परिक अर्थों में उनकी जीवनी लिख पाना बहुत मुश्किल है। उनके जीवन के बारे में हम जितना भी जानते हैं वह मौखिक रूप में बताई बातें हैं; लेकिन उनकी कथा को कालक्रम रूप में फ़ारसी परम्परा में दर्ज किया गया है, जो अठारहवीं सदी में लिखा गया, उनकी मृत्यु के क़रीब चार सौ साल के बाद।

हम निश्चित रूप से यह नहीं बता सकते हैं कि लल्ला के जन्म की तारीख़ क्या थी और उनका जन्म कहाँ हुआ था। किस्से-कहानियों तथा इतिहास में दर्ज तारीख़ों के आधार पर आधुनिक विद्वानों का यह मानना है कि उनका जन्म या तो 1301 में हुआ था या 1317-1320 के बीच, उनका जन्म या तो पांपोर के पास सेंपोर में हुआ था, या श्रीनगर के पास पांडरेंथन में। यह माना जाता है कि उनका देहांत 1373 में हुआ था, लेकिन इस बात को निश्चित रूप से कोई नहीं बता सकता है कि उनका देहांत किस स्थान पर हुआ था; बिजबेहरा में जिस कब्र के बारे में यह बताया जाता है कि उनकी है वह बहुत बाद की है। उनके शुरुआती जीवन के बारे में प्राप्त विवरणों से जो कहानी बनी है वह एक ऐसी युवती की कहानी है जिनको समझा नहीं गया और जिनका रुझान आध्यात्मिक था। उनका जन्म एक ब्राह्मण परिवार में हुआ था और उस समय के रिवाज के अनुसार उनकी शादी बारह साल की आयु में पैंपोर में रहने वाले

एक परिवार में कर दी गई; उनको एक नया नाम दिया गया, पद्मावती, लेकिन अपनी निगाहों में वह लल्ला ही रहीं। उनका घरेलू जीवन कष्टप्रद था। उनके पति को यह संदेह था कि वह ध्यान करती थीं और तीर्थस्थलों की यात्रा करती थीं इसलिए वह लल्ला के साथ क्रूरतापूर्ण व्यवहार करता था; उनकी सास उनको अक्सर भोजन नहीं देती थी। लल्ला के जीवन के उसी काल के लिए कश्मीर में एक कहावत चल पड़ी, 'वे चाहे बकरा मारें या भेड़ लेकिन लल्ला को खाने के लिए पत्थर ही मिलेंगे।'

26 साल की उम्र में लल्ला ने अपना घर त्याग दिया और शैव संत सिड बोयु या सिद्ध श्रीकांत के पास गईं और उनसे आग्रह किया कि वह उनको अपना शिष्य बना लें। वह उनके गुरु बन गए और उन्होंने अध्यात्म में लल्ला का मार्गदर्शन किया। शिष्यत्व की अवधि को पूरा करने के बाद वह परिव्राजक संत बनकर घूमने लगीं। ऐसा माना जाता है कि जीवन के इस काल में उन्होंने शानदार, प्रेरित करने वाली और प्रभावशाली कविताएँ लिखीं। विवाह की संस्था को छोड़ देना, परिव्राजक बन जाना, आध्यात्मिक अनुभव हासिल करना- चौदहवीं शताब्दी के कश्मीर में किसी ब्राह्मण महिला के लिए आसान काम नहीं था। वह जब तक शिष्य थीं तब तक अपने गुरु के संरक्षण में सुरक्षित थीं; उनकी असली परीक्षा तब शुरू हुई जब उन्होंने अपने गुरु का घर छोड़ दिया और अपने मार्ग पर निकल गईं, समाज के प्रतिबंधों के सामने बचाव के लिए उनके पास कोई साधन नहीं था। जैसा कि उन्होंने कविता 92 में कहा है:

वे मुझे अपमान के चाबुक से मारते हैं,
बददुआएँ देते हैं।
उनके भौंकने से मुझे कोई फ़र्क़ नहीं पड़ता।
चाहे वे मुझे देने के लिए सूरजमुखी के फूल ही लेकर क्यों न आए,
मैंने उनकी परवाह नहीं की, उनसे अप्रभावित में चलती रही।

उनके रास्ते में जो भी मुश्किल और अपमान आए, सबका साहस के साथ सामना करते हुए लल्ला का कद एक जिज्ञासु और अध्यापक जैसा हो गया: उनकी इस परिपक्वता और ज्ञान की गहराई की बात उनके वाखों में विस्तृत रूप से दर्ज हैं। कविता 93 में वह अपने आपको पीड़ित करने वालों तथा उस परम्परा को ही ख़ारिज कर देती हैं जिनसे उन लोगों का ताल्लुक था:

उनको मुझे हज़ारों बददुआएँ देने दीजिए,

दर्द की मेरे हृदय में कोई जगह नहीं है
मैं शिव की हूँ। क्या राख की परत
आईने को नष्ट कर सकती है? वह जगमगा उठता है।

लल्ला की कविताएँ लेखक के कश्मीर शैव परम्परा में योगिनी होने, आध्यात्मिक परम्परा में दीक्षित होने के अनुभवों से भरी हुई है। चूँकि यह शाखा अनेक दार्शनिक परम्पराओं के मिले-जुले नतीजों का परिणाम है, उन्होंने दूसरी अन्य तरह की छवियों और विचारों को भी ग्रहण किया। उनको एक ऐसे व्यक्तित्व के रूप में देखना धिक् उपयोगी होगा जिनके विचार तंत्र, योग और योगाकार बौद्ध धर्म से परस्पर आदान-प्रदान करने वाले हैं, और ऐसा लगता है कि वे सामाजिक रूप से सूफ़ी मत के विचारों तथा व्यवहारों से परिचित थीं।

लल्ला को उस तरह से इलहाम होता था जिस तरह से गहरे पानी में चंद्रमा की छाया दिखाई देती है। उनके रूपक और प्रतीक गूढ़ हो सकते हैं, लेकिन फिर भी उनकी कविताओं की स्पष्टवादिता हमें गहरे प्रभावित करती है। वह अपनी खोज, आध्यात्मिक उड़ान के समय तथा कठोर माहौल में अध्यवसाय का आनंद उठाती हैं। लल्ला की कविताओं में उद्‌बोधन के प्रत्यक्ष अनुभवों का ठोस आधार है; इन कविताओं में भय और अनिश्चय से मुक्ति की बात है। वह इनका आनंद मनाती हैं तो संगठित धर्म के परजीवी रूपों पर आक्रमण करती हैं जो आध्यात्मिकता की खोज में उनसे जुड़ी और उनको अपनी जकड़ में ले लिया: शुष्क विदवत्ता, आत्माहीन कर्मकांड, ओढ़ी हुई मितव्ययिता तथा पशु बलि। इन बाधाओं से पार पाने का उनका तरीका क्रांतिकारी लगता है, बहुत गहरे रूप में अतिक्रामी—जिस तरह से कविता 59 में, जिसमें पुजारी से सवाल करती है, मूर्तिपूजा के लिए क्रूर माँग को लेकर:

यह आपकी शर्म को ढँक लेता है, आपको ठिठुरने से बचाता है।
भोजन के रूप में यह घास और पानी ही तो माँगता है,
तुमको किसने सिखाया पुजारी,
इस साँस लेते जीव को पत्थर की मूर्ति पर चढ़ा देना?

यायावर, और अलग-थलग रहने वाली इस विद्रोही ने न कोई मत चलाया न ही कोई आंदोलन, उनके कोई दूत नहीं थे, उन्होंने अपना कोई उत्तराधिकारी नहीं बनाया और अपनी कविताएँ सुनने वालों के बीच बिखरी रहीं—लेकिन कश्मीर के धार्मिक जीवन पर लल्ला का प्रभाव बहुत गहरा और बुनियादी रहा। उनका केवल रूपा भवानी के जीवन और कर्म पर ही गहरा प्रभाव नहीं रहा, बल्कि बाद में कश्मीर के अनेक रहस्यवादियों, अध्यापकों एवं भक्त कवियों के ऊपर भी पड़ा, जैसे परमानंद (1791-1879), शम्स फ़क़ीर (1843-1904) तथा कृष्ण जू राजदान (1851-1926)। यह देखते हुए कि कश्मीर अब पूरी तरह से मुस्लिम बहुल राज्य है इसलिए यह याद करना ज़रूरी है कि लल्ला को कश्मीर सूफ़ी परम्परा की ऋषि शाखा के आधार स्तम्भों में से एक माना जाता है, जिसकी शुरुआत नुंद ऋषि या शेख़ नुरुद्दीन वली (1397-1442) ने की थी, जिनके बारे में बहुत लोगों का ऐसा मानना है कि वे उनके आध्यात्मिक पुत्र एवं उत्तराधिकारी थे। नुरुद्दीन और उनके साथी ऋषियों ने ब्रह्मचर्य के जीवन का चयन किया, मांसाहार से दूर रहते थे, पशुओं और पौधों को नुक़सान नहीं पहुँचाते, गुफाओं में या जंगल में रहते, उन्होंने एक ऐसी शब्दावली का चयन किया जो कश्मीर शैव परम्परा तथा इस्लाम की परम्पराओं से निकली थी। ऋषि संप्रदाय में एकाकी ध्यान के साथ-साथ सामूहिक भक्ति की परम्परा भी विकसित हुई, और उनके अनुयायी खानकाहों में ज़ियारत के लिए जुटते; खानकाहों में मस्जिद, ध्यान कक्ष तथा संतों की समाधियाँ होती थीं। आध्यात्मिकता की यह स्थानीय परम्परा आज भी घाटी में बहुत मजबूत है। यह इस बात के बावजूद है कि यहाँ इस्लाम धर्म पर वहाबी मत का प्रभाव बढ़ा है, आतंकवादियों तथा सरकार के बीच दशकों से युद्ध जैसी स्थिति बनी हुई है, जिसके कारण जन असंतोष की अनेक घटनाएँ हुईं और जिसके कारण असंख्य निर्दोष लोग मारे गए, मुसलमान और हिन्दू दोनों इसकी ज़द में आ गए।

उस धार्मिक और दार्शनिक माहौल को समझने के लिए जिसमें लल्ला की कविता सामने आईं, हमने जिस मार्ग को अपनाया वह मार्ग हमें कश्मीर शैव परम्परा तक लेकर आ गया। शैव दर्शन का आधार शैव अगम या तंत्र में है, जिसके बहुत ऊँचे आचार्य हुए विज्ञानभैरव (8वीं शताब्दी), जिन्होंने संस्कृत में रचना की और जिनका विकास उत्तर भारत में चौथी से आठवीं शताब्दी

के बीच हुआ। इनके बारे में यह माना गया कि ये ब्रह्मांड के ढाँचे तथा मानव अनुभव को लेकर शिव और शक्ति के बीच संवाद है, आध्यात्मिक ज्ञान के मार्ग, तथा जन्म और मृत्यु के बंधन के चक्र से मुक्ति के उपायों के बारे में इसमें बात है। तंत्र में 36 लौकिक सिद्धांत का ढाँचा बताया गया है, जिसकी परिणति शिव एवं शक्ति में होती है, तथा इस युग्म से परे, ब्रह्मांड के अनिर्वाचनीय तथा एकात्मक सत्व में, जिसको परम शिव कहा गया है। शैव परम्परा का विकास तीन प्रमुख शाखाओं से हुआ: द्वैतवादी शैव सिद्धान्त, जिसका उद्भव छठी शताब्दी में तमिल देश में हुआ, इसके शास्त्र तमिल भाषा में रचे गए; कश्मीर की अद्वैतवादी शैव परम्परा ने अपना उद्घोष आठवीं शताब्दी में किया, इसकी पुस्तकों की रचना संस्कृत में हुई, जिसमें अपभ्रंश में उसके मायने भी दिए गए थे; तथा द्वैतवादी वीर शैव या लिंगायत आंदोलन जिसका विस्फोट कर्नाटक में 12 वीं शताब्दी में हुआ, इसकी पुस्तकें कन्नड़ भाषा में लिखी गईं। अद्वैतवादी कश्मीरी शैव धर्म बौद्ध धर्म की महायान शाखा की हजार साल की परम्परा से गहन संवाद के बाद उभरकर आया, विशेषकर इसकी योगकारा शाखा (जिसको विज्ञानवाद के नाम से भी जाना जाता है) की सूक्ष्म ज्ञानसंवेदनात्मक और मनोविज्ञान को लेकर, जिसका विकास गांधार और कश्मीर में हुआ। कश्मीर शैव धर्म को बौद्धिक ऊर्जावान केरल के संत तथा आधुनिक हिंदू धर्म के व्यवस्थापक शंकर के नव उद्भूत वेदांत अद्वैतवाद के शास्त्रार्थ का भी लाभ पहुँचा।

—

गुरुनानक ने सिख धर्म की स्थापना की थी और सिखों के दस गुरुओं में वे सबसे पहले गुरु थे, उन्होंने दो दशक सड़क पर साधु-संतों तथा आम लोगों से मिलने में लगाए। नवतेज सरना ने हिमालय में उनकी यात्राओं के बारे में लिखा है, जिनमें शामिल हैं तिब्बत, नेपाल और सिक्किम। उन्होंने गुरु नानक द्वारा की गई सुमेरु पर्वत की यात्रा के बारे में लिखा है, जिसको अनेक विद्वानों ने कैलाश पर्वत के रूप में पहचाना है, जहां उनकी भेंट 84 सिद्धों से हुई थी, जिनमें गोरखनाथ और मछेंद्रनाथ या उनके आध्यात्मिक उत्तराधिकारी भी थे, जिनसे उन्होंने आध्यात्मिकता तथा सांसारिकता के अलगालग पहलुओं को लेकर चर्चा की थी।

सरना ने हमें उस समय के बारे में भी बताया है जब दसवें गुरु, गुरु गोविंद सिंह हिमालय की तराई में यमुना नदी के तट पर रुके थे। इन यात्राओं के माध्यम से हमें सिख धर्म के जीवंत हृदय के बारे में पता चलता है, अपनी पूरी सहिष्णुता तथा चिंतनपरक तथा समर्पित गतिविधि के बारे में भी।

अध्याय 5

गुरु नानक और गुरु गोविंद सिंह के पर्वत प्रवास

नवतेज सरना

बाबे तारे चार चक

नौ खंड पृथ्वी सच्चा धोआ।

(बाबा ने पृथ्वी के नौ क्षेत्रों का भ्रमण किया, जहाँ तक भूमि फैली हुई थी।)

गुरु नानक की विस्तृत यात्राओं के बारे में भाई गुरदास ने यह लिखा था। वह विद्वान आदमी थे और जब गुरु अर्जन ने आदि ग्रंथ का पहला संकलन तैयार किया था तो वे उनके लिपिकार भी थे, और वे अतिशयोक्ति में बात नहीं कर रहे थे। गुरु नानक ऐसे रहस्यवादी गुरु थे जो यात्राओं में रहे: करीब दो दशक से अधिक समय तक वे सड़क पर दूर-दूर की यात्रा पैदल ही करते रहे, उनके साथ बस उनका मुस्लिम अनुयायी मर्दाना था जो रबाब बजाता था। उनके उद्देश्य था जिससे मिलें उसको सबसे बड़े सत्य के बारे में बताएँ और उनको मुक्ति का मार्ग बताएँ; उनके संदेश थे सबसे प्रेम, सहिष्णुता, सभी लोगों की समानता तथा उपासना की सच्ची प्रकृति।

गुरु नानक की यात्राओं को चार लम्बी यात्राओं में बाँटा जा सकता है—जिनको उदासी कहा जाता है, इन यात्राओं से उनको साधु संतों के साथ विचार विमर्श करने का अवसर मिला, धर्म के नाम पर चल रहे गोरखधंधे को उजागर किया, अज्ञानता, अंधविश्वास तथा खोखले कर्मकांडों को दूर भगाने का काम किया। विद्वानों ने उनके यात्रा-मार्ग के बारे में विस्तार से बताया है, यहाँ तक कि नक़्शा बनाकर भी इन यात्राओं को दिखाया है लेकिन उनकी यात्राओं के कालक्रम को लेकर ठोस प्रमाण को खोज पाना मुश्किल काम है। उनकी यात्राओं के बारे में कुछ विस्तार उनके अपने पदों, तथा भाई गुरदास के लेखन तथा जनमसाखियों से भी पता चलता है- जनमसाखी गुरु नानक के इस दुनिया से चले जाने के कुछ साल के बाद स्मृति के आधार पर लिखी गई उनके जीवन की कथा है। आज, पुराने गुरुद्वारों और तीर्थ स्थलों, में इनको लेकर स्थानीय स्तर पर कथाएँ प्रचलित हैं, जो यह बताती हैं कि गुरु नानक ने दूर-दराज के क्षेत्रों की यात्राएँ की थीं।

कुछ स्रोतों के अनुसार अपने संदेशों के सार्वभौम होने के प्रतीक स्वरूप गुरु नानक ऐसा चोग़ा धारण करते थे जिससे उनके धर्म का पता न चल सके। कहा जाता है कि कुछ यात्राओं में उन्होंने गेरुए रंग का चोगा धारण किया था और सफ़ेद चोग़ा भी (जिस तरह के वस्त्र हिंदू संन्यासी और मुस्लिम दरवेश धारण करते थे)। अपने कमर के इर्द गिर्द वह फ़क़ीर की तरह काफनी बांधते थे और सिर पर कलंदर की तरह से कोणीय टोपी धारण करते थे। एक पैर में

चप्पल और दूसरे पैर में लकड़ी की खड़ाऊँ धारण करते और गले में हड्डियों की माला। पश्चिम की यात्रा में जिसमें वे मक्का तक गए थे, उन्होंने हाजियों जैसे वस्त्र धारण किए थे, नीले रंग की क़मीज, हाथ में एक मोटी लाठी, अपनी बाँहों में पवित्र ग्रंथ को दबाए, कंधे पर मिट्टी का पात्र तथा प्रार्थना की चटाई लटकाए। जब वे उत्तर की दिशा में यात्रा पर गए तो यह कहा जाता है कि वहाँ के ठंडे मौसम को देखते हुए उन्होंने सिर और पैर में चमड़ा धारण किया था और अपने शरीर को रस्सी से बाँध लिया था।[1] भाई गुरदास ने इसका वर्णन इस प्रकार किया है:

> *बाबे भेक बनइया उदासी की रीति चलै*
> *चरहिया सोधन धरथ लुकाई*
> (बाबा ने वस्त्र धारण किया, और वैराग्य की परंपरा में मानवता को
> सही रास्ते पर लाने के लिए निकल पड़े)

गुरु नानक ने तीसरी उदासी 1515 से 1518 के बीच किसी समय शुरू की। उन्होंने हिमालय में विस्तृत यात्रा की और अनेक विद्वानों ने उनकी यात्रा के बारे में खोज की है और पाया है कि उनके चरण वर्तमान काल के हिमाचल प्रदेश, जम्मू एवं कश्मीर, उत्तर प्रदेश, सिक्किम, लद्दाख और यहाँ तक कि नेपाल और तिब्बत में भी पड़े। अनेक गुरुद्वारों में उनसे जुड़ी कहानियाँ मिलती हैं, जो इस यात्रा का वर्णन करती हैं। उदाहरण के लिए यह कहा जाता है कि वे कुल्लू में, पार्वती नदी के पास संकरी घाटी में मणिकरन नामक क़स्बे में गए। आज मणिकरन के पुराने गुरुद्वारा साहिब में लंगर में खाना आग से नहीं पकाया जाता है बल्कि बर्फीली नदी के किनारे खौलते पानी के सोते से पकाया जाता है। स्थानीय परम्परा में यह कहा जाता है कि नानक चंद्रखानी दर्रे में गए और वहाँ से नीचे मलाना गाँव में भी गए, जो तीखी ढलान पर बसा गाँव है, जिस गाँव में प्राचीन समुदाय के लोग रहते हैं जो आमतौर पर आगंतुकों का स्वागत नहीं करते हैं। इससे आगे तिब्बत, नेपाल और सिक्किम की स्थानीय परम्पराओं में उनकी यात्राओं के बारे में बताया गया है: बौद्ध कथाओं में नानक को नानक लामा या रिंपोचे के रूप में याद किया गया है, नेपाल में उनको नानक ऋषि के रूप में याद किया जाता है। सिक्किम में गुरूदोंगमर में

---

1. गुरु नानक के वस्त्र के बारे में अनेक विद्वानों ने लिखा है जो पुरातन जनमसाखी पर आधारित है। इनमें शामिल हैं डबल्यू॰एच॰ मैकलोड (*गुरु नानक एंड सिख रिलीजन*) तथा हरी राम गुप्ता (*हिस्ट्री ऑफ़ द सिख्स*, वोल्यूम-1)

इसी नाम के ग्लेशियर के पास गुरुद्वारा मिला है (हालाँकि उसको अब बौद्ध तीर्थ स्थल में बदल दिया गया है), गुरुद्वारा चुंगथाँग में भी मिलता है जो लाचेन तथा लाचूँग नदियों के मुहाने पर अवस्थित है, यहां दोनों नदियाँ मिलकर तीस्ता नदी का रूप ले लेती है। चुंगथाँग की कथा यह है कि नानक ने जो चावल दिए उससे उस इलाक़े के लोगों ने पहली बार खेती की। नेपाल में कहा जाता है कि उन्होंने जनकपुर की यात्रा की, जिसके बारे में यह कहा जाता है कि वह सीता की जन्मभूमि है, और वहाँ बाग़माती नदी के तट पर वे पशुपतिनाथ मंदिर के पास रुके थे। काठमांडू की पहाड़ी पर एक गुरुद्वारा है जिसमें गुरु नानक के पाँवों के निशान हैं। इसी तरह के निशान कश्मीर में बालतिस्तान में स्कर्दु में भी मिलते हैं। गुरुद्वारा मत्तन साहिब अमरनाथ की गुफाओं में उनके आगमन की याद दिलाता है और लेह से कुछ मील बाहर की तरफ़ कारगिल के रास्ते में गुरुद्वारा पत्रथर साहिब है जो उस जगह पर है जहां उन्होंने एक राक्षस को हराया था।

उत्तर दिशा की उदासी की सबसे केंद्रीय घटना थी सुमेरु पर्वत की यात्रा, जो सभी जनमसाखियों में दर्ज है तथा भाई गुरदास ने भी उसके बारे में लिखा है। कुछ विद्वानों का तो यह मानना है कि सुमेरु पर्वत असल में कैलाश पर्वत है, शिव और पार्वती का निवास स्थल। वहाँ नानक की चौरासी सिद्धों के साथ मुलाक़ात हुई थी, इनमें प्राचीन संत गोरखनाथ और मछेंद्रनाथ भी थे या उनके आध्यात्मिक उत्तराधिकारी जिन्होंने तपस्या से महान शक्तियाँ और ज्ञान अर्जित कर लिया था। यहां इस बात का उल्लेख ज़रूरी है कि योगियों का, ख़ासकर कनफटे योगियों का उस दौर में पंजाब और आसपास के क्षेत्रों में बहुत प्रभाव था। उनकी लम्बी तपस्या के कारण लोगों के दिलोदिमाग़ में उनके लिए डर का भाव रहता था, जिनको ऐसा लगता था कि उनमें मायावी और चमत्कारिक शक्तियाँ होती थीं। सिद्ध या तो घने जंगलों में रहते थे या ऊँचे पहाड़ों पर, सांसारिक जीवन के बंधनों से दूर; लेकिन अपने जीवनयापन के लिए आम लोगों से मिलने वाले उपहार के ऊपर ही निर्भर रहते थे, वे उनको आशीर्वाद पाने की आकांक्षा में उपहार देते थे या इस डर से देते थे कि कहीं वे उनको शाप न दे दें। गुरु नानक बुनियादी रूप से इस तरह की प्रथा के विरोधी थे। उनका यह मानना था कि मुक्ति तपस्या करने से नहीं मिलती है या चमत्कार दिखाने से नहीं मिलती है, वह मिलती है सच्चाई, मेहनत और ईमानदारी से जीवन जीने पर। अपने इस विचार तथा सिद्धों की इस प्रथा के प्रति अपने विरोध को अपने लेखन में उन्होंने अनेक स्थानों पर रेखांकित किया है।

पहाड़ पर हुई इस भेंट के बारे में भाई गुरदास ने लिखा है कि नानक

को देखकर सिद्धों को बहुत आश्चर्य हुआ। उन लोगों ने गुरु नानक से पूछा: 'अरे युवक! इस ऊँचाई पर किस शक्ति के सहारे आ गए?' गुरु नानक ने उत्तर दिया: 'ईश्वर का नाम लेते-लेते और प्रेम भरी भक्ति से उनका ध्यान करते-करते।'

तब सिद्धों ने उनसे पूछा कि नीचे संसार में क्या चल रहा था। गुरु नानक को जो महसूस हो रहा था उसको उन्होंने बिना छिपाए बता दिया। उन्होंने सिद्धों से कहा कि अंधकार युग आ गया था। पाप की अंधेरी रात में वह सत्य के चाँद की तलाश कर रहे थे। दुनिया में झूठ और अज्ञान का प्रसार हो गया था। राजा पाप में लगे हुए थे जबकि बाड़ फसल को खा रहे थे। धरती पाप से ढँक गई थी और वृषभ (धर्म का) उसके नीचे कराह रहा था। घुमंतू साधू ज्ञान से रहित थे; उनको बस अपने शरीर पर भस्म मलना आता था। जो ज्ञानी सिद्ध थे दूर गुफाओं एवं पहाड़ों में चले गए थे—अब इस दुनिया का उद्धार कौन करेगा?

इस साहसिक उत्तर को सुनकर सिद्धों ने सोचा कि नानक को अपने मत में शामिल कर लिया जाए। इस तरह का एक योगी इस अंधकार युग में उनके लिए प्रसिद्धि लेकर आएगा। सिद्धों ने नानक को एक भिक्षा पात्र दिया और कहा कि वह पास के पोखर से उसमें जल भरकर ले आएँ। जब नानक तालाब के पास पहुँचे तो उन्होंने देखा कि तालाब रत्नों, जवाहरातों तथा मूल्यवान पत्थरों से भरा हुआ था; सिद्धों को लगा कि नानक लालच में आ जाएँगे। लेकिन वह ख़ाली हाथ लौट आए और बोले कि उस तालाब में पानी नहीं था। उनके बीच लम्बा संवाद हुआ जिसमें उन्होंने इस बात को साबित किया कि उनका मार्ग अलग तरह का तथा उन्होंने उनके सवालों के उत्तर दिए तथा उनकी शंकाओं का समाधान भी किया।

सिद्धों एवं योगियों के साथ गुरु नानक ने अनेक मुलाक़ातें की। ऊपर सुमेरु पर्वत के जिस संवाद का उल्लेख आया था, उसके अलावा बटाला के पास अचल में शिवरात्रि के मेले में उनके साथ नानक का लम्बा शास्त्रार्थ हुआ। बाद में, उन सिद्ध पुरुषों के साथ अपने शास्त्रार्थ के सार को नानक ने सवाल जवाब के रूप रामकली लय ताल में 73 कविताओं में प्रस्तुत किया है। यह रचना गुरु ग्रंथ साहब में 'सिद्ध गोश्ट' के अंतर्गत समाहित हैं। यह पूरा संवाद विरोध भाव में नहीं रचा गया है, बल्कि यह मानवता की भावना, बौद्धिक विमर्श तथा परस्पर सम्मान के साथ हुआ है, यह संवाद विद्वेष की भावना से मुक्त है एवं इसकी जड़ें सहिष्णुता में हैं। गुरु नानक की इस बानी को आमतौर पर सबसे सुविचारित, प्रतीकात्मक तथा परिपक्व रचनाओं में

माना जाता है, इससे भी बढ़कर इसमें युग सिद्धांत एवं दर्शन के सच्चे अर्थ का विश्लेषण किया गया है। इसमें गुरु नानक ने विश्व सिद्धांतों, सत्य, गुरु, गुरु की महिमा, सिमरन, गुरमुख (आध्यात्मिक पुरुष), मनमुख (अहंकेंद्रित पुरुष) आदि के बारे में अपने विचारों को रखा है।

नीचे सवाल जवाब की एक इकाई को उद्धृत किया गया है जिसमें गुरु ने यह बताया है कि यह किस तरह संभव है कि इस संसार में रहते हुए भी ध्यान तथा आध्यात्मिकता की बदौलत उससे विमुख रहा जा सकता है।

> चरपत ने पूछा: संसार का सागर गहरा है और अपारगम्य भी है, हम किस तरह से उसके पार उतरें, सुनिए नानक! आप इसके बारे में अपनी राय दीजिए।
>
> नानक: जो इस बात को पूछ रहा है वह स्वयं इसका उत्तर जानता है। उनको मैं क्या उत्तर दे सकता हूँ? सच बताऊँ तो मैं आपको किस तरह से जवाब दे सकता हूँ, आप हैं जिसको यह लगता है कि वह सुदूर किनारे पर पहुँच गया है?
>
> जैसे कमल पानी से अप्रभावित रहता है,
> जैसे बत्तख धारा के विरुद्ध बहते हुए भी सूखी रहती है,
> उसी तरह से दिमाग को दैवी उक्तियों पर एकाग्र करते हुए,
> और उनके नाम का जाप करते हुए
> हम दुनिया के भयानक समुद्र को पार कर सकते हैं,
> वह जो इन सबसे उदासीन रहता है,
> बिना किसी इच्छा के मन ही मन ईश्वर के नाम का जाप करता रहता है,
> जिस तक पहुँचना तथा जिसको समझना मुश्किल होता है
> उसको भी समझ लेता है,
> नानक उसके ग़ुलाम हैं।

गुरु गोविंद सिंह ने अपने आत्मकथात्मक नाटक *बचित्तर नाटक* में पहाड़ों का संदर्भ दिया है। उन्होंने कहा है कि वे अपने पिछले जन्म में पहाड़ पर परम प्रभु का ध्यान लगाए हुए थे कि उनको प्रभु ने कहा कि वे धरती पर आएँ और उस समय की बुराइयों को दूर करें:

> *अब मैं अपनी कथा बखानो। तप साधत जिह बिध मुँह आनो*
> *हेमकुंत परबत है जहां। सपाट श्रृंग सोभित है तहाँ*
> (अब मैं अपनी कहानी सुनाता हूँ। जिस समय मैं उस जगह पर गहरे ध्यान में डूबा हुआ था जिस जगह पर हेमकुंट पर्वत है, जिसकी सात चोटियाँ हैं)

सिखों के दसवें गुरु ने चार साल यमुना नदी के तट पर शिवालिक पर्वतमाला की तलहटी में पांवटा साहिब में भी बिताए।

वहाँ जाने के पहले इस युवा गुरु ने अपने शुरुआती साल आनंदपुर साहिब में बिताए। यह उनकी तैयारी के साल थे—सैन्य तैयारी के भी और आध्यात्मिक तैयारी के भी। युवा और सुंदर नेता के प्रेरक नेतृत्व में आनंदपुर साहिब में एक नए देश का जन्म हुआ। वहाँ सैन्य अभ्यास शुरू हो गए और घुड़दौड़ शुरू हुई, बंदूकबाज़ी, तीरंदाज़ी और तलवारबाज़ी शुरू हो गई। एक बड़ा सा युद्ध नगाड़ा बनवाकर लगाया गया, जिसका नाम था रंजीत नगाड़ा; नगाड़े को बजाकर शिकार या सामूहिक रसोई में भोजन के समय की घोषणा की जाती थी। साथ ही, गुरु अपनी असाधारण प्रतिभा के साथ साहित्यिक एवं आध्यात्मिक ज्ञान अर्जित करने में लगे रहते थे। उन्होंने फ़ारसी, अरबी, संस्कृत, ब्रज और अवधी भाषाएँ सीखीं तथा प्राचीन शास्त्रीय ग्रंथों का अध्ययन किया। उनकी काव्यात्मक प्रतिभा के कारण उच्च कोटि की साहित्यिक रचनाएँ सामने आईं।

आम लोगों में गुरु गोविंद सिंह के बढ़ते प्रभाव के कारण आसपास के पहाड़ी राज्यों के राजपूत राजा सशंकित हो गए। वे सभी राजा मुग़ल बादशाह औरंगज़ेब की कठपुतली थे और उनमें आपसी प्रतिद्वंद्विता भी रहती थी। वे गुरु गोविंद सिंह के दरबार के वैभव के कारण ही परेशान नहीं थे बल्कि जिस तरह से जातिहीन प्रकृति के समाज का वे निर्माण कर रहे थे, इससे उनकी लम्बे समय से चली आ रही सामंती व्यवस्था को चुनौती मिलती प्रतीत हुई। उनको यह भी महसूस हुआ कि गुरु गोविंद सिंह शिक्षा, सैन्य प्रशिक्षण तथा कलाओं को संरक्षण देकर राजपूत शासकों की बराबरी करना चाह रहे हैं।

गुरु को पहली चुनौती बिलासपुर (या कहलूर) के राजा भीम चंद से मिली, जिसके राज्य में आनंदपुर पड़ता था। राजा ने माँग की कि गुरु उसको रत्नजड़ित छत्र और एक प्रशिक्षित हाथी दे दें। जब उन्होंने मना कर दिया तो उस राजा को दूसरे राजाओं ने यह सलाह दी कि उसको युद्ध नहीं करना

चाहिए, लेकिन यह शांति अस्थायी साबित हुई।

लेकिन सिरमौर के राजा मेदिनी प्रकाश अलग मानसिकता के थे और उन्होंने गुरु से मदद माँगी, उनको इस बात का डर था कि कहलूर के राजा भीम चंद तथा गढ़वाल के राजा फतह शाह के बीच जो सैन्य संधि हुई थी, उससे उनके राज्य को ख़तरा हो सकता था। राजा ने गुरु गोविंद सिंह से बार-बार आग्रह किया और गुरु को अपने राज्य में आने का आमंत्रण भी दिया। अंततः 1685 में गुरु गोविंद सिंह ने आमंत्रण स्वीकार कर लिया और 500 सैनिकों के साथ नाहन की दिशा में बढ़े, जो शिवालिक की पहाड़ी के राज्य सिरमौर की सुंदर राजधानी थी। उनका स्वागत बहुत गर्मजोशी के साथ किया गया और उन्होंने विचार-विमर्श तथा आसपास के जंगलों में शिकार करते हुए कई दिन बिताए; कहा जाता है कि उन्होंने अकेले ही एक आदमखोर सफ़ेद बाघ को मार डाला, जो आसपास की आबादी के लिए आतंक का पर्याय बन गया था।

गुरु के आगमन की ओर गढ़वाल के राजा फतह सिंह का भी ध्यान गया, तो वह भी सम्मान प्रकट करने के लिए आए। नाहन और गढ़वाल के बीच शांति समझौता हुआ। अपने राज्य में गुरु के आगमन से मेदिनी प्रकाश बहुत खुश हुए और उनको ऐसा लगने लगा कि उनके राज्य के अच्छे दिन आ गए थे। राजा ने गुरु गोविंद सिंह से यह विनती की कि वे राज्य को छोड़कर न जाएँ। गुरु स्वयं भी पहाड़ की सुंदरता से बहुत प्रभावित थे, नाहन के नीचे घाटी में शोर मचाती यमुना नदी पहाड़ से उतरकर बहती हुई दिखाई देती थी। उस क्षेत्र में घुड़सवारी करते हुए वे एक स्थान पर पहुँचे जहाँ उनका घोड़ा ठहर गया और उसने आगे बढ़ने से इंकार कर दिया। इसको उन्होंने किसी तरह का संकेत समझा और वहाँ की सुंदरता से आकर्षित होकर गुरु ने यह तय किया कि वह उसी जगह पर डेरा डालेंगे। जिस स्थान पर घोड़े ने अपना पाँव अड़ाया था उस जगह को पांवटा साहब के नाम से जाना गया। वहाँ तत्काल घेराबंदी की गई और वहाँ बसावट होने लगी। आज उस चहल-पहल भरे शहर के बीचोंबीच यमुना नदी के तट पर एक शांत गुरुद्वारा है।

पांवटा साहब में गुरु जितने साल रहे वे साल उनके जीवन के सबसे रचनात्मक साल रहे। वह अपने अनुयायियों के साथ अपनी पसंदीदा गतिविधियों में लगे रहते तथा देश की स्थिति पर मनन करते हुए, समाज में जोश जगाने को लेकर गहराई से चिंतन करते। उन्होंने इस काल में परम पिता की प्रशंसा में श्रेष्ठ उदात्त कविताओं की रचना की। देशभर से उनके पास कवि आने लगे और उनके उस ठिकाने में 52 कवि जुट गए थे, और उनकी रचनात्मक

गतिविधियों ने पांवटा को सांस्कृतिक और आध्यात्मिक केंद्र में बदल दिया। सिख धर्म में प्रचलित कथा के अनुसार एक दिन कवियों ने गुरु गोविंद सिंह से आकर शिकायत की कि नदी के शोर से उनकी एकाग्रता में बाधा पड़ती है और उसके बाद गुरु के आदेश से यमुना उस दिन से बिना शोर के बहने लगी।

पांवटा में बड़ी मात्रा में साहित्य की रचना की गई, साथ ही प्राचीन संस्कृत रचनाओं का पंजाबी और ब्रज भाषा में अनुवाद भी हुआ—विशेष रूप से महाभारत, पुराण और नीति शास्त्रों का, जिनको एक बड़े संकलन में संकलित किया गया और नाम दिया गया *विद्यासागर।* इस बड़ी गतिविधि का एक मकसद था: प्राचीन ज्ञान को पुनर्जागृत किया जाए तथा लोगों तक उस धरोहर को पहुँचाया जाए जिसके ऊपर वे गर्व कर सकें। इसके लिए यह ज़रूरी था कि इन रचनाओं को पंडितों के क़ब्ज़े से आज़ाद करवाया जाए और अनुवाद के माध्यम से आम लोगों तक उस धरोहर को पहुंचाया जाए, जिसके ऊपर वे गर्व कर सकें। दुर्भाग्य से, कुछ साल के बाद जब वे आनन्दपुर साहेब को ख़ाली करके सिरसा नदी को पार कर रहे थे तो यह मूल्यवान संकलन बाढ़ में बह गया; कुछ अनुवाद बचे रह गए क्योंकि *विद्यासागर* संकलन के बाहर उनकी प्रतियाँ बना ली गई थीं।

लेकिन पांवटा साहब के शांत आध्यात्मिक जीवन का जल्दी ही अंत हो गया। भीम चंद कहलूरिया अभी भी गुरु को चुनौतीयो देने के लिए अडिग था। वह प्रकट तौर पर अपने बेटे की शादी के लिए गढ़वाल के श्रीनगर जा रहा था, उसने राजा फ़तह सिंह के साथ, पहाड़ी राज्यों के अन्य राजाओं को भी अपने साथ चलने के लिए मजबूर किया, उसका षड्यंत्र गुरु गोविंद सिंह के ऊपर आक्रमण करना था। एक विशाल सेना पांवटा की दिशा में बढ़ी। 22 सितम्बर 1688 को पांवटा से छह मील की दूरी पर भंगाणी के युद्ध मैदान में गुरु की सेना ने उनकी सम्मिलित सेना का सामना किया।

गुरु गोविंद सिंह को शुरुआत में ही झटका लगा जब पाँच सौ पठान जो उनकी सेना में मुस्लिम संत और अनुयायी सधौरा के पीर बुद्धू शाह के कहने पर शामिल किए गए थे, उन पठानों ने दग़ाबाज़ी की और पहाड़ी राज्यों के राजाओं से जाकर मिल गए। लेकिन बुद्धू शाह अपने चार बेटों एवं सात सौ अनुयायियों के साथ गुरु के साथ आ गए। गुरु के अनुयायी पेशेवर सैनिक नहीं थे लेकिन वे पूरे जोश एवं दृढ़ संकल्प के साथ लड़े। पहाड़ी राज्यों के राजा और लड़ाके पठान यह देखकर हैरान थे कि साधारण किसान, मजदूर और दुकानदार इतने जोश के साथ लड़ रहे थे, उनमें से अनेक ने तो पहले कभी

हथियार भी नहीं उठाए थे। गुरु ने *बछित्तर नाटक* में अपने शब्दों में उस युद्ध का वर्णन किया है और साहसी योद्धाओं के नाम भी लिखे हैं। उनके सेनापति तथा चचेरे भाई सांगो शाह के निधन के बाद गुरु गोविंद सिंह ने स्वयं मोर्चा सँभाला और बहादुर पहाड़ी राजा तथा जाने-माने निशानेबाज हरि चंद हंदुरिया के मुक़ाबले में आ गए। हरि चंद ने उनके ऊपर तीन तीर चलाए, तीसरा तीर उनके कमर की पेटी के पार निकल गया लेकिन उनको किसी तरह की चोट नहीं आई। उसके बाद उन्होंने सोने के नोक वाले तीर से एक वार में हरि चंद को मार डाला। हरि चंद की मृत्यु के बाद पहाड़ी राजाओं की सेना में भगदड़ मच गई। भंगाणी के युद्ध में गुरु और उनके अनुयायियों की जीत हुई और इस बात को उन्होंने निर्णायक रूप से साबित किया कि उनको हल्के में नहीं लिया जा सकता था।

भंगाणी के युद्ध के बाद गुरु गोविंद सिंह पांवटा साहब में ज़्यादा दिन नहीं रुके बल्कि वे आनंदपुर साहब लौट गए जहाँ तलवार और जोश के साथ और संघर्ष उनकी प्रतीक्षा में थे।

——

मकरंद परांजपे के इस दिलचस्प लेख में 1890 के दशक में स्वामी विवेकानंद द्वारा हिमालयी क्षेत्र में की गई यात्राओं के बारे में बताया गया है। विवेकानंद ने पैदल ही नैनीताल से अल्मोड़ा, रुद्रप्रयाग, श्रीनगर (गढ़वाल), मसूरी की यात्रा की और फिर ऋषिकेश, हरिद्वार एवं देहरादून होते हुए वापस मैदान में लौट आए।

उन्होंने (शायद) काकरीघाट में पीपल के एक पेड़ के नीचे तपस्या की, इस संकलन में संकलित कई अन्य संतों ने भी उस स्थान पर तपस्या करके उसको पवित्रता प्रदान की, जिनमें शामिल थे सोमबारी बाबा और हैदाखान बाबा, और उसी स्थान पर नीम करौली बाबा ने आश्रम बनवाया। वह 1898 में सिस्टर निवेदिता (मार्ग्रेट नोबल) के साथ हिमालय आए।

उसी साल गर्मियों में वे कश्मीर की यात्रा पर गए, पहाड़ों तथा घाटियों एवं प्राचीन तीर्थस्थलों में भटकते रहे। परांजपे ने स्वामी की समर्पित शिष्या निवेदिता की अशांत अंदरूनी यात्रा के बारे में बताया है तथा क्षीर भवानी के मंदिर में देवी काली और माँ की पूजा के स्वामी विवेकानंद के आधात्मिक अनुभवों के बारे में लिखा है।

इस अध्याय का अंत वेदांत के इस सत्य के साथ होता है:

'बालू से ये पहाड़ खड़े होते हैं; बालू में ही मिल जाते हैं।'

अध्याय 6

पहाड़ी चाल

स्वामी विवेकानंद का हिमालय से जुड़ाव

मकरंद आर. परांजपे

भूमिका

स्वामी विवेकानंद (1863-1902) आधुनिक भारत के सबसे शक्तिशाली और प्रभावशाली निर्माता रहे।[2] वैसे तो उनके 40 साल से भी कम आयु के जीवन का शायद ही कोई ऐसा पहलू है जिसके बारे में अध्ययन नहीं किया गया है, लेकिन हिमालय से उनके जुड़ाव के बारे में और अन्वेषण की ज़रूरत है। केवल इसलिए नहीं कि हिमालय के साथ उनका रिश्ता जटिल, परतदार और चिरस्थायी था बल्कि इसलिए भी कि उनके जीवन के कुछ बड़े, जीवन को बदलकर रख देने वाले आध्यात्मिक अनुभव उत्तराखंड और कश्मीर की पहाड़ी ऊँचाइयों पर हुए।[3] इस अध्याय में यह कोशिश की गई है कि स्वामीजी की हिमालय यात्राओं की उन महत्वपूर्ण और अहम घटनाओं को दर्ज किया जाए, जिसकी गूंज आज भी राष्ट्रीय चेतना का हिस्सा है।

I
देवतात्मा

स्वामी विवेकानंद के ऊपर लिखे संस्मरण में के.एस. रामास्वामी शास्त्री ने उन 9 दिनों को याद किया है जब दिसम्बर 1892 में विवेकानंद त्रिवेंद्रम (अब थिरुअनन्तपुरम) में उनके घर ठहरे थे। स्वामीजी के साथ उनका एक मुसलमान सेवक था, और शुरू में उन्होंने स्वामीजी को मुसलमान समझ लिया

2. देखें मेरा अध्ययन, *स्वामी विवेकानंद: हिंदूइज्म एंड इंडिया'स रोड टू मॉडर्निटी* (नई दिल्ली: हार्पर कोलिंस, 2020), जहाँ मैंने इस बारे में विस्तार से चर्चा की है। हिमालय से विवेकानंद के जुड़ाव को लेकर एकमात्र विस्तृत अध्ययन है, *हिमालय में विवेकानंद* (नई दिल्ली: नेशनल बुक ट्रस्ट, 2016), लेखक पूर्व केंद्रीय शिक्षा मंत्री रमेश पोखरियाल निशंक थे।
3. वैसे तो विवेकानंद को बड़े अनुभव उत्तराखंड और कश्मीर में हुए, लेकिन उनको पूर्वी हिमालय भी बहुत पसंद था, कलकत्ता से सबसे नज़दीक हिल स्टेशन दार्जिलिंग। मार्च-अप्रैल 1898 में उनके लिखे पत्रों से यह पता चलता है कि वे आराम करने तथा शहर की गर्मी से बचने के लिए यहाँ आए थे। उदाहरण के लिए, 23 अप्रैल 1897 को उन्होंने स्वामी ब्रह्मानन्द को पत्र में लिखा कि वह दार्जिलिंग ज़िले में भारत-नेपाल सीमा पर सिंगलिला पहाड़ी की सबसे ऊँची छोटी संदकफु से लौटे थे: 'संदकफु से लौटने के बाद मेरा स्वास्थ्य बहुत अच्छा हो गया था' (https://www.ramakrishnavivekananda.info/vivekananda/volume_8/epistles_fourth_series/126_rakhal.htm).

था। उस समय शास्त्री जी की आयु 14 साल थी।[4]

शास्त्री ने याद किया है कि किस तरह से एक सुबह जब वह अपनी पाठ्यपुस्तक कालिदास के *कुमारसंभव* को पढ़ रहे थे तो विवेकानंद ने उनसे पूछा, 'उस महान कवि ने हिमालय का जो वर्णन किया है क्या तुम उसको दोहरा सकते हो?' शास्त्री ने उस पद का पाठ किया, जो इतना प्रसिद्ध है और उससे इस महाकाव्य की शुरुआत होती है:

> अस्त्युत्तरस्यां दिशि देवतात्मा हिमालयो नाम नगाधिराजः।
> पूर्वापरौ तोयनिधीव ग्राह्यः स्थितः पृथिव्या इव मानदण्डः॥
> (कुमारसम्भव १/१)

इस पद को मोटे तौर पर इस तरह अनुवाद किया जा सकता है: 'उत्तर दिशा में देवताओं के हृदयस्थल में बर्फीला पर्वत अधिपति हिमालय खड़ा है, मानो पृथ्वी के पूर्वी और पश्चिमी जल के बीचोंबीच मापदंड की तरह हो।' (1-1)[5]

खुश होकर विवेकानंद ने यह टिप्पणी की, 'क्या तुमको पता है कि मैं हिमालय की उदात्त दृश्यावली के बीच लम्बे समय तक रहने के बाद आया हूँ?' यह कहते हुए उन्होंने उस लड़के से कहा कि वह कुमारसंभव की शुरुआती पंक्तियों को एक बार फिर से पढ़ें और इस बार उसका अर्थ भी बताएँ। जब शास्त्री जी ने ऐसा किया तो विवेकानंद बोले, 'अच्छा है लेकिन काफ़ी नहीं है।' इसके बाद अपनी सधी हुई सांगीतिक आवाज़ में उन्होंने इस पद को दोहराया और फिर समझाने लगे:

> इस पद में सबसे महत्वपूर्ण शब्द है देवतात्मा और मानदंड। कवि यह कहना चाहता है कि हिमालय महज एक दीवार नहीं है जिसका निर्माण प्रकृति से दुर्घटनावश हो गया है। इसको देवताओं ने अनुप्राणित किया है तथा यह भारत एवं उसकी सभ्यता की रक्षा केवल आर्कटिक क्षेत्र से आने वाली ठंडी हवाओं से ही नहीं करता है बल्कि ख़तरनाक आक्रांताओं के आक्रमण से भी हमारी रक्षा करता है। इसके अलावा हिमालय महान नदी सिंधु, गंगा और ब्रह्मपुत्र को भेजकर भारत

---

4. उनके पिता के.सुंदरम अय्यर के संस्मरण एक लेख में प्रकाशित हुए थे 'माय फर्स्ट नवरात्रि विद स्वामी विवेकानंद', जो उपलब्ध है 'https://www.ramakrishnavivekananda.info/reminiscences/057_ksi.html. पर।
5. रघुनाथ दामोदर कर्माकर एवं एस.डी. गजेंद्रगड़कर द्वारा *कुमारसंभव* (बम्बई: विश्वनाथ एंड कम्पनी) के 1923 के संस्करण से।

> की रक्षा करता है, जिसमें बर्फ के पिघलने से साल भर पानी बना रहता है चाहे वर्षा हो या न हो। मानदंड का मतलब यह है कि कवि इस बात की पुष्टि करता है कि भारत की सभ्यता संसार की सभी सभ्यताओं में श्रेष्ठ है और यह उस मानदंड को निर्धारित करती है जिसके आधार पर अतीत, वर्तमान और भविष्य की सभी सभ्यताओं का परीक्षण किया जा सकता है। यह देशभक्ति को लेकर कवि का उदात्त सिद्धांत है।

यह असाधारण विश्लेषण न केवल विवेकानंद के पांडित्य को रेखांकित करता है बल्कि यह भी बताता है कि शास्त्रीय भारतीय साहित्य का उन्होंने कितना गहरा अध्ययन किया था, लेकिन सबसे बढ़कर यह हिमालय के प्रति उनके प्रेम को दर्शाता है।[6] शास्त्री ने याद करते हुए लिखा है, 'स्वामीजी के शब्दों को सुनकर मैं रोमांचित हो गया। मैंने उसको आज तक संजो रखा है, और उसके शब्दों की चमक आज भी मेरे हृदय में बनी हुई है।'

स्वामीजी ने शास्त्री से हिमालय की जिस यात्रा का उल्लेख किया था वह उन्होंने एक साल पहले 1890 में की थी। 16 अगस्त 1886 को राम कृष्ण परमहंस के निधन के बाद विवेकानंद दो साल तक अधिकतर बड़ानगर मठ में रहे, युवा साधुओं की जिस शाखा को उन्होंने स्थापित किया था उसको मजबूत बनाने के काम में लगे रहे। उनकी यात्राओं की शुरुआत 1888 में हुई, वे एक घुमंतू साधु की तरह से पूरे देश की यात्रा पर निकल गए। उस साल वे सुदूर ऋषिकेश तक पहुँच गए, लेकिन उनको वापस लौट आना पड़ा क्योंकि उनको मलेरिया हो गया। फिर 1890 में विवेकानंद ने पैदल ही नैनीताल से अल्मोड़ा, रुद्रप्रयाग, श्रीनगर (गढ़वाल), मसूरी की यात्रा की और फिर ऋषिकेश, हरिद्वार एवं देहरादून होते हुए वापस मैदान में लौट आए।

पहाड़ों के लिए उनका प्रेम इतना प्रसिद्ध है कि उनके पूर्वी और पश्चिमी शिष्यों ने उनकी जो जीवनियाँ लिखी हैं उनमें एक पूरा अध्याय हिमालय की यात्राओं पर रखा है। 'हिमालय की बर्फीली चोटियों को देखने' के लिए वे

---

6. इस घटना का उल्लेख पुलकित माथुर की किताब 'हिमालय – नॉट ऑर्डिनरी माउंटेन, बट द डिवाइन प्रोटेक्टर ऑफ़ इंडिया' में है: 'जब हम स्वामी विवेकानंद द्वारा इस कविता का गहराई से किया गया विश्लेषण पढ़ते हैं जो उसके शाब्दिक अनुवाद से बहुत आगे की चीज़ है, उसी सच्ची भावना के साथ जिसके साथ कालिदास ने इस पद को लिखा था, साथ ही भारत के वेदांतिक ज्ञान के रक्षक के रूप में हिमालय के महत्व की भी चर्चा है।' (https://www.spiritualbee.com/posts/himalayasdivine-protectors-of-india/).

इतने व्यग्र थे कि वे वाराणसी की पवित्र नगरी में ठहरना नहीं चाहते थे, उन्होंने अपने मेज़बान प्रमदादास मित्र के यहाँ यह भविष्यवाणी की थी कि 'जब अगली बार यहाँ आऊँगा। तो मैं समाज पर बम की तरह फटूँगा, और यह श्वान की तरह से मेरा पीछा करेगा!'[7]

नैनीताल से विवेकानंद ने अपने साधु भाई अखंडानंद के साथ बद्रीनाथ जाने की योजना बनाई। लेकिन वे कर्णप्रयाग से आगे नहीं जा पाए। उस क्षेत्र में अकाल पड़ा हुआ था और उससे आगे का मार्ग सरकार ने बंद कर दिया था। विवेकानंद और अखंडानंद दोनों ही बीमार पड़ गए, उनको जाड़ बुख़ार हो गया। बहरहाल, उन्होंने चटी, अलकनंदा, टेहरी, श्रीनगर (गढ़वाल), गणेशप्रयाग, ऋषिकेश और हरिद्वार में कुछ अच्छे यादगार दिन बिताए। इसके बाद डॉक्टरों ने उनसे कहा कि वे मैदान में लौट जाएँ और देहरादून में जाकर स्वास्थ्य लाभ करें।

इस काल में दो उल्लेखनीय घटनाएँ हुईं। हिमालय की यात्रा के आरम्भ में वे नैनीताल के नजदीक ही, झरने के निकट एक पवनचक्की के पास रुके, जो नैनीताल से बहुत दूर नहीं था। पीपल के एक प्राचीन पेड़ के नीचे विवेकानंद ध्यान में डूब गए। जब वे ध्यान से बाहर आए तो उन्होंने अखंडानंद से कहा, 'जानते हो गंगाधर,[8] पीपल के इस पेड़ के नीचे मेरे जीवन की सबसे बड़ी समस्या सुलझ गई।' यह उनकी सबसे बड़ी अनुभूतियों में से एक है, जिसको उन्होंने अपनी नोटबुक में बांगला भाषा में लिखा, जिसे बाद में इस तरह से अनूदित किया गया:

> आरम्भ में शब्द था, आदि:
>
> सूक्ष्म जगत एवं ब्रह्मांड की रचना एक ही योजना से हुई। जिस प्रकार से मानव की आत्मा जीवित शरीर में रहती है, उसी तरह से सार्वभौम आत्मा जीवित प्रकृति में रहती है—वस्तुपरक ब्रह्मांड। शिव (काली)[9] शिव का आलिंगन कर रहे हैं; यह कोई कल्पना नहीं

---

7. 'वांडरिंग इन हिमालयाज', https://www.ramakrishnavivekananda.info/swamieastwest/2_filcs/1-14.html. अगले कुछ अनुच्छेदों में 1890 में विवेकानंद द्वारा की गई हिमालय की यात्राओं के बारे में इसी स्रोत से लिखा गया है।
8. स्वामी अखंडानंद के स्वामी बनने के पहले उनका नाम गंगाधर घटक (गंगोपाध्याय) था। उन दिनों स्वामीजी के भी अनेक नाम थे, जिनमें विविदिशानंद नाम भी था, विवेकानंद बाद में संन्यासी बने।
9. जीवनी में इस तरह से है: 'तंत्रिका सिद्धांत का संदर्भ है जिसमें काली शिव का आलिंगन कर रही हैं। काली ब्रह्मांड की माँ है, और शिव उनकी दैवी संगिनी। शिव एक उच्चारण में स्त्रीलिंग होता

> है। एक (आत्मा) का दूसरी (प्रकृति) द्वारा आच्छादन उसी तरह से है जिस तरह से विचार और उसको अभिव्यक्त करने वाले शब्द का संबंध होता है: वे एक और एकसमान होते हैं, और केवल मानसिक तौर पर सोच विचार करके कोई उनको अलग-अलग कर सकता है। विचार शब्दों के बिना असंभव है। इसलिए शुरुआत में शब्द आदि था।
>
> सार्वभौम आत्मा का यह दोतरफ़ा पहलू अनंत होता है। इसलिए हम जो कुछ भी महसूस करते हैं वह अनंत के रूप और अरूप का योग होता है।

बाद में उन्होंने इसी विषय पर 1896 में न्यू यॉर्क में अपना प्रसिद्ध व्याख्यान दिया था, 'द कॉसमॉस: द मैक्रोकोस्म'।

हालाँकि पहाड़ों में की गई ये यात्राएँ उनके मिज़ाज के अनुकूल थीं लेकिन एक बार फिर से उनको मजबूर होकर नीचे मैदान में पीड़ित जनता के बीच आना पड़ा, जहां उनको हरिद्वार और ऋषिकेश में घोर तप के संन्यास और मुक्ति की याद आई:

> ऋषिकेश में मैं एक से एक लोगों से मिला। एक मुझे अभी भी याद है, वह आदमी जो कुछ पागल लग रहा था। वह सड़क पर नंगा चल रहा था और बच्चे उसको चिढ़ा रहे थे उसके ऊपर पत्थर फेंक रहे थे। वह आदमी हँस रहा था, जबकि उसकी गर्दन तथा उसके चेहरे से खून बह रहा था। मैंने ले जाकर उसके घाव धोए, उसके ऊपर भस्म लगाया (सूती कपड़े के एक टुकड़े को जलाकर बनाया) जिससे कि खून बहना बंद हो जाए। इस दौरान वह हँसे जा रहा था, मुझे बता रहा था कि वह उन बच्चों के साथ कितने मज़े कर रहा था 'इसी तरह से पिता खेलते हैं', वह बोला। (*मास्टर*, 243-244)

अपने जीवन में बाद में इसी भाव के साथ उन्होंने 9 जुलाई 1897 को अपने एक पत्र में अपनी आध्यात्मिक बहन मेरी हेल को यह बताया:

> मैं बार-बार जन्म लूँ और हजार तरह की पीड़ाओं को भुगतूँ ताकि मैं उस एक ईश्वर की पूजा करूँ जो विद्यमान है, एक ही ईश्वर जिसमें मैं विश्वास करता हूँ, जो सभी आत्माओं का योगफल है; और सबसे

है, इस तरह वह शक्ति या काली का प्रतीक हैं।

> बढ़कर मेरा ईश्वर खल है, वह दरिद्र है, मेरे ईश्वर सभी नस्लों के गरीब लोग हैं, सभी जातियों के गरीब लोग, यह मेरी उपासना के विशेष विषय हैं।[10]

II
मायावती

1893 में विवेकानंद पश्चिम के देशों की यात्रा पर गए। एक विजेता की तरह उनकी वापसी, अपने जन्मस्थान कोलकाता में हुई, यहाँ उन्होंने 1 मई 1897 को रामकृष्ण मिशन की स्थापना की।

इसके लगभग ठीक बाद वह आराम और स्वास्थ्य लाभ के लिए अल्मोड़ा चले गए। वहाँ उनका अच्छा स्वागत हुआ और वहाँ के प्रमुख नागरिकों ने उनके अभिनंदन में एक से एक बातें कही। उनकी तुलना शंकराचार्य से की गई, स्वागत भाषण में उत्तर अमेरिका तथा यूरोप में हिंदू धर्म के विश्वसनीय संदेश के प्रसार की दिशा में किए गए उनके कामों की सराहना की गई और उन लोग़ों ने यह आशा भी जताई कि वह हिमालय में एक आश्रम की स्थापना करेंगे।

उन्होंने स्वागत का जवाब उतने ही उत्साह और अपने मेज़बानों की प्रशंसा के साथ दिया:

> यह धरती हमारे पूर्वजों के सपनों की धरती है, जिस धरती पर भारत की माँ पार्वती का जन्म हुआ था। यह भूमि वह पवित्र भूमि है जिस भूमि पर भारत का हर उत्कट यात्री अपने जीवन के अंत में आना चाहता है, जब उसके जीवन का अंत हो रहा होता है। इस परमानंद धरती के पहाड़ की ऊँचाई पर, इसकी गुफाओं की गहराइयों में, इसकी जलधाराओं के तट पर बहुत सुन्दर विचार आते हैं... यह वह धरती है जिसके बारे में मैं अपने बचपन से यह सपना देखता था कि मैं अपना जीवन यहीं बिताऊँ, और... अपने जीवन में अभी भी मुझे यह आशा है कि मेरे जीवन का अंत पर्वतों के पिता की धरती पर ही हो जहां ऋषियों का वास है, जहाँ दर्शनशास्त्र का जन्म हुआ था... हिमालय हमेशा हमें एक विषय के बारे में सिखाता है जिसकी

---

10. मिस मेरी हेल को लिखा पत्र, 9 जुलाई 1897, https://www.ramakrishnavivekananda.info/vivekananda/volume_5/epistles_first_series/078_sister.htm; also cited in

> गूंज इस जगह के माहौल में है, जिसकी फुसफुसाहट मुझे यहाँ के माहौल में सुनाई देती है—संन्यास। *सर्वं वस्तु भयान्वितं भुवि नृणां वैराग्यमेवाभयम्*—'इस संसार की हर चीज़ भय से परिपूर्ण है। केवल संन्यास से ही कोई निडर हो सकता है।' हाँ, यह धरती संन्यास की धरती है।
>
> मित्रो, यह आप लोगों की कृपा है कि आप लोगों ने मेरी सोच की तरफ़ संकेत दिया, मेरा विचार हिमालय में एक केंद्र खोलने का है, और शायद मैंने इस बारे में बहुत बताया भी है कि इसको इस तरह का क्यों होना चाहिए, क्यों, बाक़ी सब बातों को छोड़कर यह ऐसी जगह है जिसका चुनाव मैं सार्वभौम धर्म सिखाने के एक केंद्र के रूप में करना चाहता हूँ। इन पहाड़ों का संबंध हमारी जाति की सबसे अच्छी स्मृतियों से है; अगर धार्मिक भारत के इतिहास से हिमालय को अलग कर दिया जाए तो बहुत कम बच जाएगा। इसलिए यह केंद्र ऐसा बनेगा जो केवल अपनी गतिविधियों के लिए ही नहीं बल्कि प्रशांति, ध्यान एवं शांति का केंद्र बनेगा, और मैं आशा करता हूँ कि एक दिन यह बनेगा।[11]

इस दौरान उन्होंने जो पत्र लिखे उनसे पहाड़ पर रहने के दौरान उनकी दैनन्दिन की गतिविधियों की एक झलक मिलती है। 1897 में अल्मोड़ा से उन्होंने अपने डॉक्टर को लिखा था:

> यहाँ मुझे ऐसा लगता है जैसे मुझे कोई बीमारी नहीं है... अब मैं अपने आपको बहुत मजबूत महसूस कर रहा हूँ। आपको मुझे देखना चाहिए डॉक्टर, जब मैं सुंदर बर्फीली चोटियों के सामने ध्यान में बैठता हूँ और उपनिषद से यह पढ़ता हूँ—*न तस्य रोगो न जरा न मृत्युः प्राप्तस्य योगाग्निमयं शरीरम्*—अर्थात् जिसे योगाग्निमय शरीर प्राप्त हो जाता है उसे रोग, जरा (बुढापा) एवं मृत्यु नही होती अर्थात् वह इन तीनों से मुक्त हो जाता है।[12]

---

11. अल्मोड़ा में स्वागत भाषण और उनका उत्तर, http://ramakrishnavivekananda. info/vivekananda/volume_3/lectures_from_colombo_to_almora/address_of_welcome_at_almora_and_reply.htm
12. स्वामी ब्रह्मानन्द को विवेकानंद का पत्र, 23 अप्रैल 1898, https://www.ramakrishnavivekananda.info/vivekananda/volume_8/epistles_fourth_series/126_rakhal.htm

विवेकानंद ढाई महीने तक कुमाऊँ में रहे, फिर 8 अगस्त 1897 को वे मैदान में वापस लौट आए।

दो साल के अंदर उनके अंग्रेज शिष्य कैप्टन जेम्स हेनरी सेवियर और उनकी पत्नी शार्लोट एलिज़ाबेथ सेवियर ने स्वामी स्वरूपानंद (जिनको उन्होंने संन्यास दिलवाया था) से मिलकर हिमालय केंद्र बनवाने के उनके सपने को सच कर दिया। सेवियर ने इंग्लैंड लौटने के पहले ब्रिटिश भारतीय सेना में ग़ैर कमीशन प्राप्त अधिकारी के रूप में काम किया। वह और उनकी पत्नी 1895 में विवेकानंद से लंदन में मिले थे। अगले साल 1896 में वे महादेश की यात्रा में उनके साथ रहे। उस साल जुलाई में स्विट्ज़रलैंड में स्वास्थ्य लाभ के दौरान विवेकानंद ने यह इच्छा ज़ाहिर की कि वे हिमालय में एक आध्यात्मिक केंद्र की स्थापना करना चाहते थे।

सेवियर दंपति उसी जहाज़ से उनके साथ ही भारत आ गए। अल्मोड़ा के पास ही उन्होंने एक घर किराए पर ले लिया, जहाँ विवेकानंद रहने के लिए आ गए। बाद में, 1898 में उनको 1940 मीटर की ऊँचाई पर एक चाय बाग़ान मिला, जो देवदार, चीड़ और ओक के घने जंगलों के बीच में था, जहाँ से बर्फीली चोटियों का अच्छा नजारा दिखाई देता था। उत्तराखंड में चंपावत ज़िले में लोहाघाट से नौ किलोमीटर की दूरी पर इस जगह का नाम मायावती था। इसी स्थान पर उन्होंने स्वामी स्वरूपानंद के साथ मिलकर 19 मार्च 1899 को अद्वैत आश्रम की स्थापना की।[13]

विवेकानंद उस समय अपनी दूसरी विदेश यात्रा पर थे और उस आश्रम की स्थापना के समय वहाँ मौजूद नहीं थे, उन्होंने आधार सत्य के रूप में 'सभी जीवों की एकता' का शक्तिशाली संदेश भेजा, इसका विशिष्ट लक्ष्य रखा गया था साधना। '...उसको —और इस तरह ब्रह्मांड को—अपने आत्म के रूप में जानना ही सभी तरह के भय को दूर कर देता है, दुखों का अंत कर देता है

13. इस आश्रम का अपना छापाखाना, पुस्तकालय, संग्रहालय तथा धर्मार्थ अस्पताल है, और इसी ने सबसे पहले स्वामीजी की संपूर्ण कृतियों का प्रकाशन किया। इस संग्रहालय में विवेकानंद के निजी उपयोग के सामान भी थे। देखिए *टाइम्स ऑफ़ इंडिया* में प्रकाशित विनीत उपाध्याय का लेख 'रिमेंबरिंग विवेकानंद एफ़िनिटी विथ हिमालयाज' (https://timesofindia.indiatimes.com/ city/dehradun/Remembering-Vivekanandas-affinity-with-Himalayas/ articleshow/50537468.cms). साथ ही जस किरण चोपड़ा का 'हीज डीप स्पिरिचुलअल कनेक्शन विथ द हिमालयाज' यादगार है, पायनियर, 5 जुलाई 2018 (https:// www.dailypioneer.com/2018/state-editions/his-deep-spiritual-connectionwith-the-himalayas-is-memorable.html.)

तथा अनंत स्वतंत्रता की ओर ले जाता है।'

उनके लिए अद्वैत एकमात्र ऐसी व्यवस्था थी जो 'आदमी को अपने ऊपर पूरा अधिकार देती है, सभी प्रकार की निर्भरता एवं उससे जुड़े अंधविश्वासों को दूर कर देती है, इस तरह हमें साहसी बनाती है कि हम पीड़ा को सहन कर सकें, कुछ करने का साहस, और दीर्घ अवधि में वह पूर्ण स्वाधीनता को प्राप्त कर लेता है।' एक बार उन्होंने घोषणा की, 'निर्भरता दु:ख है। स्वाधीनता खुशी।' हिमालय के आश्रम का उद्‌देश्य था ऐसी जगह बनाना जहां इन सत्यों को संभव बनाया जा सके:

> लोगों के जीवन को ऊँचा उठाने के लिए मानवता को व्यापक बनाने के लिए उस एक सत्य को अधिक मुक्त एवं पूर्ण विस्तार देने के उद्‌देश्य से हम लोगों ने हिमालय की ऊँचाई पर इस अद्वैत आश्रम की स्थापना की है, उस धरती पर जहाँ इसने पहली बार साँस ली थी।
>
> यहाँ इस बात की आशा जताई गई थी कि अद्वैत को सभी तरह के अंधविश्वासों से मुक्त किया जाए एवं प्रदूषण को कमजोर किया जाए। यहाँ एकता के सिद्धांत को ही पढ़ाया सिखाया जाएगा, शुद्ध और साधारण; तथा सभी अन्य तरह के मतों के साथ पूरी तरह से सहानुभूति रखते हुए यह आश्रम केवल अद्वैत के प्रति ही समर्पित रहेगा।[14]

वह हिमालय के अपने आश्रम को लेकर इतने उत्साह में थे कि 27 दिसम्बर 1899 को उन्होंने अपनी एक शिष्या सिस्टर क्रिस्टीन को लिखा:[15]

> छह हजार फ़ीट की ऊँचाई पर हिमालय में मैं एक छोटी सी जगह ख़रीदूँगा—कह सकती हो कि पूरा पहाड़, जहाँ से अनंत बर्फ़ का विशाल दृश्य दिखाई देगा। वहाँ झरना और एक छोटी सी झील भी होनी चाहिए। देवदार—हिमालयी देवदार के जंगल हों, और चारों तरफ़ फूल ही फूल हों। उसके बीच मेरा एक छोटा सा आश्रम होगा;

14. स्वामी स्वरूपानंद के नाम चिट्ठी, मार्च 1899, https://www.ramakrishnavivekananda.info/vivekananda/volume_5/writings_prose_and_ poems/the_advaita_ashram_himalayas.htm

15. प्राव्राजक व्रजप्राण द्वारा *ए पोर्ट्रेट ऑफ़ सिस्टर क्रिस्टीन* (कलकत्ता: रामकृष्ण मिशन इंस्टिट्यूट ऑफ़ कल्चर, 1996) पृष्ठ 5. सिस्टर क्रिस्टीन 1902 में भारत एक स्कूल अध्यापिका एवं सामाजिक कार्यकर्ता के रूप में आई थीं। निवेदिता की मृत्यु के बाद उन्होंने निवेदिता गर्ल्स स्कूल कलकत्ता का कार्यभार सँभाल लिया।

> वनस्पति का मेरा बगीचा, जिसमें मैं स्वयं काम करूँगा – और—और मेरी किताबें, और जहाँ इंसानों के दर्शन कभी कभार ही हों।[16]

अगले साल अमेरिका में शायद वह अपने व्याख्यान 'क्या अद्वैत भविष्य का धर्म है?' मायावती का ही संदर्भ दे रहे थे?:

> लेकिन हिमालय की ऊँचाई पर मेरे पास एक जगह है जिसके बारे में मेरा यह दृढ़ निश्चय है कि वहाँ शुद्ध सत्य के सिवा किसी चीज़ का प्रवेश न हो... अंग्रेज युवक-युवती उस जगह का कामकाज देखते हैं। इसका मक़सद है कि सत्य के साधकों को प्रशिक्षित किया जाए तथा बच्चों को बिना किसी भय तथा अंधविश्वास के बड़ा किया जाए। उनको ईसा मसीह और बुद्ध और शिव और विष्णु किसी के बारे में कुछ भी नहीं सुनना चाहिए। उनको आरम्भ से ही अपने पैरों पर खड़े होना आना चाहिए। उनको बचपन से ही यह शिक्षा मिलनी चाहिए कि ईश्वर आत्मा है तथा उनकी आत्मा के रूप में तथा सत्य के रूप में पूजा की जानी चाहिए। सभी को आत्मा के रूप में देखा जाना चाहिए।[17]

बाद में जब विवेकानंद 1901 में आश्रम में आए तो उन्होंने द्वैतवादी उपासना को स्थापित करने के प्रयासों की तथा श्री रामकृष्ण के मूर्तियों की आलोचना की। फिर भी जिनको इस तरह से उपासना की आदत थी वे इसी तरह से उपासना करते रहे, और वहाँ रामकृष्ण की मूर्ति मार्च 1902 तक रही। जब उसको हटाया गया तो कुछ लोग मूर्ति के हटाए जाने से दुखी हुए। बाद में रामकृष्ण परमहंस की संगिनी शारदा माँ ने विशुद्ध अद्वैत के पक्ष में अपना मत प्रकट किया तब जाकर यह मामला शांत हुआ।[18]

16. सिस्टर क्रिस्टीन को पत्र (क्रिस्टीना), 27 दिसम्बर 1899, http://ramakrishnavivekananda.info/vivekananda/volume_9/letters_fifth_ series/161_christina.html
17. क्या वेदांत भविष्य का धर्म है? https://www.ramakrishnavivekananda.info/vivekananda/volume_8/lectures_and_discourses/is_vedanta_the_future.htm
18. स्वामी विमलानंद ने पावन माँ को अपने उस अंतर्द्वंद्व के बारे में लिखा था जो उनके दिमाग को मथे जा रहा था। उसने सितम्बर 1902 में लिखे अपने पत्र में इस विचार को बहुत स्पष्ट रूप से रखा है: 'वह जो हमारे गुरु हैं (श्री रामकृष्ण) वह अद्वैतिन है। मैं इस बात को ज़ोर देकर कह सकती हूँ कि आप सभी निश्चित रूप से अद्वैतिन हैं।' देखें सुचिस्मिता सेनगुप्ता पांडेय, 'स्वामी विवेकानंद फुटप्रिंट्स ऑन उत्तराखंड हिमालयाज', *द पायनियर*, 13 अप्रैल 2018 (https://

अक्टूबर 1900 में कैप्टन सेवियर का निधन हो गया; शार्लोट जिनको वह माँ कहकर बुलाते थे, मायावती में कई साल तक रही और फिर वह इंग्लैंड लौट गई। 83 साल की उम्र में 1930 में उनका देहांत हो गया।[19]

III
निवेदिता

अल्मोड़ा

स्वामी विवेकानंद के हिमालय से जुड़े अनुभवों में अल्मोड़ा के अनुभव का विशेष महत्व है, यह 1898 में घटित हुआ था जब वह अपनी सबसे बड़ी शिष्या मार्ग्रेट नोबल (1867-1911), जिनको सिस्टर निवेदिता के रूप में जाना जाता है, के साथ यहाँ आए थे।

मार्ग्रेट या मार्गोट की विवेकानंद से भेंट 1895 में 'नवम्बर की एक ठंडी दोपहर में हुई... वेस्टएंड के एक ड्राइंग रूम में' (*मास्टर* 5)। जहाँ तक उनकी हिमालय यात्राओं की बात आती है तो उसके बारे में सबसे विस्तार से तथा अनौपचारिक रूप से *द मास्टर ऐज आई सॉ हिम,* से ज़्यादा अच्छी तरह से सिस्टर निवेदिता के मरणोपरांत प्रकाशित पुस्तक, *नोट्स ऑफ़ सम वांडरिंग विथ द स्वामी विवेकानंद* में दर्ज किया गया है, जिसके अधिकृत संस्करण का प्रकाशन स्वामी शारदानंद ने किया था।

विवेकानंद और उनकी पाश्चात्य शिष्या की असाधारण हिमालय यात्रा पाँच महीने तक चली, 1898 में मई से अक्टूबर तक। इस यात्रा की मेज़बानी समाज सेविका सारा चैपमैन थोर्प बुल ने किया था, जिनको विवेकानंद अपनी अमेरिकी माँ कहते थे, जिनका नाम उन्होंने धीरा माता रखा था।[20] उस

www.pioneeredge.in/5427-2/).

19. उनके समर्पण, आदर्श, त्याग एवं आध्यात्मिक प्रगति के बारे में अमृता एम.साल्म, *मदर ऑफ़ मायावती: द स्टोरी ओफ़ शार्लोट सेवियर एंड अद्वैत आश्रम* 2013 में लिखा गया है।

20. सारा बुल (नी थोर्प) की विवेकानंद से भेंट 1894 में हुई। 1880 में अपने पति की मृत्यु के बाद वह पूरी तरह से आध्यात्म और दर्शन की दिशा में मुड़ गई। यह कहा जाता है कि उन्होंने ही विवेकानंद का परिचय विलियम जेम्स से करवाया था, जो हार्वर्ड में पढ़ाने वाले प्रसिद्ध प्रोफ़ेसर तथा हेनरी जेम्स के भाई थे। देखें प्राव्रजक प्रबुद्धप्राण, *संत सारा: द लाइफ ऑफ़ सारा चैपमेन बुल, द अमेरिकन मदर ऑफ़ स्वामी विवेकानंद* (कलकत्ता: श्री सारदा मठ, 2002); एवं प्रोथेरो, स्टीफ़ेन, 'हिंदूफोबिया एंड हिंदुफ़िलिया इन यूएस कल्चर' (http://www.bu.edu/religion/files/pdf/Hinduphobia_and_ Hinduphilia.pdf.)

समूह में अन्य उल्लेखनीय सदस्य थी जोसेफ़िन मैकलोड, वह भी अमेरिकी साधिका और उनकी मित्र थीं।[21] उनके अलावा, अमेरिकी राजनयिक की पत्नी श्रीमती पैटर्सन तथा चार संन्यासी, स्वामी तूरियानंद (हरिनाथ चट्टोपाध्याय), निरंजनानंद (नित्यनिरंजन घोष), सदानंद (शरतचंद्र गुप्ता) और स्वरूपानंद भी थे।

कलकत्ता से यह दल अल्मोड़ा की तरफ़ बढ़ा, जहाँ सेवियर दंपति ने एक घर किराए पर लेकर उनके रहने का इंतज़ाम किया था। उसी घर में विवेकानंद और उनके साथी संन्यासी ठहरे, जबकि महिलाओं को पहले 'पेड़ों के बीच में पहाड़ की ऊँचाई पर एक डाकबंगले में ठहराया गया' (वांडरिंग, 22),[22] उसके बाद उनको किराए के एक कॉटेज (रेमंड 107) में ठहराया गया। रोज़ सुबह विवेकानंद उन महिलाओं से मिलने जाते, वे उनको निर्देश देने और उनसे बातचीत करने के लिए जाते थे, और उनको भारतीय अभियान के लिए तैयार करवाने के मक़सद से जाते, विशेष रूप से निवेदिता को। जबकि निवेदिता जबसे आई थीं, वह तब से बेचैन थीं कि उनको कोई काम दिया जाए। उसने जोसेफ़िन से यह शिकायत भी की थी, 'यहाँ इतने समय तक मैं करूँगी क्या? स्वामी मुझसे काम के बारे में कोई बात क्यों नहीं करते?' (रेमंड, 77)। लेकिन ऐसा नहीं लगता था कि उनसे काम करवाने में विवेकानंद की कोई दिलचस्पी थी।

गुरु शिष्य का संबंध बहुत अंतरंग और पवित्र होता है तो यह जटिल और मुश्किल भी हो सकता है। निवेदिता अपने गुरु की अजीब उपेक्षा से चिड़चिड़ी होकर विद्रोही हो गईं। अपने चिड़चिड़ेपन को अन्य पुरुष में व्यक्त किया, वह 'नए तरह का अजीब पहलू, दुखदायी लेकिन यादगार' (वांडरिंग, 23)[23] जो उनके दिल के भाव थे। उनके जीवनीकार रेमंड ने इसको अधिक स्पष्ट रूप

21. वह स्वामीजी से न्यू यॉर्क में 29 जनवरी 1895 को मिली थी, जिसको बाद में वह अपना आध्यात्मिक जन्मदिन मनाने लगी। अपने जीवन को बदलकर रख देने वाली घटना को याद करते हुए उसने बताया, 'यह सत्य कथन है कि जब मैंने स्वामीजी को देखा तो मैं मुक्त हो गई; मुझे मुक्त करने के लिए ही स्वामीजी आए थे', (*स्वामी विवेकानंद, द लिविंग वेदांत*, चतुर्वेदी बद्रीनाथ में उद्धृत (नई दिल्ली; पेंगुइन बुक्स 2006)। अविवाहित रहीं लेकिन कभी संन्यास लेने का संकल्प नहीं लिया, वह रामकृष्ण-विवेकानंद आंदोलन की मज़बूत समर्थक बन गई। विवे_ कानंद उसको जो, जया आदि नामों से बुलाते थे, इन्हीं नामों से उनको वांडरिंग में उद्धृत किया गया है। उद्बोधन की शुरुआत उनके 800.00 डॉलर के चंदे से हुई थी।

22. 'वांडरिंग इन हिमालयाज', https://www.ramakrishnavivekananda.info/swamieastwest/2_files/1-14.html

23. वही।

से कहा:

> निवेदिता अचानक दु:ख के अव्यक्त भाव से भर गई थीं, और ऐसे एकांत में चली गईं कि एक पल के लिए उनका उत्साह ठंडा पड़ने लगा...चार दिनों तक ऐसे ही दुखी रहीं कि वह इस बात को समझ नहीं पा रही थीं। और फिर उनको इसका कारण समझ में आ गया: उनके गुरु उनसे दूर जा रहे थे।(108)

अंतरवैयक्तिक के विरुद्ध वैयक्तिक के संघर्ष को सँभाल पाना निवेदिता के लिए बहुत मुश्किल होता जा रहा था। इस बात को रेमंड ने लिखा है, 'उनके पास कोई काम नहीं था, उनको प्रेम नहीं करने दिया जा रहा था, इसलिए उनको यह समझ में नहीं आ रहा था कि स्वयं को किस तरह से अभिव्यक्त करें। उनको ऐसा महसूस हो रहा था जैसे उनको वहाँ छोड़ दिया गया हो।'(109)

ऐसा लग रहा था कि वह स्वामी को प्रसन्न करने की जितनी कोशिश करतीं, वह उतनी ही उनकी अनदेखी कर रहे थे। असल बात यह है कि उस पूरे साल विवेकानंद ने शायद ही उसके साथ अकेले एक घंटा भी बिताया हो। '1898 में पूरे साल मुझे बस एक बार की याद है कि जब स्वामीजी मुझे अपने साथ एक घंटे के लिए टहलने के लिए ले गए थे, और फिर इस बारे में हमारी बातचीत उस साल गर्मी के अंत में हुई' (*मास्टर* 131)। वह इसके लिए तड़पती रहती थीं कि स्वामीजी उन पर निजी रूप से ध्यान दें। उन्होंने स्वरूपानंद से ध्यान लगाना सीखने की कोशिश की, जिनको हाल में ही संन्यास की दीक्षा दी गई थी। लेकिन निवेदिता का दिमाग अस्थिर था और वह परेशान थीं: 'उस समय अपने गुरु के साथ मेरे रिश्ते के बारे में कहा जा सकता है कि वह तनातनी का था।' (*मास्टर* 136)। उनको सैद्धांतिक रूप से अनासक्ति की ज़रूरत महसूस हुई और इस बात का ख़तरा समझ में आ गया कि हर समय गुरु के बारे में ही सोचते रहने के क्या जोखिम थे। वास्तव में, बेलूर में सभी यूरोपीय महिलाएँ अलग-थलग ही रह रही थीं, वे जब से आई थीं तभी से वे सन्यासियों तथा अन्य भारतीयों से अलग एक बंगले में रह रही थीं। विवेकानंद की चिंता यह थी वह मंडली भारतीय और पाश्चात्य लोगों का अप्रचलित मेल थी, बल्कि संन्यासी के साथ अकेली अमेरिकी महिला का रहना भी अलग तरह का लग रहा था।

निवेदिता को स्वामीजी का इस तरह से दूरी बनाकर रहना बहुत बुरा लग रहा था: 'लेकिन मैं इसके लिए ज़रा भी तैयार नहीं थी कि मेरे अंदर जो

मेरी सबसे प्यारी धारणा थी उसके ऊपर इस तरह से आक्रमण होगा' (वही)। एक 'दोस्ताना तथा प्यारे नेता' की छवि टूट गई (वही)। उसने पाया कि वह ऐसे आदमी के साथ सामंजस्य बिठाने में लगी हुई थी 'जिसको कम से कम बेपरवाह तो कहा ही जा सकता था, और जो अंदर ही अंदर उससे शायद चिढ़ा भी हुआ था,' (*मास्टर* 137)। लेकिन इसके बावजूद वह विवेकानंद को छोड़ने या उनकी सेवा करने के अपने प्रस्ताव से पीछे हटने के बारे में नहीं सोच रही थीं। लेकिन 'जैसे-जैसे दिन बीतते गए' तो उनको यह बात समझ में आ गई कि उनके रिश्ते में 'किसी तरह की निजी मिठास' (वही) नहीं थी।

जैसा कि रेमंड ने लिखा है,

> वह उनके ऊपर बहुत अधिक प्यार और भरोसा जताती थीं, लेकिन अब वह हठ करतीं। वह चिढ़ गई थीं क्योंकि वह स्वामीजी के लिए जो कुछ भी कर रही थीं ऐसा लग रहा था कि वह इस सबसे पूरी तरह से अनजान थे, क्योंकि वह जो कुछ भी कहतीं विवेकानंद उसके ऊपर ज़रा भी ध्यान नहीं देते थे, चूँकि स्वामी ने उनको झिड़क दिया था इसलिए उनको ऐसा महसूस हो रहा था कि उनके अंदर कड़वाहट बढ़ रही थी। वह इस बात से हैरान थीं लेकिन वह इसको लेकर कुछ कर नहीं सकती थी, और उनकी निंदा ने उनके और गुरु के बीच के तनाव को और बढ़ा दिया था।
>
> (रेमंड 109)

वह अपने आप में डूबी रहने लगीं, अंदर से चोटिल और स्तब्ध। समस्या का कुछ कारण तो यह था कि उनके अंदर देशभक्ति एवं राष्ट्रीय भावनाएँ बहुत प्रबल थीं, तथा उनकी यूरोपीय परवरिश एवं मूल्यों के कारण भी परेशानी का भाव था। ऐसा लग रहा था जैसे विवेकानंद ने दोनों को कुचल दिया हो। यह बात मायने रखती है कि बाद में भारत में काम करते हुए निवेदिता ने अपने आपको पूरी तरह से भारतीय रंग ढंग में रंग लिया, इस हद तक कि उन्होंने ब्रिटिश शासन को उखाड़ फेंकने के लिए प्रयास कर रहे क्रांतिकारियों का समर्थन किया। औपनिवेशिक शासन के कोप से बचने के लिए उनको इंग्लैंड लौट जाना पड़ा।

अल्मोड़ा प्रकरण अपने चरम पर तब पहुँचा जब निवेदिता टूटने के कगार पर थीं। जोसेफ़िन ने आगे बढ़कर इसमें हस्तक्षेप करने का निर्णय लिया। विवेकानंद ने सुन लिया और वापस चले गए, शाम में लौटकर उन्होंने यह

स्वीकार किया कि इस प्रसंग को ठीक किए जाने की ज़रूरत थी। उन्होंने यह माना, 'बच्चों की सहजता के साथ "तुम सही थीं। उसमें बदलाव होना चाहिए। मैं एकांत के लिए जंगल में जा रहा हूँ और जब मैं लौटकर आऊँगा तो शांति हो जाएगी"' (*मास्टर,* 137)।

यह कहते हुए उन्होंने अपनी शिष्या को आशीष दिया, जो उनको झुककर प्रणाम कर रही थी: 'निश्चित रूप से यह पल पुनर्मिलन की शानदार मिठास से परिपूर्ण था' (*मास्टर* 138)। लेकिन फिर भी सिस्टर निवेदिता ने लिखा, 'ऐसे पल घाव तो भर सकते हैं। लेकिन वे उस भ्रम को वापस नहीं स्थापित कर सकते जो टुकड़े-टुकड़े हो चुके थे' (वही)। उस शाम जब निवेदिता ने ध्यान लगाया तो उनको पहली बार उस परम सुख की अनुभूति हुई जिसके लिए वह तड़प रही थीं, 'अनंत भलाई को गहराई से महसूस किया' (वही)। बाद में उन्होंने लिखा, 'पहली बार मुझे यह बात समझ में आई कि जो महान गुरु होते हैं वे हमारे अंदर के व्यक्तिगत संबंध को इसलिए नष्ट कर देते हैं ताकि उसके स्थान पर अंतरवैयक्तिक दृष्टि को रखा जा सके' (*मास्टर* 139)।

अमरनाथ

उसके बाद यह दल अमरनाथ की ओर चला, वह जगह विवेकानंद को बहुत पसंद थी। 20 जून 1898 को श्रीनगर पहुँचने पर दल के लोगों ने डल झील के हाउसबोट में जाकर पहले स्वयं को सहज बनाया। उसके बाद विवेकानंद अपने दल को लेकर शंकराचार्य मंदिर गए, वहाँ उन्होंने गर्व के साथ यह बताया: 'देखो! हिंदुओं ने मंदिर बनाने में कितनी प्रतिभा दिखाई है। वे हमेशा उसके दर्शनीय प्रभाव का ध्यान रखते थे। देखो! यह मंदिर जैसे पूरे कश्मीर को दिशा दिखा रहा है। हरि पर्वत की लाल चट्टान नीले पानी से लाल कैसे निकलता दिखाई दे रहा है, जैसे कोई मुकुटधारी सिंह लेटा हुआ हो। और मार्तंड मंदिर के पैरों पर जैसे पूरी घाटी है।'[24]

यह दल कश्मीर के सबसे पुराने मंदिर क्षीर भवानी भी गया, जहां बाद में स्वामीजी को देवी माँ की छवि दिखाई दी थी। वे लोग कुछ अन्य प्रसिद्ध मंदिरों को भी देखने के लिए गए, जिनमें प्राचीन प्रांदरेंथन मंदिर भी था, जो झेलम नदी के किनारे में जंगल में एक तालाब में था। इसके अलावा, अवंतीपुर एवं बिजबेहरा के मंदिर भी थे (वही)। प्रांदरेंथन मंदिर में 'बुद्ध की एक बहुत

24. कश्मीर में: अमरनाथ और क्षीरभवानी, https://www.ramakrishnavivekananda. info/ swamieastwest/2_files/1-32.html

सुंदर मूर्ति थी, जिसमें वे हाथ ऊपर उठाए खड़े थे' (वही)। निवेदिता ने याद करते हुए लिखा है कि स्वामी को ऐसा लगता था कि 'बुद्ध पृथ्वी पर आने वाले महानतम देवता थे, उन्होंने कभी अपने लिए साँस नहीं ली... कभी किसी से अपनी पूजा करने के लिए नहीं कहा। ...बुद्ध किसी आदमी का नहीं बल्कि एक अवस्था का नाम है। मुझे दरवाज़ा मिल गया है। आओ सब अंदर चलें।!' (वही)। मार्तंड मंदिर के बारे में निवेदिता ने लिखा है: 'वह एक बहुत सुंदर पुरानी इमारत थी, बल्कि मंदिर से अधिक वह मंदिर परिसर था, जिसमें तिपहिया मेहराब था, मूल रूप से उसमें तीन आयताकार मंदिर थे, जिन्हें पत्थर के भारी टुकड़ों से बनवाया गया था, जिनके चारों तरफ पवित्र झरना था' (*वांडरिंग*, 135)। वहां मिस्र, जोरास्त्रियन, ईसाई, इस्लाम तथा अन्य धर्मों एवं विश्वासों को लेकर खूब चर्चा हुई, और विवेकानंद ने हर धर्म के बारे में गहरी अंतरदृष्टि के साथ बहुत उदार और गहरी बातें बताईं।

कुल मिलाकर, बाहर के नज़ारों का आनंद लेना एवं भारतीय संस्कृति एवं अध्यात्म परम्परा के अलग-अलग पहलुओं को लेकर विवेकानंद की बातों को सुनना उनकी दैनिक दिनचर्या हो गई थी। इस्लामाबाद, कश्मीर में एक मौक़े पर विवेकानंद ने दो पत्थर उठाकर कहा, 'मृत्यु जब भी मेरे पास आए, तो मेरी सारी कमजोरी दूर हो जाएगी। मुझे न भय है, न किसी तरह की शंका, न कोई बाहरी सोच। मैं अपने आपको मरने की तैयारी में व्यस्त रखता हूँ' (वही)।

दोनों पत्थरों को एक-दूसरे से रगड़ते हुए उन्होंने आगे कहा, 'मैं इसी की तरह सख़्त हूँ—क्योंकि मैंने ईश्वर के पाँव छुए हैं!' (वही)।

मानो उस यात्रा का अनुमान लगाते हुए एक साल पहले स्वामी ने वहाँ की राजधानी श्रीनगर से मार्गोट को बहुत प्यार भरा पत्र लिखा था: 'मैं तुमको कश्मीर का वर्णन नहीं करूँगा। इतना ही कहना काफ़ी है कि मुझे कभी किसी देश को छोड़ने का अफ़सोस नहीं हुआ, सिवाय धरती पर इस स्वर्ग के।'[25]

अपने चुनिंदा शिष्यों को नेतृत्व की शिक्षा देने का काम विवेकानंद ने जारी रखा: 'कुछ लोग अपना सबसे अच्छा काम तब करते हैं जब उनका नेतृत्व कोई और करता है। सब नेतृत्व करने के लिए पैदा नहीं होते। हालाँकि, सबसे अच्छा नेता वह होता है जो किसी "बच्चे की तरह नेतृत्व करता है"। बच्चा दिखाई तो ऐसे देता है कि वह सभी के ऊपर निर्भर है लेकिन वह घर

25. सिस्टर निवेदिता के नाम पत्र, 1 अक्टूबर 1897, https://www.ramakrishnavivekananda.info/vivekananda/volume_8/epistles_fourth_series/110_margo.htm.

का मालिक होता है' (वही)। विवेकानंद इस बात को बहुत अच्छे से जानते थे कि बिना निजी आकर्षण तथा करिश्मा के कोई नेता किसी को कुछ करने के लिए प्रेरित नहीं कर सकता। लेकिन इस तरह के नेतृत्व को मान-सम्मन देने में बड़ा ख़तरा था:

अबसे बड़ी मुश्किल यह है: मैंने देखा है कि लोग मुझे अपना सारा प्यार दे देते हैं। लेकिन मैं बदले में किसी को पूरा प्यार नहीं दे सकता, क्योंकि उस दिन काम ख़राब हो जाएगा। फिर भी कुछ लोग होते हैं जो बदले में पूरा प्यार चाहते हैं, उनको अंतरवैयक्तिक नज़रिए के बारे में पता नहीं होता है। यह बहुत ज़रूरी है कि मैं जो काम करूँ उसको उत्साह के साथ जितना प्यार हो सके करूँ, लेकिन मैं स्वयं अंतरवैयक्तिक रहूँ (वही)।

हर गुरु को अपने शिष्यों के बीच प्रतिस्पर्धा का सामना करना पड़ता है। विवेकानंद इस बात को अच्छे से समझते थे। उन्होंने दोहराते हुए कहा:

> एक नेता को अंतरवैयक्तिक यानी पूरी तरह से अपनी निजता से ऊपर होना चाहिए। इस बात को लेकर मैं निश्चित हूँ कि आप इस बात को समझ रहे हैं। मेरे कहने का मतलब यह नहीं है कि किसी को क्रूर होना चाहिए, दूसरों की भक्ति का अपने लिए फ़ायदा उठाना चाहिए, और यह सब करते हुए मन ही मन हँसना भी चाहिए। मेरे कहने का मतलब यह है कि मैं अपने प्रेम में पूरी तरह से व्यक्तिगत हूँ, लेकिन मेरे अंदर यह शक्ति है कि अगर आवश्यक हुआ तो मैं अपने हाथों से अपने दिल को निकाल सकता हूँ, 'बहुत लोगों की भलाई के लिए, बहुत लोगों के कल्याण के लिए', जैसा कि बुद्ध ने कहा था। प्रेम में पागलपन है लेकिन किसी तरह का बंधन नहीं। प्रेम की शक्ति से पदार्थ जीव में बदल सकता है। यही वेदांत का सार है।[26]

इतनी स्पष्ट चेतावनी के बाद भी दुर्भाग्य से, निवेदिता जब भारत आईं तो अपनी पीड़ा से बच नहीं पाईं, न ही विवेकानंद के आलोचकों को उनके ऊपर यह आरोप लगाने से रोक पाई कि वह उनको भटका रहे थे।

---

26. कश्मीर की यात्रा के दौरान विवेकानंद ने पाया, 'मुझे यह समझाने की कोशिश की गई कि कोई नेतृत्वकर्ता एक जन्म में नहीं बनता है। इसके लिए उसको फिर से जन्म लेना पड़ता है। क्योंकि मुश्किल संगठन करने, योजनाओं के निर्माण में नहीं होती; किसी नेता की असली परीक्षा इसमें होती है कि वह अपनी समान अनुभूतियों के आधार पर अलग-अलग तरह के लोगों को किस प्रकार एक साथ रख सकता है। और यह अचेतन में ही किया जा सकता है, इसको कोशिश करके नहीं किया जा सकता।' (*मास्टर*, 150-151)

25 जुलाई तक वह दल अछबल पहुँचा, वहाँ उस दल ने मुग़ल गार्डन का आनंद उठाया। वहाँ निवेदिता के लिए यह योजना बनाई गई कि वह विवेकानंद के साथ अमरनाथ की पवित्र गुफा में जाएंगी, जहाँ मौसम आने पर बर्फ़ का विशालकाय शिवलिंग बन जाता था। दोनों 2 अगस्त को इस्लामाबाद, पहलगाम, चंदनवाड़ी, शेषनाग और पंचतरनी होते हुए अमरनाथ पहुँचे। वह यात्रा जितनी कठिन थी उतनी ही दर्शनीय भी थी, दो से तीन हजार तीर्थयात्री बहुत व्यवस्थित तरीक़े से आगे बढ़ते जा रहे थे, अपने साथ वे मानो 'बाज़ार लेकर चल रहे थे', सैकड़ों संन्यासी, अपने साथ गेरुआ रंग के तम्बू लिए, 'कुछ तो छाते से बड़े आकार के नहीं थे' (*मास्टर* 154)। विवेकानंद को उन लोगों को यह भरोसा दिलवाना पड़ा कि एक यूरोपीय संन्यासी के उनके साथ जाने में किसी तरह से कोई गलत बात नहीं थी, साथ ही उन्होंने यह भी कहा, 'मोहम्मद धर्म के लिए उनके प्रेम तथा ऊष्मा' को मानव एकता के उनके हित के स्थान पर नहीं देखा जा सकता है, 'जबकि पंजाब की धरती उन लोगों के खून से भीगी हुई है जो आस्था के नाम पर मरे' (*मास्टर* 155)।

पहलगाम में उन्होंने एकादशी का व्रत किया:

> वह बहुत सुंदर घाटी थी, आसपास झरने थे। उसके पास की ढलान चीड़ के पेड़ों के कारण गहरे रंग की लग रही थी, और पहाड़ के ऊपर चाँद चमक रहा था। वहाँ का नजारा स्विट्ज़रलैंड या नॉर्वे जैसा था, सुहावना और बहुत प्यारा। (*मास्टर* 157)

'अनिर्वचनीय सौंदर्य के बीच से गुजरते हुए' (वही) वे 'चट्टानों से ढकी अमरनाथ की गुफा' के पास पहुँचे (*मास्टर* 158)। विवेकानंद 'ने उस तीर्थयात्रा की एक-एक रस्म को पूरा किया, माला फेरी, उपवास रखा, झरनों के बर्फीले ठंडे पानी में अनेक बार स्नान किया' (*मास्टर* 158-159)। उसके बाद शानदार नजारा उनका इंतज़ार कर रहा था, 'गुफा के अंदर एक आला बना हुआ था, जहाँ सूरज की रोशनी कभी नहीं पहुँच पाती थी उसके ऊपर बर्फ का विशाल लिंगम था... मानो ईश्वर की प्रतीक्षित उपस्थिति हो' (*मास्टर* 158)। गुफा में प्रवेश करने पर विवेकानंद को 'ऐसा लगा जैसे उन्होंने साक्षात शिव को देख लिया हो' (*मास्टर* 159)। भावुक हुए बिना 'उन्होंने दो या तीन बार दण्डवत होकर प्रणाम किया' (वही)।

विवेकानंद के लिए अमरनाथ दर्शन बहुत बड़ा आध्यात्मिक अनुभव था। जैसा कि निवेदिता ने लिखा है, 'वह भाव विह्वल करने वाला नजारा

था जिसके कारण वे एक तरह से अपने चरम बिंदु की अवस्था में आ गए' (*वांडरिंग* 151)। ठंडे पानी में नहाकर नंगे बदन उन्होंने बर्फ के उस शिखर के समक्ष न केवल दण्डवत किया बल्कि उसके निचले हिस्से को पकड़ा भी। 'मानो स्वयं देवता की उपस्थिति में' विवेकानंद को यह वर मिला, 'जब तक वह सहमति न दे दें तब तक नहीं मरना है' (वही)। बाद में नवम्बर में अपने शिष्य शरत चंद्र चक्रवर्ती से बात करते हुए उन्होंने कहा, 'अमरनाथ जाते हुए मुझे ऐसा महसूस हो रहा था मानो शिव 24 घंटे मेरे सिर पर सवार हों और मानो वे नीचे ही नहीं उतरेंगे।' स्वामी ब्रह्मानन्द ने टिप्पणी की, 'कश्मीर से लौटने के बाद स्वामीजी किसी से भी बात नहीं कर रहे थे, वह एक स्थान पर बैठकर सोच में डूबे रहते; आपको उनके पास जाकर उनसे बातचीत करके उनको सांसरिक चीजों की ओर लाना होता था।'[27]

लेकिन निवेदिता का क्या हुआ? अमरनाथ गुफा के भीतर उनके साथ क्या हुआ यह उत्सुकता और विवाद का विषय है। क्या निवेदिता को यह आशा थी कि स्वयं देवता के समक्ष उनका अंतिम अभिषेक होगा? क्या उनको विवेकानंद का आध्यात्मिक सहयोगी बनाया जाने वाला था, उनकी शक्ति और उत्तराधिकारी? लेकिन जब ऐसा कुछ नहीं हुआ तो क्या उनको निराशा हुई, क्या उनको ऐसा लगा जैसे उनका त्याग कर दिया गया हो? क्या इस बात से वह ठगा हुआ महसूस कर रही थीं कि विवेकानंद ने अपना आध्यात्मिक अनुभव तो हासिल कर लिया लेकिन उनको ऐसा ही कुछ यादगार नहीं दिया? इन सवालों के जवाब इतने आसान नहीं हैं। विवेकानंद ने उनसे कहा, 'इस बात को तुम अभी नहीं समझ सकती। लेकिन तुमने तीर्थयात्रा की है और इसका प्रभाव रहेगा' (वही)। रामकृष्ण-विवेकानंद से जुड़े आधिकारिक साहित्य में गुफा के भीतर निवेदिता के अनुभवों के हिस्से को हटा लिया गया है। दूसरी तरफ़, उनके पत्रों में, जिनके ऊपर रेमंड ने भरोसा किया, कुछ और ही कहानी है।

उनकी मानसिक स्थिति कैसी थी इस बात को समझने के लिए हम लोगों को रेमंड के पास जाना चाहिए। उनके अनुसार, जहां 'विवेकानंद को अपने जीवन के बहुत बड़े पल का अनुभव हुआ... जबकि निवेदिता घोर व्यथा की अवस्था में थीं'(127)। विवेकानंद की परम आनंद की उस अवस्था के बारे में जिसके बारे में ऊपर एक झलक मैंने दी थी रेमंड ने बहुत विस्तार से लिखा है:

27. एक शिष्य की डायरी से बातचीत एवं संवाद, https://www. ramakrishnavivekananda. info/vivekananda/volume_7/conversations_and_dialogues/from_the_diary_of_a_disciple/scc_iv.htm.

> वह उस अंधेरी गुफा में बहुत बेचैन भाव से घुसे, उनकी साँसें रुकी हुई थीं, उनका अर्धनग्न शरीर बुरी तरह से काँप रहा था। अपनी भावुक अवस्था से बाहर आकर उन्होंने ज़मीन पर तीन बार दण्डवत किया, और शिव के लिए अपने साथ जो प्रसाद लेकर आए थे देवता को अर्पित कर दिया: निवेदिता का जीवन। परम आनंद की अवस्था में उनको दैवी कृपा की प्राप्ति हुई, ज्ञानातीत में उनको ज्ञान की प्राप्ति हुई। विमूढ़, लकवे जैसी अवस्था में, लगभग बेहोशी जैसी अवस्था में वह लड़खड़ाते हुए बाहर आए। (127)

लेकिन निवेदिता खोई हुई, तन्हा और व्याकुल महसूस कर रही थीं:

> उनकी बग़ल में निवेदिता जड़वत, भौंचक, व्यथित थीं। यह देवता कहाँ थे जिनको वह श्रद्धा सुमन अर्पित करने आए थे? उनकी अपनी व्यथा ने जैसे उनके ऊपर दमघोंटू लबादा तान दिया था। उन्होंने अपने गुरु की तरफ देखा, लेकिन वह ग़ायब थे। अपने खोई हुई, त्यागी हुई अवस्था में वह विद्रोह करने के लिए चीखना चाहती थी। स्वामीजी का जो आध्यात्मिक अनुभव था वह उसे सहन नहीं कर पा रही थीं। आख़िर उन्होंने वह अनुभव उनके साथ साझा क्यों नहीं किया? उन्होंने देखा कि वे परमानंद की अवस्था में डूबे थे, उनके हाथ उनकी आँखों पर थे मानो बहुत अधिक प्रकाश से उनकी आँखें चौंधिया जाएँगी, दैवी उन्माद की अवस्था में वे काँपते स्वर में शिव शिव बोले जा रहे थे, लेकिन निवेदिता का क्या? वह तब तक गुफा के अंदर रहीं जब तक कि ठंड के मारे उनको बाहर न आ जाना पड़ा। उनको समझ नहीं आ रहा था कि वह कहाँ जाएं। जब उनको अपने गुरु फिर से मिले तो उन्होंने उन्हें बुरी तरह से झिड़क दिया, और स्वामी उदास भाव से उसको देखते रहे। (127)

इस महत्वपूर्ण घटना को सिस्टर निवेदिता की हालिया जीवनीकार रेबा सोम ने इस तरह से दर्ज किया है:[28]

> निवेदिता ने सोचा नहीं था कि उनको इतनी बड़ी गुफा देखने को मिलेगी, जिसमें पूरा का पूरा कैथेड्रल समा सकता था। उसमें बर्फ़ का बड़ा सा शिवलिंग ऐसे थे जैसे उसका अपना आधार हो। विवेकानंद ने उस गुफा में प्रवेश किया, उन्होंने शरीर पर धोती के सिवा कुछ

28. रेबा सोम, *मार्गोट: सिस्टर निवेदिता ऑफ़ विवेकानंद* (नई दिल्ली: पेंगुइन रैंडम हाउस, 2017).

> धारण नहीं कर रखा था, शरीर पर भस्म का लेप था, वह दण्डवत कर रहे थे तथा भक्ति एवं भाव के कारण उनका शरीर भावुकता में बेसुध जैसी अवस्था में आ गया था... निवेदिता अचंभित भाव से इस दृश्य को देखे जा रही थीं। आध्यात्मिक रूप से बड़ी अचरज की इस घटना को देखकर उनको ऐसा लगा जैसे स्वामी ने स्वयं को भी शिव को समर्पित कर दिया था। वह परस्पर विरोधी भावनाओं से घिर गई थीं। (39)

हमको इस बारे में कैसे पता चल सकता है कि निवेदिता के ऊपर क्या बीती क्योंकि उन्होंने अपनी किताब, *मास्टर* में अपने अंतर्द्वंद्व को लेकर कुछ नहीं लिखा है, न ही विवेकानंद के पूर्वी और पाश्चात्य जीवनीकारों ने इस बारे में कुछ लिखा है या स्वामी निखिलानंद ने ही इस बारे में कुछ लिखा है? जैसा कि सोम ने इस बारे में लिखा है,

> इस बारे में अपनी किताब *द मास्टर ऐज आई सॉ हिम* में उन्होंने कुछ नहीं लिखा है, लेकिन वापस लौटने के बाद मिसेज़ एरिक हैमंड को लिखे पत्र में उन्होंने दिल खोलकर रख दिया। गोपनीयता की कसम के बाद निवेदिता ने इस बात को स्वीकार किया कि जिस समय विवेकानंद को आध्यात्मिक अनुभव हुआ उस समय वह अपने आपको बहुत अलग-थलग महसूस कर रही थीं। एक तरफ़ उनको इस बात से गहरी ख़ुशी महसूस हो रही थी कि उनके गुरु को इस तरह का अनुभव हो रहा था, लेकिन उनको 'तकलीफ़ भी महसूस हो रही थी कि उनका पूजनीय व्यक्ति इस आंतरिक अनुभव की वजह से उनसे कुछ दूर चला गया था। स्वामी इसको जीवंत बना सकते थे—लेकिन उन्होंने ऐसा नहीं किया' (वही)।

शायद उसकी सबसे उपयुक्त तुलना श्री रामकृष्ण और देवी माँ, या क़रीब बीस साल के बाद श्री अरबिंद एवं मीरा अल्फ़ासा के रिश्तों से की जा सकती है। जबकि रामकृष्ण परमहंस तथा अरबिंद दोनों ने देवी माँ और मीरा अल्फ़ासा को अपना आध्यात्मिक सहयोगी एवं उत्तराधिकारी बनाया, लेकिन विवेकानंद ने निवेदिता के साथ ऐसा नहीं किया। जैसा कि सोम ने लिखा है,

> उन्होंने स्वामीजी से यह विनती की कि वे गुरु के आसान से नीचे उतर आएँ और इस बात को समझें कि 'हम एक-दूसरे के लिए साधारण

> पुरुष और स्त्री ही थे', लेकिन उसकी यह बात व्यर्थ गई। विवेकानंद ने उनको बहुत धीरज के साथ समझाने का प्रयास किया, लेकिन जैसा कि उन्होंने बाद में इस बात को स्वीकार किया कि वह शोकाकुल थीं और 'उनसे नाराज़ थीं और जब वे बात कर रहे थे तो उनको सुन नहीं रही थीं' (वही)।

नरसिंह पी. सिल[29] के अनुसार, विवेकानंद द्वारा ठुकराए जाने से निवेदिता को गहरा दुःख पहुँचा। क्या उनका वह दृढ़ रूप उनके इस भय से उपजा था कि वे ब्रह्मचर्य के अपने संकल्प से भटक जाएँगे? या इसका कारण यह था कि निवेदिता अभी उतनी परिपक्व नहीं हुई थीं कि उनको वह दीक्षा दी जा सके, जिसका उनसे वादा तो नहीं किया गया था, पर जिसकी उन्हें उम्मीद थी? सिल ने इस अवसर को गँवा देने की ज़िम्मेदारी गुरु के बजाय शिष्य पर डाल दी:

> पीछे मुड़कर देखने पर उसने बड़ी कड़वाहट के साथ इस बात को याद किया कि वह कितनी ग़लत थी और उसने एक ऐसा मौक़ा खो दिया जो फिर कभी नहीं आया। वह शायद यह चाहती थी कि जिस समय विवेकानंद को अलौकिक अनुभव हो उस समय वह उसको दैवी ज्ञान देकर उसको दीक्षित करें। (वही)

क्या विवेकानंद पूरी तरह से संवेदनहीन और क्रूर थे, जैसा कि नरसिंह पी. सिल ने उनको देखा। यह इस बात का नतीजा था कि 'वे परमहंस की तरह स्त्रियों को लेकर पूरी तरह से उदासीन नहीं हो पाए थे और अपनी इस कमजोरी को लेकर वे निजी रूप से बेचैन रहते थे' (वही)? या उनको इस बारे में अच्छे से पता था कि निवेदिता को कितनी तकलीफ़ हुई होगी और वे उनको मनाने की कोशिश कर रहे थे?

जैसा कि बाद में निवेदिता ने नेल हैमंड को लिखा, 'अगली सुबह, जब हम घर आए तो वे बोले, "मार्गोट, मैं रामकृष्ण परमहंस नहीं हूँ"'(वही)। यह

29. नरसिम्हा पी. सिल, 'प्रोफ़ेट डिसआर्म्ड: विवेकानंद एंड निवेदिता, वर्किंग पेपर (मोनाश यूनिवर्सिटी, सेंटर ऑफ़ साउथ एशियन स्टडीज़, नम्बर, 2, 1997) (https://www.academia.edu/27518931/Prophet_Disarmed_Vivekananda_ and_Nivedita). सिल द्वारा रामकृष्ण-विवेकानंद की परम्परा की संशोधित आलोचना वैसे तो बहुत शोधपूर्ण थी, लेकिन वह कुछ सनसनीख़ेज़, विवादास्पद और अपमानजनक भी थी। वैसे वह, संकरी बसु एवं राजगोपाल चट्टोपाध्याय उस ख़तरनाक त्रयी का हिस्सा थे, जो चाहते थे कि परम्परा पर पुनर्विचार किया जाए तथा उसका पूनर्मूल्यांकन भी, वे पूरी तरह से इसके ख़िलाफ़ नहीं थे।

असाधारण स्वीकार 'बहुत सही था, क्योंकि ऐसी अचेतन विनम्रता तुमने कभी देखी नहीं होगी': 'उन्होंने जवाब देना चाहा होगा, "शांति, शांति; परमानंद केवल अपने आपको देने में है"/ लेकिन निवेदिता बहुत दुखी थीं, वह उनको सुन नहीं पा रही थीं (रेमंड 127-128)।

गुरु शिष्या दोनों पहलगाम लौट आए जहां मिसेज़ बुल और जोसेफ़िन उनका इंतज़ार कर रही थीं। जिस अमरनाथ दर्शन को बहुत महत्व दिया जा रहा था दुर्भाग्य से वह एक करने के बजाय उनके लिए अलगाव का कारण साबित हुआ। दोनों के बीच उम्र का फ़ासला चार साल का भी नहीं था लेकिन निवेदिता अपने आपको उनकी बेटी की तरह मानने लगी। जैसा कि सिल ने लिखा है, 'जबकि निवेदिता को यह बात समझ में आ गई थी कि वह विवेकानंद से पहले "राजा" के रूप में आकर्षित हुई थीं, लेकिन उनको उन्हें "गुरु" के रूप में देखना पड़ा जिसने उनको दिशा दिखाई, और अंतिम चरण में पिता की तरह जिनके प्रति उसकी भक्ति पुत्री के रूप में पूरी होती' (15)।

अपने रुख़ में बदलाव के बावजूद विवेकानंद के प्रति निवेदिता के प्रेम में कमी नहीं आई। यहाँ तक कि वह उनके साथ वापस इंग्लैंड जाने के बारे में सोच रही थीं, उन्होंने 1899 में जोसेफ़िन को लिखा, 'वह जीवित हैं और यहाँ है तो मैं उनकी पहुँच से दूर नहीं रह सकती—इस बात को मैं सहन नहीं कर सकती—मैं उनको पूजती हूँ, उनकी आराधना करती हूँ, उनको प्रेम करती हूँ—मैं यह ख़तरा नहीं उठा सकती कि वे मुझे खोजें और पाएँ कि मैं वहाँ नहीं हूँ' (सिल 58-59)। सिल ने लिखा है कि 'अपने राजा के प्रति उनका प्रेम अटूट था।' जब वह विवेकानंद के साथ समुद्र यात्रा पर थीं तो निवेदिता ने जोसेफ़िन को लिखा था, 'भगवान की कृपा से ही इस तरह का प्यार संभव है।' उसी पत्र में निवेदिता ने इस बात को स्वीकार किया है, 'अल्मोड़ा में वे दिन कितबे बुरे थे जब मुझे लग रहा था कि उन्होंने मुझे अपने जीवन से अपमानजनक तरीक़े से निकाल दिया था... मैं प्रेम में बहुत अधिक निजी हो गई हूँ' (सिल 60)। छह सप्ताह तक वह उनके और स्वामी तूरियानंद के साथ जहाज पर रहीं, ये उनका विवेकानंद के साथ बिताया सबसे लम्बा समय था। वे लोग 30 जून 1899 को एस.एस. गोलकुंडा पर सवार होकर अदन, पोर्ट सइद तथा नेपल्स होते हुए तिल्सबरी लंदन के बंदरगाह पर 31 जुलाई 1899 को पहुँचे। निवेदिता ने इसके बारे में लिखा, 'यह मेरे जीवन का सबसे बड़ा मौक़ा था... स्वामी के समाज ने जिस रूप में पेश किया उसका मैंने कोई भी मौक़ा नहीं खोया... इस तरह से मैंने उनके मस्तिष्क और व्यक्तित्व के एक एक पक्ष का लगातार अनुभव किया, जिसके लिए मैं जितना भी शुक्रिया अदा

करूँ कम होगा' (*मास्टर* 220-221)।

जो लोग इस बात की कल्पना करते हैं या यह दावा करते हैं कि अमरनाथ यात्रा के कारण निवेदिता और विवेकानंद के बीच दरार आ गई या इसकी वजह से सिस्टर निवेदिता के व्यक्तित्व में बदलाव आ गया तो साफ़ तौर पर गलत हैं। वास्तव में, अमरनाथ की घटना 'राखीबंधन के दिन घटित हुई थी', उस दिन दोनों की कलाइयों में 'लाल और पीले रंग के धागे बंधे हुए थे' (*मास्टर* 159-160)।

क्षीर भवानी

गुरु और शिष्या अमरनाथ की यादगार यात्रा के बाद 8 अगस्त 1898 को श्रीनगर वापस आ गए। वह अनुभव बहुत ख़ास था, लेकिन यात्रा से स्वामी बहुत थक गये थे और शरीर में कमजोरी भी आ गई थी।

जैसा कि निवेदिता ने लिखा,

> उनके लिए तो जैसे स्वर्ग के दरवाज़े खुल गए थे। उन्होंने शिव के पाँव छूए थे। उनको अपने आपको मज़बूत बनाए रहना था, इसके बाद उन्होंने कहा, "उनको तो बेहोश हो जाना चाहिए था।" लेकिन उनकी शारीरिक थकान ऐसी थी उसके बाद एक डॉक्टर ने कहा कि उनके दिल की धड़कन बंद हो जानी चाहिए थी लेकिन वह तो स्थायी रूप से और भी विकसित हो गया है। (*वांडरिंग* 149-150)

वहाँ से लौटकर आने के बाद विवेकानंद का मिज़ाज बदल गया था। वह खोए-खोए और अपने में डूबे रहने लगे थे। उनका ध्यान अब शिव से काली पर हो गया था। वह अपने गुरु रामकृष्ण परमहंस के प्रिय कवि रामप्रसाद की कविता गाते रहते, उनकी सबसे प्रिय उक्ति होती थी 'ठीक है, ठीक है! माँ सबसे अच्छे से जानती है!' विशेष रूप से तब जब उनको अपने किसी प्रिय इरादे को टालना होता था' (*मास्टर* 163)। विवेकानंद 'कटु होकर अपने विचारों के रुग्ण होने को लेकर शिकायत करते थे, जो किसी आदमी को खा जाता है, उसको सोने तथा आराम करने के लिए भी समय नहीं देता' और प्रयास करता है कि 'विरुद्धों के युग्मों के आगे, आदर्श, दर्द एवं ख़ुशी के परे, अच्छे और बुरे के परे, विचारों को प्रसारित करने का प्रयास करे' (वही)।

कल्पना एवं विचार के इसी ज्वर के दौरान विवेकानंद ने उस कविता

की रचना की जो शायद उनकी सबसे लोकप्रिय कविता है: कल्पना के ज्वर में आकर वह फ़र्श पर गिर गए: 'जब कविता समाप्त हुई तो वे अपने भावाधिक्य से थक गए थे'(वही)।

काली माँ

तारे धब्बे की तरह निकल आए हैं,
बादल बादल को ढँक रहे हैं,
अंधेरा है जीवंत और गुंजायमान।
गरजती, घूर्णन करती हवा में
लाखों पागलों की आत्माएँ हैं
जैसे जेलखानों से अभी निकले हों
पेड़ों को जड़ से उखाड़ रहे हैं,
पथ से सबको बहारती हुई
इस तूफ़ान में समुद्र भी शामिल हो गया है,
और पहाड़ों जैसी ऊँची लहरें फेंक रही हैं
नीचे झुक आए आसमान तक पहुँचने के लिए
अस्पष्ट रोशनी की चौंध
हर तरफ़ पड़ रही हैं
हजार हजार छायाएँ
मृत्यु की धूल धूसरित और काली—
कोप और दु:ख का प्रसार कर रही हैं,
ख़ुशी के मारे पागलों की तरह नृत्य करते हुए,
आओ माँ, आओ माँ,
भय आपका नाम है,
मृत्यु आपकी साँस है,
और हर काँपते कदम के साथ
दुनिया का नाश करती हैं
आप समय हैं, सबसे बड़ी विनाशक!
आओ, माँ आओ!
जो प्रेम के कष्टों को उठाने का साहस करता है,
और मृत्यु के रूप का आलिंगन करता है,

विध्वंस का नृत्य करो, उसके लिए माँ आती है।[30]

30 सितम्बर को विवेकानंद अचानक क्षीर भवानी के लिए निकल गए। वह वहाँ एक सप्ताह तक रुके, कश्मीर की आधार देवी महाराजनी की उपासना करते रहे। मंदिर को मुस्लिम आक्रांताओं ने ज़मींदोज़ कर दिया था। उनकी उपासना करते हुए विवेकानंद ने सोचा: 'माँ भवानी यहां न जाने कब से हैं। मुसलमान आए और उन्होंने उनके मंदिर को नष्ट कर दिया, लेकिन यहाँ के लोगों ने उनकी रक्षा के लिए कुछ भी नहीं किया। काश उस समय मैं यहाँ रह रहा होता मैं चुप नहीं रहा होता।'[31]

जब वह ऐसा सोच रहे थे तो उनके दिमाग में दुःख और क्रोध था, तब ऐसा लगा जैसे उनको माँ की आवाज़ सुनाई दी हो: 'मेरी इच्छा के अनुसार ही मुसलमानों ने इस मंदिर को नष्ट किया। यह मेरी इच्छा थी कि मुझे जीर्ण-शीर्ण मंदिर में रहना चाहिए, नहीं तो क्या मैं चाहती तो इस स्थान पर सात मंज़िला सोने का मंदिर नहीं बना सकती थी? मैं क्या करूँ? मैं तुमको बचाऊँ या तुम मुझे बचाओगे!' (वही)

जैसा कि स्वामीजी ने शरत चंद्र चक्रवर्ती को बताया, 'उस दैवी स्वर को सुनने के बाद मैंने किसी भी योजना पर ध्यान नहीं दिया। मठ आदि बनाने के विचार का मैंने त्याग कर दिया; माँ की जैसी इच्छा होगी वैसा ही होगा' (वही)। चक्रवर्ती ने यह कहते हुए अपने स्वामी की परीक्षा लेने का निश्चय लिया, 'स्वामीजी आप कहते थे कि दैवी स्वर और कुछ नहीं हमारे अपने अंदर के विचारों और भावनाओं की अनुगूँज होते हैं' (वही)। विवेकानंद ने उनसे कहा कि वह इस अनुभव को लेकर किसी तरह के भ्रम में न रहें। 'जिस तरह से मैंने उस अदृश्य आवाज़ को सुना अगर आपने भी सुना होता तो आप क्या उसका खंडन कर पाते या उसको झूठ कह पाते? दैवी आवाज़ें वास्तव में सुनी जाती हैं, उसी तरह से जिस तरह से मैं और आप बातें कर रहे हैं' (वही)।[32]

---

30. 'काली द मदर', https://en.wikisource.org/wiki/The_Complete_Works_of_Swami_Vivekananda/Volume_4/Writings:_Poems/Kali_the_Mother
31. एक शिष्य की डायरी से बातचीत एवं संवाद, https://www.ramakrishnavivekananda.info/vivekananda/volume_7/conversations_and_dialogues/from_the_diary_of_a_disciple/scc_iv.htm
32. इस मंदिर के टूटने से विवेकानंद बहुत परेशान हुए थे, लेकिन वे 1912 में महाराजा प्रताप सिंह द्वारा इस मंदिर के पुनर्निर्माण को नहीं देख पाए। आज सुरक्षा उपायों से घिरे इस मंदिर में हज़ारों श्रद्धालु आते हैं।

1898 में श्रीनगर लौटने पर विवेकानंद ने अपने मेहमानों को गेंदे के फूल दिए जो माता को प्रसाद के रूप में चढ़ाए गए थे। नीचे बैठते हुए उन्होंने कहा, 'अब "हरि ओम्" नहीं! अब बस "माता"!... मेरी सारी देशभक्ति काफ़ूर हो चुकी है। सब जा चुका है। अब बस माता! माता!' (*मास्टर* 167)।

निवेदिता ने क्षीर भवानी कि ईश्वरीय अनुभव को उसी तरह से सुनाया जिस तरह से चक्रवर्ती ने सुनाया था, 'मैं बहुत गलती करता रहा... माता ने मुझसे कहा, अगर विधर्मी मेरे मंदिर में प्रवेश करेंगे और मेरी मूर्ति को पहुँचाएँ तो! तुम ऐसे में क्या करोगे? क्या तुम मेरी रक्षा करोगे? या मैं तुम्हारी रक्षा करूँ?' (*मास्टर* 168) विवेकानंद पक्के अद्वैतवादी से बहुत कुछ अपने गुरु श्री रामकृष्ण जैसे हो गए, निष्कपट और माता के पक्के भक्त। शायद मृत्यु के कुछ साल पहले उनको यह बात भी समझ में आ गई थी कि ब्रह्म और काली एक ही थे, परम सत्य के दो पहलू। 'माँ भक्ति' की इसी अवस्था में विवेकानंद का ध्यान इस बात पर गया कि 'वह मुसलमान नाविक की चार साल की बेटी उरना की पूजा कर रहे थे'।[33]

कुछ दिन के बाद 11 अक्टूबर को वह दल वहाँ से फिर रवाना हुआ, बारामूला होते हुए, घूमने फिरने के अंतिम दौर में वे उत्तर भारत के मैदानी इलाक़ों में निकल पड़े, जिसमें लाहौर, दिल्ली और आगरा होते हुए वे कलकत्ता लौट गए।

निष्कर्ष

हिमालय में विवेकानंद को जो अनुभव हुए वे बहुत गहरे थे और जिनके कारण उनका जीवन रूपांतरित हो गया। लेकिन उन्होंने वेदांत के इस सत्य से कभी ध्यान नहीं हटाया: 'रेत के कण से पहाड़ उभरते हैं; और फिर रेत में मिल जाते हैं।'[34] यहां हम उनको देखते हैं कि वे अपने पाश्चात्य शिष्यों के नज़दीकी संपर्क में थे, उनको शिक्षा दे रहे थे और निजी रूप से उन्हें प्रशिक्षण दे रहे थे, उन विदेशी शिष्यों के लिए वे एक साथ उनके यात्रा मार्गदर्शक, पथ-प्रदर्शक, इतिहासकार, और गुरु सभी कुछ थे। उनकी योजनाओं में कश्मीर वाली योजना तो फलीभूत नहीं हो पाई, लेकिन मायावती आश्रम बहुत सफल साबित

33. कश्मीर में अमरनाथ एवं क्षीरभवानी, https://www.ramakrishnavivekananda.info/swamieastwest/2_files/1-32.html
34. द कॉसमॉस: द मैक्रोकोस्म, https://www.ramakrishnavivekananda.info/vivekananda/volume_2/jnana-yoga/the_macrocosm.htm

हुआ। उनकी कुछ बेहद अच्छी कविताएँ भी यहीं लिखी गईं, जिनमें 'काली माँ' बहुत उल्लेखनीय हैं। हिमालय ने उनको चेतनासंपन्न बनाया और उनके असीम रोमांच के महत्वपूर्ण प्रसंग यहीं पर घटित हुए, यहीं उनको सूक्ष्म एवं विराट ब्रह्मांड की अनुभूति हुई और हिमालय में, अमरनाथ में उनको अमरता का अनुभव हुआ और क्षीर भवानी के बाद वे ज्ञान और क्रिया से निर्णायक रूप से भक्ति एवं समर्पण में चले गए। जब सख़्त आध्यात्मिक देखरेख में निवेदिता के परीक्षण की बात आती है तो कुछ लोगों को ऐसा लग सकता है कि उनके महान गुरु के निजी प्रसंगों एवं मानवीय पक्षों की बात न की जाए। इसके विपरीत, मैंने हमेशा इसका उलट महसूस किया है। जितना मानवीय उतने ही दैवी।

विवेकानंद ऐसे इंसान थे जो पर्वत को हिला सकते थे। जब पर्वत उनके पास नहीं आए तो वे स्वयं पर्वत के पास गए। उन्होंने भारत के प्राचीन ऋषियों के रहस्यों को समझा उसको चालित भी बनाया: 'सर्वोच्च सत्ता सूक्ष्म कोशिका में शामिल होती है, और दूसरे सिरे से निकलकर फिर से ईश्वर बन जाते हैं। वह नीचे आते हैं और सबसे छोटे अणु बन जाते हैं, और धीरे-धीरे अपने स्वरूप में आते हुए पुनः अपना हिस्सा बन जाते हैं। यही ब्रह्मांड का रहस्य है' (वही)। भारत की देवभूमि हिमालय जो अभी भी देवताओं, ऋषि मुनियों की धरती है, उसने विवेकानंद के अंदर आध्यात्मिक आकांक्षा को जाग्रत किया, जो आज सौ साल के बाद भी हमारे अंदर गूंज रहा है।

——

'जो यह जानता है कि किस तरह देखा और महसूस किया जाता है उसके लिए यह मुक्त यायावर जीवन जादू होता है।'

एलेक्ज़ेंड्रा डेविड नील का असाधारण जीवन और उसका रोमांच स्वप्न और जादू के तत्वों से बना है। इस निडर बेल्जियन-फ्रेंच खोजी का जन्म 1869 में हुआ था, वे एक यात्री और अराजकतावादी थीं, आध्यात्मिक और बौद्ध थीं, विद्वान और ओपेरा गायक, एक शक्तिशाली एवं खूब लिखने वाली लेखिका। 1924 में 55 साल की उम्र में वह पहली यूरोपीय महिला थीं जिन्होंने हिमालय की यात्रा की, वह भी असहनीय जाड़े में, और चलते-चलते निषिद्ध नगर ल्हासा पहुँचीं।

यह अंश उनके मंत्रमुग्ध कर देने वाले यात्रा वृत्तांत 'मैजिक एंड मिस्ट्री इन तिब्बत' से लिया गया है। उन्होंने साधुओं, संतों, ओझाओं, तांत्रिकों एवं अनजान जादूगरों के साथ अपनी असंभव मुलाक़ातों को याद किया है। यहाँ उन्होंने हमें तेरहवें दलाई लामा के साथ अपनी मुलाक़ात का ज़िक्र किया है जब वे निर्वासन में कालिंपोंग में रह रहे थे, रहस्यमय नोरपा के साथ मुलाक़ात का भी—वे एक घुमंतू थे जो ज्ञान की तलाश में भटक रहे थे।

अध्याय 7

तिब्बत में जादू मंतर

एलेक्जेंड्रा डेविड नील

'अच्छा, अब बात समझ में आ गई। मैं दावासंदप को तुम्हारे साथ दुभाषिये की तरह भेज दूंगा। वह गंगटोक तक तुम्हारे साथ जाएगा।'

क्या यह कोई पुरुष था जो मुझसे बात कर रहा था? वह पीली चमड़ी वाला आदमी नारंगी रंग के चोग़े में था, उसके टोप से हीराजड़ित सितारा लटक रहा था; क्या वह पुरुष नहीं था और कोई जिन्न था जो पास के पहाड़ से उतरकर आया था?

लोगों का कहना था कि वह लामा था जिसने अवतार लिया था और हिमालय की राजगद्‌दी का उत्तराधिकारी था, लेकिन मुझे उसकी वास्तविकता पर संदेह था। शायद वह मृगतृष्णा की तरह से ओझल हो जाएगा, अपने सुसज्जित छोटे से घोड़े एवं अपने अनुयायियों के दल के साथ, इंद्रधनुष की तरह सात रंगों के कपड़े पहने। यह उस सम्मोहन का हिस्सा है जिसमें मैं पिछले पंद्रह दिनों से रह रही हूँ। यह नया प्रसंग वैसा है जैसे सपने होते हैं। कुछ मिनटों में मैं सचमुच के बिस्तर पर से उठूँगी, किसी और देश में जहां जिन्न नहीं होंगे और न ही कंपकंपाते रेशम में लिपटे अवतारी लामा। एक ऐसे देश में जिसमें पुरुष कुरूप स्याह कोट पहनते हैं और घोड़ों पर सुनहरे पीले कपड़ों की, चाँदी की कढ़ाई वाली गद्‌दी नहीं होती।

नगाड़ों की आवाज़ ने मुझे चौंकाया, दो लम्बे लड़के उदास धुन में कुछ गुनगुना रहे थे। उत्साह से भरे दो जिन्न घोड़े की जीन को कसकर उसके ऊपर सवार हो जाते हैं।

'मुझे तुम्हारे आने की आशा थी', लामा राजकुमार ने कहा, वह मुझे देखते हुए बहुत उदारतापूर्वक मुस्कुरा रहे थे।

मैं अपने आपको इस तरह से सुन रही थी जैसे किसी और को सुन रही हूँ, उसको यह वादा कर रही थी कि मैं अगले दिन उसकी राजधानी के लिए निकलूंगी, और वह छोटा सा दल जिसमें संगीतकार थे ग़ायब हो गया।

जब उस दुःख भरे संगीत की आख़िरी आवाज़ भी दूर गुम हो गई तब जाकर मेरा मंत्रमुग्ध भाव ख़त्म हुआ।

मैं सपना नहीं देख रही थी, सब कुछ मेरे सामने घटित हो रहा था। मैं कलिंपोंग में थी, हिमालय में, और मेरे पहुँचते ही एक दुभाषिया मेरे पास आ गया।

मैंने उन परिस्थितियों के बारे में पहले ही बता दिया है[35] जिसमें मैं हिमालय पहुँची। उस समय की राजनीतिक परिस्थितियों के कारण तेरहवें दलाई लामा ने ब्रिटिश क्षेत्र में शरण ले रखी थी। मुझे यह अवसर बहुत अच्छा लगा कि जब वे भारतीय सीमा में थे तो इनसे एक बातचीत कर लूँ और तिब्बत में बौद्ध धर्म का जो विशेष रूप रहा है, उसके बारे में भी उनसे चर्चा हो जाए।

उस भिक्षु राजा से बहुत कम अजनबियों ने मिलने का प्रयास किया था, क्योंकि वे बर्फ़ से ढँके पवित्र शहर में रहते थे। निर्वासन में भी वह किसी से नहीं मिले थे। मेरे मिलने जाने के पहले वह तिब्बत की स्त्रियों को छोड़कर किसी स्त्री से नहीं मिले थे, और मेरे ख़याल से आज तक उनके इस नियम की मैं एकमात्र अपवाद हूँ।

जब मैं वसंत की एक गुलाबी ठंडी सुबह दार्जिलिंग से निकली तो मुझे इस बात की बिलकुल उम्मीद नहीं थी कि मेरे आग्रह का ऐसा दूरगामी असर होगा।

मैंने सोचा था कि थोड़ी देर की यात्रा हो जाएगी, एक दिलचस्प मगर छोटी बातचीत होगी; जबकि असल में मैं घूमने लगी और इसके बाद मैं अगले 14 साल तक एशिया में रही।

लम्बी यात्राओं की एक श्रृंखला में दलाई लामा, मेरी डायरियों में एक उदार मेज़बान की तरह आते हैं, जो अजनबी लोगों से बिना किसी दीवार के मिलते थे, उनको अपने निवास स्थल पर मिलने के लिए बुलाते थे।

दलाई लामा ने यह सब महज कुछ शब्दों में कह दिया: 'पहले तिब्बती भाषा सीख लो', उन्होंने मुझे कहा।

उनके अनुयायी उनको 'अंतर्यामी'[36] कहते हैं, मुझे जब वे यह सलाह दे रहे थे तो शायद उन्होंने उसके परिणामों को देख लिया था, और सजग रूप से मुझे निर्देशित किया, निषिद्ध राजधानी ल्हासा की ओर ही नहीं, बल्कि ओझाओं, अनजाने जादूगरों की दिशा में जो अभी भी उस सुंदर धरती पर छिपकर रह रहे थे।

कलिंपोंग में लामा राजा एक विशाल घर में रह रहे थे, जो भूटान के राजा का था। उस जगह को और भव्य रूप देने के लिए बांस के खम्भों की दो क़तारें लगा दी गई थीं जो छायादार मार्ग जैसे लग रहे थे। हर खम्भे पर झंडे फहरा रहे थे, जिनके ऊपर लिखा हुआ था 'ओम् मणि पद्मे हुम!' या वहाँ 'हवा के

---

35. अपनी पिछली किताब, *माय जर्नी टू ल्हासा* में।

36. *Thamstched mkyenpa*

अश्व' को जादू से घेरकर रखा गया था।

निर्वासन में रह रहे उस राजा के पास असंख्य कमरे और सौ से अधिक नौकर थे, जो अधिकतर समय आपस में बातें करते रहते थे, और उस निवास-स्थल में शांति छाई रहती थी। लेकिन उस भाग्यशाली दिन, जब उन गणमान्य आगंतुकों का स्वागत किया जाना था, अधिकारी एवं घरेलू कामकाज करने वाले चारों तरफ़ से निकल आए थ, घर की खिड़कियों से झांक रहे थे, घर के सामने के मैदान में आ जा रहे थे, भाग रहे थे, चिल्ला रहे थे। मैले-कुचैले लबादों में सभी देखने में एक जैसे लग रहे थे और एक अजनबी के लिए यह समझ पाना मुश्किल था कि उनमें से कौन क्या था।

निर्वासन की उस धरती पर पुटला का तौर तरीका नहीं था। सड़क किनारे एक ख़ेमे में जिन लोगों ने तिब्बत के धर्मतंत्रीय नेता को देखा था, जो वहाँ बैठकर इस बात का इंतज़ार कर रहे थे कि उनकी प्रजा उनकी राजगद्दी उनको फिर से जीत कर दे देगी, वे इस बात की कल्पना भी नहीं कर सकते थे कि ल्हासा का राजदरबार किस तरह का था।

सबसे प्रसिद्ध जादूगर के जादू-टोने के बावजूद, ब्रिटिश दल निषिद्ध क्षेत्र में घुस रहा था और उनकी राजधानी में चहलक़दमी कर रहा था। इससे शायद दलाई लामा को यह बात समझ में आ गई कि विदेशी बर्बर आक्रांता भौतिक अर्थ में ताक़त के बल पर गुरु बने हुए थे। भारत की यात्रा के दौरान जिस तरह के आविष्कारों पर उनकी निगाह पड़ी उससे उनको यह बात भी समझ में आ गई होगी कि उनमें दास बनाने तथा प्रकृति के भौतिक पहलुओं को मोड़ पाने की क्षमता थी। लेकिन उनके इस विश्वास में किसी तरह की कमी नहीं आई थी कि श्वेत नस्ल मानसिक रूप से हीन होती है। और इस मामले में वह सीलोन से लेकर उत्तरी मंगोलिया तक के सभी एशियाई लोगों की राय को साझा कर रहे थे।

एक पाश्चात्य स्त्री के बौद्ध सिद्धांतों से परिचित होने वाली बात उनको हज़म नहीं हो रही थी।

अगर मैं उनसे बात करते-करते आकाश में ग़ायब हो जाती तो उनको कम हैरानी हुई होती। मेरी वास्तविकता से उनको बहुत हैरानी थी; लेकिन जब अंततः उनको पूरी तरह से भरोसा हो गया तो उन्होंने बड़ी विनम्रता से मुझसे पूछा कि मेरे गुरु कौन थे, क्योंकि उनको ऐसा लग रहा था कि मैंने बौद्ध धर्म की शिक्षा किसी एशियाई से ही सीखी होगी। उनको यह समझा पाना आसान

नहीं था तिब्बत में बौद्ध धर्म की सबसे सम्मानित किताब[37] का अनुवाद फ्रेंच में मेरे जन्म के पहले ही हो चुका था। 'अच्छा,' अंत में उन्होंने फुसफुसाते हुए कहा, 'अगर कुछ अजनबी लोगों ने सच में हमारी भाषा सीखी है और हमारे पवित्र ग्रंथों को पढ़ा भी है, लेकिन उनको उसका अर्थ में समझ में नहीं आता होगा।'

यह मेरे लिए अवसर था। मैं उसको आगे बढ़कर लपक लेना चाहती थी।

'इसीलिए मुझे इस बात में संदेह है कि तिब्बत के कुछ धार्मिक मतों को गलत समझा गया है और मैं आपके पास ज्ञान हासिल करने के लिए आई हूँ,' मैंने कहा।

इस जवाब को सुनकर दलाई लामा खुश हो गए। मैंने जो भी सवाल पूछे उन्होंने उनके जवाब तत्काल दिए, और हम लोगों ने जिन सवालों को लेकर चर्चा की थी बाद में उन्होंने लिखित रूप में उसका जवाब भी दिया।

सिक्किम के राजकुमार और उनका दल ग़ायब हो चुका था, मुझे अब उनको दिया अपना वादा पूरा करना था और गंगटोक की यात्रा पर निकलना था। लेकिन जाने से पहले कुछ देखना बाक़ी था।

एक शाम पहले मैंने देखा था कि दलाई लामा द्वारा तीर्थयात्रियों का अभिषेक किया जा रहा था, यह दृश्य रोम में किए जाने वाले अभिषेक से बहुत अलग था। पोप एक भाव से सभी को आशीर्वाद दे देते थे, लेकिन यहाँ सभी तिब्बती चाहते थे कि उनका अलग-अलग अभिषेक किया जाए।

लामाओं में आशीष देने का तरीका इस पर निर्भर करता था कि जिसका अभिषेक किया जा रहा था उसकी सामाजिक हैसियत क्या थी। लामा अपने दोनों हाथ उस आदमी के सिर पर रखते थे जिनका वह बहुत सम्मान करते थे। इससे अलग मामलों में वे केवल एक हाथ की दो उँगलियाँ सटाते थे या कई बार तो बस एक उँगली। सबसे अंत में अभिषेक का वह तरीका आता है, जिसमें रंगीन फ़ीतों से सिर को छुआ जाता था और वे रंगीन फ़ीतों एक छोटी सी छड़ी से बंधे होते थे।

चाहे जो भी तरीका हो उसमें प्रत्यक्ष या अप्रत्यक्ष रूप से, लामा और भक्त के बीच संपर्क होता ज़रूर था। लामाओं के अनुसार अभिषेक चाहे किसी भी व्यक्ति का किया जा रहा हो या किसी वस्तु का यह संपर्क बहुत ज़रूरी था क्योंकि इस अभिषेक को ईश्वर की ओर से किया जाने वाला नहीं माना जाता

---

37. *The Gyacher Rolpa*, संपादक द्वारा अनुवाद. Foucaux, कॉलेज दे फ्रांस में प्रोफ़ेसर

था बल्कि इसका उद्‌देश्य होता था लामाओं से उनके अंदर कुछ लाभकारी शक्तियों का संचार हो।

दलाई लामा से स्पर्श लेने के लिए बड़ी तादाद में लोग आए थे और इससे मुझे यह बात समझ में आ गई कि उनका सम्मान कितना व्यापक था।

उनके सामने से लोगों की पंक्ति को गुजरने में कई घंटे लग गए, और मैंने ध्यान दिया कि केवल लामा ही नहीं नेपाल और बंगाल के बहुत सारे हिंदू भी उस भीड़ का हिस्सा थे।

मैंने देखा कई लोग जो महज तमाशा देखने के लिए आए थे, उनके ऊपर भी कोई दैवी असर होता था और वे भी भागकर उस पवित्र भीड़ का हिस्सा हो जाते।

जब मैं यह नजारा देख रही थी तो मेरी निगाह ज़मीन पर बैठे उस आदमी की तरफ़ गई, जो एक कोने में बैठा हुआ था। जटा जैसे अपने बाल को उसने सिर पर पगड़ी की तरह से बांध रखा था, जिस तरह से हिंदू साधु-संत बांधा करते थे। लेकिन वह देखने में भारतीय नहीं लग रहा था और उसने लामाओं की तरह से मैले-कुचैले कपड़े पहन रखे थे।

उस पैदल यात्री के बगल में एक छोटा सा बैग रखा था और वह बहुत निराशावादी भाव से वहाँ मौजूद भीड़ को देख रहा था।

मैंने उसकी तरफ़ इशारा करते हुए दावासंदप से पूछा कि क्या उसको पता है कि हिमालय का यह साधु कौन था। 'हो सकता है कि यह कोई घुमंतू नोरपा[38] हो', उसने जवाब दिया; और मेरी उत्सुकता को देखते हुए मेरा दुभाषिया उस आदमी के पास गया और उसके साथ बातचीत करने लगा।

वह जब मेरे पास वापस आया तो उसके चेहरे पर गम्भीर भाव था: 'यह लामा भूटान से आया घुमंतू साधु है। यह इधर-उधर गुफाओं में, ख़ाली घरों में या पेड़ों के नीचे रहता है। वह कुछ दिनों से यहीं पास के एक मठ में रह रहा है।'

जब राजकुमार और उनका अनुचर वहाँ से चला गया तो मेरा ध्यान फिर से उस यायावर की ओर गया। उस दोपहर के लिए मेरे पास कोई ख़ास योजना नहीं थी इसलिए मैंने सोचा कि क्यों नहीं मैं उस गोंपा में जाकर उससे बात करने की कोशिश करूँ, जहां वह ठहरा हुआ था? क्या वह दलाई लामा

---

38. नलजोरपा (*rnal hbyorpa* द्वारा लिखित), शाब्दिक अर्थ: 'वह जिसने पूरी तरह से स्थिरता प्राप्त कर ली हो, लेकिन आमतौर पर इसकी व्याख्या ऐसे संन्यासी के रूप में की जाती है जिसके पास जादुई शक्तियाँ हों।

और उनके विश्वस्तों का सच में मज़ाक़ उड़ा रहा था, जैसा कि उसको देखकर लग रहा था? और अगर ऐसा था तो क्यों? इसका कोई न कोई दिलचस्प कारण रहा होगा।

मैंने दावासंदप के सामने अपनी इच्छा प्रकट की, तो उसने कहा कि वह मेरे साथ चलेगा।

हम लोग घोड़े पर सवार होकर चले और जल्दी ही गोंपा पहुँच गए, जो एक विशाल झोपड़ी थी।

ईहा काँग (जिस कक्ष में पूजा के लिए मूर्तियाँ रखी होती हैं) में हम लोगों ने देखा कि नोरपा एक छोटी सी मेज़ के सामने कुशन पर बैठा हुआ खाना खा रहा था। हमारे बैठने के लिए कुशन मँगवाए गए और हम लोगों के लिए चाय भी।

उस साधु से बातचीत शुरू करना मुश्किल लग रहा था, क्योंकि उसके मुँह में चावल भरे हुए थे; उसने बहुत विनम्रता से लगभग बुदबुदाते हुए हमारे अभिवादन का जवाब दिया।

मैं बातचीत शुरू करने के लिए कुछ बोलने के लिए सोच ही रही थी कि वह अजनबी आदमी हंसने लगा और हंसते हुए उसने कुछ शब्द कहे। दावासंदप को देखकर लगा जैसे वह शर्मिंदा हो गया हो।

'इसने क्या कहा?' मैंने पूछा।

'माफ़ कीजिएगा,' दुभाषिये ने जवाब दिया, 'नोरपा लोग कभी कभार उल्टा-सीधा बोलते रहते हैं। पता नहीं मुझे अनुवाद करना भी चाहिए या नहीं।'

'कृपया मेरे लिए अनुवाद कर दो,' मैंने जवाब दिया। 'मैं यहाँ इसीलिए तो आई हूँ कि कुछ उत्सुकता बढ़ाने वाली और मौलिक बात सुनने को मिल जाए।'

'अच्छा फिर मुझे माफ़ कीजिएगा,' वह बोला, 'यह गधी यहाँ क्यों आई है?'

उसकी रुखाई देखकर मुझे कोई हैरान नहीं हुई, क्योंकि भारत में कुछ योगियों की यह आदत होती है कि जो भी उनके पास जाता है वह उसको अपमानित करने लगते हैं।

'इसको पूछो कि दलाई लामा से अभिषेक करवाने के लिए जो भीड़ खड़ी थी, यह उसका मज़ाक़ क्यों उड़ा रहा था।'

'अपने महत्व को लेकर फूले हुए लोग और इस बात के महत्व को

लेकर भी कि वे जो काम कर रहे हैं वह महान काम है। कीड़े गोबर में फड़फड़ाते रहते हैं,' नोरपा ने बुदबुदाते हुए कहा।

बात कुछ समझ में नहीं आई, लेकिन इस तरह के लोगों से इसी तरह की भाषा की उम्मीद की जा सकती है।

'और आप,' मैंने जवाब दिया। 'क्या आप इस तरह के कलंकों से मुक्त हैं?'

वह ज़ोर-ज़ोर से हँसने लगा। 'जो इससे बाहर निकलने की कोशिश करता है वह इसमें और गहरे डूबता जाता है। मैं इसमें सूअर की तरह लोट लगा रहा हूँ। मैं इसे पचाकर इसको सुनहरी धूल में बदल दूँगा, शुद्ध जल से भरे गड्ढे में बदल दूँगा। कुत्ते की लीद से मोतियों को चुनना बहुत बड़ा काम है!'

साफ़ लग रहा था वह आदमी मज़े ले रहा था। अपने आपको महामानव जताने का यह उसका अपना ढंग था।

'दलाई लामा से आशीर्वाद लेकर क्या ये तीर्थयात्री सही काम नहीं कर रहे हैं? ये आम आदमी हैं और बड़े-बड़े सिद्धांतों के ज्ञान हासिल कर पाने में अक्षम हैं—'

लेकिन नोरपा ने मुझे टोक दिया।

'मनोकामना पूरी करने के लिए, आशीर्वाद देने वाले में वह शक्ति भी तो होनी चाहिए जिसको देने का वह दावा करता हो।

'अगर मूल्यवान रक्षक (दलाई लामा) के पास ऐसी शक्ति होती ही तो क्या उनको चीन की सेना तथा अन्य दुश्मनों से लड़ने के लिए सैनिकों की ज़रूरत पड़ती? क्या वह तिब्बत और उसके आसपास ऐसी दीवार नहीं खींच सकते थे जिसको कोई पार ही नहीं कर पाता?

'कमल में जन्मे गुरु[39] में ऐसी शक्ति होती है, और उनका आशीर्वाद उन लोगों तक पहुँच पाता है जो उनकी पूजा करते हैं, चाहे वह राक्षसों के दूर देश में ही क्यों नहीं रहता हो।

'मैं तो एक साधारण शिष्य हूँ, तो भी—'

उसने जिस तरह से 'साधारण शिष्य' शब्द का प्रयोग किया था, वह कुछ पागल जैसा लगा और इसमें अभिमान की झलक साफ दिखाई दे रही थी, और उसने जिस तरह 'तो भी' शब्द का प्रयोग किया था उसमें भी बहुत से संकेत छुपे हुए लग रहे थे।

39. पद्मसंभव, जो आठवीं शताब्दी में तिब्बत में उपदेश देते थे।

मेरा दुभाषिया असहज दिखाई दे रहा था। वह दलाई लामा की बहुत इज्जत करता था और उसको उनकी आलोचना सुनना अच्छा नहीं लगता था। दूसरी तरफ़, उस आदमी ने जिस तरह से 'कुत्ते की लीद से मोती चुनने' की बात की थी, उससे उसको अनिष्ट की कुछ आशंका लग रही थी।

मैंने जाने की अनुमति माँगी, लेकिन जब मुझे यह बात समझ में आई कि वह आदमी अगली सुबह वहाँ से जा रहा था, तो मैंने दावासंदप को कुछ रुपए दिए और कहा कि वह इसको राहखर्च के लिए दे दे।

नोरपा ने यह कहते हुए रुपए लेने से मना कर दिया कि उसके पास इतना अधिक सामान पहले से ही जमा हो गया था और उसके लिए उन सामानों को ले जा पाना भी मुश्किल था।

दावासंदप ने सोचा कि उसको पैसे देने के लिए ज़ोर देना चाहिए। उसने लामा के सामने की मेज़ पर पैसे रखने के लिए कुछ कदम आगे बढ़ाए। उसके बाद मैंने देखा कि वह लड़खड़ाने लगा, फिर पीछे की तरफ़ गिरा और उसकी पीठ दीवार से ज़ोर से टकरा गई, लगा जैसे किसी ने उसको ज़ोर से धक्का दे दिया हो। उसने कराहते हुए अपने पेट को पकड़ लिया। नोरपा उठा और गुर्राते हुए उस कमरे से निकल गया।

'मुझे ऐसा लगा जैसे किसी ने मुझे बहुत ज़ोर से मारा हो,' दावासंदप बोला। 'लामा बहुत चिढ़ गया है। इसको कैसे खुश करें?'

'चलो,' मैंने जवाब कहा। 'लामा का इससे अब कुछ और लेना देना नहीं है। मुझ लगता है कि तुमको दिल की बीमारी है और तुमको किसी डॉक्टर की सलाह लेनी चाहिए।'

दुभाषिए का चेहरा पीला पड़ गया था और वह परेशान दिख रहा था, लेकिन उसने कुछ नहीं कहा। हम लौट आए, लेकिन मैं उसको ढाढस नहीं बंधा पा रही थी।

अगले दिन मैं अपने दुभाषिये के साथ गंगटोक निकल गई। हम लोग जिस रास्ते से गए उस रास्ते से खच्चर हिमालय जाते थे, देवी-देवताओं, साधु, संतों की प्राचीन और पवित्र धरती पर।

विदेशियों द्वारा इस ऊँचाई पर गर्मियों में रहने के निवास बनाए गए थे लेकिन उनके कारण यहाँ की परम्परा में ख़लल नहीं पड़ा था। उन होटलों से कुछ मील की दूरी पर जहाँ पाश्चात्य जगत के लोग नाच गान में लगे रहते थे, प्राचीन जंगल पड़ता था।

धुंध से घिरे, पेड़ों की कतारों के बीच संकरी सड़क पर मानो आने-जाने

वाले यात्रियों को रहस्यमय इशारों से जैसे धमकाते रहते थे। जंगलों से घिरी घाटियाँ हों या अनंत बर्फ़ से ढँकी चोटियाँ, यह पूरा क्षेत्र रहस्यमय प्रभावों से युक्त था।

इसी तरह की दृश्यावली में जादू-टोने का प्रभाव था। तथाकथित बौद्ध आबादी जादू टोने का अभ्यास करती थी और बड़ी तादाद में जादू टोना करने वाले लोग थे जो छोटी-छोटी जगहों पर भी देवताओं, दानवों और मृतकों के संदेश प्रसारित करते रहते थे।

मैं पैक्यांग के रास्ते में सो गई और अगले दिन मैं गंगटोक पहुँच गई।

——

चौदहवें दलाई लामा शायद दुनिया में ऐसे अकेले आध्यात्मिक गुरु हैं, जिनको सबसे अधिक लोग चाहते हैं। उनसे जो लोग मिलने जाते हैं वे उनकी हँसी और ज्ञान से अजीब तरह की ख़ुशी से भर जाते हैं। उन्होंने इतिहास के महत्वपूर्ण संक्रमणों को देखा है और अनवरत संकट के दौर में निरंतर अपने लोगों का नेतृत्व किया है।

यहाँ दलाई के साथ राजीव मेहरोत्रा की बातचीत दी जा रही है। राजीव मेहरोत्रा लेखक, वृत्तचित्र निर्माता और दलाई लामा के निजी विद्यार्थी हैं, वह फ़ाउंडेशन फ़ॉर यूनिवर्सल रेसपोंसबिलिटी के ट्रस्टी/सचिव हैं, जिसकी स्थापना दलाई लामा ने नोबेल शांति पुरस्कार में मिली राशि से की थी। वे अवतार, कर्म सिद्धांत और उनके आशयों, तथा प्रसन्नता, पीड़ा एवं मुक्ति को लेकर बात कर रहे हैं। इस अध्याय में बहुत गहरी सूझबूझ तथा पारलौकिक अंतरदृष्टि स्पष्ट रूप से दिखाई देती है।

अध्याय 8

पुनर्जन्म

परम पावन चौदहवें दलाई लामा की राजीव मेहरोत्रा से बातचीत

राजीव मेहरोत्रा: *आपको लाखों लोगों द्वारा अवलोकितेश्वर के अवतार के रूप में देखा जाता है। क्या आप इस बात से अवगत हैं कि आप अवलोकितेश्वर के अवतार हैं?*

दलाई लामा: अवलोकितेश्वर के? नहीं, नहीं, नहीं! मुझे लगता है कि यह अतिरंजित बात है। मैं अपने आपको हमेशा एक बौद्ध भिक्षु ही कहता हूँ। ज़ाहिर है, मेरा विश्वास यह है कि पहले, दूसरे और सातवें दलाई लामा तक यह साफ़ दिखाई देता है कि वे थे। उनके बारे में यह कहा जा सकता है कि वे अवलोकितेश्वर के अवतार थे—विशेष रूप से पहले और दूसरे। जहां तक मेरी बात है तो मुझे लगता है कि मैं मौलिक दलाई लामाओं में हूँ। लेकिन मुझको ऐसा लगता है कि पाँचवें और तेरहवें दलाई लामा के साथ मेरा ख़ास रिश्ता था।

अवतार कई तरह के होते हैं। कई मामलों में, वह अवतार उसी मनुष्य या जीव का होता है। लेकिन अनेक मामलों में किसी का अवतार उसी रूप में नहीं होता है, बल्कि उसके स्थान पर किसी और का पुनर्जन्म होता है। कई बार, अवतार किसी रिश्तेदार के रूप में होता है।

अगर आप मुझसे पूछेंगे तो मेरा जवाब हाँ में होगा, लेकिन इसका मतलब यह नहीं है कि मैं दसवें दलाई लामा के स्थान पर उनके बचे हुए कार्यों को पूरा करने के लिए आया हूँ।

राजीव मेहरोत्रा: *परम पावन, अपनी वैज्ञानिक पद्धति, तार्किक विश्लेषण और तार्किकता के आधार पर आप अवतार की बात को किस तरह से देखते हैं?*

दलाई लामा: अवतार की व्याख्या कई तरह से की जाती है। मुझे ऐसा लगता है कि कोई जानबूझकर इसलिए अवतार लेता है ताकि पिछले जन्म में शुरू किए गए कार्यों को सफलतापूर्वक पूरा किया जा सके या किसी और आदमी के पिछले जन्म के कार्यों को पूरा किया जा सके। इस अर्थ में, मुझे लगता है मेरा अवतार हुआ है।

सबसे बढ़कर, बौद्ध के रूप में, एक ऐसे बौद्ध के रूप में जो बौद्ध तर्कशास्त्र एवं बौद्ध दर्शन का अध्ययन कर रहा हो, उसके लिए अगर कोई बात वैज्ञानिक रूप से साबित की जा चुकी है कि कुछ चीजें नहीं होती हैं, तो सैद्धांतिक रूप से कहूँ तो इस बात को स्वीकार कर लेना चाहिए। उदाहरण

के लिए, अगर अवतार को वैज्ञानिक तरीक़े से पूरी तरह से परखा जाए तो यह बात 100 प्रतिशत सिद्ध है कि इसका अस्तित्व नहीं होता है, सैद्धांतिक रूप से कहा जाए तो बौद्ध लोगों को इस बात को स्वीकार करना पड़ेगा।

लेकिन आपको इस बात में अंतर को समझना पड़ेगा कि *सबूत के न मिलने* तथा किसी चीज़ के *नहीं होने के साफ़ सबूतों* के होने में अंतर होता है। बौद्ध दृष्टिकोण से भी अगर किसी चीज़ को दर्शन के माध्यम से नहीं पाया जा सकता है तो इसका मतलब यह नहीं है कि वह है ही नहीं। हम यह मानते हैं उसका अस्तित्व होता है लेकिन यह बात अनेक पहलुओं के ऊपर निर्भर करती है।

राजीव मेहरोत्रा: *क्या आपको ऐसा लगता है कि आप तेरहवें दलाई लामा के अवतार हैं और आपको उनके कुछ अधूरे कार्य पूरे करने हैं?*

दलाई लामा: मैं इसका जवाब हाँ और न दोनों में दे सकता हूँ। सपने में तेरहवें दलाई लामा से मेरी तीन बार भेंट हुई। मुझे ऐसा नहीं लगता है कि मैं उनका ही स्वरूप हूँ। लेकिन मुझको ऐसा लगता है कि उनके साथ मेरा मजबूत कर्म संबंध है। तेरहवें दलाई लामा ने भौतिक संसार एवं आध्यात्मिक जगत दोनों ही क्षेत्रों में प्रगति की थी। लेकिन हम लोग यह भी मानते हैं कि अपने कार्य को लेकर उनकी दीर्घकालीन योजनाएँ थीं जो उनके जीवनकाल के बाहर के काल तक की थीं। उनका निधन पचास साल से कुछ अधिक की अवस्था में हुआ और उन्होंने जो काम शुरू किए थे वे न तो परिपूर्ण हुए न ही पूरे किए जा सके।

राजीव मेहरोत्रा: *यह बात आप निश्चित रूप से जानते हैं?*

दलाई लामा: बहुत निश्चित रूप से तो नहीं। लेकिन मुझको ऐसा लगता है।

राजीव मेहरोत्रा: *मृत्यु के बाद तो भौतिक शरीर का नाश हो जाता है, इसलिए मस्तिष्क या चेतना का पुनर्जन्म होता है?*

दलाई लामा: पहले आप अपने आप से यह बुनियादी सवाल पूछिए: 'आत्म' या 'मैं' क्या होता है? निश्चित रूप से यह शरीर केंद्रीय तत्व नहीं है, और

मस्तिष्क भी केंद्रीय तत्व नहीं है। मेरे लिए तेंजिन ग्यात्सो मानव हैं। हालाँकि, बौद्ध नज़रिए से, महायान में उनका यह मत है कि तेंजिन ग्यात्सो मनुष्य रूप में हैं और वह इस बुद्धि और शरीर के योग रूप हैं। शरीर माता-पिता से मिलता है और यह बहुत से कारणों एवं अवस्थाओं में संभव होता है।

मनुष्य का चुनाव इसलिए किया जाता है क्योंकि इसमें शरीर तथा मस्तिष्क का योग होता है, तथा सूक्ष्म स्तर पर यह शरीर एवं वृहत स्तर पर मस्तिष्क होता है। पुनर्जन्म की जो प्रक्रिया होती है वह मस्तिष्क की या अस्तित्व की सततता होती है। अवतार उसको कहते हैं जब सोच समझकर किसी निश्चित समय में जन्म लिया जाता है, किसी निश्चित स्थान पर। वह वही व्यक्ति या वही अस्तित्व हो सकता है, या किसी और व्यक्ति के रूप में अपने पिछले अधूरे कार्यों को पूरा करने आया हो।

आख़िरकार कुछ बौद्ध धर्म ग्रंथों में यह कहा गया है कि शरीर के मूल कारण होते हैं, और वे कण जो होते हैं वे पिछले सभी ब्रह्मांडों के भी कारण होते हैं। लेकिन हमारी चेतना या दिमाग हर समय परिवर्तित होता रहता है। इसलिए यह दिखाया जा सकता है कि कारण और अवस्था हर चीज़ को प्रभावित करती है जिसमें बदलाव होता है। जैसे, मस्तिष्क स्वयं कारण और अवस्था का उत्पाद होता है। यह पुनर्जन्म सिद्धांत का आधार है।

राजीव मेहरोत्रा: *वर्तमान में, आपको अपने पूर्वजन्म की कोई स्मृति है?*

दलाई लामा: कई बार तो यह भी याद नहीं रहता है कि आज सुबह में क्या हुआ! लेकिन जब मैं छोटा था—दो या तीन साल का—तो मेरी माँ और मेरे कुछ नज़दीकी मित्रों को इस बात का अनुभव हुआ था कि मैंने अपने पूर्व जन्म के बारे में कुछ बताया था। यह संभव है! लेकिन अगर आप मुझसे किसी स्पष्ट स्मृति के बारे में पूछेंगे तो मैं यही कहूँगा कि सब कुछ साफ़-साफ़ नहीं होता है।

राजीव मेहरोत्रा: *अगर बौद्ध धर्म वैज्ञानिक सवालों के लिए खुला हुआ है तो पुनर्जन्म में विश्वास अभी भी क्यों है? इसको विज्ञान या तर्क के आधार पर सिद्ध नहीं किया जा सकता है।*

दलाई लामा: हम सब जानते हैं कि विज्ञान में किसी चीज़ को मापकर या

उसकी गणना करके उसकी जाँच परख की जाती है। मस्तिष्क-सिद्धांत या आत्म-सिद्धांत को मापा नहीं जा सकता है। अभी तक, मेरे ख़याल से बौद्धिक नज़रिए से विज्ञान का क्षेत्र बहुत सीमित रहा है। मस्तिष्क तथा चेतना का क्षेत्र वर्तमान विज्ञान के क्षेत्र से बाहर की चीज़ है। चूँकि मरते हुए लोगों के अनुभवों को लेकर बहुत सूक्ष्म क़िस्म के प्रयोग चल रहे हैं इसलिए हो सकता है कि इससे कोई बड़ा क्षेत्र खुले। लेकिन इसके साथ ही हमें उन चीजों के बारे में भी समझने की ज़रूरत है जिसको विज्ञान नहीं खोज पाया या जिसके अस्तित्व के बारे में उसने कहा कि वह है ही नहीं।

राजीव मेहरोत्रा: *परम पावन, क्या यही बात अवतरित लामाओं के बारे में भी नहीं कही जा सकती है कि उनमें कुछ हद तक अपने अतीत की स्मृतियाँ होती हैं?*

दलाई लामा: यह केवल बौद्ध धर्म का ही सिद्धांत नहीं है। वास्तव में, दो साल पहले पालमपुर में और अंबाला में दो अलग-अलग परिवारों में दो लड़कियाँ थीं, हमने कुछ लोगों को उनके बारे में पता लगाने के लिए भेजा, क्योंकि दोनों स्पष्ट रूप से अपने पूर्वजन्म की बात कर रही थीं, और दोनों का यह दावा था कि दूसरी लड़की के माता-पिता उसके माता-पिता थे। इसका नतीजा यह हुआ कि दोनों ही लड़कियों के दो माता-पिता हो गए, एक इस जन्म के और एक पूर्व जन्म के। उनकी स्मृतियाँ इतनी विश्वसनीय थीं कि दोनों के माता-पिताओं ने उन लड़कियों को अपने बच्चे के रूप में स्वीकार कर लिया।

इसी तरह का एक और मामला था जिसमें एक छोटा बच्चा यह दावा कर रहा था कि उसकी पत्नी और बच्चे थे, और उसके माता-पिता उसकी पिटाई करते थे, क्योंकि उनको ऐसा लगता था कि वह झूठ बोल रहा था। बाद में संयोग से उस गाँव से एक आदमी आया, जिस गाँव के बारे में वह बच्चा दावा कर रहा था कि उसमें उसकी पत्नी और बच्चे थे। उस आदमी ने यह दावा किया कि उस गाँव में एक ऐसा परिवार था, जिसमें उसी नाम के लोग थे, जिनके बारे में वह बच्चा कह रहा था। इसलिए वे उस बच्चे को दूसरे गाँव में लेकर गए, वहाँ तीन चार स्त्रियों के बीच उसने एक स्त्री को अपनी पत्नी के रूप में पहचान लिया और उससे अपने बच्चों के बारे में बात करने लगा।

राजीव मेहरोत्रा: *क्या आपको लगता है कि अगले जन्म में आपका भी अवतार*

होगा?

दलाई लामा: बिलकुल! शांतिदेव के शब्द थे, 'जब तक यह ब्रह्मांड है, जब तक इसके निवासियों में पीड़ा है, मैं सेवा के लिए बना रहूँगा, उनके काम करने के लिए रहूँगा।' यह कविता मुझे अंदर से ताक़त, उम्मीद और अपने होने के लिए निश्चित मक़सद देती है।

अगर मेरे अवतार लेने से समाज का कोई भला होगा तो मैं इसके लिए तैयार हूँ, इसकी कोई उपयोगिता हो तो। मुझे निश्चित लगता है कि मेरा पुनर्जन्म होगा। किस जगह पर, किस रूप में, किस नाम से यह मुझे नहीं पता है। लेकिन दलाई लामा का अवतार एक अलग बात है। हो सकता है कि ऐसा समय आए जब दलाई लामा की संस्था का कोई मतलब न रह जाए और समाज के लिए इसकी कोई उपयोगिता न रह जाए तो इसको जारी रखने का कोई मतलब नहीं रह जाएगा। इस बात को लेकर मैं खुले भाव से सोचता हूँ।

जहां तक मेरे पुनर्जन्म का सवाल है तो जब तक मैं बुद्धत्व की अवस्था को प्राप्त नहीं कर लेता मेरा विश्वास है कि तब तक मेरा पुनर्जन्म होता रहेगा। बुद्धत्व की प्राप्ति के बाद भी मैं कहीं किसी और रूप में रहूँगा। यह बौद्ध धर्म का विश्वास है, बौद्ध धर्म की सोच है। मुझे वास्तव में लगता है कि इस तरह की शिक्षा किसी की आशा, संकल्प तथा भरोसे को बनाए रखता है।

राजीव मेहरोत्रा: *हमारी पृथ्वी पर संसाधन सीमित हैं और इस आधार पर जन्म दर के नियंत्रण को उचित माना जा रहा है क्योंकि जनसंख्या बेलगाम तरीक़े से बढ़ती रही तो इस धरती के साधन कम पड़ जाएँगे। कुछ लोगों का ऐसा मानना है कि इस तरह से हम बड़ी तादाद में सचेतन जीवों को धरती पर पैदा होने से रोक रहे हैं। आपका इस बारे में क्या कहना है?*

दलाई लामा: इस पर मैं गांधी जी की एक बात कहना चाहूँगा: सभी की आवश्यकता के लिए काफ़ी है, लेकिन सभी के लालच के लिए बहुत नहीं है। यह अवतार के हमारे कर्म सिद्धांत को संतुलित करता है। दुनिया में अगर लोग ज़रूरत से ज़्यादा जमा न करें और उपलब्ध संसाधनों का बँटवारा ठीक से हो तो संसार में इतना है कि सबके पेट को भरा जा सके। अगर हमारे अंदर दूसरों के हित की भावना हो तो इन दो सिद्धांतों को कुछ हद तक संतुलित किया जा सकता है। कितना सारा भोजन बर्बाद किया जाता है, समुद्र में फेंक दिया जाता

है, जबकि करोड़ों लोग भूखे रह जाते हैं, मुझे लगता है कि यह नैतिक तथा कार्मिक कमजोरी का हिस्सा है।

मुझे लगता है कि भ्रम इस बात को लेकर है कि पुनर्जन्म किसका होता है। क्या वह स्वतंत्र सत्ता होती है या पहचान होती है? क्या वह वृहत चेतना का हिस्सा हो जाती है, जिसका कुछ हिस्सा अपने आपको फिर से प्रकट करता है? मुझे लगता है कि भ्रम इसी बात को लेकर है। इसमें यह धारणा भी शामिल है कि बहुत से अलग-अलग तरह के जीवन पुनर्जन्म के लिए प्रतीक्षा में हैं। इससे इस धारणा को बल मिलता है कि बहुत सारी सत्ताएँ और पहचान पुनर्जन्म के लिए प्रतीक्षारत हैं। अगर हम 'मैं' को ठीक से समझ लेते हैं तो हमारी प्रतिक्रिया बदल जाती है।

राजीव मेहरोत्रा: *लेकिन मुझे यह नहीं पता है वह 'मैं' कौन है। अगर मेरा पुनर्जन्म हुआ तो मुझे यह याद नहीं रहेगा मैं पहले क्या था! जब तक मैं इस बात को लेकर सजग नहीं रहता कि यह मैं हूँ तो इस बात से क्या अंतर पड़ता है?*

दलाई लामा: किसकी चेतना की सततता है यह? यह किसकी है? इसका जवाब यह है कि यह उसके अपने आप में होने में है। कोई अपने उस 'मैं' को तलाश पाता है या नहीं यह पूरी तरह से अलग बात है। अगर कोई यह कहता है मैं अपने पिछले जीवन में भी था तो उसको याद करना पड़ता है। हम कुछ अनुभवों को पहचान लेते हैं; जबकि हममें से कुछ इस जीवन के भी नहीं पहचान पाते।

दूसरे शब्दों में, कुछ लोग होते हैं जिनको अपने पिछले जन्म की अच्छी तरह स्मृति रहती है। लेकिन सामान्य लोग पूर्व जन्म को याद नहीं रख पाते हैं क्योंकि यह मृत्यु के समय उनकी चेतना के स्तर पर निर्भर करता है, पूर्व जन्म और इस जन्म के बीच का अंतराल बहुत सूक्ष्म होता है। जब यह घटित होता है तो दिमाग के वृहत स्तर पर जिनके ऊपर ये स्मृतियाँ आधारित होती हैं वे ठीक से काम नहीं कर रही होती हैं। किसी व्यक्ति को अगर गहरी चेतना के उपयोग का अनुभव होता है, तो इस बात की अधिक संभावना होती है कि वे अपने पूर्व जन्म की स्मृतियों को याद कर सकें।

राजीव मेहरोत्रा: *ज़रा इस बात को समझाइए कि मृत्यु के समय चेतना के साथ*

क्या हो जाता है, वह क्या होता है जो एक अवतार से अगले अवतार तक जाता है और किस कार्मिक छाप को आगे लेकर जाता है?

दलाई लामा: यह उनके पूर्वजन्मों पर निर्भर करता है—समाधि या मानसिक प्रशिक्षण के आधार पर, उसकी मानसिक क्षमता के ऊपर निर्भर करता है। कुछ स्मृतियाँ, कुछ सतत अनुभव तथा पूर्व जन्म की अन्य मानसिक क्षमताएँ अगले जन्म में भी बरकरार रहती हैं। लेकिन शरीर बदलता है और स्थूल स्तर पर मस्तिष्क भी, इसलिए अगले जन्म में बहुत सारे निशान नहीं रह जाते हैं। लेकिन फिर कहना चाहूँगा कि पिछले जन्म के कुछ प्रभाव और कुछ छाप फिर भी रह जाते हैं।

राजीव मेहरोत्रा: *मृत्यु के समय तिब्बती परंपरा में ऐसी प्रथा है और इस तरह का प्रशिक्षण है जो आपको यह सिखाता है कि सूक्ष्म दिमाग को किस तरह से सँभाला जाए और उसको किस तरह से निर्देशित किया जाए। इसलिए जब एक बार स्थूल दिमाग और स्थूल शरीर का अंत हो जाता है तो वह क्या है जो दिमाग को अगले जीवन में उपयुक्त अवतार के लिए निर्देशित करता है?*

दलाई लामा: यह सब इस बात पर निर्भर करता है कि सूक्ष्म मस्तिष्क द्वारा किस तरह के अनुभव को आगे ले जाया जाता है। जिन अनुभवों का सूक्ष्म दिमाग से नज़दीकी संबंध होता है तो उनके बारे में यह पूरी संभावना होती है कि वह अगले जन्म में साथ जाएं। सूक्ष्म मस्तिष्क का अगले जन्म में जाना असल में एक तरह की स्वाभाविक प्रक्रिया होती है; इसी तरह से 'आत्म' का संबंध सूक्ष्म मस्तिष्क से होता है, और आत्म का अगले जन्म में जाना स्वाभाविक प्रक्रिया है। जैसा कि मैंने पहले ही कहा वह मस्तिष्क सकारात्मक छाप लेकर जाता है या नकारात्मक छाप लेकर यह बहुत कुछ इस बात पर निर्भर करता है कि पिछले जन्म में उसने किस तरह का जीवन जिया, या कर्म किस तरह के रहे।

चेतना के लिए पर्याप्त कारण होना चाहिए, चेतना का पूर्व पल। यही कारण पुनर्जन्म के अस्तित्व को सिद्ध करता है। अगर हम इस जीवन की चेतना की सततता के बारे में और आगे देखें, और इसके उद्भव के समय को देखें तो इसकी सततता को पिछले जन्म तक ले जाया जा सकता है। इस मामले में, ऐसा कोई कारण ही नहीं है कि चेतना की सततता को जीवन के

अंतिम क्षण में मृत्यु के समय समाप्त हो जाना चाहिए।

इस वजह से हम लोगों को अपने भविष्य के जीवन की चिंता करनी चाहिए। हमारा जीवन अच्छा होगा या दुर्भाग्यपूर्ण होगा यह इस बात पर निर्भर करता है कि इस जीवन में हमारे कर्म कैसे हैं। अपने इस जीवन में व्यस्त रहते हुए हमें अपने भविष्य के जीवन के बारे में सोचने की उपेक्षा नहीं करनी चाहिए।

इस बात का एक और पहलू है। सभी ख़ुशी चाहते हैं, और कोई नहीं चाहता है कि उसको तकलीफ़ हो। अगर भौतिक सफलता से ही हमें वांछित पूर्ण सुख की प्राप्ति हो जाए तो इस दुनिया में ऐसे लोग होने चाहिएं जो पूरी तरह से संतुष्ट हों और जिनको ज़रा भी दुःख का अनुभव न हो। लेकिन जब तक हमारे पास यह शरीर है पीड़ा की संभावना हमेशा बनी रहती है; यही संसार का नियम है। इस शरीर में जन्म ही दुर्भाग्य का कारण होता है। अगर हमारे पास यह संभावना हो कि हम जन्म के इस चक्र को रोक सकते हों तो इसको हासिल करना अच्छा रहेगा। इसको हम मोक्ष कहते हैं।

राजीव मेहरोत्रा: *क्या आप यह कहना चाह रहे हैं कि अगर सबूत मिल जाए तो आप अवतार में अविश्वास करने के लिए तैयार हैं?*

दलाई लामा: हाँ बिल्कुल। मेरे ख़याल से बौद्ध दृष्टिकोण से अगर वैज्ञानिक प्रयोग या अन्वेषण पूरे विश्वसनीय ढंग से इस बात को साबित कर दे कि मस्तिष्क की सततता नहीं होती है तो ज़ाहिर है कि हम लोगों को इस बात को स्वीकार करना पड़ेगा। आमतौर पर जब हम किसी चीज़ का अन्वेषण करते हैं तो हम इस बात को लेकर तर्क जुटाते हैं जिससे उस बात को सिद्ध कर सकें और उससे विरुद्ध मत को स्वीकार करते हैं या नहीं। पुनर्जन्म के सिद्धांत में दो पहलू शामिल हैं: एक, आज भी ऐसे लोग हैं जिनको अपने पूर्वजन्म की अच्छे से याद है; और दूसरी बात यह है कि अगर जीवन की सततता नहीं है तो यह पूरा संसार या ब्रह्मांड किस तरह से अस्तित्व में है?

इसके कुछ तो कारण होने चाहिएं। इसके निर्माता के सिद्धांत ने बहुत सारे विरोधाभासों को जन्म दिया; इसलिए कम से कम बौद्ध धर्म को मानने वालों के लिए पुनर्जन्म के इस सिद्धांत को स्वीकार कर पाना अधिक सहज लगता है—कि यह जीवन उनके कर्मों का फल है, इसलिए यह पूरा ब्रह्मांड आता जाता रहता है। लेकिन एक रहस्य का पहलू इसमें हमेशा रहता है।

राजीव मेहरोत्रा: *कहने का मतलब यह है कि कर्म सिद्धांत के अनुसार, अपने जीवन में बहुत सारे मच्छरों को मारने के कारण अगले जन्म में मुझे मच्छर के रूप में जन्म लेना होगा...*

दलाई लामा: जहां तक इसकी बात है जब तक मैं शुद्धिकरण की किसी विशेष प्रक्रिया से नहीं गुजरता तो मुझे याद है, बहुत अच्छे से याद है कि मैंने पाप किया था। मैंने एक बार ल्हासा में मच्छरों को मारा था; एक बार दक्षिण भारत में मैंने कुछ मच्छरों को मारा था। मच्छर के रूप में जन्म लेने के लिए इतना काफ़ी था।

राजीव मेहरोत्रा: *क्या हर तरह के कर्म को संसार में अपने आपको संतुलित करने या उसको पूरा करने के लिए बाह्य अवस्थाओं की तलाश करने की ज़रूरत होती है?*

दलाई लामा: उदाहरण के लिए मान लीजिए किसी ने इतने अच्छे कर्म किए हों कि इस धरती पर उनका पुनर्जन्म इंसान के रूप में हो, लेकिन कुछ बाहरी कारणों से यह धरती नष्ट होती रही है या उसका उद्‌भव ही नहीं हो पाया हो, ऐसे हालात में कर्मों के परिपक्व होने तक इंतज़ार करना होगा या फिर उसको उसी स्वरूप में किसी और ग्रह पर जन्म लेना होगा। किसी विशेष रूप में पुनर्जन्म के लिए बाहरी परिस्थितियों की आवश्यकता होती है जिसमें वह विशेष अवस्था हो। दो चीजें आवश्यक होती हैं: मनुष्य के रूप में पुनर्जन्म के लिए केवल कर्म काफ़ी नहीं होते; उसके लिए माता-पिता की भी ज़रूरत होती है।

राजीव मेहरोत्रा: *क्या पूर्वजन्म और भविष्य के जन्म में विश्वास करना ज़रूरी है?*

दलाई लामा: अगर हम पुनर्जन्म के सिद्धांत को नहीं मानेंगे या पूर्वजन्म को स्वीकार नहीं करेंगे तो हमें अस्तित्व की शुरुआत के लिए कुछ बिंदु तैयार करने होंगे।

मैं अक्सर यह कहता हूँ कि आप चाहे आस्तिक हों या नास्तिक आपको

दयालु होना चाहिए। इसको पूर्व और भविष्य के जीवन के स्वीकार किए बिना भी विकसित किया जा सकता है या बौद्ध या कर्म सिद्धांत को स्वीकार किए बिना। यह अपने आप में धर्म है।

मैं बहुत शिद्दत से इस बात में विश्वास करता हूँ कि धर्म-विरोधी लोग जैसे कम्युनिस्ट भी बहुत अच्छे दिलवाले हो सकते हैं, और इस बात को मैंने निजी रूप से महसूस किया है। अच्छे दिलवाले लोग पुनर्जन्म के बौद्ध-सिद्धांत के बिना भी हैं—जो अपने जन्मजात गुणों के कारण जनता की भलाई के लिए अपने जीवन को न्योछावर कर देते हैं या किसी और तरीक़े से कुछ करते हैं।

प्रेम और करुणा सार्वभौम धर्म हैं। आज हम लोग बौद्ध धर्म के बारे में चर्चा कर रहे हैं, इसलिए मैं इन चीजों के बारे में बौद्ध दृष्टिकोण से बात कर रहा हूँ। अगर कोई यह सब किए बग़ैर भी अच्छा इंसान बनने की कोशिश करे तो यह संभव है और वह इसमें सफल भी होगा। लेकिन अगर कोई पूरी तरह से जाग्रत अवस्था के अस्तित्व में विश्वास नहीं करता हो तो बोधिचित्त की बात पैदा भी नहीं होती, क्योंकि यह वह मानसिक अवस्था है जो बुद्धत्व की आकांक्षी होती है। बौद्ध दृष्टि से यह एक तरह की प्रक्रिया है।

राजीव मेहरोत्रा: *एक सवाल है जो अनेक लोग पूछते हैं। अगर बौद्ध धर्म आत्मा में विश्वास नहीं करता है तो अवतार कैसे होता है?*

दलाई लामा: बौद्ध धर्म में अनात्मन पर ज़ोर दिया गया है, और बहुत कुछ अनात्मन शब्द या निस्वार्थता के अर्थ और इस बात पर निर्भर करता है कि हम इसको किस रूप में समझते हैं। कई बार भ्रम की स्थिति इसलिए पैदा हो जाती है क्योंकि हम इस शब्द का प्रयोग अलग-अलग संदर्भ में करते हैं। इसलिए जब हम अनात्मन की बात करते हैं तो इसका मतलब संज्ञात्मक या पारम्परिक आत्म होता ही नहीं है; हम इस पारम्परिक आत्म के अस्तित्व को पूरी तरह से स्वीकार करते हैं। आत्म के अनस्तित्व से हमारे कहने का मतलब यह है कि यह पूरी तरह से स्वतंत्र होता है और शरीर का आत्मा से इसका कोई लेना-देना नहीं होता है; यह शरीर से पूरी तरह से मुक्त होता है इस तरह की आत्मा का हम खंडन करते हैं।

जब हम पूरे विश्वास के साथ पूर्वजन्म एवं भविष्य के जीवन के बारे में बात करते हैं, तो कोई न कोई ऊर्जा होती है जो पूर्व जन्म से आती है तथा हमारे भौतिक शरीर में प्रवेश कर इस जीवन से अगले जन्म में चली जाती है,

भौतिक शरीर को पीछे छोड़ जाती है। और यह कि कुछ चीजों को भौतिक शरीर से अलग करके रखना चाहिए।

बौद्ध धर्म की कुछ शाखाओं के अनुसार यह माना जाता है कि चूँकि भौतिक शरीर महज इस जन्म के लिए होता है इसलिए मस्तिष्क और शरीर में मस्तिष्क ही होता है जो एक जीवन से दूसरे जीवन में जाता है। इसलिए यह बहुत सूक्ष्म मानस होता है। वही आत्म होता है। यह बौद्ध धर्म का मत है—चित्त। यहाँ तक कि चित्त के भी अलग-अलग स्तर हैं। यानी आख़िरकार सूक्ष्म चित्त आत्म है।

बौद्ध धर्म की एक और शाखा यह कहती है कि सूक्ष्म मस्तिष्क, चाहे वह कितना ही सूक्ष्म हो, उसको 'मेरा' मस्तिष्क नहीं कहा जा सकता। क्योंकि वह दिमाग अपने आप में आत्म होता है। अगर मस्तिष्क आत्म हो जाए, स्वामित्व एवं स्वामी द्वारा जिसका स्वामित्व लिया जाता है, दोनों एक हो जाते हैं।

राजीव मेहरोत्रा: *अगर मृत्यु चेतना की सर्वोच्च अवस्था है, तो फिर प्रेतों के बारे में क्या कहना है? क्या आपका कभी किसी भूत से सामना हुआ है?*

दलाई लामा: मुझे याद आ रहा है कि जब मैं बच्चा था तो मुझे भूतों से बहुत डर लगता था।

बौद्ध धर्म में छह प्रकार के पुनर्जन्म की बात की गई है। यह विभाजन पीड़ा और आनंद के स्तर पर किया गया है। जब विभाजन रूप, भावना या मस्तिष्क के सूक्ष्म या वृहत स्तर के आधार पर किया जाता है तो हम सचेतन जीवों को तीन क्षेत्रों में बाँटते हैं। उनको फिर और तीन भागों में विभाजित किया जाता है: छह् प्रकार के देव कामना के क्षेत्र में रहते हैं, सोलह प्रकार के रूप क्षेत्र में होते हैं और चार प्रकार के रूपहीन क्षेत्र में। इसलिए यहाँ तीन क्षेत्र हैं: कामना क्षेत्र, रूप क्षेत्र और रूपहीन क्षेत्र।

भूत इन तीनों में से किसी भी क्षेत्र या अवस्था में पाए जा सकते हैं। कुछ सकारात्मक होते हैं तो कुछ नकारात्मक; इंसानों की ही तरह, कुछ बहुत क्रूर होते हैं तो कुछ बहुत दयालु—इसको इस तरह से देखा जा सकता है।

——

यह अंश परमहंस योगानंद की प्रसिद्ध पुस्तक 'ऑटोबायोग्राफ़ी ऑफ़ ए योगी' से लिया गया है, इसमें हल्के-फुलके ढंग से उनके स्कूल के दिनों की कथा गहराई से कही गई है। इसमें उनकी एक आरम्भिक कोशिश का वर्णन है जब अपने कुछ साथियों के साथ उन्होंने हिमालय भागने और आध्यात्मिक जीवन को अपनाने की कोशिश की थी।

इस आत्मकथा का पहली बार प्रकाशन 1947 में हुआ था, और इसकी लाखों प्रतियाँ बिक चुकी हैं और इस किताब ने दुनियाभर के पाठकों को प्रभावित किया है। परमहंस योगानंद (1893-1952) संतों की एक प्रसिद्ध परम्परा से संबंध रखते थे। उनके गुरु स्वामी श्री युक्तेश्वर को लाहिड़ी महाशय ने दीक्षा दी थी, जिनको अजर-अमर बाबाजी का आशीष प्राप्त था। गुरुओं तथा शिष्यों के बीच के कर्म संबंध को समझना और समझा पाना मुश्किल होता है। इस अंश में हम संन्यास की आंतरिक इच्छा को देखते हैं जिसको गहरी दृष्टि तथा हँसी-मज़ाक़ के अन्दाज़ में कहा गया है।

अध्याय 9

मेरा बाधित हिमालय गमन

परमहंस योगानंद

हम लोग तब बंदी जैसा ही महसूस कर रहे थे, तब मैंने अमर से कहा कि मेरे अंदर बहुत उत्तजेना हो रही थी आज़ाद होने की।

'जब भी मौक़ा मिले हमें भाग लेना चाहिए। हम लोग पैदल ही चलते हुए ऋषिकेश चले जाएँगे।' मैंने मुस्कुराकर उत्साह बढ़ाते हुए कहा।

लेकिन मेरा साथी निराश हो गया था क्योंकि हमारे नक़ली नोट हम लोगों से ले लिए गए थे।

'अगर हम लोगों ने ऐसे जंगली रास्ते को पकड़ा तो हम लोग संतों की नगरी में नहीं बाघों के पेट में पहुँच जाएँगे!'

अनंत और अमर के भाई तीन दिन के बाद आए। अमर ने अपने रिश्तेदारों को देखकर राहत की साँस ली। मैं असमंजस में था; अनंत को मैंने खूब बुरा भला सुना दिया।

'मैं समझ सकता हूँ कि तुमको कैसा लग रहा होगा।' मेरे भाई ने बड़े प्यार से कहा। 'मैं तुमसे बस इतना कहना चाहता हूँ कि मेरे साथ बनारस चलो वहाँ एक संत से मिलवाना है, उसके बाद कलकत्ता चलना, पिता बहुत उदास हैं, कुछ दिन उनके पास बिता लेना। उसके बाद तुम अपने गुरु की तलाश की यात्रा शुरू करना।'

तभी इस बातचीत में शामिल होते हुए अमर ने कहा कि हरिद्वार लौटने का उसका कोई इरादा नहीं था। उसको परिवार के साथ अच्छा लग रहा था। लेकिन मैं जानता था कि मैं गुरु की अपनी तलाश को छोड़ने वाला नहीं था।

हमारा दल बनारस के लिए चल पड़ा। वहाँ मुझे अपनी प्रार्थनाओं का सीधा फल मिल गया।

अनंत ने बड़ी होशियारी से पहले ही योजना बना रखी थी। हरिद्वार में मुझसे मिलने आने के पहले बनारस में रुककर उसने धर्मशास्त्र के एक विद्वान से जाकर बातचीत की थी कि वह बाद में मुझसे बातचीत कर लें। पंडित और उसके बेटे दोनों ने उससे यह वादा किया था कि वह बातचीत करके मुझे संन्यास के पथ से हटा देंगे।[40]

अनंत मुझे उनके घर लेकर गया। उसके बेटे ने हमारा स्वागत किया, जो बहुत जोशीले स्वाभाव का लग रहा था। वह हमें आँगन में लेकर गया। दर्शन को लेकर उसने मुझसे बहुत विस्तार से बातचीत की। उसने यह कहा कि वह मेरे भविष्य को देख पा रहा था और उसने मुझसे कहा कि मुझे साधु बनने के अपने विचार का त्याग कर देना चाहिए।

---

40. शाब्दिक अर्थ है 'त्याग', संस्कृति क्रिया रूप, 'त्याग देना'।

'अगर तुमने अपनी साधारण ज़िम्मेदारियों का त्याग किया तो तुमको लगातार दुर्भाग्य का सामना करना पड़ेगा, और तुम ईश्वर को नहीं खोज पाओगे! सांसारिक अनुभवों को प्राप्त किए बग़ैर तुम अपने पिछले कर्मों[41] से मुक्त नहीं हो सकते।'

जवाब में मेरे होंठों पर कृष्ण के अमर वाक्य आ गए: 'कोई बुरे कर्मों वाला भी अगर लगातार मेरा ध्यान करे तो अतीत के बुरे कर्मों से वह तत्काल मुक्त हो जाएगा। उच्च पुरुष के रूप में वह जल्दी ही चिरस्थायी शांति को पा लेता है। अर्जुन इस बात को निश्चित रूप से जानते हैं: जो भक्त मेरे ऊपर विश्वास रखता है उसका कभी विनाश नहीं हो सकता है!'[42]

लेकिन उस आदमी ने जिस बलशाली तरीक़े से पूर्वानुमान की बात की थी उससे कुछ हद तक मेरा आत्मविश्वास भी कमजोर पड़ गया। दिल की पूरी ताक़त से मैं चुपचाप ईश्वर से प्रार्थना करने लगा:

'मेरी उलझन को सुलझाइए और मुझे यहीं के यहीं जवाब दीजिए कि आप क्या चाहते हैं कि मैं संन्यासी का जीवन जियूँ या एक सांसारिक आदमी का!'

मैंने ध्यान दिया कि एक बहुत तेजस्वी साधु उस पंडित के परिसर के बाहर खड़ा था। साफ़ था कि वह उस भविष्यवक्ता और मेरे बीच हो रही बातचीत को बहुत गौर से सुन रहा था, फिर उस अजनबी ने मुझे अपनी तरफ़ बुलाया। मुझे उसकी शांत आँखों में बहुत शक्ति दिखाई दी।

'बेटा उस अज्ञानी की बात मत सुनो। ईश्वर ने तुम्हारी प्रार्थना सुनकर मुझसे कहा है कि मैं तुमको यह बता दूँ कि तुम्हारे जीवन का एकमात्र उद्देश्य संन्यास ही है।'

आश्चर्य और आभार के साथ मैं इस निर्णायक संदेश को सुनकर मुस्कुराने लगा।

'उस आदमी के पास से वापस आ जाओ!' वह 'अज्ञानी' मुझे आँगन के अंदर बुला रहा था। मेरे उस मार्गदर्शक संत ने हाथ उठाकर मुझे आशीर्वाद दिया और वहाँ से चला गया।

'वह साधु भी तुम्हारी तरह पागल है।' यह आवाज़ सफ़ेद बालों वाले पंडित की थी। वह और उनका बेटा बहुत दुखी होकर मुझे देख रहे थे। 'मैंने सुना है कि उसने भी ईश्वर की तलाश में अपना घर-बार छोड़ दिया।'

---

41. पूर्व कर्मों का फल, इस जीवन में या पूर्व जीवन में; संस्कृत शब्द कृ से, मतलब करना।
42. भगवद् गीता, IX, 30-31। कृष्ण भारत के सबसे बड़े गुरु थे और अर्जुन उनका सबसे प्रिय शिष्य

मैंने उनकी बात पर ध्यान नहीं दिया। मैंने अनंत से कहा मैं अब अपने इस मेज़बान से और बात नहीं करूँगा।। वहाँ से तत्काल चलने के लिए मेरा भाई तैयार हो गया; हम उसी समय कलकत्ता के लिए निकल पड़े।

'मेरे जासूस, तुमको यह कैसे पता चला कि मैं दो साथियों के साथ भागा था?' वापसी में मैंने उससे अपनी उत्सुकता ज़ाहिर की। वह शरारती ढंग से मुस्कुराने लगा।

'तुम्हारे स्कूल में मुझे यह पता चला कि अमर क्लास रूम से निकला और फिर वापस नहीं आया। अगली सुबह मैं उसके घर गया तो उसके यहाँ एक टाईम टेबल मिला जिसमें निशान लगा हुआ था। अमर के पिता घोड़ा गाड़ी से निकल रहे थे और वह कोचवान से बात कर रहे थे।

'"आज मेरा बेटा मेरे साथ स्कूल नहीं जाएगा। वह ग़ायब हो गया है!" उसके पिता बहुत दुखी स्वर में बोल रहे थे।

'"मुझे एक कोचवान भाई ने बताया कि आपका बेटा दो अन्य लड़कों के साथ था, उन लोगों ने अंग्रेजों जैसे कपड़े पहन रखे थे, तीनों हावड़ा स्टेशन पर ट्रेन में सवार हो रहे थे," उसने बताया। "वह कह रहा था कि उन्होंने अपने बढ़िया जूते टैक्सी वाले को दे दिए थे।"

'इस तरह मेरे पास तीन सुराग हो गए—टाइमटेबल, तीन लड़के और अंग्रेजों जैसे कपड़े।'

अनंत के इस खुलासे को मैं कुछ मुस्कुराते हुए, कुछ खीझते हुए सुन रहा था। कोचवान के साथ हम लोगों ने जो उदारता दिखाई वही महंगी पड़ गई!

'ज़ाहिर है कि उसके बाद मैंने उन सभी जगह के अधिकारियों को टेलीग्राम करना शुरू कर दिया जिन जिन जगहों के नाम टाईम टेबल में चिन्हित थे। उसने बरेली को चिन्हित किया था इसलिए मैंने वहाँ तुम्हारे दोस्त द्वारका को टेलीग्राम किया। कलकत्ता में आस-पड़ोस में पूछताछ करने पर यह पता चला कि हमारे रिश्ते के भाई जतिन दा भी एक रात के लिए ग़ायब थे लेकिन वे अगली सुबह यूरोपीय वेशभूषा में वापस लौट आए। मैंने उनको रात के खाने के लिए आमंत्रित किया। उन्होंने आमंत्रण स्वीकार कर लिया, वह मेरे इस दोस्ताना रवैए से हैरान थे। रास्ते में मैं उनको पुलिस स्टेशन ले गया। वहाँ उनको पुलिस अफ़सरों ने घेर लिया, मैंने कुछ ख़ूँख़ार दिखने वाले अफसरों को इसके लिए पहले ही चुन रखा था। उनकी घूरती निगाहों के बीच जतिन दा अपने रहस्यमय आचरण के बारे में बताने के लिए तैयार हो गए।

'"मैंने प्रफुल्लित आध्यात्मिक मिज़ाज में हिमालय की यात्रा शुरू की। मुझे इस बात ने प्रेरित किया था कि वहाँ मेरी भेंट बड़े-बड़े संतों से होगी। लेकिन मुकुन दा ने जैसे ही यह कहा, "हिमालय की गुफाओं में ध्यान के दौरान बाघ हम लोगों के आसपास ऐसे मंत्रमुग्ध भाव से बैठे रहेंगे मानो वे पालतू कुत्ते हों," मेरा जोश ठंडा पड़ने लगा; मेरी भौंहों पर पसीने की बूँदें छलछलाने लगी। "फिर क्या हुआ?" मैंने सोचा। "अगर हमारी आध्यात्मिक तंद्रा से बाघों की खतरनाक प्रवृत्ति में बदलाव नहीं हुआ तो क्या वे हम लोगों के साथ घरेलू बिल्ली की तरह से बर्ताव करेंगे?" मैं अपने मन की आँखों से देख रहा था कि मैं बाघ के पेट में समाने जा रहा था—एक बार में ही पूरा शरीर उसके पेट में नहीं जा रहा था बल्कि टुकड़ों-टुकड़ों में शरीर के अलग-अलग अंग उसके पेट में समाते जा रहे थे!"'

जतिन दा के ग़ायब हो जाने के कारण जो ग़ुस्सा मेरे अंदर था वह ठहाके के साथ ग़ायब हो गया। ट्रेन में जो चुहलबाज़ी उन्होंने की थी उससे वह सारा दुःख जाता रहा जो उनके कारण मुझे महसूस हुआ था। दरअसल मुझे कुछ संतोष का भी अनुभव हुआ: जब जतिन दा भी पुलिस का सामना करने से नहीं बच पाए!

'अनंत,[43] तुम जन्मजात खोजी कुत्ते हो!' हैरान होने के बावजूद मैंने झुंझलाते हुए उससे कहा। 'और मुझे जतिन दा से कह देना चाहिए कि मुझे इस बात से ख़ुशी हुई कि उन्होंने किसी तरह की चालाकी करने की कोई कोशिश नहीं की, जैसा कि लग रहा था, बल्कि उन्होंने आत्मरक्षा के दूरदर्शी इरादे से जो भी क्या सो किया।'

कलकत्ता में घर पहुँचने पर पिताजी ने बड़े भावुक होते हुए मुझसे यह आग्रह किया कि कम से कम हाई स्कूल की पढ़ाई पूरी करने तक अपने यात्री पैरों को विराम दूँ। मेरी अनुपस्थिति में उन्होंने बड़े प्यार से योजना बनाकर संत केबलानंद[44] से बात की कि वे रोज़ाना मेरे घर आया करें।

---

43. मैंने उनको हमेशा अनंतदा कहा। 'दा' भारतीय परिवारों में बड़े भाई को छोटे भाई बहनों के द्वारा सम्मानपूर्वक बुलाया जाता है।

44. जिस समय हमारी भेंट हुई थी उस समय केबलानंद स्वामी परंपरा में नहीं आये थे और उस समय उनको लोग शास्त्री महाशय कहकर बुलाते थे। लाहिड़ी महाशय तथा मास्टर महाशय के नामों से कोई भ्रम न हो जाये इसलिए मैं अपने संस्कृत शिक्षक को साधु बनने के बाद के उनके नाम स्वामी केबलानंद के नाम से संबोधित कर रहा हूँ। बंगाल के खुलना ज़िले में उनका जन्म 1863 में हुआ था, केबलानंद ने बनारस में अपना शरीर अड़सठ साल की उम्र में त्याग था। परिवार में उनका नाम आशुतोष चैटर्जी था।

'यह संत तुमको संस्कृत सिखाएँगे,' मेरे माता-पिता ने पूरे आत्मविश्वास के साथ घोषणा की।

पिताजी को यह आशा थी कि एक विद्वान दार्शनिक से उपदेश लेकर मेरी धार्मिक आकांक्षा पर विराम लग जाएगा। लेकिन धीरे-धीरे बाज़ी पलटने लगी: मेरे नए अध्यापक मुझे बौद्धिक ज्ञान नहीं दे रहे थे, बल्कि उन्होंने ईश्वर के तलाश की आकांक्षा को मेरे अंदर भड़का दिया। पिताजी को पता नहीं था कि स्वामी केबलानंद लाहिरी महाशय के प्रसिद्ध शिष्य थे। उस अद्वितीय गुरु के हज़ारों शिष्य थे, जो उनके दैवी जादू से चुपचाप उनकी तरफ़ खिंचे चले आते थे। मैंने बाद में यह पढ़ा कि लाहिरी महाशय अक्सर केबलानंद को ऋषि कहते थे।

मेरे अध्यापक के सुंदर मुखड़े पर घुंघराली लटें झूलती रहती थीं। उनकी गहरी आँखों में निष्कपट भाव दिखाई देता रहता था, उन आँखों में बच्चों जैसी पारदर्शिता थी। उनके शरीर के हाव-भाव चिंतकों जैसे थे। वे हमेशा प्यार करने वाले इंसान थे लेकिन अपनी चेतना में वे पूरी तरह से दृढ़ थे। हम घंटों प्रसन्न भाव से गहन क्रिया मेडिटेशन में लगे रहते थे।

केबलानंद प्राचीन शास्त्रों के बहुत बड़े ज्ञाता थे: उनके पांडित्य के कारण उनको 'शास्त्री महाशय' का ख़िताब दिया गया था, सब उनको अक्सर इसी नाम से बुलाते थे। लेकिन संस्कृत ज्ञान में मेरी प्रगति उल्लेखनीय नहीं थी। मैं संस्कृत व्याकरण की पढ़ाई छोड़ने का कोई भी मौक़ा हाथ से जाने नहीं देता था, न ही योग तथा लाहिरी महाशय के बारे में बात करने का। मेरे अध्यपाक ने मुझे एक अपने जीवन और गुरु के साथ अपने संबंध को लेकर कुछ बताया।

'यह दुर्लभ सौभाग्य की बात थी कि मैं लाहिरी महाशय के पास क़रीब दस साल रहा। बनारस में उनका घर मेरे लिए रात में तीर्थस्थल जैसा होता था। वे अपने घर की पहली मंज़िल पर सामने की तरफ के हिस्से में हर समय मौजूद मिलते थे। वह कमल आसन में बिना पीठ वाली लकड़ी के तख़्त पर बैठे रहते थे, जबकि उनके शिष्य उनके आसपास अर्ध वृत्ताकार में बैठे रहते थे। उनकी आँखों में दैवी चमक दिखाई देती थी। वे अधमुंदी आँखों से आंतरिक आनंद में डूबे रहते थे। वह कभी-कभार ही ज़्यादा बातचीत करते थे। बीच-बीच में उनकी आँखें उस विद्यार्थी पर टिक जातीं, जिसको मदद की ज़रूरत होती थी; उसके बाद राहत पहुँचाने वाले शब्द उनके मुँह से ऐसे झरते थे मानो प्रकाश का हिमस्खलन हो रहा हो।

'गुरु को देखते ही मेरे अंदर अवर्णनीय शांति छा जाती। उनकी सुगंध

से मैं ऐसे भर जाता मानो अनंत कमल की सुगंध हो। उनके साथ अनेक दिनों तक बिना एक भी शब्द बोले, ऐसा अनुभव हुआ जिसने मेरे पूरे अस्तित्व को बदलकर रख दिया। अगर मेरे ध्यान के मार्ग में किसी तरह की अदृश्य बाधा आती तो मैं गुरु के चरणों के पास बैठकर ध्यान लगाने लगता था। वहाँ मुश्किल से मुश्किल अवस्थाएँ भी मैं सहजता से कर लेता था। कम ज्ञानी अध्यापकों के पास रहने से मुझे इस तरह के अनुभव नहीं होते थे। मेरे गुरु देवता के जीवित मंदिर थे, जिनके गुप्त दरवाज़े सभी शिष्यों के लिए भक्ति के माध्यम से खुलते थे।

'लाहिरी महाशय धर्मग्रंथों की किताबी व्याख्या नहीं करते थे। वह सहज भाव से "दैवी पुस्तकालय" में प्रवेश कर जाते। उनके सर्वज्ञ झरने से शब्दों के झाग और विचारों के फुहारे निकलते रहते थे। उनके पास जादू की चाभी थी, जिससे वे उस दार्शनिक ज्ञान की कुंजी को खोल देते थे जिसे सदियों पहले वेदों में बंद किया गया था।[45] अगर उनसे यह पूछा जाता था कि वे प्राचीन शास्त्रों में दर्ज चेतना के अलग-अलग स्तरों के बारे में बताएँ तो वे मुस्कुराते हुए सहमति जताते।

'"मैं उन अवस्थाओं से पहले गुजरूँगा और फिर मैं तुम लोगों को यह बताऊँगा कि मुझे क्या महसूस हुआ।" वे वैसे शिक्षकों से एकदम अलग थे जो धर्मग्रंथों को याद कर लेते हैं और जो उनको भी नहीं समझ में आ रहा होता है उसको वे दूसरे लोगों को समझाते हैं।

'"पवित्र पदों के जो अर्थ तुम लोगों को सुझाई देते हैं उनको बोलो।" अल्पभाषी गुरु अपने पास बैठे शिष्य को यह निर्देश देते। "मैं तुम लोगों के विचारों का मार्गदर्शन करूँगा, और इस तरह से सही व्याख्या हो जाएगी।" इस तरह से लाहिरी महाशय के बहुत सारे सूत्र दर्ज हो गए, जिसकी अनेक भक्तों ने एक से एक व्याख्याएँ की।

'गुरु कभी भी पहले से चले आ रहे विश्वासों की ज्यों की त्यों व्याख्या

---

45. प्राचीन चार वेदों में आज 100 से अधिक प्रचलित धर्मवैधानिक किताबें हैं। इमरसन ने अपनी पत्रिका वैदिक विचार के बारे में यह लिखा था: 'यह हृदय तथा रात और बेचैन समुद्र की तरह उदात्त है। इसमें सभी तरह की धार्मिक भावनाएँ हैं, सभी महान नैतिकताएँ, जो बारी-बारी से महान कवियों के दिमाग़ में आई... इस किताब को पड़े देने का कोई फ़ायदा नहीं है; अगर मैं जंगल में अपने ऊपर भरोसा करता हूँ, या तालाब में किसी नौका में, तो प्रकृति मुझे ब्राह्मण बना दे रही है: अनंत आवश्यक, अनंत क्षतिपूर्ति, अकल्पनीय शक्ति, अटूट चुप्पी... यह उसके पंथ में है। इसमें शांति है, और शुद्धता तथा संपूर्ण त्याग—इन सारी कठिन तपस्याओं से सभी पाप धुल जाते हैं तथा आठवें ईश्वर की परमगति मिलती है।

नहीं करते। "शब्द केवल आवरण होते हैं," वे बताते। "ध्यान के माध्यम से आनंदपूर्वक ईश्वर की उपस्थिति का विश्वास प्राप्त करो।"

'चाहे शिष्य की कुछ भी समस्या हो गुरु उसके समाधान के रूप में क्रिया योग की सलाह देते हैं।

'"जब मैं तुम लोगों के मार्गदर्शन के लिए इस शरीर में उपस्थित नहीं रहूँगा तब भी योग कुंजी की कार्यकुशलता में कमी नहीं आएगी। सैद्धांतिक प्रेरणा के रूप में इस तकनीक को बंद करके भुलाया नहीं जा सकता है। क्रिया के माध्यम से मुक्ति के अपने मार्ग पर लगातार बढ़ते रहो, जिसकी शक्ति अभ्यास में है।"

'मैं स्वयं क्रिया को स्वयं-प्रयास के द्वारा मुक्ति का सबसे कारगर साधन मानता हूँ, जो मनुष्य द्वारा अनंत की तलाश के क्रम में विकसित होता है।' केबलानंद ने इस गम्भीर साक्ष्य के साथ अपनी बात को विराम दिया। 'इसके उपयोग के माध्यम से सर्वत्र उपस्थित ईश्वर जो सभी मनुष्यों में छिपा हुआ है, वह लाहिरी महाशय तथा उनके शिष्यों में अवतरित दिखाई देने लगे।'

लाहिरी महाशय द्वारा ईसा मसीह जैसा चमत्कार केबलानंद की उपस्थिति में किया गया। एक दिन मेरे संत शिक्षक ने अपने सामने पड़ी संस्कृत की किताब से आँखें हटाते हुए यह कहानी सुनाई।

'रामू नामक एक अंधे शिष्य ने मेरे अंदर के दया भाव को जगा दिया। जब यह पूरे मनोयोग से हमारे गुरुओं की सेवा करता है, दैवी गुणों से संपन्न गुरुओं की, तो क्या उसकी आँखों में रोशनी नहीं होनी चाहिए? एक दिन सुबह के समय मैं रामू की तलाश में निकला तो वह कई घंटों से ताड़ के पंखे से गुरु को हवा कर रहा था। आख़िरकार जब वह भक्त कमरे से निकला तो मैं उसके पीछे-पीछे चल पड़ा।

'"रामू, तुम कब से अंधे हो?"

'"जन्म से सरकार! मेरी आँखों को सूरज देखने का मौक़ा कभी नहीं मिला।"

'"हमारे सर्वज्ञ गुरु इसमें कुछ मदद कर सकते हैं। उनसे प्रार्थना करो।"

'अगले दिन रामू कुछ झिझकते हुए लाहिरी महाशय के पास गया। लेकिन उस शिष्य को यह कहते हुए शर्म महसूस हुई कि वे अपने आध्यात्मिक बल से उसके शरीर में उस संसाधन को दे दें।

'"गुरुदेव आप पूरे ब्रह्मांड को प्रकाश दिखाते हैं। मैं आपसे यह दुआ करता हूँ कि आप मुझ अंधे की आँखों में रोशनी ला दें, जिससे कि मैं सूरज

की चमक को थोड़ा देख सकूँ।"

'"रामू तुमको किसी ने यह समझा दिया है कि मुझे मुश्किल परिस्थिति में डाल दो। मेरे अंदर कोई जादुई शक्ति नहीं है।"

'"गुरुदेव, आपके अंदर जो अनंत है वह निश्चित रूप से मुझे ठीक कर सकते हैं।"

'"यह वास्तव में अलग बात है रामू। ईश्वर की सीमा कहीं नहीं है। वह जो तारों में चमक भरता है और मांस के लोथड़े में जीवन भर देता है वह तुम्हारी आँखों को रोशनी से भर देगा।"

'गुरु ने रामू के माथे को दोनों भौंहों के बीच में हाथ ले जाकर छुआ।[46]

'"अपने मन को वहीं एकाग्र रखते हुए सात दिन तक भगवान राम[47] के नाम का जाप करते रहो। सूर्य के वैभव से तुम्हारे लिए विशेष सुबह होगी।"

'आश्चर्य की बात है कि एक सप्ताह में सच में ऐसा ही हुआ। पहली बार रामू को प्रकृति का चमकदार रूप दिखाई दिया। उस सर्वज्ञ ने अपने शिष्य से राम के नाम का जाप करने के लिए कहा जिनको वह सभी संतों से ऊपर रखते थे। गुरु ने जिस जगह पर स्थायी आरोग्य का शक्तिशाली बीज डाला था उस जगह पर रामू के विश्वास ने भक्ति का हल चलाया।' केबलानंद कुछ देर के लिए शांत रहे और फिर उन्होंने अपने गुरु का ध्यान किया।

'लाहिरी महाशय द्वारा किए गए सभी चमत्कारों में एक बात साफ़ दिखाई देती है कि उन्होंने अहं सिद्धांत[48] को कभी इसका कारण नहीं बनने दिया। बिना किसी विरोध के पूर्ण समर्पण से गुरु ने मूल आरोग्य शक्ति को अपने अंदर मुक्त भाव से बहाने दिया।

'ऐसे असंख्य शरीरों को जिनको लाहिरी महाशय ने चमत्कारी ढंग से चंगा किया, अंततः उनको चिता की लपटों में समा जाना पड़ा। लेकिन जिस तरह से चुपचाप तरीक़े से उन्होंने आध्यात्मिक जाग्रति को संभव बनाया, ईसा मसीह की तरह से उन्होंने शिष्य बनाए, वे उनके कभी न मिटने वाले चमत्कार हैं।'

मैं कभी संस्कृत का विद्वान नहीं बन पाया; केबलानंद ने मुझे दिव्य वाक्य विन्यास सिखा दिया।

---

46. 'एकल' या आध्यात्मिक आँख का स्थान। मृत्यु के बाद आमतौर पर आदमी की चेतना इसी पवित्र स्थान पर आ जाती है, जो मृतक की खुली आँखों के रास्ते बाहर जाती है।
47. संस्कृत के महाकाव्य रामायण के केंद्रीय व्यक्तित्व।
48. अहंकार। द्वैत या भ्रम का मूल कारण है, जब कर्ता कर्म की तरह प्रतीत होने लगता है; जीव अपने आपको सृष्टिकर्ता के रूप में देखने लगते हैं।

गूढ़ विद्वान राहुल सांकृत्यायन की असाधारण यात्राएँ, उनकी तलाश और आंतरिक यात्राओं को हमारे सामने प्रस्तुत किया है लेखक, क्यूरेटर, स्तंभकार और पूर्व नौकरशाह सुजाता प्रसाद ने। सांकृत्यायन लेखक और बहुभाषाविद थे जिन्होंने अपनी मातृभाषा हिंदी में लिखा। उनका जन्म 1893 में हुआ था, उन्होंने 45 से अधिक साल यात्राओं में बिताए। उनका देहांत 1963 में दार्जिलिंग में हुआ, वे अपने पीछे ऐसी विरासत छोड़ गए जिसको समझ पाना या समेट पाना मुश्किल था। राहुल सांकृत्यायन को महापंडित के नाम से जाना जाता था और कहा जाता है कि वे क़रीब 30 भाषाओं के ज्ञाता थे, जिनमें से क़रीब दर्जन भर भाषाओं में वे लिख पढ़ और बोल सकते थे, जिनमें अंग्रेज़ी, फ्रेंच, जर्मन, रूसी, तमिल, तिब्बती, संस्कृत, पाली, उर्दू, फ़ारसी, अरबी तथा हिंदी भाषाएँ शामिल थीं।

सुजाता प्रसाद के इस उदबोधक लेख में तिब्बत की उन चार यात्राओं के बारे में बताया गया है, जिसमें ज्ञान के प्रति उनका सर्वव्यापी समर्पण तथा उनके संरक्षण एवं उनको अधिक लोगों तक पहुँचाने की उनकी प्रतिबद्धता दिखाई देती है।

अध्याय 10

राहुल सांकृत्यायन की तिब्बत यात्रा

सुजाता प्रसाद

ब्राह्मण धर्मग्रंथों तथा शास्त्रीय वेदांत के अध्ययन से लेकर आर्य समाज, बौद्ध धर्म और मार्क्सवाद तक के अध्येता, भारत के विद्वान, राहुल सांकृत्यायन उच्चकोटि के संशयवादी और अन्वेषक थे। उन्होंने 'एकवाद'[49]—यानी एक शरीर में अवस्थित रहने तथा एक समय में एक स्थान पर रहने की हताशा और पीड़ा—को लगातार एक स्थान से दूसरे स्थान जाते हुए, एक ज्ञान से दूसरे ज्ञान में विचरण करते हुए, अनजान राहों पर चलते हुए, उन स्थानों पर जाते हुए जो नक़्शे में नहीं थे, उन विचारों को समझकर जिनको अभी तक समझा नहीं गया था, सिर के बल खड़ा कर दिया। उन्होंने अपनी किताब, *घुमक्कड़ शास्त्र* में यात्राओं को लेकर अपने सम्मोहन को तर्कपूर्ण तरीक़े से सामने रखा है।

अपने संस्मरण में उन्होंने इस बारे में बताया है कि उनमें लगातार घूमने की इच्छा कैसे पैदा हुई, इसका श्रेय वे एक शेर को देते हैं जो उन्होंने प्राथमिक कक्षा में ही पढ़ा था:

सैर कर दुनिया की गाफ़िल, ज़िंदगानी फिर कहाँ
ज़िंदगी ग़र कुछ रही तो ये नौजवानी फिर कहाँ

राहुल सांकृत्यायन ने यूरोप, जापान, चीन, कोरिया, मंचुरिया, ईरान, नेपाल, श्रीलंका, अफ़ग़ानिस्तान और रूस की यात्रा की, ट्रांस साइबेरिया रेलवे से साइबेरिया को पार किया, और ज़ाहिर है कि हिमालय की यात्रा पर भी गए।

लेकिन इनमें से कोई भी यात्रा उनकी चार बार की तिब्बत यात्रा के मुक़ाबले कुछ भी नहीं है, तिब्बत निषिद्ध क्षेत्र था, 1920 के दशक से वहाँ बाहरी लोगों को जाने की इजाज़त नहीं थी। यह कहानी है असाधारण शक्ति, लचीलेपन और दृढ़ संकल्प की। अपने यात्रा वृत्तांतों में उन्होंने इस बात को स्वीकार किया है कि इतनी मुश्किल तथा अद्वितीय किसी दूसरी यात्रा के बारे में सोच पाना भी मुश्किल था।

ये यात्राएँ औचक नहीं थीं। सांकृत्यायन उस समय गांधीवादी सपने को जी रहे थे, स्वाधीनता आंदोलन के जोश से भरपूर थे। इस दौरान उनको 1922 में और फिर 1924 में जेल भी जाना पड़ा। बंदी जीवन के दौरान उन्होंने वहाँ छुपाकर लाई गई लियोन ट्रोत्सकी की प्रति पढ़ी। साथ ही, *बोलशेविज्म एंड वर्ल्ड पीस* पढ़ी, ब्रजभाषा में कविताएँ लिखी, क़ुरान के संस्कृत अनुवाद पर काम किया, त्रिकोणमिति सीखी और अपना पहला उपन्यास *बाइसवीं सदी*

---

49. जॉन कोनिग की *डिक्शनरी ऑफ़ ओब्सक्योर सॉरोस*

लिखा। बौद्ध धर्म के साथ उनका परिचय भी इसी जेल यात्रा के दौरान हुआ। उन्होंने पाली सीखी और बौद्ध ग्रंथ *मज्झिम निकाय* को पाली में पढ़ने में सफल रहे।

सांकृत्यायन की बौद्ध धर्म में रुचि तब और बढ़ी जब 1926 में वे लद्दाख की यात्रा पर गए। वहाँ उनकी भेंट रास-पा से हुई जो हेमिस मठ के लामा थे, और रिजोंग मठ में बौद्ध ग्रंथों को पढ़ने में समय बिताया। उन्होंने पश्चिमी तिब्बत की यात्रा करने की भी कोशिश की, जिसके लिए उन्होंने उस मार्ग को चुना, जिस मार्ग से घुमंतू जाते थे और जिस मार्ग को ख़तरनाक माना जाता था। उस मार्ग पर आपराधिक घटनाएँ होती रहती थीं, इस यात्रा में उनके साथ बस एक कुत्ता था। बीच रास्ते में कुत्ते का देहांत हो गया और वे पूरी तरह से टूट गए। यात्रा के अपने इस साथी के निधन पर उन्होंने संस्कृत में आठ शोक गीत लिखे जिसको लिखते हुए उनके संस्मरण का लहजा बहुत चिंतनपरक और काव्यात्मक हो गया है।

उनकी इच्छा हुई कि जाने-माने विद्वानों से त्रिपिटक पढ़ा जाए, इसलिए सांकृत्यायन ने 1927 में श्रीलंका में एक प्रसिद्ध बौद्ध मठ विद्यालंकार परिवेना में दाख़िला लिया, जहां अंततः उनको वह मिल गया जिसकी वह तलाश में थे:

> जब बुद्ध के इस उपदेश से मेरा सामना हुआ: 'किसी किताब या परम्परा के सम्मान में या अपने बड़ों के सम्मान में किसी चीज़ पर विश्वास मत करो; हमेशा अपने परीक्षण के आधार पर ही किसी चीज़ पर भरोसा करो और फिर उस पर मज़बूती से डटे रहो', तो मेरे दिल ने अचानक कहा: यही वह आदमी है जिसकी सत्य में आस्था अटूट थी, जिसने मानवजाति के अंतर्गत स्वतंत्र बुद्धि को समझा। और जब *मज्झिम निकाय* में मैंने यह पढ़ा, 'धम्म के जो उपदेश मैंने तुमको दिए हैं वे नौका की तरह है...' तब मुझे समझ में आया कि मैं जिसकी तलाश में भटक रहा था वह मुझे अब मिल गया है।

सांकृत्यायन ने *दीघ निकाय* तथा *मज्झिम निकाय* का हिंदी में अनुवाद किया, पुरालेखशास्त्र और पुरातत्व में ज़्यादा समय लगाने लगे, और स्वयं को जर्मन एवं फ्रेंच भाषा सीखने में लगाया ताकि यूरोप के प्रसिद्ध विद्वानों और भारतविदों को पढ़ सकें, जैसे सिलवान लेवी, ओरेल स्टेन, रूडोल्फ़ ओट्टो और सर्जेई ओल्डेनबर्ग। उन्होंने अपने मूल नाम, राम उदार दास का त्याग कर दिया और बौद्ध नाम राहुल सांकृत्यायन को अपना लिया। उनको एक

बहुत दुर्लभि उपाधि दी गई—त्रिपिटकाचार्य, लेकिन उनकी तलाश अभी पूरी नहीं हुई थी। अपने पिता पर लिखे एक मार्मिक लेख में जया सांकृत्यायन ने यह लिखा कि उदंतपुरी, विक्रमशिला तथा नालंदा के विश्वविद्यालयों के नष्ट किए जाने कि कारण मूल संस्कृत कृतियों के जो अनुवाद खो गए थे, उसमें उनकी दिलचस्पी जगी। उनको यह जानकारी भी थी कि पिछली शताब्दी के अंतिम वर्षों तथा बीसवीं सदी के शुरुआती वर्षों में मध्य एशिया तथा तिब्बत में जो यूरोपीय अभियान हुए थे, उस दौरान कुछ मूल्यवान किताबों को फिर से प्राप्त कर लिया गया था।

यूरोपीय विद्वान एलेक्जेंड्रा डेविड नील 1920 के दशक में तिब्बत में घुस पाने में सफल रही थीं, जिनके यात्रा वृत्तांत ने उनको प्रभावित किया। इसी तरह एकाइ कावागुची की प्रभावशाली किताब, *थ्री ईयर्स इन तिब्बत* ने भी उनको बहुत प्रेरित किया। जिन किताबों को फिर से खोजा गया था उनको वे ले गए और लोगों की चेतना से वे किताबें ग़ायब हो गईं, सांकृत्यायन को महसूस हुआ कि भारतीय बौद्ध विरासत को समझना ज़रूरी था। उनकी बड़ी इच्छा थी कि वे साम्ये (तिब्बत) में सबसे पुराने महाविहार के खंडहरों को देखने के लिए जाएँ और नालंदा के जाने-माने विद्वान, संतारक्षित की अस्थियों को श्रद्धा पुष्प अर्पित करें, जिनको बौद्ध विद्वानों दिन्नाग और धर्मकीर्ति के साथ मिलाकर, '*बौध त्रिमूर्ति*' कहा जाता था। संतारक्षित ही वह विद्वान थे जिन्होंने सबसे पहले तिब्बत के सात भिक्षुओं को दीक्षा दी थी तथा हिमालय के एक सिरे से दूसरे सिरे तक बौद्ध धर्म की जड़ों को मजबूत बनाया था।

तिब्बत जाने का इरादा तो उनके दिमाग में बहुत सालों से चल रहा था लेकिन उनको इस इरादे को साकार करने का मौक़ा मिला 1929 में। वे सामाजिक असहमति के जाने-पहचाने चेहरे थे इसलिए सांकृत्यायन इस बात को समझ रहे थे कि उनको पहचाना जा सकता था, इसलिए उनको भेष बदलकर जाना होगा। उनके लिए नेपाल में प्रवेश कर पाना भी आसान नहीं था, तिब्बत तो दूर की बात थी। उन्होंने अलग-अलग तरह के धार्मिक व्यक्तित्वों जैसी वेशभूषा बनाई, वे एक साधु के भेष में शिवरात्रि के मौक़े पर काठमांडू की घाटी में गए। वहाँ पहुँच जाने के बाद वे महाबौद्ध स्तूप के पास एक घर में छिपकर रहे, इस दौरान उन्होंने तिब्बती चोगा धारण कर रखा था। यात्राओं के दौरान उन्होंने जो डायरी लिखी वे *तिब्बत में सवा वर्ष* तथा *यात्रा के पन्ने* में संकलित हैं। इसमें उन्होंने एक मंजे हुए निबंधकार की महारत के साथ अपनी इस आज़माइश के बारे में लिखा है। वैसे तो उन्होंने तिब्बती चोग़ा धारण कर रखा था, दाढ़ी मूँछ भी नहीं बना रहे थे, लेकिन तब भी उनके हाथ

पाँव फूल रहे थे कि कहीं उनको पहचान न लिया जाए।

हेंडरसन ने तिब्बत को लेकर एक पुस्तिका लिखी थी, जिसको आधार बनाकर वे अपने आपको तिब्बत की भाषा से परिचित बना रहे थे और अपने विकल्पों को बहुत होशियारी से तौल रहे थे। उनको सबसे सही यही लग रहा था कि दुपका लामा के साथ जो उनका थोड़ा-बहुत संपर्क था उसका उपयोग करते हुए वे उनकी विशाल लामा मंडली का हिस्सा बनकर तिब्बत निकल जाएँ। जब इससे काम नहीं बना तो उन्होंने एक अमीर नेवार व्यापारी, धर्मामन साहू की मदद ली, जिनका ल्हासा में घर और कार्यालय था। साथ ही उनके दोस्त दशरतन साहू की भी ताकि उनकी यात्रा की व्यवस्था चाक चौबंद हो सके।

सांकृत्यायन ने नेपाल की सीमा पर पुलिस को चकमा देने के लिए अपने आपको किन्नौर का संन्यासी बताया। उनकी शुरुआती यात्रा ख़तरों से भरी हुई थी। उनको बहुत सावधानी से आगे बढ़ना पड़ रहा था, जैसे ही उनको किसी को देखकर यह अंदेशा होता कि वह बदमाश, डाकू हो सकता था तो वे भिखारी की तरह से हाव-भाव बनाते हुए चलते। संयोग से उनकी भेंट लोबसेंग शेराब नामक एक अल्पभाषी लामा से हुई जिनसे उनकी बोधगया में दोस्ती हुई थी और इससे उनके लिए हालात पूरी तरह से बदल गए। लामा ने तिब्बत में प्रवेश करने के लिए विश्वसनीय परमिट दिलवाने में उनकी मदद की। ऊबड़-खाबड़ रास्तों से होते हुए वे तीन महीने तक चलते रहे, कोसी नदी के बर्फीले पानी को पार किया, अक्सर उनको आराम करने के लिए खटमलों से भरे घुड़साल में जगह मिलती, जहां वे आराम करते। वे सत्तू और चाय के सहारे अपने जीवन को चला रहे थे। वे जराला पास को पार कर महत्वपूर्ण स्थलों नरथाँग, ताशी ल्यूमपो गोंबा तथा शिगारचे पहुँचे। वे सुदूर इलाक़ों में भी गए, जैसे नागाचे, और यह पूरी यात्रा अधिकांश उन्होंने पैदल ही तय की। उनकी यात्रा 19 जुलाई को पूरी हुई जब उनको पोटाला के जोंग क़िले की सुनहरी छत दिखाई दी।

सांकृत्यायन को एक काम तत्काल जो करना था वह यह कि उनको तेरहवें दलाई लामा को अपने बारे में बताना था और उनसे सेरा और ड्रेपूँग गोंपा में पढ़ाई करने की अनुमति मांगनी थी, जहां छात्रावास में हज़ारों बौद्ध भिक्षु रहते थे तथा उसका निर्माण दुनियाभर के बौद्ध भक्तों के लिए करवाया गया था। ल्हासा में उन्होंने कई महीने बिताए, वे आसपास के मठों में जाते, अक्सर अंधेरे में जाते। शहर ने बाहें फैलाकर उनका स्वागत किया। उन्होंने वहाँ

के रोज़मर्रा के सामाजिक ढाँचे के जादू को महसूस किया और वहाँ की सुरुचि का आनंद लिया जो देश के डीएनए में गहरे रचा बसा था। उनकी उपस्थिति से किसी तरह की उत्तेजना नहीं फैली। अपने संपर्कों के माध्यम से उनकी पहुँच बड़ी संख्या में दुर्लभ ग्रंथों एवं थांगका पेंटिंग तक हुई। इनमें से अधिकतर किताबें हस्तलिखित तिब्बती पांडुलिपियाँ थीं या वुडब्लॉक प्रिंटिंग के रूप में थीं। कुछ तो सुनहरे एवं रूपहले पाउडर से लिखे गए थे। आध्यात्मिक किताबों के अलावा दर्शन, इतिहास, कला, खगोलशास्त्र, चिकित्सा तथा अन्य विषयों की किताबें भी थीं। उन्होंने साम्ये की यात्रा भी की, वहाँ ल्हासा से जाने में दो दिन का समय लगता था, वहाँ बौद्ध गुरु संतारक्षित के अवशेषों को जाकर उन्होंने देखा। जब सांकृत्यायन ने कलिंपोंग की वापसी की यात्रा शुरू की तो उस यात्रा के दौरान उन्होंने जो पांडुलिपियां, पेंटिंग और दुर्लभ प्राचीन कलाकृतियां जुटाई थीं, उनको लाने के लिए 22 खच्चर किराए पर लेने पड़े।

सांकृत्यायन ने तिब्बत की दूसरी यात्रा 1934 में की, उससे पहले 1930 में वे भिक्खु बन गये थे। उनकी ख्याति त्रिपिटक के विद्वान के रूप में थी, इस वजह से तिब्बत के भिक्षुओं के बीच उनका महत्व बहुत बढ़ गया, और उन्होंने अपने मठों के ग्रंथागार उनके लिए खोल दिए। उन्होंने अपना सारा समय, ऊर्जा और जुनून ताड़ के पत्तों पर लिखी मूल पांडुलिपियों की खोज में लगा दिया। बौद्ध ग्रंथ जिन भाषाओं में थे उन भाषाओं पर उनका ऐसा अधिकार था कि उससे उन ग्रंथों के आंकलन में उनको मदद मिली। इन ग्रंथों को भारत से तिब्बत सातवीं शताब्दी में और फिर बाद में नौवीं से तेरहवीं शताब्दी के बीच ले जाया गया। इन ग्रंथों के गहराई से अध्ययन किए जाने में इस बात की संभावना छिपी थी कि उनसे बौद्ध धर्म एवं दर्शन के लिए नए दरवाज़े खुलते, बल्कि ब्राह्मण एवं जैन परम्परा के भी।

सबसे पहले सांकृत्यायन ने धर्मकीर्ति की *प्रमाणवर्तिका* की संस्कृत में लिखी पांडुलिपियों की तलाश शुरू की, जो तर्कशास्त्र की सबसे महान भारतीय रचना समझी जाती थी। उनको इस बात का इल्म था कि अनेक यूरोपीय विद्वान भी उन पांडुलिपियों की खोज में थे। उनको उस कृति की टीका का एक अंश ही मिल पाया, लेकिन उनको चालीस खंडों में अनेक दुर्लभ पांडुलिपियाँ मिल गईं। सांकृत्यायन ने अपने रोलेक्स कैमरे से उनकी तस्वीरें खींच ली। उनमें से अनेक किताबों की उन्होंने हाथ से नक़ल कर ली, इस काम में वे अंधाधुंध लगे रहते थे, अक्सर वे 18-18 घंटे काम करते थे। उनके यात्रा वृत्तांत में सबसे हृदयस्पर्शी घटना जो उन्होंने लिखी है वह ल्हासा की बर्फीली सर्दियों के एक दिन की है जब दवात में स्याही जम गई थी, और

एक सस्क्या की है जब वे असंग के *योगाचारभूमि* को लिखकर उतार रहे थे तो उनकी उँगलियाँ इतनी ठंडी हो गई थीं कि एक अंगीठी को जलाए रखना पड़ा ताकि उनकी उँगलियाँ हरकत करती रहें।

बीच-बीच में कुछ अप्रत्याशित भी घटित हो जाता था, उन्होंने अपनी किताब में बहुत प्रसन्नतापूर्वक दर्ज किया है, 'कोई सुदूर ज्ञान्त्से से *प्रज्ञापारमिता* की एक प्रति बेचने के लिए आया जिसकी लिखावट सुनहरे अक्षरों में थी।' दलाई लामा ने भी उनको अनेक दुर्लभ किताबें भिजवाईं, जिनको पीले रंग के ज़रीदार कपड़ों में लपेटकर भेजा जाता था।

सांकृत्यायन ने *प्रमाणवर्तिका* की तलाश जारी रखी। उनको किसी ने बताया कि नेपाल के राजपुरोहित, महापंडित हेमराज के पास उसकी एक प्रति है, इसलिए वे नेपाल होते हुए भारत लौटे ताकि उस प्रति को प्राप्त कर सकें। वह उस किताब को पाने में तो सफल रहे लेकिन यह जानकर उनका दिल टूट गया कि उस किताब के कुछ पन्ने ग़ायब थे। 1936 और 1938 में अपनी तीसरी और चौथी यात्राओं के दौरान उनके लिए मानो समय कम लग रहा था और जल्दी-जल्दी काम करने की ज़रूरत उनको महसूस हो रही थी। उनके यात्रा वृत्तांत, संस्मरण यादगार हैं और उनमें वहाँ के सामाजिक आरोहों-अवरोहों का बड़ा जीवंत वर्णन आया है और सांस्कृतिक बारिकियाँ धीरे-धीरे खुलती दिखाई देती हैं, जिनमें उनकी हिमालय यात्रा के अनेक महत्वपूर्ण पल दर्ज हैं। वह अतीत के बंधन में जकड़े हुए थे, घंटों वे अपने उस काल्पनिक समय में बिताते, पांडुलिपियों की तस्वीरें उतारते, उनकी नक़ल करते, जो पांडुलिपियाँ उनको सस्क्या, नगोर और शालू में मिली थीं। जिन पांडुलिपियों की उन्होंने नकल की उनमें दार्शनिकों और गुरुओं की अनेक महत्वपूर्ण कृतियाँ थीं, जैसे नागार्जुन, असंग, वसुबंधु, भव्य, धर्मकीर्ति, ज्ञानश्री, रत्नाकर सांती, और दुर्वेक मिश्र की कृतियाँ। अंततः उनको *प्रमाणवर्तिका* की संपूर्ण पांडुलिपि मिल गई।

बीसवीं शताब्दी में तिब्बत के एक असाधारण विद्वान और कवि गेंदुम चोफ़ेल के साथ सांकृत्यायन की मित्रता की कहानी मशहूर है। दोनों पक्के यायावर और संशयवादी थे, अप्रत्याशित के लिए हमेशा तैयार और अनचीन्हे की तलाश में रहने वाले। 1934 में सांकृत्यायन की दूसरी तिब्बत यात्रा के दौरान उनकी भेंट ल्हासा में हुई। सांकृत्यायन के साथ *प्रमाणवर्तिका* की टीकाओं की तलाश में चोफ़ेल भी शामिल हो गए, और जब राहुल को ताड़ के पत्तों पर संस्कृत में लिखी बौद्ध धर्म की कोई पुरानी पांडुलिपि मिलती, तो

उनके उत्साह को वे भी साझा करते। वे तिब्बत भर में फैले मठों की यात्रा में साथ गए, सस्क्य, प्योखांग, नगोर, शालू, रिफुग, नार्थंग, सांग थुपटेन और जालू की यात्राओं में। 1934 और 1938 में मध्य तिब्बत की उनकी यात्राएँ घटनाप्रद थीं, जिसमें दर्द के पल भी रहे, असुविधा के भी और संग साथ के भी। चोफ़ेल 1938 से 1946 के दौरान भारत में रहे, देश के अलग-अलग हिस्सों में गए, पुराने पुस्तकालयों तथा वेश्यालयों में समय बिताया, लिखते रहे, स्केच बनाते रहे। उन्होंने संस्कृत ग्रंथों का खूब अध्ययन किया, उनका तिब्बत की भाषा में अनुवाद किया, जिनमें *कामसूत्र* भी शामिल था। उन्होंने तिब्बत की रिवोल्यूशनरी पार्टी की राजनीति का भी साथ दिया, निर्वासित तिब्बतियों के एक मुखर समूह का निर्माण किया। उनकी ल्हासा वापसी अनेक नाटकीय घटनाओं से भरपूर है। उनके ऊपर राजद्रोह का आरोप लगाया गया, बंदी बना लिया गया और 1950 में चीन की सेना द्वारा ल्हासा पर क़ब्ज़ा किए जाने के कुछ समय बाद ही उनका देहांत हो गया।

अपने दोस्त की तरह ही, सांकृत्यायन ने 1930 के दशक में क्रांतिकारी तेवर अपना लिए। उन्होंने कम्युनिस्ट मेनिफ़ेस्टो का अनुवाद किया, और कुछ समय के लिए कांग्रेस सोशलिस्ट पार्टी के साथ उनका नज़दीकी संबंध बना रहा, और 1938 में वे किसान आंदोलन तथा बिहार में कम्युनिस्ट पार्टी के प्रमुख चेहरे बन गए। जब कम्युनिस्टों की गिरफ़्तारी हुई, तो उन्होंने कई साल हज़ारीबाग जेल तथा देवली के नज़रबंदी शिविर में बिताए। इस दौरान उन्होंने मार्क्सवादी नज़रिए से ग्रीक, इस्लाम, यूरोपीय और भारतीय दर्शन की विवेचना करते हुए एक महत्वपूर्ण कृति, *दर्शन-दिग्दर्शन* की रचना की। इसी काल में उन्होंने एक और महत्वपूर्ण कृति, *वोल्गा से गंगा तक* की रचना की, जो 8000 साल के इतिहास की विवेचना है।

राजनीतिक रूप से मार्क्सवादी होने के बावजूद वे बौद्ध धर्म में डूबे रहे और उनके हिसाब से मार्क्सवाद तथा भगवान बुद्ध की शिक्षाओं में कोई अंतर नहीं था। वे हिमालय की यात्राओं पर जाते रहते थे और अपने जीवन के अंतिम कुछ सालों का बड़ा हिस्सा उन्होंने मसूरी और दार्जिलिंग में बिताया। जब उनको दो बार लकवे का दौरा पड़ा और वे अशक्त हो गए तब जाकर तिब्बत की उनकी यात्राओं पर विराम लगा। तिब्बत के लोग उनको उस आदमी के रूप में याद करते रहे जो बुद्ध की याद दिलाता था, और बौद्धिक क्रियाकलापों में पूरी तरह से डूबा रहा, और जिनका नज़रिया सार्वभौम था।

संदर्भ

राहुल सांकृत्यायन, *तिब्बत में सवा वर्ष।* नई दिल्ली: शारदा मंदिर, 1990

राहुल सांकृत्यायन, *यात्रा के पन्ने*। नई दिल्ली: भारतीय प्रकाशन संस्थान, 1995

राहुल सांकृत्यायन, *मेरी जीवन यात्रा*। इलाहाबाद: किताब महल, 1994

जया सांकृत्यायन, 'राहुल सांकृत्यायन: महापंडित', राहुल सांकृत्यायन के प्राचीन वस्तुओं के संकलन की प्रदर्शनी के कैटलॉग से, इंदिरा गांधी राष्ट्रीय कला केंद्र, नई दिल्ली, 2018

के.पी. जायसवाल, 'लॉस्ट संस्कृत वर्क्स रिकवर्ड फ्रॉम तिब्बत', *सेलेक्टेड एसेज ऑफ राहुल सांकृत्यायन* (राहुल सांकृत्यायन द्वारा), पृष्ठ-ix-xix. नई दिल्ली: पीपल्स पब्लिशिंग हाउस, 1984

प्रभाकर माचवे, *राहुल सांकृत्यायन*। नई दिल्ली: साहित्य अकादमी, 1984

बी गर्के, 'राहुलजी'ज क्वेस्ट फॉर तिब्बत'।(यह पत्र राहुल सांकृत्यायन के जीवन और कृतित्व पर सेंट पीटर्सबर्ग, रुस में अक्टूबर/नवम्बर में आयोजित अंतरराष्ट्रीय सेमिनार में प्रस्तुत किया गया था। 1995. राहुल सांकृत्यायन तिब्बत स्टोरी।-131

एच.बी. चौधरी संपादित, *महापंडित राहुल सांकृत्यायन बर्थ सेंचुरी वॉल्यूम*। कोलकाता: बुद्ध धर्मांकुर सभा, 1994

ए.ए. चुड़ाल। 'ए फ्रीथिंकिंग कल्चरल नेशनलिस्ट: राहुल सांकृत्यायन नैरेटेड कंटेक्स्ट ऑफ हिज एज।' पीएचडी शोध, यूनिवर्सिटी ऑफ विएना।

रमोला बुटालिया की कोशिश अपने किताबों के माध्यम से ऐसे संतों को सम्मान देने की रही है, जिनकी हिमालय में मौजूदगी रही है। उनकी किताबें हैं, 'द प्रेजेंस ऑफ़ द मास्टर्स' और 'श्री बाबाजी: इमॉर्टल योगी ऑफ़ द हिमालयाज'।

'सिद्ध परम्परा: धूनी और चिमटा' नामक गहन और ज्ञानवर्धक लेख में वह सिद्ध परम्परा के साधुओं के गुप्त कर्मकांडों एवं ध्यान क्रिया की अनुभवात्मक यात्रा पर लेकर जाती हैं। हमें हैदाखान बाबा, गोरख बाबा के बारे में पता चलता है और तथा इस प्राचीन और पावन परम्परा में ज्ञानियों के हाथ में चिमटा और धूनी के रूपांतरकारी रूप के बारे में भी पता चलता है। वह उन साधु-संतों के बारे में बात करती हैं, जिनसे उनका सामना हुआ, जो ध्यान क्रिया में डूबे हुए थे, और बात करती हैं हैदाखान बाबा के रहस्यमय व्यक्तित्व की, जिनके बारे में सबसे पहले परमहंस योगानंद ने अपनी किताब 'एक योगी की आत्मकथा' में लिखा है।

बुटालिया का यह गम्भीर लेख समाप्त होता है उनके द्वारा अपने पीछे 'सिद्धलोक के अदृश्य दरवाज़ों को चुपचाप बंद करके' निकल जाने से।

अध्याय 11

सिद्ध परम्परा में धूनी और चिमटा

रमोला बुटालिया

उत्तराखंड के हिमालय में श्री हैदाखंडी बाबाजी की धूनी और चिमटा की कहानी बहुत प्रसिद्ध है।

19वीं शताब्दी में नैनीताल में बाबाजी और कुमाऊँ के कमिश्नर सर हेनरी रामसे के बीच शुरुआती भेंट हुई, जिसके बाद उन दोनों के बीच गहरा रिश्ता क़ायम हो गया। रामसे घोड़े पर सवार होकर, झील के साथ-साथ संकरी ठंडी सड़क से अदालत जा रहे थे। पाषाण देवी मंदिर के पास बाबाजी सड़क के किनारे बैठे थे, उन्होंने अपने दाएँ हाथ से चिमटा बजाया। इस आवाज़ से चौंककर घोड़ा अचानक पीछे जाने लगा। ग़ुस्से में आकर रामसे बाबाजी को पुलिस स्टेशन ले गए और वहाँ उनको कारागार में बंद कर दिया। कुछ समय बाद जब वह सड़क पर कुछ और आगे बढ़ा तो रामसे ने देखा कि बाबाजी उसके आगे थे। बाबाजी ने एक बार फिर से अपना चिमटा बजाया। कहा जाता है कि रामसे यह देखने के लिए सीधे पुलिस स्टेशन गया कि उसकी आज्ञा का पालन क्यों नहीं किया गया। उसने पाया कि बाबाजी तो कारागार में बंद थे और उसको निष्कपट भाव से देख रहे थे।

श्री हैदाखंडी बाबाजी और श्री सोमबारी बाबाजी को 19वीं शताब्दी के उत्तरार्ध में और बीसवीं शताब्दी के शुरुआती वर्षों में अक्सर साथ-साथ देखा जाता था। कुमाऊँ के हिमालय में इनको सब जानते थे। जिन धुनियों और गुफाओं में उन्होंने कठोर तप किया, वहाँ आज भी पूजा की जाती है।

धूनी के पास अक्सर काफ़ी गहराई से आध्यात्मिक चर्चाएं हुई हैं। कई तरह की धूनी होती थी, जिनका संबंध ऋषि-मुनियों, योगियों और सिद्धों से था, ज्ञानियों से था, ध्यानियों से था, संन्यासियों से था। अनेक धूनी जिनका उपयोग रहस्यवादियों द्वारा किया जाता था, अखंड धूनी के रूप में उनका उपयोग किया जाता है, वहाँ लगातार पूजा की जाती है। कई स्थानों पर तो मंदिर बन चुके हैं जिनमें उन धूनी से जुड़ी सख़्त परम्पराओं का पालन किया जाता है। पूरे हिमालय क्षेत्र में अनेक प्रकार की सिद्ध धूनी हैं, तथा स्थानीय आबादी उनकी शक्ति और ऊर्जा के बारे में बहुत गहराई से जानती है।

चकमक चिमटा धूनी पानी
सब राखियो साथ सिद्धों के बानी...

संन्यासियों के लिए धूनी का बहुत महत्व है। यह रक्षा करने वाला होता है, पोषण करने वाला होता है और ज्ञान का स्रोत होता है। धूनी प्रतीक होता

है ज्ञान और ध्यान का। हिमालय में, तथा सिद्ध तपस्या से जुड़े जितने भी प्राचीन स्थल हैं, धूनी को पवित्र रहस्यमय ज्ञान की कुंजी माना जाता है। दक्ष और अभ्यासकर्ता सब धूनी के प्रति गहरा सम्मान रखते हैं। इसके माध्यम से ऋषियों और सिद्धों को हमेशा सिद्ध विद्या की प्राप्ति होती रही है। धूनी को परमसत्ता के निराकार स्वरूप के रूप में देखा जाता है। इसी के माध्यम से सिद्ध गुरुओं ने परम्परा को आगे बढ़ाने का काम किया।

बिन धूनी ध्यान नहीं...

उत्तराखंड के कुछ जाने-माने धूनी मंदिर हैं, गोलज्यु देव, हरिज्यू देव, श्यामनाथ, सिद्धनाथ और भगवान विष्णु के नरसिंह अवतार। अनेक धूनी ऋषियों के नाम पर हैं, जैसे सप्तर्षि धूनी, साथ ही श्री दत्तात्रेय धूनी और श्री गोरखनाथ की अखंड धूनी। इसके अलावा, कत्युरी राजवंश के सम्मान में कत्युरी धूनी भी है। उत्तराखंड में गृहस्थ भी धूनी सेवा करते हैं, कुछ समय तक तपस्या और अनुष्ठान करते हैं, इस दौरान वे अपने परिवार से किसी तरह का संपर्क नहीं रखते हैं।

चिमटा सिद्धों का दैवी अस्त्र है, जिसके बारे में यह माना जाता है कि अलख पुरुष भगवान शिव की कृपा से दिया गया है, और सिद्धों के माध्यम से सिद्ध परम्परा के योगियों को दिया जाता है। प्राचीन परम्पराओं का ज्ञान रखने वाले ज्ञानियों के हाथ में चिमटा को बुद्धि और ज्ञान का प्रतीक माना जाता रहा है, और वे पाँच तत्वों को प्रदान करने वाले माने जाते रहे हैं, धरती, जल, अग्नि, वायु और आकाश। चिमटे की शक्ति को अनुष्ठान के माध्यम से जगाया जाता है। यह गौरव का प्रतीक है, उसी तरह से जिस तरह से मुकुट को राजा के गौरव का प्रतीक माना जाता है। चिमटा केवल ज्ञानी लोगों के हाथों में ही होना चाहिए, जिस तरह से मुकुट योग्य राजा के माथे पर ही शोभित होता है।

पवित्र धूनी में त्रिशूल और चिमटा हमेशा मौजूद रहता है। अलग-अलग परम्पराओं के संन्यासी चिमटा प्राप्त करते हैं, साथ में आशीर्वाद की रूप में उसकी शक्ति का पवित्र मंत्र भी दिया जाता है। उसके अंदर उससे जुड़ी शक्ति का वास होता है, और वह अंत स्रोत बन जाता है जिससे ज्ञान और बुद्धि का

अनवरत प्रवाह होता रहता है।

लोहे का चिमटा, सतगुरु का ज्ञान...

चिमटा के दो पहलू होते हैं शिव और शक्ति, जिसके केंद्र में चक्र होता है जो महामाया का चक्र होता है और जो अलख पुरुष का प्रतिनिधित्व करता है। श्री गोरखनाथ के बारे में यह माना जाता है कि उनको यह दैवी अस्त्र स्वयं भगवान शिव से हासिल हुआ था, उस अस्त्र में अन्य दिव्यास्त्रों को बनाने की शक्ति थी। गुरु दत्तात्रेय, श्री मत्स्येंद्रनाथ तथा अनेक संतों के त्रिशूल और चिमटा में इन दैवी प्रतीकों की शक्ति थी जो वरदान के रूप में अलख पुरुष से प्राप्त हुए थे, जिनकी शक्ति से सभी जीवों को जाग्रत किया जा सकता था।

कैलाश पर्वत से योगेश्वर आया
अलख पुरुष से चिमटा पाया...

चिमटा विद्या या इस पवित्र ज्ञान को बहुत पवित्रता तथा गोपनीय ढंग से बनाए रखा गया है। दर्शन के बारे में पढ़ने से अकादमिक ज्ञान प्राप्त होता है। योग्य साधकों को यह दीक्षा मंत्रों, विशेष अनुष्ठानों तथा इससे जुड़ी कड़ी साधना के बाद हासिल होती है। तब जाकर चिमटे की शक्ति जाग्रत होती है, उसके बिना यह खिलौने की तरह होता है, जाली नोट की तरह, जिसका कोई मोल नहीं होता। जहां तक दैवी अस्त्रों की बात है तो वह वरदान के रूप में ही मिलता है, यह केवल सिद्धों को मिलता है, वह भी दैवी इच्छा की पूर्ति के लिए।

तीन लोक नौ खंड में चिमटे की माया,
चिमटे से गुरु दत्त, मछेंद्रनाथ, गोरक्ष,
नाउन नाथ, चौरासी सिद्धों ने
सारी सृष्टि को जगाया...

आजकल के समय में भी कुछ घुमंतू साधुओं को त्रिशूल और चिमटा लेकर मुक्ति के मार्ग बढ़ते देखा जा सकता है। लेकिन धूनी की प्रासंगिकता अब समाप्त होती जा रही है, विशेष रूप से उन लोगों में जो प्राचीन परम्पराओं से आगे निकल चुके हैं और आधुनिक क़िस्म के संन्यास के अभ्यास में लग गए हैं। इसके कारण ऐसे लोगों की तादाद कम होती जा रही है जिनको धूनी

से जुड़े ज्ञान और साधना के बारे में पता हो। हालाँकि वास्तविकता यह है कि सिद्ध धूनी में इस पवित्र परम्परा को अभी भी संजोकर रखा गया है जिससे आध्यामिक ज्ञान की ज्योति जलती रहती है और समय-समय पर उनका प्रकटन होता है।

इस शताब्दी की शुरुआत में मैंने श्री हैदाखंडी बाबाजी के पदचिन्हों की तलाश शुरू की, उनके तपस्या स्थलों तक गई और उन स्थानों तक, जिन स्थानों की उन्होंने यात्रा की थी।

मैंने पद्मपुरी से आगे का मार्ग चुना, घंटों उन योगियों और बुजुर्ग कुमाऊँनी लोगों के संस्मरण सुनने में बिताए जो उनको बचपन और उनके किशोर काल से जानते थे। पक्की सड़क और पद्मपुरी के पैदल पुल को पार करने के बाद मुझे नीचे से नदी की गर्जन सुनाई देने लगी। जब मैं एक कोने में मुड़ी तो मैंने देखा कि एक चिता जल रही थी और उसके अंतिम संस्कार में आए थोड़े से लोग वहाँ चुपचाप खड़े थे। आज भी, जन्म, विवाह, मृत्यु से जुड़े संस्कार बहुत सादगी के साथ किए जाते हैं, पूरी गरिमा के साथ, ये इस बात की याद दिलाते हैं कि देवलोक (उत्तराखंड की इसी नाम से पुकारा जाता है) में रोज़मर्रा का जीवन कितना कठिन है, जहां परम्परा से लोग ईश्वर की इच्छा से आगे नहीं बढ़ते रहे हैं।

पेड़ों के बीच से छोटा सा रास्ता पार करने के बाद मुझे स्वामी परमानंद पुरी जी दिखाई दिए जो बाहर धूप में कम्बल के आसान पर बैठे हुए थे, उन्होंने मेरे हाथ में गर्मागर्म चाय का प्याला थमा दिया जो बहुत मीठी थी तथा अदरख के स्वाद एवं उससे लकड़ी के धुएँ की गंध आ रही थी।

स्वामी परमानंदजी ने अपने जीवन के बारे में बात करते हुए अपना वोटर कार्ड दिखाया। उनका जन्म 10 अक्टूबर 1889 को एक कश्मीरी परिवार में हुआ था, जो कई पीढ़ी पहले ही वहाँ से विस्थापित हो गया था। उनके दादाजी उच्च न्यायालय में बार-एट-लॉ थे। उन्होंने अपना बचपन असम में बिताया था, स्कूल की पढ़ाई मेघालय की राजधानी शिलोंग से पूरी की, उसके बाद मेडिकल की पढ़ाई नील रतन सरकार मेडिकल कॉलेज, कोलकाता से पूरी की, उस समय उसका नाम कैंपबेल मेडिकल स्कूल था। उन्होंने डॉक्टर के

रूप में पूर्वी क्षेत्र में सेवा दी, और उनको अपने काम के सिलसिले में असम और बंगाल में रहना पड़ा।

1933 या 1934 में स्वामीजी की अपने गुरु स्वामी विशुद्धानन्द पुरी जी से पहली भेंट हुई, जो सूर्य विज्ञान के प्रवर्तक थे। वह एक जाने-माने गुरु थे, जिनके गुरु रहस्यमय ज्ञानगंज से थे। 1937 में उन्होंने संन्यास की दीक्षा ली और अगले पाँच से सात साल यायावर साधु की तरह घूमते रहे, उसके बाद दो साल ऋषिकेश में रहे, क़रीब बारह साल वृंदावन में साधना की, और छह दशक से अधिक समय से कुमाऊँ के इस क्षेत्र में थे।

स्वामी परमानंद जी ने बताया कि 1938 या '39 में उनको हैदाखंडी बाबाजी के दर्शन हुए थे। बाबाजी को सार्वजनिक रूप से अंतिम बार 1920 में देखा गया था, जब कहा जाता है कि उन्होंने अस्कोट की यात्रा के बाद जीवित समाधि ले ली थी। लेकिन इसके वर्णन मिलते हैं कि 1940 तक वह बीच-बीच में थोड़ी देर के लिए अपने भक्तों को दर्शन देते रहे। योगियों ने माना अपनी यौगिक शक्तियों की बदौलत ही वे शारीरिक शरीर में दर्शन दे पाए थे। ऐतिहासिक व्यक्तित्व, श्री हैदाखंडी बाबाजी आमतौर पर इस क्षेत्र के योगियों से जुड़े हुए थे और उनके बारे में सबसे पहले परमहंस योगानंद ने अपनी किताब *एक योगी की आत्मकथा* में लिखा था।

स्वामी परमानंद जी ने यह बताया कि शाम का झुटपुटा था जब बाबाजी ने उनको दर्शन दिया था। उन्होंने याद करते हुए बताया कि उन्होंने बाबाजी से पूछा था, 'आप "तत्वज्ञानी", यानी वह जिसने तत्वों को समझ लिया हो एवं "आत्मज्ञानी" यानी जो आत्म को जानता हो, में अंतर किस तरह से करते हैं?'

हैदाखंडी बाबाजी ने यह जवाब दिया था कि इस तरह के व्यक्ति को मापने का कोई साधन नहीं होता है। लेकिन कुछ लक्षण होते हैं। जो आत्मज्ञानी होता है वह किसी में कोई कमी नहीं देखता है तथा किसी के बारे में कोई बुरी बात नहीं बोलता।

स्वामी परमानंद जी ने आगे पूछा, 'घटिया के बारे में क्या कह सकता हूँ? मैं प्रेतों की भाषा में बात करूँगा।' उन्होंने नाद ब्रह्म की बात की, जिसमें मैं उस सुबह अंधेरे में पहाड़पानी की गुफा में डूबा हुआ था, जहां मैंने साधना करते हुए कई दिन बिताए थे। सांध्य भाषा में बात करते हुए परमानंद जी मुझे बड़ी आसानी से परम सत्य की ओर ले गए।

स्वामीजी ने कहा, 'आध्यात्मिक जीवन में, जो सत्य की तलाश में रहता है उसको आत्मज्ञान तत्व दर्शन (भूमि, जल, अग्नि, वायु और आकाश) के

माध्यम से होता है। मंत्र और गेरुआ वस्त्र उस जिज्ञासु को दे दिया जाता, और उससे ऐसे व्यवहार की अपेक्षा की जाती है, जो उसके उस मार्ग की जीवन-शैली तय करता है। इसके साथ जप की शुरुआत होती है। जब मंत्र जाग्रत हो जाते हैं, तो आध्यात्मिक जीवन की दीक्षा संभव हो पाती है। इसको कई तरीक़े से किया जाता है।

'भक्ति मार्ग में नाम-जप बहुत मायने रखता है, योग क्रियाएँ योग और ज्ञान मार्ग में शुद्धीकरण की प्रक्रियाएँ हैं। इसके माध्यम से अनहत नाद, जो हमारे अंदर होता है और हमारे जीवन का आधार होता है, को जाग्रत किया जाता है। अनहत नाद और कुंडलिनी के जाग्रत होते समय ज्ञानी की मदद की ज़रूरत होती है। ऐसी अवस्था में साधक नाद को सुनता रहता है, कई बार शंख के आवाज़ की गूंज में, घंटे की आवाज़ में, और इसी तरह की अन्य रहस्यमय गूंज में। साधक इस बात को नहीं समझ सकते हैं कि आवाज़ कहाँ से आ रही है, और उनको कुछ समझ में नहीं आता है। उनका ध्यान अंदर की दिशा में होता है। अनहद चक्र के अंदर साधक अंततः अपने इष्ट देव को पहचान लेता है।

'चिद आकाश के अंतर्गत नाद को पीछे छोड़कर, ज्योति को जाग्रत किया जाता है। ज्योति ज्ञान का प्रकाश बन जाती है। ज्योति के परे सूक्ष्म क्षेत्रों को जाग्रत किया जाता है। इससे सामने वाला पितृलोक तथा देव लोक से अवगत हो जाता है, जो पूर्वजों एवं स्वर्ग के लोगों का क्षेत्र है। इसके बाद आता है आत्मदर्शन। आत्मदर्शन के अंतर्गत भी बोध के अलग-अलग स्तर होते हैं। जब किसी को वेद वाक्य "अहम् ब्रह्मास्मि" का बोध हो जाता है, तो आत्म दर्शन का अहंकार फिर भी बाक़ी रह जाता है।

'इस चरण के बाद आदमी को "सर्वं खल्विदं ब्रह्म" का बोध होता है, मतलब सब ब्रह्म है, और ब्रह्म के अलावा कुछ नहीं है। जब कोई इस तरह की चेतना में लीन हो जाता है, तो वह पूरी तरह से समर्पण भाव में आ जाता है। यह ज्ञान चेतना का स्तर कहलाता है। इसके बाद कोई अपने लिए नहीं बल्कि सभी के कल्याण के लिए काम करता है।

'बहुत लोग द्वैत अवस्था में रहते हैं, द्वैत के आनंद, और अस्तित्व की भागवत लीला का अनुभव लेते हैं, और निर्विकल्प के आनंद में प्रवेश नहीं करते हैं। वह साधक जो चेतना के पूर्णानंद में डूबा रहता है, अस्तित्व के चरम आनंद में, वह नहीं लौटता। फिर भी उसके लौटने पर ही यह प्रक्रिया संभव होती है।'

कुछ साल के बाद, स्वामी परमानंद जी कुछ संन्यासियों के साथ पलारा में उस गुफा के पास हाल ही में बनाए गए एक कमरे में रह रहे थे, जहां सोमबारी बाबा ने तपस्या की थी। मैंने नई बनी उस कुटिया में कई दिन बिताए, गुफा और उस कुटिया के बीच धूनी थी। पृथ्वी के अंदरूनी हिस्से में, ख़तरनाक गीले पत्थरों पर चलकर एक प्राकृतिक निर्मिति दिखाई देती थी, जहां देवी की पूजा की जा रही थी और एक दिया जलाकर रखा हुआ था। गुफा में बाईं दिशा में मुड़कर, ऊपर की दिशा में बढ़ने पर गुफा का रास्ता बाद में बाहर सूरज की रोशनी की तरफ़ जाता था। बाहर से अंदर आने वाले रास्ते में चट्टान से बनी अनेक आकृतियाँ थीं, जो उस शिव मंदिर के पास उभरी हुई थीं, जिनका निर्माण हाल में ही स्वामीजी ने करवाया था। गुफा के निकास द्वार के पास एक बड़ा सा शिलाखंड था, जहां बहुत से योगी तपस्या में रत थे।

पलारा से कुछ किलोमीटर आगे की तरफ़, जो अब एक सक्रिय गाँव है, मैंने एक दोपहर घाटी की दूसरी तरफ़ के पहाड़ को देखते हुए बिताई जिसको छोटा कैलाश के नाम से जाना जाता है। मैं अलग-अलग दिशाओं से उस पर्वत तक जा चुकी हूँ। यह उन अनेक स्थानों में एक है, जहां हैदाखंडी बाबाजी ने तपस्या में बहुत समय बिताया था। वहाँ से जब वे गोला नदी के पास, हैदाखान गाँव में आए, जहां पहाड़ मैदानों में मिलते हैं, तो वहाँ गाँववालों ने उनसे पूछा कि वे उनको क्या कहकर बुलाएँ। उन्होंने जवाब दिया कि मुझे उस जगह के नाम से ही बुलाया जाए। उसके बाद से उनको हैदाखान बाबा या हैदाखंडी बाबा कहा जाने लगा।

पलारा से जाने वाली सड़क पता में जाकर समाप्त होती है, जहां एक देवी का मंदिर है जिसके बारे में कम लोग जानते हैं, यहाँ की धूनी के बारे में कहा जाता है कि उसमें बहुत शक्ति है। मुझे उन दिनों की याद आई जब मैंने सोमबारी बाबा की गुफा की छाया में, वहाँ अलग-अलग दिशाओं में टहलते हुए देखा था कि समय के साथ कदमों के निशान मिटे नहीं थे।

मैं भाड़े की एक क़ार में सफ़र कर रही थी, घुमावदार पहाड़ी सड़क बहुत उपेक्षित थी क्योंकि चंपावत और लोहाघाट के बीच का वह इलाक़ा पर्यटन के मानचित्र पर नहीं आया था, गाड़ी भी खटारा थी, अंतिम एक किलोमीटर

मैंने पैदल चलकर पार किया, उस संकरी सड़क से जो शाहबलूत, सनौबर और देवदार के वृक्षों के बीच से होकर जा रही थी। उस रास्ते से चलते हुए मैं मानेश्वर पहुँच गई। मैं स्वामी शिवेंद्र पुरी जी से मिलने जा रही थी, जिनको थानापति जी के नाम से जाना जाता था।

मानेश्वर में जो शिवलिंग था वह स्वयंभू था यानी अपने आप प्रकट हुआ था, उसको किसी ने स्थापित नहीं किया था। ऐसा माना जाता है प्राचीन काल में कुछ ऋषियों की तपस्या से प्रभावित होकर भगवान शिव आशीर्वाद के रूप में लिंगम के रूप में प्रकट हो गए। इस मंदिर का निर्माण चंपावत के चंद राजाओं ने करवाया था।

उस परिसर के प्रवेश द्वार के पास थानापति जी की झोपड़ी थी। आसपास वहाँ आने वाले संतों एवं साधकों की झोपड़ियाँ थीं। वहाँ एक नौला था, यानी पानी का भूमिगत स्रोत जो कुंड तक जाता था, जो मंदिर के पास ही था। यह कुंड बहुत कुछ बद्रीनाथ की तरह था, सिवाय इसके कि पानी बर्फ़ की तरह ठंडा था। मैंने डोर से बंधी बाल्टी उस कुंड में डुबाई और पानी निकालकर उसको कुछ दूर पर बने स्नानागार में लेकर गई। ठंडे पानी से मैंने झटपट स्नान किया और फिर पूजा करने के लिए मैं पास के मंदिर में गई।

मंदिर के पीछे अनेक संन्यासियों की समाधि थी जो यहाँ रहे थे, जिनमें सिद्ध बाबा भैरव गिरी जी की समाधि भी थी, जो इस आश्रम के प्रधानों की कड़ी में सबसे पहले थे। जीवित समाधि उसको कहते हैं जब कोई साधक सार्वभौम चेतना का हिस्सा बनने के लिए स्वेच्छा से अपने शरीर का त्याग कर देता है। योगियों के बीच यह बहुत आम बात है, और ऐसी जीवित समाधि के अनेक उदाहरण हैं।

यह बहुत दुर्लभ क्रिया मानी जाती है, जब कोई सिद्ध योगी अपने शरीर को मिटाने के लिए जीवित समाधि ले लेता है। इतिहास में इस बात के अनेक उदाहरण हैं, जब शरीर मिला ही नहीं। यह कहा जाता है कि निर्गुण संत कबीर के मृत शरीर के स्थान पर फूल मिले थे। जो सिद्ध सार्वभौम चेतना के साथ एकाकार हो जाता है वह दैवी इच्छा से जब चाहे, जहां चाहे अपने शरीर का अंत कर देता है। यह कहानी बहुत प्रसिद्ध है कि श्री गोरखनाथ बालक के रूप में कचरे के डिब्बे से निकले थे, जिसमें मत्स्येंद्रनाथ द्वारा आशीर्वाद स्वरूप दी जाने वाली विभूति फेंकी गई थी।

जल समाधि लेना या हिम समाधि लेना भी हिमालय के दुर्लभ योगियों का काम था। यह माना जाता है कि श्री हैदाखान बाबाजी ने ऋषियों और

सिद्धों की परम्परा का अनुसरण करते हुए यही किया था। इस इलाक़े के बहुत से योगियों द्वारा उनको चिरंजीवी अश्वत्थामा कहा जाता था, अश्वत्थामा महाभारत का अमर पात्र है।

आधिकारिक धर्मग्रंथों में विष्णु पुराण में यह लिखा हुआ है कि अश्वत्थामा का काम होगा आध्यात्मिक इतिहास को लिखना और श्रुति को संहिताबद्ध करना जिससे अगले महायुग में वह ज्ञान पहुँचे। अश्वत्थामा उन सप्तऋषियों में होंगे जो वर्तमान 71 महायुग के वैवास्वत मन्वंतर के बाद, सावरणी मन्वंतर में मानव चेतना के विकास के लिए ज़िम्मेदार होंगे।

पौराणिक इतिहास में यह दर्ज है कि ऋषियों ने रूप धारण किए, और उनके नामों और कामों के बारे में जानकारी है। लेकिन सिद्ध वे सर्वोच्च योगी होते हैं जिनके बारे में कभी शायद ही कुछ पता चल पाता है। मस्तिष्क उनकी कालावधि या संदर्भ को आसानी से नहीं समझ सकते। उनकी मौजूदगी में संभाव्य और असंभाव्य की सीमा ख़त्म हो जाती है।

श्री हैदाखंडी बाबाजी सिद्ध बाबा भैरव गिरिजी के काल में मानेश्वर गए थे। यह कहा जाता है कि शायद वे उसके पहले और बाद में भी उस स्थान पर गए थे। सिद्ध बाबाजी के समय से ही मानेश्वर के मंदिर के पुजारी संन्यासी होते थे। थानापति जी सिद्ध बाबा की मिट्टी की क़ुटिया में रहते थे, जिसको रोज़ाना गोबर से लीपा जाता था। वह साधु की परम्परागत कुटिया थी: न्यूनतम, जिसकी सबसे बड़ी विशेषता यह थी कि उसमें प्राचीन धूनी थी और पूजा के लिए स्थान भी था। थानापति की धूनी से बीच-बीच में धूप की हल्की सी ख़ुशबू भी आती थी।

थानापति जी ने श्री हैदाखान बाबाजी के दर्शन अपने बचपन में किये थे, तब वह अपने पुरखों के गाँव गंगोलीहाट में रहते थे। मैं बाबाजी के बारे में और कुछ जानना चाहती थी। बहुत थोड़े से लोग बच गए थे, जो उनसे मिले थे।

हैदाखान बाबाजी के बारे में संन्यासियों तथा आम लोगों से बातचीत करने में अंतर यह था कि संन्यासी बताते थे कि उन्होंने उनसे क्या ज्ञान हासिल किया जबकि दूसरे लोग चमत्कार की बात करते थे। बाबा की सादगी बहुत प्रसिद्ध थी। एक बार वे अपने एक निर्धन भक्त से मिलने के लिए गए तो उससे पूछा कि क्या उसने वह घर बनवा लिया, जो वह अपने लिए बनाना चाह रहा था। भक्त ने जवाब दिया कि चूँकि वह अकेला था और उसके पास मज़दूरी में देने के लिए पैसे नहीं थे इसलिए वह घर नहीं बनवा पाया। बाबाजी वहीं ठहर गए और अपने भक्त के लिए ढो-ढोकर पत्थर लाने लगे और उसका

घर बनवा दिया।

थानापति जी ने कहा कि बाबाजी के बारे में दो बातें बहुत उल्लेखनीय थीं। एक यह कि उनका 'मैं ही मैं' का भाव यानी आत्म में डूबे रहना, और दूसरा था 'मैं और तू में भेद नहीं'। वे जब बोलते थे तो वह सामने वाले में संतोष के भाव का निर्माण नहीं करते थे बल्कि उसके अस्तित्व का ज्ञान देते थे।

'आजकल साधु ऐसी बातें करते हैं जो सुनने में अच्छी लगती हैं, जो सुनने वालों को प्रभावित करने वाली होती हैं; लेकिन जो सच्चे संत होते हैं वे केवल सत्य कथन कहते हैं,' थानापति जी ने कहा।

हैदाखान बाबा के लिए वह बोले, 'उन्होंने कभी किसी में कुछ भी नकारात्मक नहीं देखा, न किसी में कोई कमी देखते थे, न किसी तरह का दोष। उनसे मैंने यह सीखा कि ईश्वर हमारे पापों और अपराध को नहीं देखते। हमें यह नहीं सोचना चाहिए कि "मैंने पाप किया है" और इसके कारण नकारात्मक भाव में रहना चाहिए। हमें इस बारे में सोचना चाहिए कि जो नुक़सान हो गया है उसको किस तरह से ठीक किया जाए। हम अपने व्यवहार में किस तरह से बदलाव ला सकते हैं। हमें ऐसा सकारात्मक कार्यों से करना चाहिए, ईश्वर के नाम के जाप से। जब हम अपने द्वारा समय-समय पर किए जाने वाले पापों को याद करते रहते हैं, उसके स्थान पर हमें अपनी सोच का नज़रिया बदल लेना चाहिए। "पुण्य के सामने पाप नहीं रहता"।'

थानापति जी ने आगे कहा, 'यह हर इंसान की कमजोरी होती है कि हम चाहते हैं कि हमारी तारीफ़ की जाए, दूसरे हमारा सम्मान करें। श्री हैदाखान बाबा में यह गुण नहीं था। वह दूसरों का इतना अधिक सम्मान करते थे कि कई बार ऐसा भी हो जाता था कि वे दूसरों की गलती का दोष अपने ऊपर ले लेते थे, जिससे कि सामने वाले को नीचा न देखना पड़े। उनका यह विश्वास था कि दूसरों का सम्मान करना नारायण का सम्मान करना है।' यह कहते हुए थानापति जी का गला भर गया और उनकी आँखों में आंसू आ गए। वह बोले, 'मैं उनके बारे में सोचते हुए या बात करते हुए भावुक हुए बिना नहीं रह पाता। बचपन में उनसे मिलना कितने सौभाग्य की बात थी। काश मुझे तब उनकी महानता के बारे में पता होता।'

कई दशक पहले की बात है, पिंडारी ग्लेशियर की पगडंडी पर चलते हुए खाती गाँव में, सड़क से बीस किलोमीटर की दूरी पर कई योगी रात में ठहरे हुए थे। गोबर मिट्टी के पुते एक कमरे में ठंड से बचने के लिए आग

जलाकर मैंने एक शाम दो तपस्वियों से लम्बी वार्ता की। दोनों थोड़े बहुत फलाहार के साथ दिन के उपवास को तोड़ रहे थे, उन्होंने फलाहार मेरे साथ भी साझा किया।

मेरे अंदर जो धारणा गहरे बैठी हुई थी कि मेरा कोई एक गुरु नहीं होगा, उस धारणा को उन लोगों ने पुष्ट कर दिया। दोनों ने कहा, 'जीवन को अपना शिक्षक होने दो, जिससे भी मिलो उससे कुछ सीखने का प्रयास करो।' बारह साल के बाद जब मैं उन योगियों से फिर से मिली तो एक योगी ने बाहरी संसार से अनासक्त होने के लिए मुझे कुछ क्रियाएँ सिखाईं। उसने कहा, 'आप न तो शरीर हैं न मस्तिष्क। आप इससे परे की व्यक्तित्व हैं। अपने अंदर झांकिए। ध्यान कीजिए और अंधेरे में जाइए, किसी चीज़ की आशा मत कीजिए। तब आप अपने आपको पहचान पाएँगी।'

दूसरे योगी ने मेरा परिचय धूनी और उससे जुड़ी तपस्या के माध्यम से सिद्ध मार्ग से करवाया। मैंने उनसे सीधे पूछ लिया, 'आप कौन हैं?' हँसते हुए उन्होंने जवाब दिया, 'मैं कैसे बता सकता हूँ कि मैं कौन हूँ? मैं अपना चेहरा नहीं देख सकता। हम अपने आपको तब पहचान पाते हैं, जब हम अपने आपको चमकदार आईने में देखते हैं। हम अलग-अलग समय में अलग-अलग क्षेत्रों में रहते हैं। हम क्या हैं यह समय की बात होती है।'

अलग-अलग आध्यात्मिक परम्पराओं में साधना करने के बाद मेरा अनुभव यह कहता है ज्ञान सच्चे हृदय से उसको दिया जाता है जो उसका अधिकारी होता है, उसकी योग्यता और उस ज्ञान को स्वीकार करने की तैयारी के अनुसार।

आध्यात्मिक रूप से भटकते हुए मैंने अनेक स्थानों पर धूनी साधना की है। जिन धुनियों के पास मैंने बहुत साधना की है वह पहाड़पानी में गाबोरी में और उसके आसपास, कुमाऊँ हिमालय में गेथिया और वृंदावन में।

कई और स्थान हैं जहां मैंने साधना की और बड़े महान योगियों और सिद्धों से मेरी भेंट हुई, इन क्षेत्रों में जो संसार के आयाम से परे के थे। उनका जो रह जाता है वह अनुभव ही होता है, जो समयातीत ज्ञान से मिल जाता है।

कुम्भ में, गुरु परम्परा के मुताबिक़ धूनी को बहुत सख़्ती से रखा और

बरता जाता है। सभी को धूनी का अधिकार नहीं होता है, इसलिए जब संन्यासी कुम्भ में आते हैं तो जिनको धूनी विद्या का ज्ञान होता है केवल वही संन्यासी धूनी को बनाए रखने का काम कर सकते हैं। सार्वजनिक मेलजोल के स्थानों पर वे तब तक धूनी नहीं रखेंगे, जब तक कि उस क्रिया में वह अभ्यस्त न हो, और उस विशिष्ट परम्परा की शिक्षाओं के अनुसार रक्षा और आशीष प्राप्त न हों। अलग-अलग कुम्भ में, उज्जैन, हरिद्वार और प्रयागराज में पूरे कुम्भ काल के लिए अखाड़ा क्षेत्र में धूनी को रखने के लिए संयम का पालन करना पड़ता है, जैसे फलाहारी व्रत करना, 40 दिन या तीन महीने के काल के लिए। मैंने उसके बाद से कुमाऊँ हिमालय में जहां मैं रहती हूँ धूनी रखना शुरू कर दिया।

जब मैं पहली बार सितलाखेत के पास सिद्धाश्रम में गोरख बाबाजी के साथ गई तो यह आशीष देते हुए वे चले गए, 'आपको श्री बाबाजी के दर्शन हो जाएँ।' वहाँ मैंने एकांत और ध्यान में कई दिन बिताए, मुख्य कुटिया में ठहरी, कुटिया से लगी रसोई में काम भर का भोजन पकाती। मुझे शौचादि के लिए आँगन पार करके कुछ दूरी पर बने शौचालय में जाना पड़ता था, शौचालय बहुत देशी शैली का था। मैं नीचे के जलस्त्रोत से पानी लेकर एक कमरे में नहाने के लिए जाती जिसमें पानी के निकास की व्यवस्था थी, जहां से पानी गिरकर नीचे के मैदानों में जाता था। खाने पीने का सामना लेने के लिए मैं 3 किलोमीटर चलकर जाती थी, वह भी जंगली रास्ते से।

हैदाखान बाबाजी की कुटिया और धूनी अब नहीं है। उन्होंने जो पत्थर का मंदिर बनवाया था वह अब कुछ बदल चुका है। उस मंदिर के मूल पत्थरों को देखते हुए मुझे वहाँ के सिद्ध स्थान और शक्ति का आभास हुआ। मैं कल्पना कर सकती थी कि वह साधारण मंदिर हैदाखान बाबाजी ने पवित्र ऊर्जा का आह्वान करने के किए बनवाया होगा। उस मंदिर को आधुनिक बनाने की दुर्भाग्यपूर्ण कोशिशों के बावजूद वहाँ की जो ऊर्जा थी, वह इतनी प्रबल थी कि उसको महसूस किया जा सकता था।

पथरीले आंगन में जो यज्ञ कुंड बना हुआ था उसमें उस जगह की शक्ति का वास था, विशेष रूप से जब अग्नि को आहुति दी जाती थी, जो तरल और गरल को लेती है और हवाओं के माध्यम से उसको आकाश में भेज देती है। घी और चढ़ाई गई अन्य सामग्रियों की सुगंध, देखते-देखते ग़ायब हो जाती, शायद कुछ हजार फ़ीट ऊपर स्याही देवी मंदिर में चली जाती। ऊपर आकाश पूरी तरह से नीला था। जहां तक निगाह जाती थी जंगली फूल, देसी पौधे और बड़े आकार के डालिया के फूल दिखाई दे रहे थे, चारों तरफ़ बेतरतीब दिखाई

दे रहे थे।

सिद्धाश्रम में मुझे सिद्धलोक के बारे में अच्छे से जानकारी थी। जितना समय मैंने वहाँ अकेले बिताया, अनंत का आश्चर्य और आनंद वहाँ हर समय महसूस होता रहता था। वहाँ दिन समयातीतता, आदर्श तथा अनंत संभावनाओं के अलग ही तरह के माहौल में बीत रहे थे।

सिद्धाश्रम में श्री हैदाखान बाबाजी की जीवित उपस्थिति हाड़ और मांस से अधिक वास्तविक महसूस हो रही थी। उनकी मौजूदगी हर कहीं थी, अंदर और बाहर हर जगह। मैं सिद्धलोक के साथ पूरी तरह संगति में थी, जहां हर चीज़ न केवल संभव थी बल्कि वहाँ हर तरह के विचार, जो पहले से है और जो होगा, का प्रतिबिम्ब था। दिमाग इस हद तक शांत था कि हल्की सी कंपन को भी जीवन के अनंत युगों से जोड़ा जा सकता था, और वहाँ ख़ाली स्थान में गड़गड़ाहट तब तक सुनाई देती रहती थी, जब तक वह पूरी तरह से शांत नहीं हो जाती थी। मुझे तो अपने अस्तित्व का ब्रह्मांडीय स्वर सुनाई दे रहा था।

सितलाखेत में बैठकर, मैं शिरोमणि पाठक की हस्तलिखित टिप्पणियों को पढ़ रही थी, जिनको बहुत सँभालकर रखा गया था, और जो स्कूल की नोटबुक में कुमाऊँनी और हिंदी में लिखी गई थीं। उनको कपड़े में लपेटकर रखा गया था। उनके बेटे ने मुझे वे टिप्पणियां उलटने-पलटने के लिए दीं, जबकि उनके पोते ने बाद में उनको पढ़कर सुनाना शुरू कर दिया। उसने गुजरे जमाने के जादू को ज़िंदा कर दिया, कि सिद्धाश्रम किस तरह से अस्तित्व में आया। सभी खिलाड़ी मंच से जा चुके थे। वर्तमान के जवाब, अतीत के कारणों में पाए जा सकते हैं, जैसे आज हम अपने भविष्य को अमिट स्याही से लिख रहे थे। जो इस बात को जानता है कि कारण अब पीड़ा नहीं पहुँचाते, वह समय की ज़ंजीर से बंधा नहीं रहता है। वह लीला का आनंद लेने लगता है, जिसके लिए यह सब कुछ होता है। श्री हैदाखान बाबाजी मानो शिरोमणि पाठक की लिखावट के पीले पड़ चुके पन्नों के पीछे से दोहरा रहे थे, 'अंततः जीत सत्य की ही होती है।'

मैं सिद्धाश्रम में अलग-अलग समय में अलग-अलग लोगों के साथ लौटी, यज्ञ कुंड में पूजा करते हुए लपटों को ऊँचा जाते हुए देखती रही। जब भी मैं उस सर्वदा उपस्थित अनंत में कुछ समय के लिए गई, जिसके दरवाज़े हिमालय और अन्य स्थानों के अनेक स्थलों में थे। आदर्श की ऐसी अवस्था जो पूरी तरह से जागरूक थी, यह उन लोगों की कृपा से था जो उस क्षेत्र के थे।

जन्माष्टमी के दिन श्री गोरख बाबाजी सिद्धाश्रम आए और हम लोगों ने

उपवास रखकर और अग्नि में आहुति देकर उस पर्व को मनाया। बाबाजी ने गेरुए रंग का एक कपड़ा अपने कमर में बांध रखा था और उसी तरह का एक कपड़ा ऊपर शाल की तरह लपेट रखा था; जो पुजारी वहाँ सुबह और शाम की पूजा करता था वह सफ़ेद धोती-कुर्ते में था, मैं मैली-कुचैली कोरा साड़ी में थी। कौन जानता है कि स्वच्छ हवा की शांति में मंत्र और आह्वान कहाँ तक जाने वाले थे, देवदार, ओक तथा चीड़ की ख़ुशबू घी और मक्खन तथा तिल के बीजों, हिमालय के बाजरे, चावल, सूखे मेवे, जड़ी बूटियों और अगरबत्ती की गंध के साथ कहाँ तक जा रही थी।

जब सिद्धाश्रम छोड़ने का समय आया तो मैं ब्रह्ममुहूर्त में उठकर ध्यान करने लगी। कमरे में जो छोटी सी खिड़की थी उसको मैंने खोल दिया था। मैंने देखा कि नीले आकाश में सितारे डूब रहे थे और धीरे-धीरे सवेरा हो रहा था, और कमरे में रोशनी भर गई। मैं जंगल की सड़क पर सुबह के समय टहलने निकल गई, चिड़ियों की आवाज़ों को सुनने के लिए, उनको उड़ते देखना चाहती थी; ओसीली सुबह के गीलेपन को अपनी त्वचा पर महसूस करना चाहती थी, पत्तों और घासों पर ओस की बूँदों को देखना चाहती थी; चीड़ के फल के ज़मीन पर गिरने की आवाज़ को सुनना चाहती थी; विशाल जाले में काँपती रोशनी को देखना चाहती थी; कीट पतंगों के कोलाहल को महसूस करना चाहती थी और पत्तों के बीच से छनकर आती रोशनी को महसूस करना चाहती थी।

वापस लौटकर मैंने जल्दी से सब्ज़ी को धोया और काट लिया और आटा साना। पुजारी ने उस दिन सुबह दरवाज़े को जल्दी खटखटाया, उसने कहा कि वह सब्ज़ी पकाकर रोटी बना देगा जबकि मुझे जाने के लिए तैयार होना चाहिए। मैं बाहर निकली और हर उस स्थान को देख आई जिनसे मेरा परिचय हो चुका था, ऐसा लग रहा था मानो मैं घर छोड़कर जा रही थी। बाहर बरामदे में मैं एक बोरे पर बैठी हुई थी, सूरज की रोशनी में नहा रही थी, मेरे सामने स्टील की थाली और गिलास पड़े थे, मैंने चुल्लू में पानी भरा और मंत्र पढ़ा, और फिर प्रसाद खाया। मैंने पुजारी और उनके स्कूल जाने वाले लड़के से विदा ली, जब तक मैं वहाँ रही उस बच्चे को दोपहर में रोज़ एक घंटे पढ़ाती थी, जो अब अपने पिता के साथ मुझे विदा करने आया था। मंदिर और यज्ञ कुंड को अंतिम विदा देने के लिए मैं दौड़कर भागी। गेट पर मैंने हल्के से पत्थर के टुकड़े को छुआ जिसके ऊपर मेरा ध्यान तभी गया था जब मैं पहली बार यहाँ आई थी, उसके ऊपर सिद्धाश्रम लिखा था। घुमावदार रास्ते बुला रहे थे।

जब मैं बाहर निकली तो सिद्धलोक के अदृश्य दरवाज़े एक बार फिर खामोशी से बंद हो गये।

—

मधु टंडन कई साल उत्तराखंड के सुदूर और रमणीक मिरतोला आश्रम में रहीं उसके बाद लौटकर उन्होंने 'फ़ेथ एंड फ़ायर: ए वे विदीन' लिखी। वह 26 साल की थीं, जब वह और उनके पति राजीव नई दिल्ली में अपने बसे-बसाए रोज़मर्रा के जीवन का त्याग कर, वैकल्पिक जीवन शैली की तलाश में निकल गए और अस्त-व्यस्त जीवन के बीच अर्थ की तलाश में लग गये। यह उनका लेख है, जिसमें उन्होंने आस्था की यात्रा के बारे में लिखा है।

उनके गुरु श्री माधव आशीष (1920-1997), जिनको उनके भक्त आशीषदा कहते हैं, का जन्म अलेक्ज़ेंडर फ़िप्स के रूप में एडिनबर्ग में हुआ था तथा द्वितीय विश्वयुद्ध के दौरान उनकी पोस्टिंग भारत में ऐरोनॉटिकल इंजीनियर के रूप में हुई। उनकी यात्राएँ उनको रमण महर्षि के पास ले गईं और फिर उनके गुरु श्री कृष्ण प्रेम के पास—वह भी एक अंग्रेज थे और आस्था के मार्ग पर जाने के पहले वे प्रथम विश्वयुद्ध में एक फाइटर पायलट थे।

इस लेख में मधु ने हिंदू परम्परा में गुरु और भक्त के बीच के विशिष्ट संबंध को दिखाया है। उन्होंने आत्मसाक्षात्कार के कँटीले मार्ग पर चलने के दौरान सीखने, भूलने और जाग्रत होने को दर्ज किया है। 'धीरे-धीरे पुरानी आवाज़ों, जो मेरे आश्रम में जाने से चुप नहीं हुई थीं, ने फिर से सिर उठाना शुरू किया—निजी पहचानों को पुष्ट करने वाली आवाज़ों ने। इनके समक्ष थे आश्रम के मूल्य जिसमें आप कोशिश करते हैं और अपने आपको याद करते हैं, अपने आपको लेकर सावधान रहते हैं, दिमाग को शांत करके उससे परे जाते हैं। समय के साथ मुझे यह बात समझ में आ गई कि पुरानी आवाज़ों को कुचलने की ज़रूरत नहीं है बल्कि उनको रूपांतरित करने की ज़रूरत है।'

अध्याय 12

मुक्त करना

मधु टंडन

जीप भरी हुई थी। बस लड़की का चूल्हा रखा जाना था।

'मैं कह नहीं सकता कि हम लोगों ने सही काम किया है या नहीं, लेकिन। हम लोग इस रास्ते के एक-एक कदम को साझा करेंगे,' जब हम लोगों ने इस सफ़र का पहला मील पूरा किया तो राजीव बोले। जनवरी की सुबह की हल्की ओस से गाड़ी का शीशा धुंधला गया था। मैं उस धुँध से बाहर देखने के लिए बेताब थी, यह दुआ कर रही थी कि वर्तमान इतना पारदर्शी हो जाए कि हम भविष्य को देख सकें। गाड़ी के वाइपर की आवाज़ से मेरे कानों में पिता की आवाज़ गूंज रही थी।

'यह सब एकदम से अचानक नहीं है?' उन्होंने अपने अख़बार को नीचे रखते हुए कहा था। 'पाँच साल के बाद राजीव का बिज़नेस पटरी पर आया था।'

'वह अपना बिजनेस छोड़ रहा है, मैं नौकरी; हम लोग इस घर को छोड़ रहे हैं और अपने अधिकतर सामानों को बेच रहे हैं,' मैंने जवाब दिया।

'किसी आश्रम में मुसाफ़िर की तरह जाना एक बात होती है, वहाँ रहना और बात है,' मेरी माँ ने बड़ी विनम्रता से कहा।

हमारे गुरु आशीषदा ने बहुत कम बोला लेकिन उसी में सबकुछ कह दिया। उनके शब्दों ने ही हमें इतना बड़ा फ़ैसला लेने का हौसला दिया कि हम कुमाऊँ के पहाड़ पर मिरतोला में उनके आश्रम में जाकर रहने लगें। 'जीने के साजो-सामान को आसान बनाओ। बस ज़रूरत भर के सामान के साथ आओ। सबसे बड़ी बात यह है कि अंदर से ऐसी प्रवृत्ति होनी चाहिए, आप बाहर के सामान को तब तक कम नहीं कर सकते हैं जब तक कि आप अंदर से उसके लिए तैयार हों। इस बात को मत भूलो कि सामान के लिए लैटिन भाषा का शब्द है "इमपेडिमेंटा",' उन्होंने सलाह दी। वे इंग्लैंड के उच्च वर्ग से ताल्लुक़ रखते थे, और अब भारत में पिछले पैंतीस वर्षों से संन्यासी का जीवन व्यतीत कर रहे थे।

'अभी तुम्हारी उम्र ही क्या है, बस 26 साल की हो,' मेरे पिता ने कहा। 'दूरदराज़ के सुनसान में, आसपास के सबसे नज़दीकी शहर से भी मीलों दूर, न रेडियो, न टेलीफ़ोन, न टेलिविजन, न बाज़ार, न सामाजिक जीवन... बस... दिमाग में फ़ितूर आया। तुमको इन सब बातों की असलियत के बारे में कुछ नहीं पता है!'

असलियत। उसी का तो मैं सामना करना चाहती हूँ डैड! कोई दार्शनिक जलेबी नहीं, कोई सुना-सुनाया संस्करण नहीं, बल्कि अपने अनुभव से उसको

खोजना चाहती हूँ। हम लोग जिस रोज़मर्रा के यथार्थ में रहते हैं ज़िंदगी शायद यही नहीं है। एक अधूरी कविता, किसी भूले वादे की याद के लिए रूमाल में बंधी गिरह, आदतों से भारी हो गई आदतें और पन्नों पर वे निशान जहां स्याही सूख गई... ज़िंदगी सिर्फ़ यही नहीं होनी चाहिए।

इस तरह के ऊलजलूल सवालों को आशीषदा के कारण एक नज़रिया मिला, जिन्होंने हमारे साथ अपने जीवन के नज़रिए को साझा किया था। पाँच से भी अधिक साल से हम उनकी शिक्षाओं का अभ्यास ध्यान, आत्म चिंतन तथा स्वप्न कथन के माध्यम से करते रहे हैं। साल में दो बार हम आश्रम में जाते हैं तथा अपने जीवन को उनके और अपने आदर्शों के हिसाब से जीने की कोशिश करते हैं।

हमारे वहाँ जाकर रहने के निर्णय से बहुत पहले की बात है, जब राजीव ने उनसे पूछा था, 'क्या हम यहाँ रह सकते हैं?'

'नहीं,' उन्होंने कहा। 'यह कोई ऐसी जगह नहीं है जहां आप आएँ और भाग जाएँ। यह वह स्थान है जहां आप अंततः आते हैं और परिस्थिति का सामना करते हैं।'

दो साल पहले राजीव ने एक सपना देखा था, अपने संकेतों में वह बहुत शक्तिशाली लगता था। आशीषदा ने जब उस सपने के बारे में सुना, जिसमें एक सवाल बार-बार पूछा जा रहा था तो उनके चेहरे पर चिंता की लकीरें खिंच गईं। जवाब देना ही था, कल या परसों नहीं बल्कि अभी इसी कमरे में। मैंने उस जवाब को आशीषदा की आँखों में देखा—सतर्क, महत्वपूर्ण फ़ैसले को लेकर सावधान।

वह लकड़ी के फ़र्श की दरारों की देखने लगे, उस सपने के बारे में कुछ ख़ास नहीं कहा, जो उनके हिसाब से बहुत अस्वाभाविक सी बात थी। वे मेरी तरफ़ देख रहे थे, उनके चेहरे पर हल्की सी मुस्कान थी। मुझे अपने अंदर से विरोध का भाव जागता हुआ दिखाई दिया। ऐसा लग रहा था कि वे मुझे समझ गए थे और धीरे-धीरे अपने सिर को हिलाने लगे, मानो अपने ग़ुस्से को शांत कर रहे हों।

राजीव मेरी तरफ़ देखते हुए मेरी हामी चाह रहे थे, जो उस समय मैं देने के लिए तैयार नहीं थी। ख़ामोशी जुलाहे के करघे की तरह से आगे पीछे कर रही थी। आशीषदा ने अपने लम्बे पैरों को पसारा और दीवार से पीठ टिकाकर बैठ गए, उन्होंने अपनी आँखें बंद कर रखी थीं, वे इंतज़ार कर रहे थे। मेरे दिल की धड़कन तेज हो गई थी, मानो जो होने वाला था उससे संगति बिठाने

की कोशिश में हो।

'क्या हम यहाँ रह सकते हैं, आशीषदा?' राजीव ने फिर से पूछा।

उन्होंने ऐसी निगाहों से देखा मानो कोई प्राचीन रहस्यों की रक्षा कर रहा हो, फिर जवाब दिया, 'हाँ, तुम्हारा समय आ गया है।'

बड़े बदलाव तब होते हैं जब समय सही होता है, और जब पुराने मौसम बीत रहे होते हैं। हम लोग कोई पुराने पेड़ तो थे नहीं, जो पतझड़ में अपने पत्ते स्वयं गिरा देते हैं। हमारे अंदर का पेड़ तो अभी हरा ही था, इसलिए जब तक हम हिलाते नहीं एक भी पत्ता नहीं गिरने वाला था। लेकिन मुझे और राजीव को महसूस हुआ कि अब इस दिशा में तत्काल कुछ किए जाने की ज़रूरत थी। हम लोग अपने बोरिया बिस्तर समेटकर, अपनी इच्छा से आशीषदा के साथ रहने के लिए जा रहे थे और अपने जीवन की सबसे बड़ी चुनौती का सामना करने के लिए तैयार हो रहे थे—शानदार, जादुई, सम्मोहक और डरावना भी।

और किस बात के लिए? भौतिक सुविधाओं का त्याग करने के लिए। अपनी भावनाओं को परिशुद्ध करने तथा अपने मस्तिष्क को आंतरिक परख के लिए तैयार करने के लिए। अंततः, एक पुरुष, गुरु, एक विश्वास के प्रति समर्पित होने के लिए, जो अपने आपको पूरी तरह से समर्पित होने की माँग करता था। अपने इस इरादे के लिए हमें किसी तरह की विशेष पहचान को नहीं अपनाना था: नंगे पैर नहीं रहना था, सिर नहीं मुंडवाने थे, न ही संन्यासी की तरह गेरुआ वस्त्र धारण करने थे।

'अहं को छोड़ना होगा,' आशीषदा ने कहा था, तो वे वही बात कर रहे थे जो दुनिया भर के संन्यासियों ने लिखी थी, उपनिषदों के अज्ञात लेखकों से लेकर नव प्लेटोवादियों तक, ईसाई संतों, सूफ़ी कवियों ने। 'वास्तविकता की अनुभूति में यह बड़ी बाधा है। जब आपका कुछ नहीं रह जाएगा तो कुछ नया पैदा होगा।'

हमें जो भी बदलाव करने थे सब चुपचाप करने थे, अंदरूनी तौर पर। हमारे सामने जीवनभर की यात्रा थी, हमारे पीछे स्मृतियाँ थीं और हमारे साथ आशीषदा के शब्द थे, 'पीछे का कोई दरवाज़ा खुला मत छोड़ना। जिन पुलों को पार करके आना, उनको जला देना ताकि आप लोगों ने जिस जीवन को चुना है उसको पूरी तरह जी सकें।'

जीवन शैली में आशीषदा ने रेखांकित किया था, किसी चीज़ को ख़ारिज नहीं करना था; अंदरूनी और बाहरी जीवन का सामंजस्य चाहिए। हर अनुभव संपूर्णता को पाने की कोशिश होनी चाहिए। तन, मन और भावनाओं का एक

ही मक़सद होना चाहिए—अपने आपको पाना। आशीषदा का ऐसा मानना था कि जब हम प्रकृति के पास रहते हैं तो उच्च चेतना को आसानी से हासिल किया जा सकता है। अपनी जीवन शैली से उन्होंने मिट्टी और आत्मा को जोड़ने का पुल बनाया था।

आश्रम का लक्ष्य खाने-पीने के मामले में आत्मनिर्भरता का था, जिसका मतलब यह था कि हमारे क़रीब पंद्रह लोगों के समुदाय को यह सीखना था कि फसल किस तरह बोते हैं, किस तरह खरपतवार को साफ़ करते हैं और किस तरह फसल की कटाई की जाती है और शायद खेतों में डालने के लिए सिर पर खाद का बोरा लेकर भी आना। हम दूध दूहते, बछड़ों की देखभाल करते, मक्खन निकालते, अपनी डबल रोटी बनाते, जैम और अचार बनाना। हम लोगों को अपने लिए छोटी-छोटी कुटिया भी स्वयं बनानी होती थी। सिवाय कुछ राज-मिस्त्रियों को छोड़कर, जंगल की उस निर्जनता में न तो बढ़ई थे, न प्लम्बर और न इलेक्ट्रीशियन।

यह कोई रोमांटिक क़िस्म का एकाकी जीवन नहीं था। यह सब एक तरह से क्रियाशील आध्यात्मिक जीवन होने वाला था। मंदिर के लिए निस्वार्थ सेवा के रूप में रोज़ाना 12 घंटे हाथ से काम करने थे। इसका मक़सद था कि लाभ-हानि के घिनौने खेल से परे रहा जाए और अपने भोजन के लिए मेहनत से काम करने से जो गरिमा आती है उसको समझा जाए। इस थकाऊ काम को लेकर अपने अंदर जो प्रतिरोध का भाव था उसको आत्मचिंतन से कम किया जाए और हमारी भावनात्मक प्रकृति की जो जटिलता थी उसको स्वप्न विश्लेषण से कम किया जाए। ध्यान क्रिया से विचारों के आंतरिक मंथन को रोकना था जिससे कि हम अपने अंदर के स्थिर बिंदु तक पहुँच पाएँ। कोशिश यह थी कि तन, मन और भावनाओं के माध्यम से उच्च चेतना को पहचान दी जाए। अपने रोज़ाना के व्यक्तित्व को छोड़कर आमूलचूल रूप से अंदर और बाहर एक नए केंद्र की ओर जाया जाए।

शाम के समय सभी आशीषदा के पास आकर बैठ जाते। वह हमारे सवालों को संदर्भित करने के लिए तरह-तरह की किताबों से कुछ पढ़कर सुनाते। उन किताबों में प्लोटाइनस, मिस्टर एखार्ट, रूमी, रमण महर्षि, उपनिषद, बौद्ध धर्मग्रंथ, थियोसोफ़ी और जेन मास्टर की किताबें भी थीं। इससे हमें इस बात को समझने में मदद मिलती थी कि सत्य की ओर जाने वाले अलग-अलग रास्ते किस तरह से आपस में जुड़े हुए थे।

एकाकी जीवन में मैं न तो कोई डायरी रखती थी, न किसी तरह के

नोट्स, केवल अपने सपनों का हिसाब रखती थी। आश्रम में रहने के दौरान एक बार मैं निराशा के ऐसे रसातल में चली गई कि मैंने सभी तरह की उम्मीदें छोड़ दीं। लेकिन अप्रत्याशित रूप से कुछ अभिज्ञात हुआ। मुझे कोई इतनी खूबसूरत चीज़ छू गई कि उसको कुछ नाम देने का मुझे साहस नहीं हुआ। उसने मेरे जीवन को ऐसे संपूर्ण प्रेम से भर दिया कि मुझे उसको दोहराने में भी मुश्किल हो रही थी। सहज रूप से उसने मुझे शिक्षा दी, मुझे दिशा दिखाई और कई बार मुझे उस अवस्था की झलक दिखाई, जिसके ख़िलाफ़ मेरे रोज़मर्रा के जीवन की वास्तविकता साफ़तौर पर खड़ी हो गई। इसने मेरे सोचने के नज़रिए को बदलकर रख दिया, उदाहरण के लिए, जीवन में पीड़ा की भूमिका को लेकर। इस रहस्यमय शक्ति को पूरी तरह समझने का मैंने कभी दावा नहीं किया। उसको जो मैं टुकड़ों-टुकड़ों में समझ पाई वह मेरी अपनी सीमा के कारण था। फिर भी कुछ देर के लिए, मुझे ऐसी क्षमता महसूस हुई कि जो कुछ भी 'मैं' था उसको समर्पित कर दूँ ताकि पूरे हृदय से उस शक्ति से मिल सकूँ। बाद में, मुझे यह समझ नहीं आ रहा था मैंने आगे बढ़कर अपने आपको पूर्ण समर्पित क्यों नहीं किया।

जब मैं इसके कारणों को समझने की कोशिश करने लगी तो कोई कारण समझ नहीं आया। जैसा कि बाद में राजीव ने कहा, 'कृपा को समझने के लिए एक जीवन काफ़ी नहीं होता है।' मुझे बस इतना पता है कि जब हमें यह पता होता है कि हमने सबकुछ खो दिया था तब मदद आई और उसने फुसफुसाते हुए अंतिम रूप से आश्वस्त किया। ऐसे पल में, हम लोगों को ऐसा महसूस होता था कि हम लोगों को उपहार दिया गया था, जो संजोए रखने के लिए थोड़ा बहुत हमारा भी था।

आश्रम में साढ़े छह साल रहने के बाद हमें यह महसूस होने लगा था कि यहाँ के जीवन के अलावा हमारा कोई जीवन नहीं था। सभी दिन और महीने उस बिंदु पर पहुँच गए थे कि धूप में बैठने पर ऐसा लगता था जैसे हम थकाने वाली चढ़ाई से उतरने के बाद उससे उबरने में लगे हुए हों। उस साल के अंत में मैंने एक सपना दर्ज किया:

शेक्सपियर के नाटक *मैकबेथ* के प्रदर्शन की तैयारी चल रही थी।

दुनियाभर के बेहतरीन कलाकार रिहर्सल के लिए जुटे हुए थे।

मैं छाया में खड़ी हूँ, देख रही हूँ कि दुधिया रोशनी में मैकबेथ और लेडी मैकबेथ चमकदार कपड़ों में चमक रहे थे। अचानक नाटक का डायरेक्टर मेरे पास आता है और मेरे हाथ में स्क्रिप्ट देते हुए कहता है कि 'मैलकम की भूमिका कर लो।'

मैं यह कहते हुए विरोध जताने लगती हूँ कि 'मैं कोई अभिनेत्री नहीं हूँ। मैंने तो कोई ऑडिशन भी नहीं दिया था, तो यह भूमिका में कैसे निभा सकती हूँ।'

मेरी बात अनसुनी ही रह गई क्योंकि डायरेक्टर वहाँ से जा चुका था। मैंने उस भूमिका के बारे में पढ़ा और मुझे कुछ समझ में नहीं आ रहा था। दिन गुजरते जा रहे थे, महीने बीतते गए और मैं रिहर्सल कर रही थी। बीच-बीच में मैं अपने साथ अभ्यास करने के लिए किसी-किसी को तैयार कर लेती। एक, दो, तीन और शायद चार साल बीत गए। धीरे-धीरे मैं उस भूमिका के असर में आने लगी। मेरे चारों तरफ़ गतिविधियाँ हो रही थीं लेकिन मुझे सबकुछ ऊपरी तौर पर ही समझ में आ रहा था। मैं अपनी भूमिका में ऐसे डूब गई थी कि मुझे जब भी ख़ाली समय मिलता मैं रिहर्सल करने में लग जाती।

एक दिन किसी ने घोषणा की, 'परसों नाटक का पहला शो है।'

हॉल में एक भी सीट ख़ाली नहीं थी और सब उम्मीद से देख रहे थे। नाटक शुरू होता है। मैलकम को नाटक के अंत में आना था और मैंने देखा कि मैं स्टेज पर गई और मैकबेथ से आमने-सामने लड़ने लगी। अगले ही पल, मैकबेथ मृत पड़ा हुआ था, जबकि मैंने मैलकम के रूप में उसको मारने की कोई कोशिश नहीं की थी।

तभी मैलकम एक जोशीला भाषण देने लगता है, और आकाशीय शक्तियों से आह्वान करता है वे उसकी रक्षा करें, उसको दिशा दिखाएँ और उसके अंदर जो सर्वोच्च है उसकी रक्षा करें जिससे कि उसका अंत कभी भी मैकबेथ की तरह नहीं हो। एक पल की खामोशी के बाद दर्शक तालियाँ बजाने लगे। पर्दा गिरा और मैं स्टेज के पीछे के गलियारे में चली गई, किसी का ध्यान भी नहीं गया, मैं थक गई थी लेकिन दुखी नहीं थी। अचानक मुझे अपने पीछे डायरेक्टर का होना महसूस हुआ। जब मैं पीछे मुड़ी तो उसने मुस्कुराते हुए कहा, 'अच्छा था। इस बात को याद रखना कि आख़िरकार जो बात मायने रखती है वह यह कि आपने कितनी ईमानदारी से कोशिश की—आपके अंदर जोश कितना था। बाक़ी बातें फ़ालतू हैं।'

नाटक के पूरे रिहर्सल के दौरान मैंने उसको बहुत कम देखा था कि मुझे उसके साथ होना अच्छा लग रहा था। उसने कहा, 'मैं तुमको एक और नाटक में काम देने वाला हूँ।'

'अरे नहीं,' मैंने विरोध जताते हुए कहा, 'इतनी जल्दी नहीं।'

उसने मुस्कुराते हुए कहा, 'एक और नाटक, एक और भूमिका।'

इस सपने से यह बात साफ़ थी कि मेरे जीवन का एक चरण पूरा हो रहा था और दूसरे चरण की शुरुआत होने वाली थी। मेरे अंदर आत्मविश्वास आ गया था और मुझे ऐसा महसूस हुआ कि आश्रम में अब मुझे कोई नई भूमिका मिलने वाली थी। क्या सपना किसी आंतरिक प्रक्रिया की पुष्टि कर रहा था?

जब मैंने आशीषदा से पूछा तो उन्होंने सिर्फ इतना ही कहा, 'यह बहुत कुछ मूल सपने तरह ही लग रहा है। नई भूमिका को "हाँ" कहने में तुमको हिचक क्यों महसूस हो रही थी?'

छह महीने बाद हालात कुछ ऐसे हुए कि हम एक झंझावात में फँस गए। हमारे सामने दो विकल्प थे—रहें या जाएँ—दोनों में किसी को भी छोड़ना मुश्किल लग रहा था। कई बार जब हमें किसी ख़ास तरह की मानसिक अवस्था में ऐसे फ़ैसले लेने पड़ते हैं जिनको बाद में बदला नहीं जा सकता, तो हम इस बात को कैसे निश्चित कर सकते हैं कि इसके लिए हमें बाद में पछताना न पड़े?

सात साल से भी कुछ अधिक समय पहले हम लोग आशीषदा के सामने बैठे थे और हमने उनको यह कहते हुए सुना, 'हाँ, तुम्हारा समय आ गया है।' अब हम उनके साथ चुपचाप बैठे रहे। उस कमरे की खामोशी हमें कुछ कहने के लिए उकसा रही थी।

'हम लोगों को अब शायद जाना चाहिए?' राजीव ने आख़िरकार कहा, उनकी आँखों में यह उम्मीद थी कि आशीषदा उनको रोकेंगे।

'इसके बारे में सोचो,' आशीषदा ने झिझकते हुए कहा। फिर उन्होंने अपना इरादा बदला और सख़्ती से कहा, 'हो सकता है कि तुम्हारा जाना अच्छे के लिए हो। मैंने जो कुछ भी तुमको दिया है उसको सँभालकर रखना। जहां भी रहोगे, यह मार्ग हमेशा तुम्हारे साथ रहेगा। तुम्हारी कोशिशें कभी व्यर्थ नहीं जाएँगी।'

हम दोनों ने झुककर उनके चरण चूम लिए। उन्होंने खड़े होकर हमें गले से लगा लिया।

'आपने हमें कितना कुछ दिया आशीषदा,' राजीव जब बोल रहे थे, तो उनकी आवाज़ भर्रा गई थी।

'अगली बार जब मैं दिल्ली आऊँगा, तो मुझसे मिलने आना।'

हमारे जीवन के इस दौर का अंत हो गया, जैसा कि मेरे सपने के अंतिम शब्दों में संकेत दिया था। उस समय मैं इस बात को समझ नहीं पाई थी लेकिन अब मुझे यह बात समझ में आई कि हम लोगों को आश्रम छोड़कर जाना था और पूरी तरह से अलग तरह के हालात में नई भूमिका निभानी थी। ऐसा लगता है कि आशीषदा ने रुकने के लिए ज़ोर न देकर उस सपने का सम्मान किया था।

जिस दिन आश्रम में हमारी आख़री शाम थी तो उस दोपहर हम मंदिर में रहे, पंचदीप से आग का गोलाकार घेरा ऐसा लग रहा था जैसे अतीत और वर्तमान को आशीष दे रहा हो। पानी से भरा शंख दिया गया। मेरे दिमाग़ में एक-एक पल बैठ गया था, मैं उनको जाने देना नहीं चाहती थी। 18 साल की आयु में मैं उस लम्बे अंग्रेज से मिलने गई थी, जिसने मेरी ज़िंदगी को संवारने में 14 से भी अधिक साल लगाए। यह सब छोड़कर मैं कैसे जा सकती थी?

मुझे लग रहा था जैसे लहर मुझे वापस अनिश्चितता के सागर में लेकर जा रही थी। आशीषदा जैसे गुरु के बिना, इस केंद्रित जीवन के बिना, जो उन्होंने हमारे लिए बनाया था और उस एकाग्रता के बिना हम क्या कर पाएँगे?

मुझे शहर के जीवन में वापस लौटने में डर लग रहा था। उनकी मौजूदगी के जादू के बिना क्या मैं उससे दूर हो जाऊँगी जिसको मैं इतना महत्वपूर्ण समझती आई थी? क्या मैं उसको खो दूँगी जो मैंने हासिल किया था? या क्या यह एक और तरह के 'जाने देने' की माँग हम लोगों से की जा रही थी?

सेवा लगभग समाप्त हो चुकी थी। साफ़-सफ़ाई का सामान रखा जा चुका था और नगाड़ों की आवाज़ उदास धुन पर समाप्त हो रही थी।

आश्रम में ज़िंदगी कैसी रही थी? तीर्थयात्रा, या भावुक होकर वहाँ रह रहे थे जो अपने सफ़र को पूरा नहीं कर सके? या वह नए कैनवास की माँग थी जिसके ऊपर नए सिरे से पुरानी पेंटिंग की थी? जब किसी कैनवास पर और अधिक पेंटिंग नहीं की जा सकती तो ऐसा लगता है कि आँखें उसके रंगों, रेखाओं को सहेज लेती हैं ताकि उसके सार को संजोया जा सके, जैसे शाम की नीली छायाएं, आकाश में छाए बादलों के बीच, फूलों से भरे बग़ीचे को घेर लेती है। यहाँ तक कि ऊँचे देवदार भी लग रहा था, जैसे ऊपर चमकते तारों को उँगली दिखा रहे थे। मैं देख रही थी कि उस दिन जब शाम ने अपनी आँखें

मूँदी, तो वह हमारे जीवन के एक दिन के अंत होने से कहीं अधिक कुछ था।

जब मैं नीचे समाधि की तरफ़ बढ़ रही थी तो मुझे यह समझ में आ गया था कि मैं कुछ पीछे छोड़कर जा रही थी, मैं कुछ अपने साथ भी लिए जा रही थी। जो मेरा था वह केवल यह विश्वास नहीं था कि कुछ अतींद्रिय वास्तविकता होती है बल्कि यह भी कि एक मार्ग है, जिससे हम उस वास्तविकता से मिल सकते थे।

सबसे बढ़कर, मुझे यह पता था कि यह मार्ग हम लोगों में से एक-एक आदमी के लिए खुला हुआ था।

अब मुझे यह विश्वास है कि उस मार्ग पर हम अकेले नहीं हैं। हमारे अंदर का गुरु चुपचाप पार्श्व में खड़ा रहता है, उस निर्देशक की तरह जो मेरे सपने में आया था, जब बहुत ज़रूरी होता तभी वह रोशनी में आता था। इस उपस्थिति से इस बात की आश्वस्ति रहती है कि हम जब अपनी दी गई भूमिका को निभाने में कहीं लड़खड़ाने लगते हैं तो वह हरदम हमें देखता रहता है। जिस जगह पर छायाएँ अपनी बाँहें फैलाकर रोशनी से मिलती हैं, जहां नींद जागने के लिए संघर्ष कर रही होती है, वहां 'वह' कई बार निशब्द अभिवादन में मुस्कुराता है।

कोई कहानी कहाँ शुरू या समाप्त होती है? केवल पहले या अंतिम पन्ने पर नहीं, बल्कि इसमें उसकी गूंज भी शामिल रहती है, जो अनकही रह जाती है। हम अनुभवों को शब्दों में ढालते हैं, जबकि किसी के भी जीवन की वास्तविक कहानी दहलीज़ से ऐन नीचे होती है। जो शब्द कह सकते हैं वह यह कि हम अप्रैल के महीने में दिल्ली लौट आए, जब गर्मी की पहली गर्म साँसें सर्दी के फूलों को सुखाने में लगी हुई थीं। हम लोग मानो उन लहरों जैसे थे, जो दूसरे किनारे चली गई थीं और जो घबराहट में पुरानी जगह पर लौट आई थी। शायद हमें इस बात को समझने के लिए इन पुराने किनारों की ज़रूरत होती है कि दूसरे छोर पर क्या हुआ था। लेकिन कल्पना कीजिए कि उस समय हमें अगर आश्रम छोड़ने का बहुत अफ़सोस हुआ होता तो हम उथले पानी में ठहरे रह गए होते, बीच समंदर में जहाज़ों को देखते हुए अपने जीवन को बिता देते? हामारी नौका आशीषदा का यह भरोसा थी: 'सच्चा आश्रम मानसिक अवस्था है, यह किसी विशेष भौगोलिक स्थान का नहीं होता। यह है प्रेम के साथ एक होने में, पीड़ा को स्वीकार करने में, उल्लास में बह जाने में नहीं; आत्मचिंतन में होता है, दूसरों के ऊपर इल्ज़ाम देने में नहीं, सेवा में, न कि अपनी उन्नति के लिए काम करने में। अंत में, बौद्धिक अन्वेषण में,

अपनी आस्था पर सवाल करने में नहीं; समर्पण, लगातार सतर्कता, साहस, ऊर्जा, आग...'

मेरे गुरु के निधन के अनेक साल के बाद वे मेरे सपने में आए:

> मैं गंगा के तट पर थी, शायद बनारस में। उनके सिवा वहाँ और कोई नहीं था। लम्बे, पतले, कंधे तक झूलते सफ़ेद बाल, कमर से लिपटा हुआ उसी तरह का गेरुआ वस्त्र, उनकी आँखों में वही चमक थी जो मैंने उनके जीते जी कई बार देखी थी।
>
> उनके हाथ में उसी तरह का कपड़ा था जिस तरह का उन्होंने पहन रखा था। कपड़े को मुझे देते हुए वे बोले, 'पहन लो।' मैं घाट की सीढ़ियाँ चढ़कर एक कमरे में गई। पहले, मैंने उसको लुंगी की तरह से बांध लिया। लेकिन वह ठीक नहीं लग रहा था। फिर साड़ी की तरह से पहन लिया। लेकिन वह भी नहीं जँच रहा था। अंत में उसको चोगे की तरह से डालकर मैं सीढ़ियाँ उतरकर नीचे आशीषदा से मिलने के लिए गई। मेरे खयाल से मेरा सिर मुंडवाया हुआ था; शायद थोड़े बहुत बाल उग आए थे। डूबते सूरज की नारंगी परछाई पानी में चमक रही थी। मैंने आशीषदा के पैर छुए। उन्होंने मुझे कंधे पकड़कर उठा लिया और बोले, 'शांत बनी रहो। बिना किसी बाधा के काम करो और अपने पूर्व जीवन में मर जाओ।'
>
> वह बहुत देर तक मुझे देखते रहे। मेरी ख़ुशी का ठिकाना नहीं था। अगले ही पल वे जा चुके थे।
>
> मैं नदी किनारे बैठी हुई थी और मुझे यह समझ में नहीं आ रहा था कि क्या करना है। मैं सूरज को डूबते हुए देखती रही।

और अब, कई, कई साल के बाद संन्यास का रंग मेरे सामने फिर आया था। उस सपने में भविष्य के लिए क्या कोई संकेत थे? अगर नहीं तो यह क्या था? क्या कोई मुराद पूरी हुई? संन्यास का मतलब होता है घुमक्कड़ साधु बन जाना, धन-संपत्ति, परिवार से विरक्त हो जाना—सांस्कृतिक आदर्श के रूप में बहुत से हिंदुओं की यह कामना होती है।

मेरे गुरु ने जो कपड़ा दिया था उसका रंग यह बता रहा था कि सपने का मतलब यह नहीं था। वह गेरुए रंग का नहीं था, जिसको साधुओं के कपड़े का रंग माना जाता है। क्या यह सपना मेरा ध्यान उनकी शिक्षाओं की ओर दिला रहा था न कि परम्परागत संन्यास की ओर? उनकी अपनी यात्रा की शुरुआत हुई थी छोटे से आत्म के मर जाने से। शायद सपने का मतलब संसार छोड़ना नहीं था, छड़ी और हाथ में कटोरा लेना, बल्कि अपने अंदर से स्थिर हो जाना था। यह 'जाने देने' का अलग ढंग था जो परम्परागत ढंग से अलग था।

जिस तरह से मैंने उस वस्त्र को धारण करने की कोशिश की थी उसने भी मुझे सोचने के लिए विवश किया। साड़ी की तरह नहीं (स्त्री), न ही लुंगी जैसे (पुरुष)। उसको मैंने चोगे की तरह धारण किया था जिसमें लिंग के आधार पर किसी तरह का भेदभाव नहीं था। हर परम्परा के संत हमें इस बात के लिए आश्वस्त करते हैं कि आध्यात्मिक जागृति की अवस्था में हमें धीरे-धीरे हर उस चीज़ से मुक्त हो जाना होता है जो हमारी पहचान होती है—शरीर, लिंग, दिमाग, बुद्धि, अहं। यह कहा जाता है कि जब तक हम अपनी आध्यात्मिक संभावना की दहलीज़ पर पहुँच जाते हैं, तब सारे द्वैत पीछे रह जाते हैं: न हम स्याह सफ़ेद रह जाते हैं, न युवा-वृद्ध, न ज्ञानी और अज्ञानी। न मैं और तुम। तो क्या सपने में जो मृत्यु का संदर्भ आया था वह सभी तरह की विशिष्टताओं के विलयन का संकेत था—सच्चा संन्यास?

लेकिन क्या मेरा सारा जीवन मुक्ति ही नहीं रहा है, एक या दूसरी तरह का त्याग या मुक्ति?

जब हम दिल्ली का जीवन छोड़कर आश्रम में गए थे तो अपनी सारी पूर्व पहचानों से मुक्त होकर गए थे—काम, परिवार, चिर-परिचित जीवनशैली और हम जिस संस्कृति में रह रहे थे उसकी सारी आकांक्षाएँ।

लेकिन जिन चीजों से हमने बाहरी तौर पर मुक्ति पाई थी, उनसे अंदरूनी तौर पर मुक्ति पाने के लिए संघर्ष करना पड़ा: अपने 'आत्म' से मुक्त होने का संघर्ष। आश्रम में आपकी निजी पहचान या आप मायने नहीं रखते, केवल सेवा मायने रखती थी। मंदिर में देवता के सामने लगातार समर्पण का रूप था अपने गुरु की इच्छा के आगे समर्पण कर देना, वह जो थे उससे प्रेरणा लेना और जो अक्सर मेरे होने का विरोधी होता था। उनका यह कहना था कि नए केंद्र के निर्माण के लिए वर्तमान स्वरूप को विघटित करना ज़रूरी था। अपनी इच्छाओं, अपनी राय, सुख सुविधाओं से परे हटकर। चेतना के इस नए केंद्र के अस्तित्व के ऊपर विश्वास करना था। शायद उसको समझने का

प्रयास और उसके हिसाब से रहना स्तुति की तरह से बन गया था। निजता से संन्यास जिससे कि यथार्थ प्रकट हो सके। आशीषदा इस बात पर ज़ोर देते थे कि तलाश एक तरह का अन्वेषण था और वह महज कुछ अनुशासनों का पालन करना नहीं था। 'उसका अन्वेषण करो और अपनी पहचान से परे जाकर करो,' वह हम लोगों से कहते।

एक और तरह का संन्यास वह था जब हम लोग आश्रम से बाहर आए। हिचक के साथ उस जीवन को पीछे छोड़ते हुए जिसको हम लोगों ने अपनाया था, और उससे भी बढ़कर अपने अध्यापक को छोड़कर जाना।

धीरे-धीरे उन पुरानी आवाज़ों ने सिर उठाना शुरू कर दिया जो मेरे आश्रम जाने के बाद भी शांत नहीं हुई थीं—वे आवाज़ें जो आपकी पहचान को पुष्ट करने वाली होती हैं। यह आश्रम के मूल्यों के एकदम विपरीत थी जिसमें हम कोशिश करके अपने आपको याद करते, अपने आपको लेकर सतर्क रहते थे, दिमाग को स्थिर रखते थे और उससे परे जाते थे। समय के साथ मैंने यह पाया कि पुरानी आवाज़ों को पैरों तले कुचलने की नहीं बल्कि उनको रूपांतरित करने की ज़रूरत थी। उससे मुक्ति जिसका परीक्षण नहीं हुआ था। यही समय था मौलिक आत्म से सत्य पाने का।

जब मैं पहली बार आशीषदा से मिली तो मैंने उनसे पूछा था कि मैं अपनी सच्ची पहचान को किस तरह से पाऊँगी?

'अपने आपको स्थिर रखकर।'

'इसका मतलब क्या हुआ?' मैंने पूछा।

'देखो, परखो, अपने विचारों के साथ अपनी पहचान को मत जोड़ो। कोशिश यह होनी चाहिए कि विचारों की श्रृंखला को रोका जाए। हमारे अंदर एक शांत जगह होती है जो लोगों की नज़र से, चीजों से, तकलीफ़ के भाव से तथा असंतुष्ट कामनाओं से दूर होती है। जब दिमाग शांत रहता है, तभी सच्ची पहचान पाई जा सकती है।'

क्या संन्यास के सपने में यही बात थी? शांत रहो। स्थिर रहो।

और क्या स्थिर या शांत रहने से कोई सहज रूप से काम कर सकता है? शायद सभी एक-दूसरे की मदद करते हैं, समर्थन करते हैं। जब हम सहज रूप से काम करते हैं तो क्या हम आत्म की पुष्टि से मुक्त हो जाते हैं। और क्या यह बदले में स्थिर बने रहने में मदद नहीं करता है? आदमी की आधी ज़िंदगी अपनी पहचान बनाने में चली जाती है और आधी उसको बचाने में। शायद इस कथन का अर्थ है उस हर चीज़ का त्याग जो 'मैं' का निर्माण करती है।

और क्या इसका जुड़ाव अपने पूर्व जीवन के मरने से नहीं है—मेरी अपनी जीवनी या जिस तरह से मैंने उसको देखा था? आख़िरकार, परम्परागत रूप से संन्यास जीवन के ढाँचे को आमूलचूल बदलकर अर्थ पाने की उम्मीद नहीं करता है। लेकिन ऐसा करने के पहले किसी को पर्याप्त रूप से व्यक्तित्व का विकास करना होता है जिससे कि वे आत्मविश्वास को अर्जित कर सकें। आशीषदा ने इस वियोजन को मचान से जोड़कर देखा, जिसको इमारत के बन जाने के बाद हटा देना पड़ता है। 'अगर किसी ने अपने ऊपर काम किया हो तो उम्र किसी को उस मचान को देखने में मदद करती है कि वह क्या है: एक ज़रूरी तथा अस्थायी ढाँचा।'

मुझे कुछ पता चला। अगर मैं अपने विचारों को, पल भर के लिए भी रोक पाने में सक्षम हो गई, तो उस सूक्ष्म से अंतराल में भी स्लेट साफ़ हो जाएगी, और मैं आदतन जो इंसान थी वह अनुपस्थित हो जाएगा। वास्तव में, उस अवधि के लिए यह बेतरतीब संसार विलयित हो जाएगा। तो भी एक चेतना रह जाएगी, अपने होने की सतर्क चेतना, अपने स्वरूप से विहीन, असीम। बस उसके होने भर की चेतना। अवलोकन से जो देखा जा रहा होता है उससे एक तरह की संलग्नता हो जाती है। यह उपस्थिति की तरह महसूस हुआ, जब वह विचारों से आच्छादित नहीं रहता है, तो उसकी झलक दिखाई देती है।

क्या मुझे स्वप्न इस अवस्था की याद दिला रहा था? या वह सपना मुझसे यह कह रहा था कि इस चेतना के स्रोत तक पहुँचने के लिए मुझे अधिक स्पष्ट नज़रिया रखना चाहिए? धार्मिक प्रतीक भावनाओं को आंदोलित कर देते हैं और उस चेतना की संस्कारिक प्रवृत्ति की पुष्टि का माध्यम बन जाते हैं। हालाँकि इन संस्कारों को अपने अंदर कर लेना चाहिए। किसी व्यक्ति को अपने अंदर उस अवस्था की तलाश करनी चाहिए जो कि उनका बाहरी रूप होता है।

आशीषदा ने एक बार पूछा था, 'ये ख़ुशियाँ, ये दर्द किसके हैं?'

मुझे लगा था कि इसका जवाब 'मैं' होगा—जिसका अनुभव मेरा शरीर करता है।

इसके बाद उन्होंने कहा, 'इस बात की समझ आने में बहुत समय नहीं लगता है शरीर "मैं" की तरह ही नहीं है।'

'क्यों?'

'क्योंकि मैं वही देखता हूँ जो शरीर संवेदनाओं के माध्यम से मुझे देता है। इसलिए "मैं" को शरीर से अलग करके देखा जाना चाहिए। लेकिन इस

"मैं" की प्रकृति क्या है?'

'क्या मेरे विचार, मेरी भावनाएँ, मेरा व्यक्तित्व "मैं" नहीं है?'

'एक बार फिर तुम इस बात को समझ सकती हो कि तुम अपने सभी विचारों, सभी भावनाओं को महसूस कर सकती हो। क्या इससे यह नहीं लगता "मैं" को देखना, महसूस करना मेरे "मैं" से अलग है?' उन्होंने पूछा।

'क्या आप यह कहना चाह रहे हैं कि देखने, सुनने और महसूस करने की क्षमता "मैं" नहीं हो सकती है?'

'आपको इसके बारे में सोचना है कि वह कौन सा "मैं" है, जो गतिविधियों में भाग लेता है, या वह "मैं" जो महसूस करता है?'

मैं चुपचाप इन बातों को समझने का प्रयास कर रही थी।

'मैं तो वही कह रहा हूँ जो स्पष्ट है कि मस्तिष्क के दो पहलू होते हैं— यह बाहरी संसार में वस्तु को देख सकता है, और यह अपने आपको भी देख सकता है। यही वह गुण है जो शायद हमें पशुओं से अलग करता है। लेकिन इस महसूस करने वाले, देखने वाले "मैं" की प्रकृति क्या होती है? क्या यह वही होती है जो व्यक्तित्व होता है, या यह कुछ अलग होता है?'

क्या मेर सपना मुझे इस बात के लिए आगाह कर रहा था कि मुझे उस दिशा में तलाश करनी है, जिस दिशा का सुझाव आशीषदा ने दिया था? खाना पकाना, साफ़-सफ़ाई और बाग़बानी जैसी आम गतिविधियों से, और ग़ुस्सा, चिढ़, भय और सुख जैसे रोज़मर्रा की संवेदनाओं से इस रहस्य को पाया जा सकता है, अपने आपको देखने की चेतना को पाया जा सकता है।

शायद यह एक दूसरे रिश्ते की तरह होता है। पहले मैं अपने आपको अपनाना शुरू करता हूँ, अपने विचारों को, अपनी धारणाओं को। और उनको अपनाते हुए मैं उनको ऐसे देखने लगूँ मानो वे मुझसे अलग हों। और शायद, महज़ शायद, इन दोनों के बीच कहीं मैं परिधि से केंद्र की दिशा में यात्रा की शुरुआत करुंगी।

संन्यास वह है जिसमें अपनी अनुपस्थिति में सदा मौजूद चेतना के दर्शन होते हैं।

उत्तर कथन

मिरतोला आश्रम उत्तर भारत में हिमालय की तराई में है। इसमें तीन असाधारण गुरुओं की परम्परा है, श्री यशोदा माई (1882-1944), जिन्होंने 1929 में श्री

कृष्ण प्रेम (1898-1965) के साथ मिलकर इस आश्रम की स्थापना की। उनके बाद आए श्री माधव आशीष (1920-1997), जिनको उनके मित्र और शिष्य आशीषदा कहकर बुलाते थे। आशीषदा हमारे गुरु थे, जिन्होंने पहाड़ पर बहुत शानदार ढंग से एकीकृत आश्रम में, अपनी देखरेख में हमें यह शिक्षा दी कि किस तरह हर व्यक्ति की अंदरूनी खोज की यात्रा आत्मा के जीवन के इर्द-गिर्द घूमती है, और वहाँ बिताए जीवन में उस अभिव्यक्ति को पा सकी।

——

यह लेख बहुत निजी क़िस्म का है जिसमें मैंने नीम करौली बाबा की चिरस्थायी पहेली को समझने की कोशिश की है, जो हिमालय के सबसे महान गुरुओं में एक रहे हैं, और जिन्होंने मुझे प्रभावित किया और मेरे जीवन को पूरी तरह से बदलकर रख दिया। इसमें मौन संत सिद्धि माँ का भी हृदय से आभार है, जो नीम करौली बाबा की शिष्या और उत्तराधिकारी थीं। मुझे सिद्धि माँ से उनके जीवन के उत्तरार्ध में मिलने और आशीष लेने का सौभाग्य मिला था और मैं उनकी बहुत आभारी हूँ।

जब मैं यह लिख रही थी तो मैंने यह पाया कि मेरे दूसरे गुरु स्वामी चिदानंद जी (शिवानंद आश्रम, ऋषिकेश), जिन्होंने मेरे जीवन के महत्वपूर्ण दौरों में मेरी बहुत मदद की, स्वयं नीम करौली बाबा के मित्र और प्रशंसक थे। मुझे यह बात बहुत आश्वस्तिकारक लगी और इससे इस बात की पुष्टि भी हुई कि हिमालय के गुरुओं की कृपा व्यापक है, जिनकी देव भूमि में उपस्थिति अंतर्यामी रही है।

अध्याय 13

नीम करौली बाबा और सिद्धि माँ

नमिता गोखले

गुरु साक्षात परम ब्रह्म, तस्मै श्री गुरूवे नम:

नीम करौली बाबा का जीवन कदम-कदम पर चमत्कार से भरा हुआ था। भौतिकी में देश और काल का जो सिद्धांत है, ऐसा लगता है कि उनके ऊपर लागू नहीं होता। उन्होंने अपनी असाधारण शक्तियों का इस्तेमाल कभी अपने आपको आगे बढ़ाने या अपने लाभ के लिए नहीं किया। वह बहुत सारे संतों और व्यक्तित्वों के मिले-जुले रूप थे, जो आध्यात्मिक तलाश में उनके पास आए थे। मैं निजी रूप से आध्यात्मिक और संशयवादी दोनों हूँ। फिर भी कुछ ऐसे रहस्य होते हैं जिनको छोड़ दिया जाना चाहिए, यही हाल मेरी आस्था और महाराजजी में विश्वास का है।

नीम करौली बाबा को उनके भक्त महाराजजी कहकर बुलाते थे, और वे अपने आप में एक पहेली थे और विरोधाभास भी। उन्होंने न कोई शिक्षा पीछे छोड़ी न कोई औपचारिक विरासत लेकिन फिर भी दुनिया भर के भक्त लगातार उनके साथ गहरा रिश्ता जोड़ते रहते हैं। भाषा, संस्कृति तथा धर्म की बाधाएँ भक्तों की सहिष्णुता, प्रेम तथा भक्तों के साथ उनके मित्रवत् रिश्ते के सामने टूट जाया करती थीं।

मुझे नीम करौली बाबा से मिलने का सौभाग्य मिला था, तब मेरी उम्र महज़ छह साल थी। वह मुझे अजीब लगे थे और बैठकर उनसे बातें कर रहे दूसरे लोग भी, सिवाय मेरे दादा डॉक्टर सी.डी. पांडे को छोड़कर, जो हमेशा से राहत पहुँचाने वाले और स्नेहिल थे।

शायद यह 1962 के आसपास की बात है। बाबा को लोग स्नेही आध्यात्मिक व्यक्तित्व के रूप में मानने लगे थे और कुमाऊँ के अधिष्ठातृ देवता के रूप में देखा जाने लगा था। उनकी रूपांतरकारी मौजूदगी ने स्पष्ट रूप से ज़िद्दी, जातिवाद तथा ऊँच-नीच के भेदभाव से ग्रस्त समाज के आध्यात्मिक नज़रिए को बदलकर रख दिया। उन्होंने आध्यात्मिकता के आंतरिक संसाधनों, प्रेम भाव तथा भावनात्मक उदारता का आह्वान किया, तथा आस्थावानों के एक समुदाय को एक साथ किया जो आज भी एकत्र होते हैं और कई पीढ़ियों से इस बंधन को बरकरार रखे हुए हैं। वह हिमालय के जाने-माने संत थे जिनकी जड़ें कुमाऊँ में गहरी हैं, लेकिन उनके भक्त और श्रद्धालु दुनिया भर में फैले हुए हैं, जिन लोगों के जीवन को उन्होंने प्रभावित किया। वे अपने शरीर रूप में भले मौजूद नहीं हैं, लेकिन उनकी आध्यात्मिक ऊर्जा आज भी लोगों को प्रबुद्ध बना रही है।

आख़िर यह व्यक्ति कौन थे जिनकी जीवंत उपस्थिति आज भी उन लोगों के हृदय को मज़बूती प्रदान करने और रोशन करने का काम कर रही है, जिनको वह आशीष देने के लिए चुनते हैं? मेरे विचार में वह हिमालय के ज़रूरी गुरु हैं, समयातीत, रूपहीन, उन रहस्यों से अवगत जिनको इंसान समझ नहीं सकते। एक मित्र ने उनके बारे में कहा था कि वे अमेरिका की सिलिकन वैली के संरक्षक संत हैं। कई बार वे चैक का कम्बल ओढ़े क्षीणकाय, जीवंत तथा शरारती गुरु के रूप में असाधारण लगते हैं। उनको चुम्बकीय संत भी कहा जाता है, और ऐसा लगता है कि उन्होंने बौद्धिक उद्यमिता की आश्चर्यजनक श्रृंखला की गति रेखा को बदलकर रख दिया। अपनी यात्राओं के दौरान मैंने बाबा के भक्तों को इंग्लैंड, अमेरिका और यूरोप के अनेक स्थानों पर भी देखा है। उनकी आध्यात्मिक आभा की संगति नई पीढ़ी के टेक्नो जादूगरों के सपनीले दिमाग के साथ दिखाई देती है, पूर्व की उनकी यौवन से भरपूर यात्राओं में अपने उन्मत्त ज्ञान को उन्होंने गहराई से भर दिया। अमेरिका में उनके सबसे जाने-माने भक्त में राम दास (रिचर्ड एलपर्ट) थे, जो मनोवैज्ञानिक थे और हार्वर्ड में पढ़ाते थे, जिनके काम ने पूर्व और पश्चिम के दर्शन के बीच पुल तैयार करने का काम किया। गूगल.ओआरजी के संस्थापक निदेशक, लैरी ब्रिलियंट गूगल के लैरी पेज और इबे के सह-संस्थापक जेफ़री स्कोल को अपने साथ, अपने गुरु से मिलवाने हिमालय की तलहटी में अवस्थित कैंची आश्रम लेकर गए। इस यात्रा ने उनको बदलकर रख दिया। स्टीव जॉब्स इस आश्रम में 1974 में आए थे, तब तक इस संत के भौतिक दर्शन के लिहाज़ से बहुत देर हो चुकी थी, जिन्होंने 1973 में ही अपने भौतिक शरीर का त्याग कर दिया था। कहा जाता है अपने अंतिम दिनों में जॉब्स नीम करौली बाबा की तस्वीर अपने साथ रखते थे। मार्क जुकरबर्ग ने भी आश्रम में कुछ समय बिताया था।

नीम करौली बाबा की जीवित विरासत को शायद सबसे अच्छी तरह लैरी ब्रिलियंट के जीवन एवं उनकी असाधारण उपलब्धियों में देखा जा सकता है। महाराजजी की प्रेरणा से लैरी और एलेन (गिरिजा) ब्रिलियंट ने विश्व स्वास्थ्य संगठन के चेचक उन्मूलन कार्यक्रम में महत्वपूर्ण भूमिका निभाई। नीचे उनकी किताब, *समटाइम्स ब्रिलियंट* का अंश दिया गया है, जिसमें ब्रिलियंट ने अपने गुरु के निर्देश पर विश्व स्वास्थ्य संगठन में नौकरी पाने के कठिन लक्ष्य के बारे में बताया है:

> लेकिन वे जब भी कहते मैं उनसे मिलने जाता रहा। दिल्ली से कैंची

तक की यात्रा काफ़ी थकाऊ होती थी, सबकुछ ठीक-ठाक रहने पर बारह घंटे लग जाते थे। ट्रेनें या तो लेट रहती थीं या रद्द हो जातीं; पहाड़ की सड़क पर बस से सफ़र करना बहुत भयानक होता था। दिल्ली में भिखारियों से निपटना पड़ता था, एक से एक सनकी ड्राइवरों से सामना होता था तथा गाय एवं दूसरे जानवर सड़कों पर भटकते दिखाई देते। यह बहुत बड़ी बात होती अगर महाराजजी ने मुझे वहाँ बस एक बार ही भेजा होता, सही दिन सही आदमी से मिलने के लिए, जिससे कि मुझे नौकरी मिल जाती।

लेकिन संत परम्परा ऐसी कहानियों से भरपूर हैं, जिसमें गुरु अपने शिष्यों की परीक्षा लेते रहे हैं, उनको प्रशिक्षण देते रहे हैं और कई बार उनको परेशान करते रहे हैं। इसका सबसे बड़ा उदाहरण है तिब्बत में ग्यारहवीं सदी के संत मिलारेपा का, जिनके बारे में वेवी ने हमें बताया था। मिलारेपा तपस्या के दौरान बिच्छू बूटी खाकर गुज़ारा करते थे। मिलारेपा डाकू और हत्यारे थे, इसलिए उनके गुरु उनसे मीनार बनवाते और फिर गिरवा देते—यह अपमानजनक काम था, जो कई साल चला, लेकिन इसके कारण आध्यात्मिक विकास की बाधाएँ दूर हो गईं, वे बाधाएं थी मिलारेपा के अंदर बसा ग़ुस्सा, हिंसा और बदला लेने की प्रवृत्ति। मैं न तो मिलारेपा हूँ न कोई संत, लेकिन विश्व स्वास्थ्य संगठन के दफ़्तर में बार-बार जाने का मतलब यह था कि मेरे गुरु ने मुझे यह कहा था कि उनके लिए काम करना था और इसके कारण मेरा जैव रसायन बदल गया था। मुझे लगता है कि महाराजजी यह चाहते थे कि सफलता को लेकर मेरे अंदर अनासक्ति का विकास हो। आध्यात्मिक प्रशिक्षण संभ्रमित करने वाला हो सकता है, कई बार सामान्य बुद्धि से विपरीत भी हो सकता है। वे लम्बी-लम्बी थकाऊ यात्राएँ, बार-बार मिलती अस्वीकृति, और रोज़ इस बात का याद आना कि मैं किसी लायक़ नहीं हूँ, संदेह का उतार चढ़ाव, तथा महाराजजी द्वारा बार-बार आश्वस्ति का मलहम लगाना, सब इसी तैयारी का हिस्सा थे। उस समय मेरे अंदर विश्वास विकसित हुआ—भंगुर, अस्थिर, कमजोर, लेकिन फिर भी वह विश्वास था।

कई बार लोग कहते हैं कि विश्वास या आस्था संदेह से उलट होता है, लेकिन मुझे यह बात सही नहीं लगती। मेरे ख़याल से विश्वास का उल्टा दृढ़ निश्चितता का भाव होता है। सच्चे विश्वास के साथ-साथ संदेह चलता रहता है; जैसे ईश्वर संज्ञा से अधिक क्रिया है। आस्था सवारी का नाम है स्टेशन का नहीं, जैसा कि भारतीय इसके बारे में कहते हैं। अगर आप अपने प्रति ईमानदार हैं तो आप विश्वास

> की अपनी यात्रा के दौरान संदेह, भय और अनिश्चितता से बच नहीं सकते। बाधाएँ प्रशिक्षण का मैदान होती हैं।[50]

सही बात है कि विश्वास यात्रा का नाम है न कि स्टेशन का। विश्वास अंधेरे में कदम बढ़ाने की तरह है, जो वहाँ नहीं होता है। ब्रिलियंट के विश्व स्वास्थ्य संगठन में काम शुरू करने के बाद, जब वे दुनिया के जाने-माने महामारी विशेषज्ञ बन गए, और दृष्टिवान परोपकारी के रूप में प्रख्यात हुए, तो उन्होंने पीछे मुड़कर अपनी इस यात्रा के बारे में सोचा और उसको किताब में दर्ज किया।

> कई बार कार्य कारण के सामान्य सिद्धांत स्थगित कर दिए जाते हैं। धार्मिक स्थान में रहने से, धार्मिक मूर्तियों के बीच रहने से, एक गुरु या किसी पैग़म्बर का अनुसरण करने से, जो पूर्वज्ञानी लगता है और जो आपको किसी ऐसे पथ की ओर ले जाता है कि असंभव चीजें घटित होने लगती हैं। चूँकि आप उनको तर्क के द्वारा नहीं विश्लेषित कर सकते हैं इसलिए आपको अतार्किक सिद्धांतों को अंगीकार कर लेना चाहिए। इसके बाद हर चीज़ का मतलब फिर से समझ आने लगता है, लेकिन अप्रत्याशित ढंग से: सभी असंभव चीजें इसके बाद संभव लगने लगती हैं।[51]

नीम करौली बाबा का आयाम, उनसे प्रभावित होने वाली बड़ी-बड़ी हस्तियों से कहीं अधिक व्यापक और गहन है। वे असंख्य भारतीय परिवारों के लिए आध्यात्मिक गुरु की तरह हैं, और कंबल लपेटे, मुस्कुराते चेहरे वाले बाबा की फ्रेम में जड़ी हुई तस्वीरें पूरे उत्तराखंड से लेकर, उत्तर भारत भर के घरों, सार्वजनिक स्थलों पर दिखाई दे जाती हैं। आख़िर यह संत कौन थे जिन्होंने लाखों लोगों के दिलो-दिमाग पर असाधारण छाप छोड़ी?

शुरू से शुरू करते हैं, आइए एक युवा जिज्ञासु की यात्रा का अनुसरण करते हैं जिन्होंने एक गृहस्थ के जीवन का त्याग करके धार्मिक अन्वेषण की यात्रा शुरू की और भारत के हर किनारे तक हो आए, और तब जाकर उनको कुमाऊँ के पहाड़ों में सहारा मिला। नीम करौली बाबा के बारे में

50. लैरी ब्रिलिएंट, समटाइम्स ब्रिलिएंट: द इम्पासिबिल एडवेंचर ऑफ ए स्प्रिच्यूअल सीकर एण्ड विज़नरी फिजीशियन हू हेल्प कान्कर द वर्स्ट डिसीज़ इन हिस्ट्री (न्यूयॉर्क: हार्पर वन, 2017), पृष्ठ 140-41।
51. लैरी ब्रिलिएंट, समटाइम्स ब्रिलिएंट, पृष्ठ 153।

कालक्रमानुसार जो बातें ज्ञात हैं, वे इस प्रकार हैं: उनका जन्म बीसवीं शताब्दी के मुहाने पर हुआ था, 11 सितम्बर 1900 को, गाँव अकबरपुर उत्तर प्रदेश में। उनके माता-पिता ब्राह्मण थे और जन्म के समय उनका नामकरण किया गया, लक्ष्मण दास और परिवार का उपनाम था शर्मा। ग्यारह साल की छोटी उम्र में ही उनका विवाह कर दिया गया, उस समय ऐसी ही प्रथा थी। लेकिन उनका बेचैन स्वभाव घर परिवार के कर्तव्य निभाने के लिए तैयार नहीं था और आध्यात्मिक ज्ञान की खोज में वे अपनी पत्नी को पीछे छोड़, घर से निकल पड़े। उनके पिता दुर्गा प्रसाद शर्मा ने उनसे वापस लौट आने का आग्रह किया। अपने पिता की इच्छा का सम्मान करते हुए वे लौट आए और अपनी पत्नी तथा परिवार के साथ कई साल तक रहे। उनके दो बेटे हुए, अनेग सिंह तथा धर्म नारायण शर्मा, एक बेटी हुई गिरिजा। वह एक प्यार करने वाले पति और पिता थे, लेकिन उनके अंदर से एक बार फिर से आवाज़ आई और वे एक बार फिर यायावरी पर निकल गए।

भारत भर में सफ़र के दौरान नीम करौली बाबा के नाम की जगह उनको तरह-तरह की उपाधियाँ दी गईं। उनमें से महज़ कुछ नाम थे हांडी वाले बाबा, तिकोनिया वाले बाबा और तलैया बाबा। उनको चमत्कारी बाबा भी कहा जाने लगा।

उनको 'नीम करौली बाबा' का नाम एक ऐसी विस्मयकारी घटना के बाद दिया गया, जिसकी व्याख्या नहीं की जा सकती है। वह ट्रेन में बिना टिकट के यात्रा कर रहे थे। ट्रेन में टिकट चेक करने वाले ने ट्रेन उत्तर प्रदेश के नीब करौली क़स्बे में रुकवाई और इस संत को ज़बर्दस्ती नीचे उतार दिया। नीम करौली बाबा एक पेड़ की छाया में बैठकर मंद-मंद मुस्कुराने लगे। इसके बाद ट्रेन आगे की यात्रा के लिए चलने को तैयार हुई, लेकिन इंजन ड्राइवर ट्रेन को चालू ही नहीं कर पा रहा था, उसने बार बार कोशिश की लेकिन कोई नतीजा नहीं निकला। कई बार कोशिश करने के बाद भी जब ट्रेन चालू नहीं हुई तो किसी ने सलाह दी कि जिस संत को धक्के मारकर ट्रेन से नीचे उतार दिया गया था, उसको ट्रेन में वापस बिठा लिया जाए। रेलवे के अधिकारी हाथ जोड़कर बाबा के पास गए और उनसे आग्रह करने लगे कि वह फिर से ट्रेन में सवार हो जाएँ। नीम करौली बाबा शरारती अन्दाज़ में मुस्कुराने लगे और बोले कि वे ट्रेन में वापस इसी शर्त पर बैठेंगे कि अगर वे उनसे वादा करें कि वे नीम करौली में एक रेलवे स्टेशन की स्थापना करेंगे, और भविष्य में सभी साधु-संतों से सम्मानपूर्वक बर्ताव करेंगे। वह जैसे ही ट्रेन में बैठे ट्रेन स्टार्ट हो गई।

इस हैरतअंगेज़ घटना की खबर फैल गई और इसके बाद से उनको नीब करौली बाबा कहा जाने लगा, और समय के साथ लोग उनको नीम करौली बाबा कहने लगे। यह कहानी असत्य नहीं है, लेकिन इसको समझने और स्वीकार करने के कल्पनाशक्ति की ज़रूरत पड़ सकती है।

वे अक्सर कुमाऊँ हिमालय जाने लगे और नीम करौली बाबा ने 1950 के नैनीताल के सीमांत पर हनुमानगढ़ी मंदिर का निर्माण करवाया। वैसे तो वे सभी हिंदू देवी-देवताओं की पूजा समान भक्ति भाव से करते थे, लेकिन शक्ति और भक्ति के प्रतीक हनुमान उनके सबसे प्रिय देवता रहे। बहुत लोगों का ऐसा मानना है कि वे असल में हनुमान के अवतार थे।

उत्तराखंड के कुमाऊँ और गढ़वाल में देवभूमि का क्षेत्र है। न जाने कब से वहाँ धार्मिक परम्पराएँ चली आ रही हैं। यह कहा जा सकता है कि नीम करौली बाबा के जीवन और विरासत में कम से कम दो आध्यात्मिक परम्पराएँ मिलती हैं।

कुमाऊँ में कैंची का आश्रम (1962 में स्थापित) तथा काकरीघाट के आश्रम का निर्माण, जिन स्थानों पर हुआ है उनको हिमालय के महान संत सोमबारी बाबा की ध्यानमगन उपस्थिति ने पवित्र किया था। यह एकांतजीवी संत उन व्यक्तित्वों में थे, जिनको रहस्यमय बाबाजी का आशीर्वाद प्राप्त था—यह एक अमर संत हैं, जिनके बारे में कहा जाता है कि वे हिमालय में घूमते रहते हैं, जो अपनी इच्छा से प्रकट होते हैं या ग़ायब हो जाते हैं। कहा जाता है कि बाबाजी कायिक सीमा के बाहर के व्यक्तित्व हैं और जो देवभूमि के साधु संतों के माध्यम से रूप धारण करते हैं। यह कहा जाता है कि स्वामी योगानंद परमहंस के गुरु युक्तेश्वर गिरि के गुरु, लाहिरी महाशय को उनसे ही ज्ञान प्राप्त हुआ था।

यह बात महत्वपूर्ण है कि नीम करौली बाबा ने उन दो स्थानों पर धाम और आश्रमों का निर्माण किया, जिनको सोमबारी बाबा ने पवित्र बनाया था। आज भी कैंची आश्रम के गर्भगृह में एक छोटा सा चट्टानी छज्जा है, जहां सोमबारी बाबा अपनी धूनी जलाते थे। इस स्थान पर नीम करौली बाबा ने भी ध्यान लगाया था और इस स्थान को पवित्र बनाया था। मंदिर परिसर में भक्तों और यात्रियों के आवागमन के बावजूद प्रशांत एवं सर्वव्याप्त आध्यात्मिकता को वहाँ महसूस किया जा सकता है।

काकरीघाट आश्रम को भी बहुत बड़े-बड़े साधु संतों का आशीष प्राप्त रहा है। सोमबारी बाबा ने वहाँ पीपल के विशाल पेड़ के नीचे तप किया था;

वहाँ स्वामी विवेकानंद ने भी एक रात बिताई थी। कहा जाता है कि उस यात्रा के दौरान उनकी भेंट हैदाखान बाबा से हुई थी, और शायद सोमबारी बाबा से भी।

नीम करौली बाबा को हिमालय की एक और परम्परा से जोड़कर देखा जाता है। वह हिमालय के संतों के तथाकथित 'दिव्य पागलपन' का भी हिस्सा थे, जो इस मार्ग की संकीर्ण कर्मकाण्डी व्याख्या को मानने से इंकार करते थे। स्वच्छंदता, अंतरदृष्टि और निस्वार्थता को वे ज्ञान का साधन मानते थे। चूँकि वे अनुभव के माध्यम से पूरे शरीर को समझने की तलाश में थे, इसलिए वे बौड़म, सनकी व्यवहार को उचित मानते थे। इस परंपरा के गुरु अपने शिष्यों की परीक्षा व्यंजनापूर्ण एवं अपरंपरागत तरीक़े से लेते थे।

तिब्बती भाषा में इस परम्परा को 'येशी चोलवा' कहा जाता था, जिसमें मिलारेपा जैसे गुरु के साथ उनके जीवनीकार सांग्योन हेरुका (जो स्वयंभू 'मध्य तिब्बत के पागल' थे), महासिद्ध सरहा तथा कई अन्य संत भी शामिल थे।

'दिव्य पागलपन' का विचार तिब्बत की परम्परा से आया है और यह ऐसे लोगों की अवस्था को बताता है, जिन्होंने परम्परागत सोच के परे के ज्ञान की सीमा को पार कर लिया हो। इसने अपने आपको हिमालयी ज्ञान के एक रूप में स्थापित कर लिया है, जिसके अंतर्गत गुरु गोरखनाथ तथा अन्य विविध तांत्रिक शाखाएं आती हैं। नीम करौली बाबा ने इन दोनों धाराओं को अपनाया, तथा कई अन्य धाराओं को भी। उनकी 'अभी, बिल्कुल अभी' की शिक्षा, जिसको कभी लिखित रूप नहीं दिया गया, बल्कि हमेशा खिलन्दड़े अन्दाज़ में प्रदान किया गया।

ऋषिकेश के डिवाइन लाइफ़ मिशन के स्वामी चिदानंद से मैंने काफ़ी कुछ सीखा, उनका आशीष भी लिया, उनकी नीम करौली बाबा के साथ अच्छी मैत्री थी। चिदानंद जी का व्यक्तित्व बहुत शांत था और उनका आध्यात्मिक प्रभामंडल काफ़ी गहरा था और वे परंपरावादी थे, हालाँकि वे जटिल रूप से कर्मकाण्डी नहीं थे। दूसरी तरफ़ महाराजजी उत्साही थे तथा अप्रत्याशित से भरपूर थे। मुझे निश्चित रूप से लगता है कि वे 'संध्या भाषा' में गहराई से बात करते थे, जो भाषा केवल संतों एवं भक्तों में बोली जाती थी।

स्वामी चिदानंद जी की श्रद्धांजलि से यह समझ में आता है कि उनके बीच का रिश्ता किस प्रकार का था:

श्रद्धेय एवं प्रिय श्री बाबा नीम करौली की पावन स्मृति को प्रणाम—

जो उत्तर भारत के आश्चर्यजनक संत थे। संतों के बीच वे एक अजीब परिघटना की तरह थे। मुझे इस बात में किसी तरह का आश्चर्य महसूस नहीं हो रहा है कि मैं गर्मी की कुछ गर्म दोपहर में बैठकर यह लेख लिखवा रहा हूँ, और हो सकता है कि बाबाजी को इस बारे में अच्छे से पता हो... इस तथ्य के बावजूद कि आदरणीय बाबा नीम करौली इस समय भौतिक रूप से हमारे बीच नहीं हैं और जिन्होंने हाल में ही अपने शरीर का त्याग किया है। हो सकता है कि पढ़ने वालों को ये बात असाधारण तथा आश्चर्यजनक लगे, लेकिन यह सच है कि बाबाजी के बहुत से शिष्यों और भक्तों का यह निजी अनुभव रहा है कि आदरणीय बाबाजी अपने दूर-दराज के क्षेत्रों के भक्तों के कार्यकलाप से अवगत रहते थे। जबकि वास्तब में बाबाजी उस दौरान किसी और स्थान पर होते थे। इससे उनके करीबी अनुयायियों को इस बात का विश्वास हो गया कि वे सिद्ध पुरुष थे और भूत, वर्तमान और भविष्य के बारे में जानते थे।

—त्रिकाल ज्ञानी

चिदानंद जी ने अपने संस्मरण में आगे लिखा है:

बाबा से अंतिम बार 1973 के अक्टूबर माह में मिलने का सौभाग्य मिला था। तब मैं नैनीताल के पास कैंची में उनके निर्जन आश्रम में मिलने गया था। शाम हो चुकी थी, और जब हम कैंची पहुँचे तो अंधेरा हो गया था।

मैं अपने साथियों के साथ टॉर्च की रोशनी में सड़क के नीचे उतरा, और पहाड़ी धारा के ऊपर बने छोटे से पुल को पार कर हम आश्रम में पहुँचे। वह जगह पूरी तरह से सुनसान थी और वहाँ पूरी तरह से शांति का माहौल था। मंदिर के पुजारी ने प्रांगण में हम लोगों का स्वागत किया और फिर हम लोगों को एक छोटे से कमरे में ले गया। आदरणीय बाबाजी एक खाट पर बैठे हुए थे और उन्होंने एक साधारण कम्बल लपेट रखी थी। बाबाजी ने मेरा और मेरे दल का स्वागत बहुत विनम्रता से किया और हम लोग़ों को खाट के पास बिछी क़ालीन पर बैठने का इशारा किया। मैं खाट के पास घुटनों के बल बैठ गया और उनके पैरों में सिर झुकाकर प्रणाम किया। बाबाजी बोले, 'ठीक है, ठीक है, बहुत अच्छे,' और मुझे बैठ जाने का इशारा किया। हमारे दल के एक साथी श्री योगेश बहुगुणा एक छोटे से तौलिए में 7-8 संतरे लेकर आए थे। बाबाजी

के बग़ल में एक ख़ाली टोकरी रखी हुई थी और उसने उन संतरों को उस टोकरी में रख दिया। इसके बाद हम लोगों ने कुछ भजन गाए और कुछ मिनट चुपचाप बैठे रहे। बाबाजी ने हम लोगों को प्रसादस्वरूप नारंगी देनी शुरू कर दी। तब तक दरवाज़े के पास आश्रम के कुछ कर्मचारी और श्रद्धालु आ गए। श्री योगेश जी के आश्चर्य का ठिकाना नहीं रहा जब उन्होंने पाया कि बाबाजी टोकरी से अभी भी संतरे निकाल रहे थे जबकि वे आठ संतरे पहले ही बाँट चुके थे, लेकिन उन्होंने हमारे दल के सभी लोगों और आश्रम के लोगों को संतरे देना जारी रखा। कुल मिलाकर उन्होंने 18 संतरे बाँटे। बाक़ी दस संतरे उस टोकरी में किस तरह आए यह हम समझ नहीं सकते थे। शायद यह बस बाबाजी को ही पता था।

> बाबाजी के इस अस्वाभाविक व्यक्तित्व एवं असाधारण शक्तियों के बारे में उनके कुछ दूसरे भक्तों ने भी बताया था, जिनसे मुझे बाद में मिलने का मौका मिला। कई बार नीम करौली बाबा के भक्तों ने उनको एक ही समय में दो अलग-अलग स्थानों पर देखा। ऐसा नहीं था कि वे दो अलग-अलग स्थानों पर सिर्फ देखे जाते थे बल्कि वे उनके साथ बातचीत भी करते, वे कुछ खाने के लिए देते तो उसको खाते भी थे।
>
> ऐसा माना जाता है कि उन्होंने श्री हनुमान की उपासना की थी और उनके बहुत से चमत्कार और सिद्धि उसी उपासना से आई थी।

हिमालय के संतों में सबसे सम्मानित संतों में एक, जो ऋषिकेश की तराई में गंगा नदी के तट पर रहते थे, उन्होंने यह संकेत दिया कि नीम करौली बाबा आध्यात्मिक गुरुओं की कतार में आते थे।

राम दास (महाराजजी के समर्पित भक्त, जो उनकी विरासत को पश्चिम में ले गए) ने बाबा से अपनी पहली भेंट के बारे में लिखा है, जिससे उनके करिश्माई व्यक्तित्व के बारे में तो पता चलता ही है बल्कि बीच-बीच में परस्पर विरोधी व्यक्तित्व का भी।

> पिछले दो दशक में बाबा की जीवंत उपस्थिति के साथ मेरी भेंट होती रही है, जबकि उनका भौतिक शरीर इस संसार में नहीं है, इसको रोज़मर्रा के यथार्थ से नहीं समझा जा सकता है। ...वह एक ऐसे संत थे जो ग़ुस्से में आ सकते थे और क्रोध जता भी सकते थे, वह साधू जो बच्चों की तरह खिलंदड़ेपन से हँसी-मज़ाक़ कर सकते थे। लेकिन

> उनके चमत्कार न तो हैरान करते थे, न ही सदमे में डालते थे, बल्कि वे लोगों को इस योग्य बनाते थे कि वे करुणा एवं सहिष्णुता के साथ बर्ताव कर सकें। जिनको उनकी कृपा मिलती थी उनके नज़रिए में बदलाव आता था। चमत्कार हमेशा हमारे आसपास रहता था, और उनके बहुत से अनुयायी चमत्कार की सीमा को तकनीक की सीमा में लेकर गए।

कुमाऊँ में नीम करौली बाबा का बहुत नाम था, लेकिन जब हम लोग 1960 के दशक में नैनीताल में रह रहे थे, तो हम लोगों ने श्री सिद्धि माँ का नाम भी सुना था। वह साह परिवार की धर्मनिष्ठ बहू थीं, उस परिवार का इंडिया होटल था, जो पहाड़ी पर हमारे घर से उतरते ही नीचे की तरफ़ था। मेरी माँ को याद है कि उन्होंने उनको युवा दुल्हन के रूप में देखा था, वह सुंदर थीं, हंसमुख थीं और अपना अधिकतर समय नैना देवी के मंदिर में बिताती थीं।

उन्हीं सालों में नीम करौली बाबा ने कैंची धाम में अपना आश्रम बनाया था, तब सिद्धि माँ उनके आध्यात्मिक मार्ग का अटूट हिस्सा बन गईं। सिद्धि माँ महाराजजी की करीबी शिष्या होने के साथ ही, स्वयं भी बहुत बड़ी योगिनी थीं, उनको जीवंती माँ कहा जाता था। वे भक्ति में लगातार महाराजजी के साथ बनी रहती थीं, और माँ कैंची धाम की जीवंत शक्ति थीं, जो वहाँ आने वाले भक्तों को सामंजस्य तथा मक़सद सिखाने का काम करती थीं।

वैसे तो मुझे बचपन से ही उनका आशीर्वाद हासिल था, लेकिन मेरे लिए वे गुरु और मार्गदर्शक के रूप में अपने शरीर त्याग के बहुत दिन बाद आए। अप्रत्यक्ष रूप से, भाव विह्वल रूप में और पीछे मुड़कर देखने पर लगता है कि दीक्षा देने के लिए। श्री सिद्धि माँ ने बिना कुछ कहे मुझे अपने चरणों में बिठाया और अपनी खामोशी को सुनने दिया। आज जब मैं याद करने की कोशिश करती हूँ तो मुझे अपने सिर पर उनके हाथों की ऊष्मा महसूस होती है और उनके पैरों की हल्की सी थपथपाहट भी।

मुझे उनसे कई बार मिलने का सौभाग्य मिला, शायद आठ बार, और वह मेरी स्मृति में स्पष्ट रूप से दर्ज हैं। वह सफ़ेद साड़ी पहने कुर्सी पर तनकर बैठती थीं, एकदम बर्फ़ जैसी सफ़ेद साड़ी में। वह ऐसी शांत रहती थीं जैसे कोई पेंटिंग हो, वह बिना हिले-डुले ऐसे बैठ रहती थीं मानो कोई सफ़ेद मूर्ति हों, लेकिन उनके हाथों की बेचैन गति और उनके पैरों की थपक से, बाहर से शांत दिख रहीं सिद्धि माँ के अंदर की गतिविधि का अंदाज़ा लगता था।

वह बरामदे में बैठी रहती थीं, जहां से दूर आंसू की बूँद के आकार की नैनी झील दिखाई देती थी, या अपने सोने के कमरे में रहतीं, जो पूजा कक्ष में खुलता था, जहां कम्बल रखा हुआ था, जो बाबा की जीवंत उपस्थिति का प्रतीक था। माँ की शक्ति का वर्णन कर पाना बहुत मुश्किल है, उनकी रहस्यमय उपस्थिति और उनकी दमकती हुई खामोशी। उस चुप्पी में कुछ पराभौतिक था, मानो वह धरती के छिपे हुए रहस्यों को जानती हों और उससे परे के जगत के सत्यों को भी। वह जब अपनी आँखें खोलती थीं, तो उससे ऐसा संकेत मिलता था मानो वह इस सबसे चकित हों। उनके देखने में आनंद और सहिष्णुता का भाव था, दर्द की समझ तथा आध्यात्मिक अनुभव का आनंद।

संतों के संस्कारों और कार्मिक-नियति को समझ पाना मुश्किल होता है, जो आध्यात्मिक समझ की तड़प को पूर्ण करते हैं। सिद्धि माँ अपने भक्तों के दिलो-दिमाग में जीवित हैं, अपनी कथा-कहानियों एवं रहस्यों के साथ। नंदा और सुनंदा के साथ वह कुमाऊँ की संरक्षक देवियों में एक हैं। वह शब्दों और विशेषणों एवं किस्से कहानियों से परे हैं, अपने भौतिक शरीर की सीमाओं से, वह अमर हैं जो अनंत एकत्व में जी रही हैं।

नीम करौली बाबा ने कोई दर्शन या कोई मत नहीं चलाया, न ही वे किसी तरह का कर्मकांड करते थे। वह किसी भी तरह के दिखावे को ख़ारिज करते थे। वह सिंहासन पर नहीं बैठते थे (जैसे बहुत से बाबा बैठते हैं), बल्कि वे लकड़ी के तख़्त पर अधलेटी मुद्रा में रहते थे। वह काले या नीले रंग के चौखाने का कम्बल लपेटे रहते थे और नंगे पैर चलते थे। वह अपने ईसाई भक्तों से कहते थे कि वे अपने धर्म का पालन करें, हालाँकि वे अपने आश्रम में उनका हिंदू नाम रख देते थे। उनका कोई पंथ नहीं था, बल्कि एक गहरी सामुदायिकता थी, अपनापन था, प्रेम था। जादुई भाव था, अनंत संभावनाएँ थीं, और अनुकम्पा थी। महाराजजी कुछ भी कर सकते थे, और कोई यह नहीं कह सकता था कि वे अगली बार क्या करेंगे। वह पूजा में, और हँसी मज़ाक़ में, संगीत में और शरारत में विश्वास रखते थे, साथ ही अपने भक्तों के पालन-पोषण में। साथ ही वे उनकी आध्यात्मिक देखभाल भी करते थे। वे अपने आसपास के लोगों से उनकी रोज़ाना की चिंताओं के बारे में पूछते थे, नौकरी के बारे में, घर परिवार के बारे में, बच्चों के बारे में, स्वास्थ्य के बारे में। वे रोज़मर्रा के चमत्कार से

मुग्ध कर देते थे और हर कदम पर उनका मार्गदर्शन करते थे।

जितना गुरु के शिष्य गुरु को बनाते हैं उतना ही गुरु शिष्य को बनाते हैं, यह सभी संबंधों में सबसे गहरा और सहजीवी संबंध होता है। नीम करौली बाबा के शिष्य समाज के सभी वर्गों से आते थे और वे स्वयं उन तक उसी आध्यात्मिक स्तर से जाते थे, जिसको वे सबसे अच्छी तरह से समझ सकें।

नीम करौली बाबा ने जिन आध्यात्मिक अनुभवों को जगाया, और जिनको वे जाग्रत करते रहे उसने उन लोगों को पूरी तरह से बदलकर रख दिया। बाबा उनके अहं को ख़त्म करके अनंत सहिष्णुता देते थे और सतत आनंद का भंडार। वह आज भी अपने गुप्त ज्ञान और अपने रहस्यों से हिमालय के गुरुओं के मूर्त प्रतीक बने हुए हैं।

2017 में सिद्धि माँ ने जब अपने शरीर का त्याग किया तो राम दास ने लिखा, 'महाराजजी के जाने के बाद वह माँ के माध्यम से अधिक से अधिक प्रकट होने लगे थे। वह महाराजजी के प्रेम की वाहक थीं; वह बिना शर्त प्रेम का प्रकट रूप थीं।'

मुझे वह कोहरे में लिपटी सुबह याद आ रही है, जब आंसू के बूँद की आकार की नैनीताल मेरे सामने फैली हुई है। कहा जाता है कि देवी सती की आँख वहीं गिरी थी। ग़ज़ब की खामोशी है—बहुत तीखी, किसी तरह की आवाज़ का न होना चुभता हुआ सा लग रहा है। सिद्धि माँ भी ख़ामोश हैं। वह बरामदे के एक कोने में अपनी कुर्सी पर बैठी हुई हैं, उनके शांत चेहरे पर रहस्यमय चुप्पी है। उन्होंने हमेशा की तरह हाथ की बनी हुई सफ़ेद साड़ी पहनी हुई है। मैं नैनीताल में जया प्रसाद के घर में उनसे मिली थी और उस मुलाक़ात की छवि मैं अपने साथ ताबीज़ की तरह रखती हूँ, जिससे कि मेरा बचाव हो और उनक सुरक्षा कवच मेरे साथ बना रहे।

ओम श्री हनुमते नमः

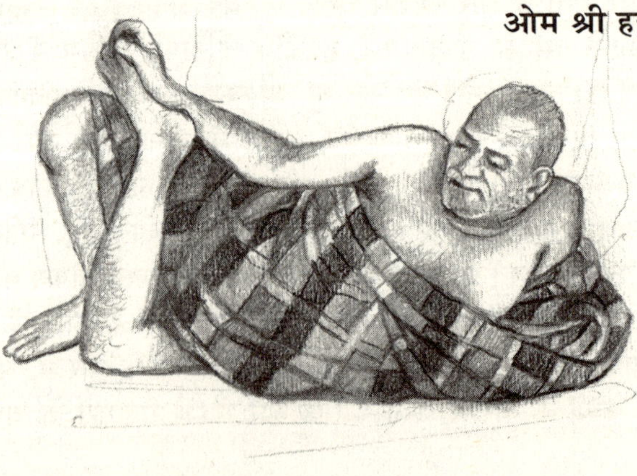

——

रेने वॉन नेबेस्की-वोकोविज (1923-1959) चेक मूल के एथ्नोलोजिस्ट और तिबेतोलोजिस्ट थे। कलिंपोंग, सिक्किम तथा नेपाल में उनको जो अनुभव हुए उनको उन्होंने बहुत दिलचस्प ढंग से 'ओराकल्स एंड डेमोंस ऑफ़ तिब्बत: द कल्ट एंड आइकोनोग्राफ़ी ऑफ़ द तिब्बतन प्रोटेक्टिव डायटीज' में दर्ज किया है। 36 साल की उम्र में जब उनकी अकाल मृत्यु हुई तो धर्म में आस्था रखने वाले बहुत से लोगों का यह मानना था कि उनके ऊपर संरक्षक देवों का कोप था क्योंकि वह उनकी गुप्त और रहस्यमय बातों के बारे में लिखने लगे थे।

उनकी पीढ़ी के कुछ यूरोपीय विद्वानों ने बड़ी मेहनत से उस सबको दर्ज किया, जिसको दूसरे तरह के ज्ञान के क्षेत्र में घुसपैठ की तरह देखा जा सकता है। उनके अनुवाद में इन कहानियों की बारीकी और अर्थ बदल गए।

आगे जो लेख दिया गया है, वह 'व्हेयर द गॉड्स आर माउंटेंस' से लिया गया है, जिसमें एक कर्मकांड का वर्णन है, जिसमें तिब्बत का भविष्यवक्ता अचेतावस्था में चला जाता है। इस कहानी के अंत में एक ट्विस्ट है, जिसका खुलासा किताब में बाद के एक अध्याय में किया गया है, हम लोगों ने उस अंश को भी इसमें शामिल किया है।

अध्याय 14

जहां देवता पर्वत हैं

रेने वॉन नेबेस्की-वोकोविज

हर बार पूर्णिमा के बाद तीसरे दिन शक्तिशाली वज्र ल्हागपा तोंडप के शरीर में प्रवेश कर जाता था। ल्हागपा तिब्बत का एक ख़ुशमिज़ाज युवा था, जिससे मेरी भेंट कलिंपोंग में हुई थी। उसकी वेशभूषा को देखते हुए मैं पहले उसको एक जाने-माने व्यापारी के पास लेकर गया; लेकिन फिर एक दिन जब मुझे यह पता चला तो बहुत आश्चर्य हुआ कि वह एक जाना-माना भविष्यवक्ता था और उसके अनुयायियों की तादाद अच्छी ख़ासी थी, मुख्य रूप से शहर से गुजरने वाले तिब्बती उसके अनुयायी थे। वह टेन्थ माइल पर एक घर में अपनी युवा पत्नी के साथ रहता था, और वहीं मेरी उससे पहली बार लम्बी बातचीत हुई थी।

जिस कमरे में उसने मेरा स्वागत किया था वह मेहमानखाने से ज़्यादा पूजा घर जैसा लग रहा था। एक दीवार से सटाकर पूजा की वेदी लगाई गई थी, दूसरी दीवार से लगाकर काठ का एक सिंहासन जैसा था जिसके ऊपर अनुष्ठान के लिए पहने जाने वाले भड़कीले कपड़े रखे थे, जिनको भविष्यवक्ता उस समय पहनते थे, जिस समय भविष्यवाणी करते थे। उसके उस पहनावे को इस सफ़ाई के साथ, इस तरह से एक के ऊपर एक रखा गया था, जिसका क्रम कभी नहीं बिगड़ता था। नीचे एक लम्बा लबादा था, पीले रंग के किमखाब का, जो नीचे ज़मीन तक झूलता रहता था, और नीचे से आधा झांकता दिखाई देता था सफ़ेद, सुनहरे रंग का बूट, जिस तरह के बूट तुलकू बौद्ध पहनते थे। ऊपर ऐप्रन, जिसके ऊपर ड्रैगन बने हुए थे और फुदने लटक रहे थे, और ज़रीदार चोगे जैसा जिसको लबादे के ऊपर से पहना जाता था, इस सबके ऊपर भविष्यवक्ता की हेलमेट थी। बड़ा सा हैट था जिसके नीचे की तरफ़ चाँदी की तार का घेरा था। उस घेरे में चाँदी की पाँच मानव खोपड़ी लटक रही थीं; हैट में आगे की तरफ आँखों की तीन आकृतियाँ थीं। हेलमेट में सामने की तरफ़ एक छोटा सा बख्तरबंद था जिसके ऊपर रहस्यमय आकृतियाँ बनी हुई थीं; उसके बगल में लाल रंग का धागे जैसा था जो जादुई वंशी थी जिससे वह बुरी आत्माओं को पकड़ता था—और भविष्यवक्ता की विशाल अँगूठी जिसको वह अनुष्ठान के दौरान पहनता था।

सिंहासन पर दो धार्मिक चिन्ह थे: एक त्रिशूल जिसके ऊपर मानव खोपड़ी का प्रतीक बना हुआ था और एक बरछी थी, जिसके ऊपर लाल रंग की झंडी लटक रही थी और उसके ऊपर इंसान की तीन आँखों के चित्र बने हुए थे।

सिंहासन के बगल में दरवाजे के पास बहुत असाधारण चीज़ लटकी

हुई थी। विशेष तरह के कपड़े से याक के काले सींग से एक तलवार बंधी हुई थी जिसको मोड़कर नुकीला बनाया गया था। एक बार ल्हागपा तोंडुप ने अपनी अतींद्रिय अवस्था में उसको मोड़ दिया था। तिब्बत में भविष्यवक्ता द्वारा तलवार मोड़े जाने को बुरी आत्माओं से बचाव का सबसे अचूक तरीका माना जाता है। इनको 'गिरहबंद वज्र' कहा जाता है और इनको दरवाज़े के पास टांगकर रखा जाता है ताकि बुरी शक्तियों को दूर रखा जा सके। भविष्यवक्ता की अंगूठी को मूल रूप से माध्यम के द्वारा अनुष्ठानिक धनुष को मोड़ने के लिए उपयोग में लाया जाता था, इसको शक्तिशाली कवच के रूप में भी देखा जाता है; इस तरह की अंगूठियों को घुमंतू लामाओं ने यात्राओं के दौरान अपने पास रखा था और इनको बहुत सौभाग्यशाली समझा जाता था।

हर महीने पूर्णिमा के तीसरे दिन शक्तिशाली वज्र अपने माध्यम को वश में कर लेता था, और वह दिन ल्हागपा तोंडुप के पास मेरे जाने के एक सप्ताह के बाद ही पड़ने वाला था। वैसे तो तोंडुप अपने ग्राहकों के कहने पर किसी भी समय अतींद्रिय अवस्था में चला जाता था, और जैसा कि वह कहता था कि 'उसके मुँह से रक्षक देवता बोलते थे,' लेकिन अनुभव से पता चलता था कि उन दिनों यह क़ब्ज़ा बहुत गहरा होता था। इस बार मृत लोगों से बातचीत का यह आयोजन रिम्पोचे के मंदिर में किया गया था, और मुझे वहाँ उस आयोजन को देखने का मौक़ा मिला था।

उस दिन सुबह क़रीब 10 बजे, जब मैं उस मंदिर में घुसा तो वहाँ क़रीब 15 लोग पहले से ही कमरे में मौजूद थे, जिनमें मेरे गुरु नीमा भी थे। मैं कूड़ेदान के पास बैठा था, और उन्होंने मुझे फुसफुसाते हुए कहा कि मैं सही समय पर आया था। वहाँ अनुष्ठान रिम्पोचे को करना था, उसी समय उन्होंने प्रार्थना के साथ अनुष्ठान की शुरुआत की।

ल्हागपा तोंडुप एक सिंहासन जैसी कुर्सी पर बैठा हुआ था, जो उसी अवसर के लिए मँगवाया गया था। मैंने देखा कि उसने अपने रोज़मर्रा के कपड़ों के ऊपर से उस अवसर के लिए एक विशेष लबादा पहन लिया था; उसके दाएँ हाथ में चाँदी का छल्ला था जिसका उपयोग भविष्य कथन में किया जाता था; उसकी बायीं कलाई में बुरी आत्माओं को फँसाने के लिए फंदा था। गले में एक गमछा झूल रहा था जिसके ऊपर ज़री का काम किया गया था, और उसके सिर पर हेलमेट था जिसको उसने अपनी ठुड्डी के नीचे चमड़े की पट्टी से बांध रखा था। भविष्यवक्ता के दोनों पैर फैले हुए थे; उसके हाथ घुटनों के ऊपर थे। ल्हागपा तोंडुप के युवा चेहरे पर तनाव दिखाई दे रहा था,

उसकी आँखें बंद थीं।

रिम्पोचे के दो लामा सेवक माध्यम के पास खड़े थे; तीसरा सेवक एक खुला पात्र लेकर खड़ा था इसमें जुनिपर की शाखाओं का सुगंधित धुआं था, जिसको वह उसके चेहरे की ओर ले जा रहा था। रिम्पोचे दूर एक नीची मेज़ पर बैठकर मंत्रपाठ कर रहे थे, उनकी आवाज़ के उतार-चढ़ाव के साथ साथ घंटी की आवाज़ आ रही थी। वह संरक्षक देवता का आह्वान कर रहे थे कि वे स्वर्ग के अपने महल से निकलकर जल्दी से यहाँ आएँ और वेदी पर उनको जो चढ़ावा चढ़ाया जा रहा है, उसको ग्रहण करें तथा भविष्यवक्ता के शरीर में प्रवेश करें।

'ऐ शक्तिशाली वज्र आओ, और मांस तथा खून से बने टिक्कड़ ले लो, लकड़ी के पात्र में आटा और मक्खन है वह भी ले लो और पेय सामग्री – तिब्बती बियर, चीनी चाय, ताज़ा दूध और खट्टा दूध – "अंदरूनी, बाहरी और गुप्त चढ़ावा" ...तुम्हारा जो कर्तव्य है उसको पूरा करो: भविष्य का खुलासा करो, झूठे आरोपों का खुलासा करो, यह बताओ कि अलग-अलग कामों का क्या फल मिलेगा, जो पवित्र है उसकी रक्षा करो और उनकी मदद करो।'

मंत्रपाठ की आवाज़ लगातार तेज होती जा रही थी और उसका असर भविष्यवक्ता के ऊपर दिखाई देने लगा था। धुएँ की सुगंध को सूंघते हुए वह अपनी कुर्सी पर इधर से उधर करने लगा। जूनिपर के गहरे धुएँ के बीच मक्खन का दीया धुंधला होता जा रहा था; उस वेदी के सामने पुजारी की छवि विचित्र छाया जैसी लग रही थी। तेज सुगंध और घंटी की आवाज़ का देखने वालों पर असर उत्पीड़क लग रहा था। मैंने देखा कुछ लोग उठकर बाहर खुले में आ गए। भविष्यद्रष्टा का चेहरा कमजोर पड़ गया था और उस पर पसीने की बूँदें छलक रही थीं, ऐसा लग रहा था जैसे वह बेहोश होने वाला हो। बीच-बीच में उसके चेहरे पर तनाव दिख जाता था, और वह अपने निचले दांतों से अपने होंठ को इस तरह से दबाने लगता था जैसे उसको बहुत तेज दर्द हो रहा हो। कई बार वह अपने हाथों को ऊपर उठाकर नीचे झूलते हुए पात्र पर मार देता था। उसके होंठ खुल गए थे और वह ज़ोर-ज़ोर से साँसें ले रहा था, गीत गाने लगता था, हाँफने लगता था। फिर वह अपने शरीर के ऊपरी हिस्से को इधर-उधर पटकने लगा। कई बार तो ऐसा लगता था जैसे वह आकाश में उड़ जाएगा, लेकिन वह बस कोशिश करने से आगे नहीं बढ़ पा रहा था।

सिंहासन के पीछे दो लामा माध्यम की हर गतिविधि को बड़े गौर से देख

रहे थे, वे सतर्क थे कि जैसे ही माध्यम गिरने वाला हो, तो वे उसको संभाल लें। पुजारी अभी भी झूम रहा था, बीच-बीच में पीछे की ओर भी झटका मार देता था। अचानक वह हवा में 18 इंच उछल गया और फिर ज़ोर से नीचे गद्दे पर गिर गया। अंतिम कुछ मिनट में तो उसका चेहरा बहुत भयानक लगने लगा था। उसमें ल्हागपा तोंडुप की ज़रा सी भी झलक नहीं दिखाई दे रही थी। उसकी गर्दन अकड़ गई थी, त्वचा की रंगत गहरी लाल हो गई थी, उसके मोटे नीले होंठों से झाग निकल रहा था, उसके मुँह के कोने से लार टपक रही थी जो गहरी पीड़ा को दबाने के कारण निकल रहे थे। पुजारी धातु के बने अपने बख़्तरबंद के ऊपर मुक्के से मारने लगा, तब तक मारता रहा जब तक कि उसकी खाल नहीं उतर आई उसका हाथ खून खून हो गया। अब इसमें कोई शक नहीं रह गया था कि माध्यम नाटक नहीं कर रहा था, बल्कि वह सच में पूरी तरह से अतींद्रिय अवस्था में जा चुका था।

अब भविष्यवक्ता ने अपने हाथ हवा में ऐसे लहराए जैसे किसी चीज को बाहर भगाने की कोशिश कर रहा हो; उसका हाँफना अब गर्र-गर्र की आवाज़ में बदल गया था।

'यह शक्तिशाली वज्र की आवाज़ है,' नीमा ने मेरे कान में फुसफुसाकर कहा।

'अब वह उसके शरीर में प्रवेश कर चुका है, इसीलिए ल्हागपा तोंडुप सोनम ग्रागपा की पीड़ा से गुजर रहा है, गमछे से उसका गला घोंटकर मार दिया गया था।'

गर्र-गर्र की आवाज़ धीरे-धीरे शांत होने लगी; माध्यम की गतिविधियाँ शांत पड़ने लगीं। उसका कटा हुआ हाथ जिसकी नसें बाहर निकल आई थीं उसके घुटनों पर पड़ा था, जो बुरी तरह से काँप रहा था। उसकी आँखें बंद थीं, और पसीने में डूबे उसके चेहरे को देखकर लग रहा था मानो वह किसी पिशाच का ग़ुस्से में डूबा चेहरा हो।

यह मेरा सौभाग्य था कि मैं भविष्यकथन के उस आयोजन में उपस्थित था, क्योंकि बहुत कम यूरोपीय लोगों ने इससे पहले इस तरह किसी भविष्यवक्ता को पूरी तरह से अतींद्रिय अवस्था में आते हुए देखा था। आमतौर पर उन लोगों को वहाँ नहीं आने के लिए कह दिया जाता है, जो इन सब चीजों में विश्वास नहीं रखते। तिब्बत के निवासियों का ऐसा मानना था कि उस समय भविष्यवक्ता के शरीर में दैवी शक्ति का वास होता था और हो सकता था कि किसी विदेशी को वहाँ देखकर वे गुस्से में आ जाएँ। सबसे बढ़कर ऐसा कई

बार हो चुका था कि उनको देखते ही भविष्यवक्ता उस अनुष्ठान में उपयोग के लिए रखे हथियार को हाथ में पकड़कर दौड़ पड़े थे। तिब्बत के लोगों ने मुझे यह बताया था कि भूतों के आह्वान की ऐसी सभा में कई बार कोई दर्शक घायल हो गया, तो कई बार कोई किसी को मार भी देता है; और एक बार तो मैंने सुना था कि उन्माद की ऐसी अवस्था में आने के बाद माध्यम ने अपने पेट को भी चीर लिया था, अपनी आँतें बाहर निकालकर वहाँ रखी देवताओं की तस्वीरों पर उनको चढ़ाने लगा था। ऐसी किसी घटना के बारे में लामा यह कहते कि रक्षक देवता ने पापी को सजा दी और जैसा कि ऊपर बताया कि माध्यम ने अपने आपको ही सजा दे दी, तो ऐसे मामलों के बारे में उनका कहना था कि उसने ज़रूर कोई बहुत बड़ी गलती की होगी। मैंने माध्यम की फ़ोटो लेनी चाही तो इसको असंभव माना जाता था—तिब्बत के लोगों का ऐसा मानना था कि ऐसा करने से वह जगह अशुद्ध हो जाएगी। लेकिन दो साल के बाद उनको समझा-बुझाकर मैंने ल्हागपा तोंडुप की अतींद्रिय अवस्था के दौरान, उसके द्वारा किए गए कार्यकलापों की तस्वीर उतारी, विशेष रूप से इसी मक़सद से और बाद में इस अवसर पर गाए जाने वाले गीतों की रिकॉर्डिंग भी की।

रिम्पोचे का मंत्र पाठ बंद हो गया। वह अपनी कुर्सी से उठ खड़े हुए, अपने चोगे को सीधा किया और सिर झुकाए हुए भविष्यवक्ता के पास गए, और उसके गले में अनुष्ठान वाला गमछा बांध दिया। यह आदर उस भविष्यवक्ता के लिए नहीं जताया जा रहा था, बल्कि उस संरक्षक देव के लिए जो उसके शरीर में प्रवेश कर चुके थे। इसके बाद रिम्पोचे ने चाँदी की थाल से चीनी मिट्टी का एक पात्र उठाया ज़ो चीनी चाय से भरा हुआ था और उसको उठाकर माध्यम के होंठों से लगा दिया, उस शक्तिशाली वज्र को दिए जाने वाले पेय पदार्थों में से एक पेश किया जा रहा था।

एक सेवक ने एक छोटी सी तलवार उस भविष्यवक्ता के सख़्त हाथों में दे दी। भविष्यवक्ता ने तलवार का सिरा अपने पिछवाड़े से लगा लिया, जहां चमड़े की एक मजबूत पट्टी उसके चमकीले ऐप्रन के नीचे से झलक रही थी, उसके बाद वह तलवार को तब तक वहाँ ज़ोर से घुसाता रहा जब तक कि तलवार की धार टेढ़ी न हो गई। उसके बाद उसने उदास भाव से अपने हाथ को खोल दिया और उस सेवक ने हाथ से तलवार के गिरने के पहले ही उसको पकड़ लिया।

अब रिम्पोचे ने सवाल पूछने शुरू किए। वह भविष्यवक्ता के पास गए

और उसके गले में हाथ डालते हुए उसके कान में फुसफुसाकर सवाल पूछा। जवाब भी अकेले में ऐसे दिया जा रहा था कि शब्द सुनाई ही नहीं दे रहे थे। शुरुआती सालों में प्रेतात्माओं से संवाद की एक बैठकी में मैं शामिल हुआ था, जिसमें वह ज़ोर-ज़ोर से जवाब दे रहा था और कई बार वह इतनी जल्दी-जल्दी बोल जाता था कि जो लामा भविष्यवाणी को लिखने का काम कर रहा होता था, उसको परेशानी हो जाए।

कई बार तो माध्यम अपनी उदघोषणा कविताओं के माध्यम से करता था और उस आयोजन के पुजारी के कहने पर उनको दोहराता भी था क्योंकि पहली बार स्पष्ट उच्चारण नहीं होने के कारण वह समझ नहीं पाया था। कई बार उसकी भविष्यवाणी को समझ पाना बहुत कठिन होता था; वे मुझे अस्पष्ट और गूढ़ लगती थीं। लामा उसकी व्याख्या करते थे, लेकिन उनकी व्याख्याओं के भी अनेक अर्थ निकाले जा सकते थे। भविष्यवक्ता भी उन्माद की अवस्था में कुछ बोलता था, जिसके बारे में नियम यह था कि उसका सचिव उसको लिख लेता था और बाद में पुजारियों का समूह उसकी व्याख्या करता था।

दस मिनट के बाद रिम्पोचे ने आज्ञा ले ली। भविष्यवक्ता अचानक बेचैन होकर ज़ोर-ज़ोर से साँसें लेने लगा; उसने अपने गमछे को पकड़ लिया और शरीर को आगे पीछे करने लगा। इसके बाद उसने अपने शरीर को पीछे से उठाया और ज़ोर से पीछे की ओर गिरा, लेकिन वहाँ के सेवकों ने आगे बढ़कर उसको थाम लिया। उसका चेहरा बहुत पीला पड़ गया था, और उसकी आँखों की पुतलियाँ दिखाई दे रही थीं। थका हुआ शरीर ऐंठन के कारण काँप रहा था; उसके हाथ कई बार आगे की ओर आए और उँगलियाँ इस तरह से इशारे कर रही थीं जैसे किसी अदृश्य चीज़ को वहाँ से हटा रहे हों। धीरे-धीरे ऐंठन बंद हुई और भविष्यवक्ता को धीरे-धीरे होश आ गया। नौकरों की मदद से वह कराहते हुए बैठा और मुँह भरकर चाय पी।

प्रेतात्मा से वार्ता अभी पूरी नहीं हुई थी। पहली बार अतींद्रिय अवस्था के बारे में नीमा ने मुझे समझाया था कि इसमें माध्यम के अंदर शक्तिशाली वज्र वास करते हैं, जो संरक्षक देवता का भयानक रूप होता है जबकि अब देवता उसके अंदर अपने शांत रूप में प्रवश करेंगे। रिम्पोचे ने एक बार फिर कुछ मंत्र पढ़े, और भविष्यवक्ता जो अब थका हुआ लग रहा था, उस अनुष्ठान के अनुसार पैर फैलाकर फिर से उसी मुद्रा में आ गया। इस बार अतींद्रिय अवस्था की शुरुआत से लेकर अंत के बीच का अंतराल कुछ कम था। पहले की ही तरह भविष्यवक्ता ज़ोर-ज़ोर से हाँफने लगा, काँपने लगा, लेकिन इस

बार उसकी हरकतें कम आक्रामक थीं। उसके कमजोर चेहरे पर हल्की सी मुस्कान भी दिखाई दे रही थी। भविष्यवक्ता से जो पूछा गया था उसका जवाब उसने कराहते हुए दिया, लेकिन अचानक वह ज़ोर लगाकर पीछे की तरफ़ उछल गया। इसके पहले कि पीछे खड़े लामा आगे बढ़कर उसको थाम पाते उसका सिर पत्थर से ज़ोर से टकराया और उससे ज़ोरदार आवाज़ आई। उसके हेलमेट में जो खोपड़ियाँ लगी हुई थीं उनमें से एक खोपड़ी टूटकर ज़मीन पर आ गिरी। उन लोगों ने बेहोश पड़े दृष्टा को उठाया और उसके हेलमेट को हटा दिया। उसके बालों से और गर्दन के पीछे से खून आ रहा था, लेकिन ध्यान से देखने में यह समझ में आया कि यह चोट ऊपरी थी, हेलमेट के अंदर चाँदी का जो घेरा बनाया गया था और जो चमड़ा था उसने सारी चोट को अपने ऊपर झेल लिया था।

चाय और ठंडा पानी पीने के बाद भविष्यवक्ता को कुछ होश आया। जब एक घंटा होने में पंद्रह मिनट कम थे, तो वह कुछ ठीक हुआ और फिर उसने कहा कि अब वह आगे के विधान के लिए तैयार था। जब मुझे नीमा से पता चला कि दो और देवताओं को बुलाया जाने वाला था तो मुझे बड़ी हैरानी हुई। उनमें पहले देवता थे नमखा बार्दज़िन, जिनकी शक्तिशाली वज्र के मुक़ाबले कम मान्यता थी। चित्रों में उस देवता को लाल रंग के राक्षस के रूप में दिखाया गया है जिसके एक हाथ में बरछी होती है तो दूसरे हाथ में एक फंदा और उसको एक विकृत हो चुकी लाश के ऊपर खड़ा दिखाया जाता है। जब लामा दूसरी अतींद्रिय अवस्था के लिए भविष्यवक्ता को तैयार कर रहे थे और उसके सिंहासन के पीछे तकियों का पहाड़ खड़ा कर रहे थे, जिससे दोबारा ऐसी कोई घटना न हो पाए, इस बीच नीमा ने मुझे इस राक्षस के इतिहास से परिचित करवाया। उन्होंने बताया कि यह एक लामा का भूत है, जो करीब दो दशक पहले पहाड़ी जंग में बर्फ़ की आँधी में फँसकर मारे गए थे। उनका मृत शरीर कुछ चरवाहों को मिला, लेकिन बजाय उनके मृत शरीर को सम्मान देने के वे उस दुर्भाग्यशाली लामा को लेकर मज़ाक़ करने लगे। उसके बाद उनकी आत्मा ने क्रोध में राक्षस का रूप धारण कर लिया, और धर्म के विरुद्ध आचरण करने वाले बहुत से चरवाहों को भेड़ों के उनके झुंड के साथ मार डाला था। आख़िरकार चुंगी घाटी में डंगकर गोंपा के मठाधीश ने उस बुरी आत्मा को पकड़कर अपने मठ के संरक्षक देव में बदल दिया।

रिम्पोचे की घंटी एक बार फिर बजी; वह द्रष्टा इधर उधर करने लगा, हाँफने लगा, वह एक बार फिर से जकड़ में आ गया था। उसका चेहरा लाल पड़ गया था और एक बार फिर से उसके चेहरे पर राक्षसी भाव आ गया

था जिस तरह से पहली बार में उसके चेहरे पर आया था। इस बार उसके सामने कोई सवाल नहीं रखा गया। लामा सेवकों के साथ-साथ वहाँ मौजूद जितने लोग थे सब वहाँ उस माध्यम या कहना चाहिए कि संरक्षक देवता से आशीर्वाद लेने के लिए एक लम्बी क़तार बनाकर खड़े हो गए जो उस माध्यम के शरीर में प्रवेश कर चुके थे। सिर झुकाए हुए पहला पुजारी उसके सामने गया, उसके मुड़े हुए हाथ में उसके एक सहायक ने फ़ीता रख दिया था। बड़ी मुश्किल से माध्यम ने उस फ़ीते में गाँठ बांध दी और उसको अपने होंठों के पास ले गया, जिन पर झाग लगा हुआ था और फिर अपने सामने झुके लामा के सिर पर रख दिया, जिसने तत्काल पीछे हटकर, फ़ीते को अपने गले में बांध लिया। रेशमी फ़ीते में देवता की साँस लगी होती थी, उसको बुरी आत्माओं से बचाव के लिए गले में बांधा जाता था।

मैंने रिम्पोचे को देखा जो भविष्यवक्ता के पास खड़ा था और उसकी पीठ मेरी दिशा में थी अचानक वह पीछे मुड़ा और उसने कमरे में इधर-उधर नज़र दौड़ाई। जब उसकी निगाह मेरे ऊपर पड़ी तो वह मेरी तरफ आया—मुझे तो जैसे अपनी आँखों पर भरोसा ही नहीं हो रहा था – और मुझे लाइन में खड़े एक तिब्बती की जगह खड़ा कर दिया और मुझे एक ताबीज भी दिया। माध्यम के शरीर में आत्मा थी और वैसी अवस्था में उसके आसपास जाना ख़तरनाक था लेकिन मैं उसको करीब से देखने के अवसर को खोना नहीं चाहता था। इसके अलावा, इस तरह के आमंत्रण को पाना बहुत गर्व की बात थी और मैं उसको मना करने का ख़तरा नहीं उठा सकता था।

वह पंक्ति धीरे-धीरे आगे बढ़ रही थी। अब मेरी बारी थी। मैं आगे बढ़ा और जिस तरह से दूसरे लोगों को झुककर खड़े होते देखा था उसी तरह से झुक गया, और सिर को झुकाते हुए मैं यह कोशिश कर रहा था कि उस जादूगर का चेहरा जितना हो सके अपने मन में संजोने भर देख सकूँ—उसका चेहरा लाल था, पसीने-पसीने था, और आँखें आधी मूँदी हुई थीं। माथे की नसें फूल आई थीं ...कनखियों से मैं देख रहा था कि उसके हाथ तेज़ी से लड़खड़ा रहे थे और वह पूरी कोशिश कर रहा था कि मेरे फ़ीते में गाँठ बांध दे। मेरे सिर के ऊपर उसकी साँसों की आवाज और तेज होती जा रही थी। मुझे अंदर से डर महसूस हो रहा था—डर उन हथियारों का नहीं था, जो भविष्यवक्ता के हाथ में थे, बल्कि इस बात का था कि कहीं वह मेरे गले में फ़ीता बांधने से इंकार न कर दे। मैं यूरोप में प्रेतात्मा बुलाने की इस तरह की अनेक सभाओं में शामिल हो चुका था और उनमें से अनेक सभाओं में माध्यम यह कहते हुए उस सभा का अंत कर देता था कि मेरे होने से उसका ध्यान भंग हो रहा था। क्या यहाँ भी

कुछ ऐसा ही होने वाला था? क्या इस तिब्बती माध्यम को भी अंदर ही अंदर कुछ ऐसा लग रहा था कि उसके आसपास कोई संशयवादी था जो उसकी गतिविधियों को देख रहा था? कुछ सेकेंड का इंतज़ार पता नहीं कितने लम्बे मिनटों में बदल रहा था। अगर मुझे वह बंधा हुआ फ़ीता नहीं मिला तो पता नहीं वहाँ मेरे साथ कुछ भी हो सकता था। तिब्बत के लोग इतने अंधविश्वासी थे कि वे यह कह सकते थे कि मेरे अंदर कोई बुरी आत्मा थी, इसीलिए देवता ने मुझे आशीष देने से मना कर दिया। इसके बाद तो कोई लामा न तो मुझे कुछ बताएगा न ही मुझे कोई किताब देगा, हो सकता है कि वह मुझे अपने समारोहों में शामिल होने की इजाज़त भी न दें। लेकिन मैं इस बारे में और नहीं सोचना चाहता था, तभी मुझे महसूस हुआ कि मेरी गर्दन में फ़ीता बंध चुका था। राहत की साँस लेते हुए मैं पीछे हट गया। शायद मेरी एकाग्रता कुछ ढीली पड़ गई थी जिसके कारण भविष्यवक्ता के हाथों की गतिविधि सामान्य हो गई।

अभी आशीर्वाद का काम पूरा भी नहीं हुआ था कि भविष्यवक्ता बेहोश होकर गिर गया। अब अंतिम देवता को बुलाया जाना बाक़ी था—पावो ट्रोम्बर, वह लाल रंग का एक राक्षस था, जिसके दिल से खून बहता रहता था और जिसके हाथ में जीत के निशान वाला झंडा रहता था। कहा जाता था कि वह एक योद्धा की आत्मा थी, जो युद्ध में मारा गया था। एक बार फिर मंत्रों के उतार-चढ़ाव से वह द्रष्टा अतींद्रिय अवस्था में चला गया। वह कुछ देर इधर से उधर अपने शरीर को पटकता रहा, फिर उसने अपना मुँह खोला और भर्राई हुई आवाज़ में बोला, 'ओ माँ, ओ माँ... दूध! दूध!' एक सेवक दौड़कर गया और उसकी माँग पूरी कर दी। उसने भविष्यवक्ता के हाथ में दूध का कटोरा थमा दिया, और एक बार फिर से वहाँ मौजूद लोग कुर्सी के पीछे आ खड़े हुए। सब लाइन लगाकर खड़े हो गए और एक-एक करके हथेली का कटोरा बनाए लोग आने लगे, जिसमें माध्यम काँपते हाथों से दूध डाल देता था। मैंने देखा कि लालच के मारे लोग दूध तो पी ही रहे थे उसके बाद अपनी उँगलियाँ भी चाटने लगते थे। रिम्पोचे ने मुझे देखकर सिर हिलाया और आगे बढ़ने के लिए कहा, अब मुझे कुछ नहीं करना था बल्कि क़तार में जाकर अपनी जगह ले लेनी थी, जो मैंने अनमने ढंग से किया। लेकिन इस बार सब कुछ सही तरीक़े से हुआ और मुझे बिना किसी तरह की गड़बड़ी के दूध दे दिया गया। दूसरे लोगों की तरह मैंने भी दूध पी लिया। बाद में मुझे यह पता चला कि वह कोई साधारण पेय नहीं था, संरक्षक देवता ने दूध को ऐसी औषधि में बदल दिया था, जो सभी बीमारियों को दूर कर सकता था। पहले की तरह ही जैसे ही क़तार का आख़िरी आदमी उसके पास से गया वह अपनी अतींद्रिय अवस्था

से बाहर आ गया।

आयोजन समाप्त हो गया था। वह थका हुआ पुजारी कराहते हुए अपने पैरों पर खड़ा हुआ, और लामाओं ने उसके उन वस्त्रों को उतार लिया, जो उसने उस अनुष्ठान के लिए पहन रखे थे। मैंने देखा कि उन वस्त्रों के अंदर उसने जो कपड़े पहन रखे थे वे पसीने से भीग गए थे। वह लड़खड़ाते हुए बग़ल के कमरे में चला गया, दो लोग उसको सहारा दे रहे थे, और वहाँ एक चारपाई बिछी हुई थी। इस बीच लामा ने यह आदेश दिया कि कपड़े और अनुष्ठान से जुड़े साजो-सामान उसी क्रम से रख दिए जाएँ, जिस तरह से मैंने उनको ल्हागपा तोंडुप के कमरे में देखा था। जब यह सब चल रहा था तो रिम्पोचे इस दौरान उन देवताओं को धन्यवाद देने के लिए मंत्रों का गायन करने लगा, जिन देवताओं ने उस दिन उस भविष्यवक्ता के शरीर में प्रवेश किया था।

दोपहर में मैं नीमा के साथ मंदिर से निकल गया। जब हम धीरे-धीरे तिब्बतियों के आवास की दिशा में बढ़ रहे थे तो मैंने उस आयोजन को देखने वाले लोगों के बारे में नीमा से अनेक सवाल पूछे। सबसे अधिक मैं यह जानना चाहता था कि अपनी अतींद्रिय अवस्था में उस भविष्यवक्ता ने क्या कहा था। नीमा मुझे बता नहीं पाए, क्योंकि उस भविष्यवक्ता की बातें उनको भी समझ में नहीं आई थीं। ख़ैर, नीमा ने मुझे यह बताया कि वैसे भी उसके जवाब सुनने वालों के कानों के लिए नहीं होते थे। उनकी चिंता रिम्पोचे के मित्र और व्यापारी और व्यापारी के परिवार द्वारा रखी गई कुछ निजी बातों को लेकर थी।

जहां तक तलवार के मुड़ जाने की बात थी, तो उन्होंने इस तरह की चीजें पहले भी देख रखी थीं। जब वे अतींद्रिय अवस्था के चरम पर होते थे, तो भविष्यवक्ता के अंदर बड़ी शक्ति आ जाती थी और इस तरह के कारनामे करना उसके लिए कोई मुश्किल काम नहीं रह जाता था। हालाँकि उसके बाद बहुत अधिक थकान महसूस होती थी। इसलिए जिन भविष्यवक्ताओं की बहुत अधिक माँग रहती थी उनकी मौत जल्दी हो जाती थी। निचले तबके के अतींद्रियदर्शी जादूगरों में कुछ ऐसे भी थे जो भारतीय फ़क़ीरों की तरह भिन्न-भिन्न जादू दिखाते थे। वे तलवार या बरछी को अपने शरीर से आर-पार निकाल देते थे और उनको इससे कोई नुक़सान भी नहीं होता था।

जब हम लोग नीमा के घर के पास पहुँचे तो मैंने उनसे एक सवाल पूछा, जो सवाल उस दिन मेरे दिमाग में कई बार आया था।

'क्या अतींद्रिय अवस्था में जाने के लिए भविष्यवक्ता मादक द्रव्यों का सहारा लेते हैं?'

'नहीं ऐसा नहीं है... वे बिल्कुल नहीं लेते,' नीमा ने सिर को न की मुद्रा में हिलाते हुए कहा। 'यह चालबाज़ी हो जाएगी, क्योंकि महा वाहन सिद्धांत के अनुसार पुजारी के अंदर देवता स्वयं आ जाते हैं और जिसके कारण वे इस तरह की अस्वाभाविक अवस्था में आ जाते हैं। लेकिन...' कहते-कहते वह रुक गए। सामने से दो लामा आ रहे थे, जिनके जाने के बाद उन्होंने मद्धिम आवाज़ में फिर से कहना शुरू किया: 'कुछ माध्यम ऐसे हैं जो अतींद्रिय अवस्था में जाने के लिए छुप-छुपकर मादक द्रव्यों का सेवन करते थे, इसके पीछे उनका यह डर काम करता था कि कहीं वे उस अवस्था में नहीं जा पाए तो। लेकिन धर्म से जुड़े अधिकारियों को अगर इस बारे में पता चल जाता था, तो उनको सख़्त सजा दी जाती थी। यहाँ तक कि भविष्यवक्ताओं में भी जो आला पद पर होते थे, वे घूस लेते थे। यही नहीं वे इस तरह की भविष्यवाणी करते थे जिससे उन लोगों के हितों को लाभ हो, जिन लोगों ने उनको भुगतान किया होता था।'

'और ये भविष्यवक्ता किस तरह के मादक द्रव्यों का सेवन करते हैं?' मैंने जानना चाहा।

नीमा ने मुस्कुराते हुए अपनी गर्दन हिलाई। 'मुझे पता है कि वे मादक द्रव्य किस तरह के होते हैं, लेकिन मैं अभी उनके बारे में बताना नहीं चाहता। अगर मेरे देशवासियों को यह पता चल गया कि इस रहस्य को मैंने तुमको बता दिया है तो वे मुझे कभी क्षमा नहीं करेंगे। धीरज रखो। जिस दिन तुम कलिंपोंग से वापस जा रहे होंगे, उस दिन मैं तुमको उन ड्रग्स के नाम बताऊँगा।'

बीच-बीच में मुझे अपनी तिब्बती दोस्तों से अजीब तरह की कहानियाँ सुनने को मिल जाती थीं। जैसे लोबसांग फंटसोक, जो राज्य के पूर्व भविष्यवक्ता का बेटा था, ने मुझे चो अनुष्ठान के दौरान के अपने अनुभवों के बारे में बताया, 'चो' को तिब्बती भाषा में गकोड कहा जाता था, जिसका शाब्दिक अर्थ होता है 'टुकड़ों में काटना', और इस अनुष्ठान को इस नाम से इसलिए बुलाया जाता था क्योंकि इसमें जो माध्यम होता है वह अपने विखंडित शरीर को देवों, भूतों और दानवों को खाने के लिए अर्पित करता था। यह अनुष्ठान बहुत देर तक चलता था। लोबसांग फंटसोक ने कई घंटे में इसके बारे में मुझे बहुत विस्तार से बताया। मोटे तौर पर चो अनुष्ठान को इस तरह से समझा

जा सकता है:

माध्यम रात के समय क़ब्रिस्तान में जाता है। सबसे पहले, वह अपने गुरु द्वारा दिए गए उपदेशों को याद करता है। उसके बाद वह हाथ से घंटी और खोपड़ी का ढोल बजाते हुए आरम्भिक प्रार्थना करता है, और फिर वह ध्यान में चला जाता है। वह अपनी विद्या से, अपनी अंदरूनी आँखों के सामने अपने संरक्षक देवता का स्मरण करता है और फिर अपनी चेतना को देवता के साथ मिला देता है। इसके बाद उसको ऐसा महसूस होने लगता है मानो वह हवा में तैर रहा हो, और देवता के स्थान से वह अपने जीवनविहीन शरीर को देखने लगता है। संरक्षक देवता के शरीर से एक देवी प्रकट होकर मध्यस्थ के शरीर के टुकड़े कर देती है। मध्यस्थ इसके बाद तिब्बत के सभी देवी-देवताओं का आह्वान कर, अपने मेहमानों के सामने अपने शरीर को भोज के लिए रख देता है। कृपालु देवों की भूख को शांत करने के लिए वह अपने शरीर के रक्त को अमृत में और अपने मांस को शहद में मिला देता है। धर्म के रक्षक देवतागण और उसके बाद दानव उस मृत शरीर के रक्त को बारी-बारी से पीते हैं, फिर मांस के स्वाद का आनंद लेने लगते हैं और फिर हड्डियों को तोड़कर उसके अंदर का स्वाद लेते हैं। इस दौरान चेतना को भय के कारण और प्रभावों से मुक्त हो जाना चाहिए। भोज के ख़त्म हो जाने के बाद शमशान घाट में 'चेतना' को नया, देवता जैसा शरीर मिल जाता है। वे संरक्षक देव की सुरक्षा को छोड़कर नए शरीर में प्रवेश कर जाता है, और इसके बाद माध्यम अपनी अतींद्रिय अवस्था से बाहर आकर प्रार्थना के साथ चो का अंत कर देता है।

देवी-देवताओं का भोज इस अनुष्ठान में चरम बिंदु होता है, लेकिन यह माध्यम के लिए कड़ी परीक्षा भी होती है। अगर संरक्षक देव के साथ एक हो चुकी चेतना इस भयानक दृश्य को देखकर डर जाती है, तो तंद्रा की वह अवस्था टूट जाती है। इसके कारण मध्यस्थ में पागलपन या मानसिक अवस्था की क्षति जैसा असर भी हो जाता है। इसलिए इस अजीब तरह के अनुष्ठान की सफलता के लिए यह ज़रूरी होता है कि चो के रहस्यों के बारे में एक अनुभवी शिक्षक धीरे-धीरे बताए। लेकिन जो लोग इसमें महारत हासिल कर लेते हैं उनके बारे में मुझे लोबसांग फंटसोक ने आश्वस्त किया कि मानसिक और शारीरिक रूप से पुनर्नवा होने के लिए चो बहुत स्फूर्तिदायक स्रोत है।

मैंने थुमो के बारे में भी बहुत सुना था, जो ध्यान तथा साँस लेने की ख़ास तरह की तकनीक है जिसके माध्यम से तिब्बत के योगी अपने शरीर का तापमान बढ़ा लेते हैं। यह कहा जाता है थुमो के प्रभाव में योगी कई-कई दिन

तक तपस्या करते रह जाते थे, नंगे बदन वे बर्फीले पहाड़ पर भी तपस्या करते रह सकते थे और उनके ऊपर किसी तरह का बुरा प्रभाव नहीं पड़ता था। मुझे तिब्बतवासियों ने यह बताया कि योग की इस पद्धति में जो महारत हासिल कर लेता था उसको बहुत हल्कापन महसूस होता था। जिन लोगों को थुमा की तकनीक आ जाती थी वे अपने शरीर पर एक पतला सूती कपड़ा डालकर रहते थे जिसको रेपा कहा जाता था। इस कपड़े को धारण करने के कारण ही कुछ योगियों को रेपा कहा जाता था: महान कवि मिलारेपा उनमें से एक थे।

थुमो का प्रशिक्षण बहुत कठिन परीक्षा के बाद संपन्न होता था। जिसकी परीक्षा ली जा रही होती थी वह एक पतला सा कपड़ा पहनकर रहता था, और बहुत ही ठंडे पानी में डुबाया हुआ कपड़ा अपने शरीर से लपेटकर खड़ा हो जाता था। साथ ही वह एक कटोरा शम्पा खाता था जो अधपका होता था। उसको अपने थुमो के बल से उस कपड़े को सुखाना और अधपके शम्पा को अपने अंदर गर्मी पैदा करके पचा लेना होता था। आमतौर पर कोई अधपका शम्पा खा ले, तो उसके पेट में भयानक दर्द हो सकता है। परीक्षा देने वाले व्यक्ति को एक-एक करके बारह कपड़े सुखाने होते थे, और जब भी उसके शरीर को नए सिरे से कपड़े में लपेटा जाता तो उसको फिर एक कटोरी अधपका शम्पा खाना पड़ता था।

तिब्बत में यह माना जाता था कि बहुत से ज्ञानी संत दशकों तपस्या करके और गुप्त विद्याओं को सीखकर अपने शरीर को ज़मीन से थोड़ा ऊपर उठाकर हवा में तैर सकते थे। इस मुश्किल कला की मूल्यवान तैयारी के लिए साधु से कहा जाता था कि ध्यान की अवस्था में बैठकर बिना हाथों का सहारा लिए उछलने का अभ्यास करे। लम्बे समय तक इस अभ्यास को करने से शरीर बहुत हल्का हो जाता है। इसमें महारत का सबसे ऊँचा स्तर होता था जब सीखने वाला मक्के के ढेर के ऊपर बैठ जाता था और मक्का गिरता भी नहीं था। मुझे कई लामाओं ने यह बताया कि वे हवा में तैर सकते थे लेकिन मैंने किसी को तैरते हुए नहीं देखा।

मैंने अपने गुरुओं तथा तीन तिब्बती संतों को अलविदा कहा और सोचने लगा कि क्या मैं उनको फिर कभी देख पाऊँगा। बाद में एक दिन दोपहर में जाने का समय आ गया। मैं एक जीप में बैठकर मैदान की ओर जाने वाला था, मैं

नीमा से बात कर रहा था जबकि ड्राइवर सामान रख रहा था। भले नीमा ने यह सुनिश्चित किया था कि वह मुझे विदा करने के लिए उपस्थित रहेंगे। हम लोगों ने एक दूसरे को अलविदा कहा। ड्राइवर ने गाड़ी का इंजन चालू कर दिया था, तब नीमा ने झुकते हुए मेरे कान में कहा: 'मैंने तुमसे वादा किया था कि जिस दिन तुम जाओगे उस दिन मैं तुमको यह बताऊँगा कि भविष्यवक्ता अतींद्रिय अवस्था में जाने के लिए किस नशे का सेवन करते हैं, वह हशीश और लाल मिर्च के मिश्रण से तैयार किया जाता है!'

गाड़ी ने रफ़्तार पकड़ ली। एक तेज मोड़ आया और फिर कलिंपोंग पहाड़ों के पीछे छिप गया। घाटी में शाम की हल्की ओस पड़ने लगी थी, लेकिन दूर क्षितिज पर देवताओं के बर्फीले ठिकाने ठंडे और पहुँच से परे थे।

——

मैंने इस संकलन में दो ऐसे लेख शामिल किए हैं जिनमें स्वामी राम के जीवन और विरासत के अलग अलग पहलुओं के बारे में पता चलता है, गृहस्थ के रूप में और संन्यासी के रूप में।

पहला लेख स्वयं स्वामी राम ने लिखा है। यह लेख हल्के-फुलके तरीक़े से लिखा गया है जिसमें हिमालय के साधु गुदड़ी बाबा के साथ उनकी मुलाक़ातों के बारे में लिखा गया है। यह उस दौरान की बात है जब वह फूलों की घाटी से पैदल आगे की दिशा में बढ़ रहे थे, इस लेख से साधुओं के मानव शरीर तथा चोगे एवं साज सज्जा को नए सिरे से देखने की दृष्टि मिलती है, और किस तरह वे अपने अंदर से असाधारण शक्ति पैदा कर सकते हैं।

दूसरा लेख है जानी-मानी शिक्षाविद तथा पुणे में संस्कृति स्कूल की संस्थापक प्राचार्य देवयानी मुंगली का, जिन्होंने अपने पिता स्वामी राम के बारे में, उनके साथ अपने संबंधों के बारे में और उनकी स्मृतियों के बारे में लिखा है। उत्तराखंड के एक छोटे से गाँव में उनका जन्म हुआ और प्यार से उनका नाम रखा गया किशोरी। आध्यात्मिक जीवन को अपनाने के बाद तथा दक्षिण भारत में कर्वीपीठम के शंकराचार्य नियुक्त होने के बाद वे वापस पहाड़ में लौटकर आए और उन्होंने लीलू पांडे से विवाह कर लिया, जो कुमाऊँ के एक प्रसिद्ध परिवार की बेटी थीं। उनसे उनको दो बच्चे हुए। उसके बाद वे एक बार फिर से यायावर साधु की तरह से निकल पड़े और दुनिया ने उनको स्वामी राम के नाम से जाना।

मुंगली ने उनको श्रद्धांजलि देते हुए यहाँ जो लिखा है उसमें निजी इतिहास और स्मृति की झलक भी मिलती है।

अध्याय 15

फूलों की घाटी वाला साधु

स्वामी राम

फूलों तथा हिमालय के पर्यावरण को लेकर अधिक साहित्य उपलब्ध नहीं है, लेकिन जो भी उपलब्ध था मैंने उनको पढ़ने की कोशिश की। ब्रिटेन के एक लेखक ने हिमालय की घाटियों और फूलों पर किताब लिखी है। इस किताब को पढ़ने के बाद मेरे दिल में गहरी ख्वाहिश जाग उठी। हिमालय में कमल, बुरांश तथा अन्य कई प्रकार के फूलों की असंख्य क़िस्में मिलती हैं, लेकिन मैं विशेष रूप से उत्सुक था दो में से एक घाटी को देखने के लिए।

वहाँ एक साधु रहते थे जो लगातार उस क्षेत्र में घूमते रहते थे जिस स्थान पर फूलों की घाटी है। मैं उनको अच्छे से जानता था। वह बहुत मजबूत और स्वस्थ थे, उम्र क़रीब 80 साल थी, लेकिन कुछ अजीब से थे। वे अपने साथ हमेशा एक अनोखा कम्बल लेकर चलते थे। वह बहुत भारी था। उस कम्बल का वजन क़रीब 80 से 100 पौंड था। आप सोच रहे होंगे कि उन्होंने अपने कम्बल को इतना भारी क्यों बना रखा था। अपनी यात्रा के दौरान उनको कहीं कपड़े का कोई टुकड़ा मिलता था तो वे उसको अपने कम्बल से जोड़ लेते थे। उस कम्बल में ऐसी कम से कम हजार चिप्पियाँ थीं। वह उसको गुदड़ी बुलाते थे और लोग उनको गुदड़ी वाले बाबा कहते थे।

मेरे आग्रह पर उन्होंने कहा, 'अगर तुम सच में फूलों की घाटी को देखना चाहते हो और मेरा अनुसरण करना चाहते हो तो तुमको इस कम्बल को उठाकर चलना पड़ेगा।'

मैं तैयार हो गया, लेकिन जब मैंने उस कम्बल को अपने कंधे पर रखा तो उसके भार तले मैं लड़खड़ा कर गिर गया। उन्होंने पूछा, 'तुम्हारे जैसा नौजवान इतना कमज़ोर कैसे हो सकता है जबकि तुम अच्छे ख़ासे स्वस्थ दिखाई दे रहे हो?' उन्होंने कम्बल को उठाते हुए कहा, 'देखो यह कितना हल्का है?' उसके बाद उन्होंने उस कम्बल को फिर से मेरे कंधे पर रख दिया। वे मेरे गुरु को जानते थे इसलिए उन्होंने फूलों की घाटी में मुझे अपने पीछे पीछे चलने की अनुमति दे दी।

जब मैं उस संत के पीछे-पीछे चल रहा था तो उन्होंने कहा, 'जिस मौससम में फूलों की घाटी में फूल खिले होते हैं उस दौरान इस घाटी से गुजरने वाला कोई व्यक्ति अपनी स्मृति को बचाए नहीं रख सकता। हम लोगों को तुम्हारे जैसे तमाम ज़िद्दी बच्चों को यहाँ लेकर आना चाहिए और उनको ठीक करना चाहिए। जो लोग अपने आपको बौद्धिक समझते हैं और हम लोगों के साथ बहस करते हैं उनको यहाँ लेकर आना चाहिए जिससे कि वे अपने महत्व को समझ सकें।'

मैंने कहा, 'लेकिन मैं आपके पीछे-पीछे आ रहा हूँ।'

वह बोले, 'अच्छा हाँ। तुम हमेशा बहस करते रहते हो और मेरी बात को ध्यान से नहीं सुनते हो। तुमको अपने बौद्धिक ज्ञान का बहुत घमंड है। मुझे तो पढ़ना-लिखना भी नहीं आता है। तुम मुझसे अधिक पढ़े-लिखे हो। तुम शिक्षित हो लेकिन मेरा अपने दिमाग़ पर नियंत्रण है।'

मैंने उनसे कहा, 'मेरा भी नियंत्रण है।'

उन्होंने जवाब दिया, 'हम देखेंगे।'

मैंने कहा, 'महाराज पहले मेरे कंधे से इस कम्बल को हटा लें क्योंकि इसको लेकर चल पाना मुश्किल हो रहा है।'

वे दुखी होते हुए बोले, 'ये आजकल के आधुनिक लड़के।'

उन्होंने कम्बल लिया और उसके साथ बात करने लगे: 'हे मेरे प्रिय कम्बल, तुमको कोई नहीं समझ पाता। कोई इस बात को नहीं जानता है कि तुम एक जीवित कम्बल हो।'

मैंने उनकी ओर देखा और सोचने लगा, 'यह आदमी तो सच में पागल है!'

अगले दिन सुबह के समय एक जापानी साधु हमारे साथ शामिल हो गया। वह भी फूलों की घाटी को देखने के लिए बहुत बेताब था। उस जापानी साधु को भी लगा कि गुदड़ी बाबा पागल आदमी थे। उसने मुझसे पूछा, 'राम, क्या तुम मुझे यह समझा सकते हो कि यह आदमी इतना भारी कम्बल लेकर क्यों चल रहे हैं?' हम लोगों में बातचीत होने लगी और मुझे लगा कि अच्छा रहेगा कि हम लोग इन अनुभवों को एक दूसरे के साथ साझा करते रहें।

फूलों की घाटी में अकेले जाने में उस साधु को डर लग रहा था। उससे किसी ने कहा था कि अगर कोई यात्री उस घाटी को देखने जाता है तो वह अपनी सुधबुध खो देता है और उसको क्या अनुभव हो रहा होता है उसको कुछ समझ में नहीं आता। यात्री अपनी स्मृति और मुस्कान को सदा के लिए खो देता है। उसने कहा कि हमें रास्ता बताने के लिए यह बाबा सही आदमी थे क्योंकि वे यहाँ घूमते रहते थे और उनको सभी रास्तों का पता था।

अगले ही दिन जापानी साधु बुखार के मारे काँपने लगा। वह बर्मा के जंगल में रहकर आया था और उसको मलेरिया हो गया था। उसको 103-104 डिग्री का बुख़ार था और नाड़ी की गति बहुत तेज हो गई थी। बाबा ने उससे कहा, 'तुमने इस लड़के से कहा कि मैं पागल हूँ। क्या तुम मेरे कम्बल की जीवित शक्ति को देखना चाहते हो? क्या तुमको पता है कि यह कम्बल महज़

एक कम्बल भर नहीं है, बल्कि एक जीवित शक्ति है? क्या तुम अच्छा होना चाहते हो? तो फिर घुटनों के बल बैठ जाओ और विनम्र बनो!' बाबा ने उस जापानी साधु को कम्बल से ढँक दिया।

साधू बोला, 'मैं इसके नीचे दब जाऊँगा। यह बहुत भारी है और मैं एक छोटा सा आदमी हूँ।'

बाबा बोले, 'चुप हो जाओ!' कुछ मिनट के बाद उन्होंने साधू के ऊपर से कंबल को हटा लिया। जब उन्होंने कम्बल हटाया, तो वह काँप रहा था। बाबा ने उस साधु से पूछा, 'तुम्हारे बुख़ार का क्या हुआ?'

उसने जवाब दिया, 'मुझे अब बुख़ार नहीं है।'

बाबा ने कहा, 'यह कम्बल बहुत उदार और कृपालु है और इसने तुम्हारा बुख़ार ठीक कर दिया।' उसके बाद बाबा ने मुझे देखा और पूछा, 'क्या तुम चाहते हो कि इसका बुखार सदा के लिए ठीक हो जाए?'

मैंने जवाब दिया, 'हाँ, क्यों नहीं।'

इस पर बाबा बोले, 'लेकिन यह आदमी मुझे पागल कहता है। यह इस लायक़ नहीं है कि मैं इसकी मदद करूँ।'

मैंने जवाब दिया, 'साधु संत दयालु और महान होते हैं और हमेशा दूसरों को माफ़ कर देते हैं।'

बाबा ने मुस्कुराते हुए जवाब दिया, 'मैं बिलकुल इसकी मदद करूँगा।' इसके बाद हम लोग पंद्रह दिन तक एक साथ सफ़र करते रहे और जापानी साधु को दोबारा फिर बुख़ार नहीं हुआ।

बद्रीनाथ से नौ मील दूर एक कच्चा रास्ता है जो फूलों की घाटी तक जाता है, जहाँ एक छोटा सा गुरुद्वारा है। हम लोगों ने वहाँ खाना खाया। उस गुरुद्वारे के लोग गुदड़ी बाबा को बहुत अच्छे से जानते थे। हम लोगों ने वह पूरा दिन गुरुद्वारे में बिताया और अगले दिन हम लोगों ने फूलों की घाटी जाने के लिए हेमकुंड की ओर यात्रा शुरू की।

आँखें जहाँ तक देख सकती थे, वहाँ तक फूल ही फूल दिखाई दे रहे थे। पहले कुछ घंटों तक तो दिल दिमाग को अच्छा लगता रहा। लेकिन जल्दी ही मैंने ध्यान दिया कि मेरी स्मृति ग़ायब हो रही थी। क़रीब 5 या 6 घंटे के बाद बाबा ने पूछा, 'ये बताओ ज़रा कि तुम्हारा नाम क्या है?'

हम दोनों ही इतने अस्त-व्यस्त हो चुके थे कि हमें अपना नाम भी याद नहीं आ रहा था। हम अपना नाम भूल चुके थे। मुझे बस इतना याद रह गया

था कि मैं था और मेरे साथ दो लोग और थे। बस इतना ही याद था। उन फूलों की गंध इतनी तेज थी कि हम तार्किक ढंग से सोच भी नहीं पा रहे थे। सोचने-समझने की हमारी क्षमता गायब हो चुकी थी। हमारे ऊपर बेहोशी सी छा रही थी। हमें अपने और अपने आसपास की हल्की सी स्मृति भर रह गई थी।

एक दूसरे से हम लोग क्या बातचीत कर रहे थे यह भी समझ में नहीं आ रहा था। उस घाटी में हम एक सप्ताह तक रहे। बहुत मज़ा आया। बाबा हर समय हम लोगों का मज़ाक़ उड़ाते हुए कहते, 'तुम्हारी शिक्षा और शक्ति का क्या मतलब है बताओ।'

जब हम फूलों की घाटी से निकलकर आए तो बाबा ने कहा:

'तुम्हारी ख़ुशी फूलों के प्रभाव के कारण थी। तुम कोई ध्यान नहीं कर रहे थे। यही असर भांग और हशीश का लोगों पर होता है, और उन्हें लगता है कि वे ध्यान कर रहे हैं। मेरी ओर देखो। मेरे ऊपर उन जंगली फूलों की गंध का कोई असर नहीं हुआ। हाहाहा! तुम कॉलेज में पढ़ चुके हो और तुमने अनेक किताबें पढ़ी होंगी। अभी तक तुम दूसरों की राय पर चल रहे हो। आज तुम्हारे पास अच्छा मौक़ा था ज्ञान को सीधे हासिल करने का और उस तथाकथित ज्ञान के बीच तुलना करने का। अभी तक तुम्हारी जो भी राय बनी है असल में वह दूसरे लोगों की राय है। जो लोग दूसरे लोगों की राय के सहारे जीते हैं उनमें कभी यह क्षमता नहीं आ पाती है कि वे अपनी राय के बारे में फ़ैसला कर सकें या उसको अभिव्यक्त कर सकें। समझे लड़कों, इस सूचनात्मक ज्ञान को हम लोग सच्चा ज्ञान नहीं समझते हैं। अगर तुमको ऐसा लगता है कि प्रत्यक्ष ज्ञान ही वैध होता है तो तुम्हारा ज्ञान तुम्हारे अपने वश में नहीं है। आधुनिक बच्चों को जो शिक्षा दी जा रही है वह बहुत ऊपरी है। बिना किसी अनुशासन के दिमाग को वश में रखना संभव नहीं होता है, और दिमाग पर क़ाबू किए बगैर प्रत्यक्ष ज्ञान संभव नहीं होता है।'

जापानी भिक्षु बोध गया चला गया, और मैं बाबा के साथ पंद्रह दिन और रहा। वह इस इलाक़े में घूमते रहते थे, और तीर्थयात्रियों को उनके बारे में पता था। व्यावहारिक शिक्षा के लिए और संन्यास के लिए यह ज़रूरी होता है कि आप ऐसे संतों के साथ रहें जिनको तमाम उतार चढ़ावों के साथ जीवन मूल्यों का सीधा ज्ञान हो।

अध्याय 16

किशोरी से हिमालय के स्वामी राम तक

अपने पिता की आध्यात्मिक विरासत को पुत्री की श्रद्धांजलि

देवयानी मुंगली

26 अक्टूबर 1925 को पौड़ी गढ़वाल के छोटे से गाँव में बेहद धार्मिक युगल गौरा देवी और पंडित बुद्धि बल्लभ धसमाना के पुत्र का जन्म हुआ। उस बच्चे के जन्म के लिए पिता ने मनसा देवी हरिद्वार में कठिन और लम्बी तपस्या की थी। वह अपनी माँ और भाभी के बहुत प्यारे थे और उनकी निगाह में वह कोई गलत काम कर ही नहीं सकते थे। उनका लालन-पालन बहुत लाड़-प्यार से हुआ था और उनको प्यार से किशोरी बुलाया जाता था। बाद के जीवन काल में उनको अनेक नामों से पुकारा जाने लगा—ब्रिज किशोर कुमार, भोले बाबा, भोले प्रभु, स्वामी रामडंडी और अंत में स्वामी राम। बाद में वे अपने इस अंतिम नाम से ही जाने गए, भारत में ही नहीं बल्कि दुनिया भर में। लेकिन मेरे लिए तो वे बब्बा थे - मेरे पिता।

बब्बा की माँ यानी मेरी दादी के बारे में पौड़ी गढ़वाल में यह प्रसिद्ध था कि उनका ईश्वर के साथ रहस्यमय जुड़ाव था। गाँववाले जब किसी मुश्किल में आते, तो उनके पास मदद के लिए आते। वह उनको अपने घर की दीवार से थोड़ी मिट्टी लेकर दे देती थीं, जिसको गाँववाले बड़े आदर से अपने घर लेकर जाते और परेशानियों से निजात पाते। उनको कहाँ पता था कि उनके वंशज का नाम छोटे से गाँव टोली से बहुत दूर-दूर तक फैलेगा, टोली में उनको हमेशा किशोरी के रूप में याद किया गया।

युवा किशोरी ने अपनी आध्यात्मिक यात्रा की शुरुआत अपने बंगाली बाबा की देखरेख में की, वह उन संन्यासियों में एक थे जिन्होंने दार्जिलिंग में भारी बारिश के बीच भोवाल के राजा को अधजली चिता से बचाया था। यह प्रसंग बाद में भोवाल संन्यासी केस के नाम से प्रसिद्ध हुआ, जो ब्रिटिश शासन काल के दौरान सबसे लम्बा चला मुक़दमा था। शोर-शराबे से अनजान बंगाली बाबा इसके बाद चर्चाओं से दूर रहे और अपने आध्यात्मिक जीवन में लगे रहे।

युवा किशोरी ने कई साल साधु के रूप में घूमते हुए बिताए, उस क्षेत्र में जिसको आज उत्तराखंड के नाम से जाना जाता है। इस दौरान योगिक क्रियाओं, ध्यान करने और धर्मग्रंथों के अध्ययन से वे जितना ज्ञान हासिल कर सकते थे उन्होंने उतना ज्ञान हासिल किया। यह उनका सौभाग्य था कि उनको भारत के कुछ जाने-माने संतों के साथ समय बिताने का मौक़ा मिला—नीम करौली बाबा, श्री अरबिंद, आनंदमयी माँ और रमण महर्षि। इनके अलावा उनको कुछ एकांतवासी संतों के साथ समय बिताने का मौक़ा भी मिला, जो दुनिया की नज़रों से दूर हिमालय की गुफाओं में प्रार्थना करने और ध्यान लगाने में अपना समय बिताते थे। उस समय से उनको जानने वाले जितने भी

लोग थे—उनके जैसे शिष्य, गाँव के लोग और उनके रिश्तेदार—सभी उनको ऐसे जोशीले बालक के रूप में याद करते जिनकी अद्‌भुत मेधा थी और चिन्तनशील दिमाग था। उनके बारे में यह कहा जाता था कि उनके अंदर ऐसी क्षमता थी कि वे पशुओं के साथ भी जुड़ जाते थे। उस समय उनके पास एक अस्वाभाविक पालतू पशु था—भालू।

बब्बा निजी तौर पर अक्सर यह कहते थे कि उनके जीवन का सबसे बड़ा उपहार यह रहा कि उनको इतने सारे ज्ञानियों के साथ समय बिताने का मौक़ा मिला। उनका हमेशा से यही कहना था कि कोई भी व्यक्ति ध्यान और प्राणायाम के नियमित अभ्यास से उनके जैसे असाधारण मस्तिष्क का स्वामी हो सकता था।

जब उनको कार्वीपीठम का शंकराचार्य नियुक्त किया गया तो उस समय वे एक घुमक्कड़ साधु ही थे, 28 साल की आयु में उनको मिलने वाला यह सुनहरा अवसर था। वे डॉक्टर कुर्तकोटि के उत्तराधिकारी बने, जो मठ परम्परा के बड़े आचार्य थे। वे इस पद पर 1949 से 1952 तक रहे। 1952 में वे अपने गुरु बंगाली बाबा के पास लौट आए और उनके साथ योग और ध्यान का अभ्यास करने लगे, उनको प्रेरित किया गया कि वे पश्चिम में जाएँ और योग एवं प्राचीन भारतीय धर्मग्रंथों के ज्ञान का प्रसार करें।

16 जुलाई 1960 को उनका विवाह मुक्तेश्वर में मेरी माँ लीलू पांडे से हुआ। वह सुंदर थीं, सुसंस्कृत थीं, होशियार थीं, और बहुत पढ़ी-लिखी थीं, वे एक अच्छी कलाकार भी थीं, और उनक संबंध उस क्षेत्र के एक जाने-माने परिवार से था। उन्होंने बनारस हिंदू विश्वविद्यालय से अंग्रेज़ी साहित्य में एमए की शिक्षा प्राप्त की थी, और उनको अपने बेहतरीन प्रदर्शन के लिए स्वर्ण पदक मिला था।

गृहस्थ, पति और पिता के रूप में कुछ साल जीवन बिताने के बाद बब्बा ने एक बार फिर से अपनी आध्यात्मिक यात्रा पर निकलने का फ़ैसला किया। यहाँ तक कि जब वे अपने लिए जीवनसाथी का चुनाव कर रहे थे, तो शायद उनको इस बात का इल्म था कि वे एक असाधारण महिला का चुनाव कर रहे थे जो जीवन की चुनौतियों का सामना धीरज और संतुलित ढंग से करेंगी। मेरी माँ ने अपना जीवन अपने बूते मेरी और मेरे भाई की परवरिश में लगा दिया, उन्होंने पूरी गरिमा और सहनशीलता के साथ हमें पाला। वह नैनीताल में अंग्रेज़ी साहित्य की प्रोफ़ेसर थीं। वह नॉएडा के सरकारी पीजी कॉलेज के प्राचार्य के पद से रिटायर हुईं तथा उनको अपने परिवार में, मित्रों के बीच,

सहकर्मियों में अपनी सकारात्मक सोच, ईमानदारी और गहरे मूल्यबोध के कारण बहुत सम्मान से देखा जाता था। हमारे लिए तो बहुत मजबूत संबल थीं, और हम उनमें अपना आदर्श देखते थे। स्वामी राम की आध्यात्मिक यात्रा और विरासत में इस गुमनाम नायक का योगदान कैसा था यह अकल्पनीय है और इसके बारे में लोगों को कम ही पता है। वह चुपचाप अपने पति के आध्यात्मिक तथा बौद्धिक प्रयासों में साथ देती रहीं, वह उनकी उपलब्धियों के ऊपर हमेशा गर्व करती रहीं। हम लोगों को अकेले पालते हुए उन्होंने बहुत अधिक त्याग किया और तरह-तरह की चुनौतियों का सामना किया। वह हम लोगों से हमेशा यह कहती थीं कि बब्बा से प्यार करें और उनके कार्यों एवं उपलब्धियों का सम्मान करें। उनको बब्बा के परिवार से बहुत मान सम्मान मिला, ख़ासकर उनके बड़े भाई, मेरे ताऊ श्री प्रयागदत्त धसमाना, और उनकी सास से। मेरी दादी बहुत सहिष्णु थीं और मेरी माँ ने मुझे यह बताया था कि वह जब भी कुछ खाती थीं तो उसका कुछ अंश वह चिड़ियों के साथ ज़रूर साझा करतीं, चाहे वह कोई फल ही क्यों न हो। बब्बा में भी वही सहिष्णुता थी, लेकिन वह समान भाव से निर्लिप्त एवं प्यारे दोनों थे।

सबकी क़िस्मत में अपने पिता की महान विरासत नहीं होती, फिर भी जब हम बच्चे थे तो कई बार इस बात से हमें अचरज होता तो कई बार हमें बहुत तकलीफ़ होती कि मेरे पिता स्कूल के मेरे दोस्तों की तरह से भौतिक रूप से मौजूद क्यों नहीं रहते। कई ऐसे मौक़ों पर मेरे दिल में इस बात की गहरी ख्वाहिश होती थी कि वह भी दूसरे पिताओं की तरह मेरे आसपास रहें—जैसे स्कूल के कार्यक्रमों में, त्योहारों पर, जन्मदिन पर। लेकिन बब्बा और मैं एक-दूसरे को नियमित रूप से पत्र लिखते थे; वे पत्र मेरे सबसे अनमोल ख़ज़ाने हैं। वह मुझे 'बिंबरी' के नाम से बुलाते थे, आज भी मुझे इसी नाम से बुलाया जाता है। मैं उनके आने का इंतज़ार करती रहती थी और उनकी कुछ खट्टी-मीठी यादें हैं। कई बार जब मेरे मित्र मुझसे मेरे पिता के ठिकाने और उनके पेशे के बारे में पूछते तो मैं रोते हुए घर आती, तब मेरी माँ मुझे हमेशा यही कहती थीं कि मुझे शर्मिंदा महसूस नहीं करना चाहिए, बल्कि वह जो भी कर रहे हैं मुझे इस बात पर गर्व महसूस करना चाहिए।

बब्बा चाहे अपनी आध्यात्मिक यात्रा में कहीं भी भटकते रहे हों लेकिन हिमालय के प्रति उनका गहरा प्रेम उनको वापस ले आता था। उनको न केवल हिमालय के स्वामी राम के रूप में जाना गया, बल्कि उन्होंने जितने संस्थान बनाए उनके नाम हिमालय संस्थान रखे गए। उनकी बेस्टसेलिंग आत्मकथा है, *लिविंग विद द हिमालयन मास्टर्स*, इस बात की गवाह है कि उन्होंने हिमालय

के साथ अपने रिश्ते को कभी तोड़ा नहीं। इस आत्मकथा का अनेक भाषाओं में अनुवाद हुआ है।

1969 में बाबा अमेरिका गए और वहाँ उनका परिचय मेनिंगर फ़ाउंडेशन (टोपेका, कंसास) के एल्मर तथा एलिस ग्रीन से हुआ, जिनकी एक बहुत सुसज्जित प्रयोगशाला थी, जिसका निर्माण मनोदैहिक प्रक्रियाओं के स्वयंसेवी नियंत्रण की जाँच के लिए हुआ था। उन्हें एहसास हुआ कि यही वह स्थान था, जहां वे अपने गुरु की महत्वकांक्षा को पूरा करते हुए योग के गुणों को वैज्ञानिक रूप से दर्ज करा सकते थे। उन्होंने अनेक तरह की खूबियों का प्रदर्शन किया, जैसे वे अपनी मांसपेशियों के तापमान को 10 डिग्री तक बढ़ा या घटा सकते थे और ऐसी स्थिति में अपने हृदय को रख देते, जिससे खून का प्रवाह कई मिनट के लिए थम जाता था। उन्होंने ऐसे माहौल में टेलीकिनेजिज (दूरप्रेरण) का प्रदर्शन किया, जिसमें हवा को सावधानीपूर्वक नियंत्रित कर इलेक्ट्रोमैगनेटिक शक्तियाँ संचालित होती थीं। उन्होंने 'योग निद्रा' का अभ्यास किया, जिससे सजग रूप से ऐसी नींद में जाया जा सके जिसमें स्वप्न न आएँ। परीक्षण के दौरान, दो टेक्नीशियन बग़ल के कमरे में चुपचाप बात कर रहे थे। जब वे जागरूक हुए तो उन्होंने दोनों टेक्नीशियन की बातचीत के बारे में बता दिया। उनका ध्यान न केवल अपने अंदरूनी माहौल पर था बल्कि बाहर के वातावरण को लेकर भी वे उतने ही सजग थे। वर्तमान न्यूरोविज्ञान में इस बात की कोई व्याख्या नहीं है, जो यह बता सके कि ऐसा वे किस तरह कर सके। इस तरह के प्रदर्शन उन्होंने इसलिए किए ताकि पश्चिम के लोग इस बात को समझ सकें कि इंसान का स्वास्थ्य एवं उसकी तंदुरुस्ती उसके अपने वश में होते हैं।

ऊपर जिन योगक्रियाओं के बारे में बताया गया उनका ज़िक्र 1973 की *ब्रिटेनिका ईयरबुक ऑफ़ साइंस एंड द फ़्यूचर* में प्रकाशित हुआ।[52]

बब्बा दूसरे लोगों को चमत्कार या अतींद्रिय अवस्था में आने से प्रभावित नहीं करते थे या जटिल योग मुद्रा दिखाकर। उनके अंदर यह दुर्लभ गुण था कि वे उच्चस्तरीय आध्यात्मिक क्रियाओं को नियमित जीवन शैली के साथ मिला सकते थे। एक बार मैं अचानक उनके कमरे में चली गई और उस समय वे साधना में रत थे। इस तरह से ध्यान भंग किए जाने से वे चिढ़े नहीं; बल्कि मुझे एक असाधारण योगिक क्रिया को देखने का अवसर मिला। उन्होंने मुझे दिखाया कि अपनी साँसों को नियंत्रित करके और एक ख़ास तरह से ध्यान

52. एनसाइक्लोपीडिया ब्रिटानिका, विलियम बेंटन द्वारा प्रकाशित।

लगाने से किस तरह उनकी हथेली में दो स्थानों पर अलग-अलग तरह के तापमान हो सकते थे। एक बार मैंने यह देखा कि उन्होंने अपने शरीर के एक हिस्से में रक्त के प्रवाह को इस तरह से दिशा दिखाई कि शरीर का एक हिस्सा लाल हो गया था, जबकि दूसरा हिस्सा पीला पड़ गया था। मैंने इस बात पर गौर किया कि इस तरह के दुर्लभ और जटिल योग क्रियाओं को करने के बाद उनकी ऊर्जा का स्तर कुछ प्रभावित होता था।

कई बार मुझे यह सौभाग्य मिला कि मैंने इन क्रियाओं को देखा, जिनकी सामान्य तरह से व्याख्या नहीं की जा सकती थी। फिर वे मुझे समझाते हुए कहते कि किसी ने भी योग के माध्यम से साँसों के ऊपर नियंत्रण रखना सीख लिया हो, तो वह इसको आसानी से कर सकता था। उन्होंने यह भी कहा था कि इस तरह की सिद्धि आध्यात्मिक क्रियाओं से निकलती हैं और इनको अंतिम लक्ष्य नहीं मान लेना चाहिए, न ही इनको सच्ची आध्यात्मिक प्रगति का पैमाना समझना चाहिए। इसके विपरीत वे अक्सर यह कहते थे कि इस तरह की सिद्धियों से साधकों का ध्यान ही भंग होता था।

उन्होंने अमेरिका के इलिनॉय में 'इंस्टीट्यूट ऑफ़ योगा साइंस एंड फ़िलोसोफ़ी' की स्थापना की, जिसे बाद में पेंसिलवानिया राज्य में अपने वर्तमान स्थान पर स्थानांतरित कर दिया गया। वह योग के तरह-तरह के कार्यक्रमों, वर्कशॉप, सेमिनार और पुस्तकों-पत्र-पत्रिकाओं के प्रकाशन के माध्यम से योग एवं सर्वांगीण स्वास्थ्य को बढ़ावा देने वाला केंद्र बन गया।

वह हरफनमौला थे—वह बहुत अच्छे लेखक थे और उन्होंने योग विद्या, विज्ञान एवं दर्शन पर 93 से अधिक किताबें लिखीं। वह स्वाभाविक कवि थे, जिनकी छंदों पर पकड़ और शब्दों से खेलने की कला उनके कविता संकलन, *लव व्हिस्पर्स* में दिखाई देती है। उनको टेनिस खेलना और रंगों से काम करना पसंद था। उनकी पेंटिंग या तो अमूर्त हैं या प्रकृति पर आधारित वास्तविक हैं। हिंदुस्तानी शास्त्रीय संगीत पर उनकी अच्छी पकड़ थी और मंत्र पाठ के अलावा उनको गाना गाना अच्छा लगता था। उन्होंने अनेक जाने-माने गायकों और संगीतकारों को पेंसिलवानिया के होंसडेल में संगीत के आयोजनों के लिए बुलवाया।

उन्होंने देहरादून के पास जॉलीग्रांट में 'हिमालयन इंस्टीट्यूट हॉस्पिटल एवं मेडिकल कॉलेज' की स्थापना की। सभी साधनों से संपन्न इस संस्थान की स्थापना के लिए उन्होंने अपने सभी संसाधन झोंक दिए, यह उत्तराखंड का पहला मेडिकल कॉलेज था, जिसके बारे में उन्होंने यह कल्पना की थी कि

यह गढ़वाल के दूर-दराज में रहने वाले लाखों साधनहीन लोगों के स्वास्थ्य की देखभाल के काम आएगा। इस काम को करने को लेकर वे इतने तत्पर थे कि मैंने उनको मज़दूरों के साथ ईंट उठाते हुए भी देखा था। जब मैंने उनसे पूछा कि वे ऐसा क्यों कर रहे थे, तो उनका कहना था कि वह मज़दूरों को प्रेरित करने के लिए ऐसा कर रहे थे ताकि वे और मेहनत से काम करके इस काम को समय पर पूरा कर सकें। यहाँ तक कि अपने जीवन के अंतिम दिन वह यह देखने के लिए अस्पताल का चक्कर लगा रहे थे कि सबकुछ ठीक था या नहीं।

जब उनको लगने लगा कि उनका अंत समय क़रीब था, तो उन्होंने एक जान-पहचान वाले के माध्यम से यह संदेश भेजा कि वे अपने परिवार से मिलना चाहते थे। हम सब उनके पास गए। उन्होंने मेरी माँ से पूछा कि वह अस्पताल और मेडिकल कॉलेज गई थीं या नहीं, और वहाँ का रखरखाव देखा कि नहीं। ऐसा लग रहा था मानो वे स्वीकृति की अंतिम मुहर का इंतज़ार कर रहे हों। सबसे प्रेरणादायी बात यह रही कि जब उन्होंने अपने शरीर का त्याग किया, तो वे पूरी तरह से शांत लग रहे थे। उनको अनजान जगत में जाते देखना आश्चर्यजनक था; वे अपने आसपास खड़े परिजनों, मित्रों और अनुयायियों को दिलासा दे रहे थे, ज्ञान की बातें बता रहे थे। उन्होंने सभी को यह समझाया कि उनका काम पूरा हो गया था और उनके जाने का समय आ गया था; शरीर तो बस आभूषण होता है, आत्मा अमर होती है। उन्होंने कहा कि उनके गुरु उनको लेने के लिए आएंगे और वे 13 नवम्बर 1996 को रात 11 बजकर 08 मिनट पर उनके साथ नई यात्रा पर निकल जाएंगे। मेरा भाई और मेरी माँ पारिवारिक देवता के स्थल तारकेश्वर गए और वहाँ उनके लिए प्रार्थना की। जैसे ही उन लोगों ने प्रार्थना ख़त्म की, उन्होंने जिस दिन और समय को चुना था उस दिन वे इस भौतिक संसार से विदा हो गए। उन्होंने पूरी जागरूकता तथा नियंत्रण के साथ अपने शरीर का त्याग किया, जो हिमालय के महान साधु संतों की परम्परा के अनुसार ही था। उनका अंतिम संस्कार हरिद्वार में किया गया, और उनकी अस्थियों को पवित्र गंगा नदी में प्रवाहित कर दिया गया।

चुनिंदा लोग होते हैं जो साधारण मनुष्यों के नीरस जीवन से ऊपर उठकर काम करते हैं और धरती पर अपनी छाप छोड़ जाते हैं। मेरे पिता स्वामी राम उनमें एक थे। उन्होंने अपना जीवन मानवता की निस्वार्थ सेवा में लगाया। वह आदरणीय गुरु थे जिन्होंने असंख्य लोगों का मार्गदर्शन किया। वे गलतियों को क्षमा कर देते थे और सांसारिक साधनों से उनका किसी तरह का लगाव नहीं था। उनकी पसंदीदा चीज की अगर कोई प्रशंसा कर देता था, तो वे उसको देने में एक पल भी नहीं सोचते थे। महँगी घड़ी, अंगूठी, बढ़िया ऊनी शाल, या

एक बार तो उन्होंने बिना देर लगाए अपनी कार भी उपहार में दे दी थी। मुझे याद आ रहा है कि एक बार उन्होंने अपनी गाड़ी का शीशा नीचे किया और अपने बटुए से नोटों की गड्डी निकालकर भिखारियों को दे दी। बेचारे भिखारी पहले तो हैरान रह गए और फिर इस डर से भीड़ में भाग गए कि कहीं कोई गड़बड़ न हो जाए।

उन्हें परिवार, शिष्यों, दूसरे साधु-संतों तथा युवा पाठकों के द्वारा बहुत प्यार से याद किया जाता है, जिन्होंने उनके लेखन तथा उनके व्याख्यानों के माध्यम से उनकी शिक्षा और उनके दर्शन को पाया। अपने अंतिम व्याख्यानों में से एक में उन्होंने कहा था:

> हम लोग छोटे से परिवार जैसे हो चुके हैं, यह पूरा विश्व छोटे परिवार जैसा ही है। लेकिन अब हम लोगों को यह सीखना चाहिए कि एक-दूसरे के साथ किस तरह से रहा जाता है, एक-दूसरे से किस तरह का बर्ताव किया जाता है। प्यार ही इसमें मददगार होगा, लेकिन एक निस्वार्थ व्यक्ति में ही दूसरों को प्यार करने की क्षमता होती है। संपूर्ण जीवन सिद्धांत का आधार स्तम्भ निस्वार्थता होती है।

ये शब्द उनके जीवन दर्शन को सच्चे रूप में दर्शाने वाले हैं।

बब्बा ऐसे इंसान थे जो अमीर-गरीब सबको एक समान भाव से देखते थे। उनमें बच्चों जैसी मासूमियत थी, ज़िंदगी को लेकर असाधारण उत्साह था और कमाल का मजाकिया स्वभाव था। उनका लम्बा क़द, आत्मविश्वास से भरा व्यक्तित्व उनको भीड़ से अलग कर देता था। बहुत से लोग उनकी पूजा करते थे, बहुत से लोग उनका सम्मान करते थे, जिनमें परिजन थे, मित्रजन थे, वह उनके दिलों में रहते हैं। उनकी तस्वीरें भारत के अनेक मंदिरों, योग संस्थानों में लगी हुई हैं। उनकी किताबें आज भी न जाने कितने लोगों को प्रेरित कर रही हैं, शिक्षित कर रही हैं।

इस बात से मुझे बहुत गर्व होता है कि उन्होंने अनेक लोगों के जीवन को सकारात्मक रूप से प्रभावित किया। उनमें एक दुर्लभ प्रतिभा यह थी कि वे अपने अनुयायियों से उनकी तैयारी के स्तर पर मिलते थे। वह हर इंसान को इसके लिए प्रेरित करते थे कि वे उस मार्ग को अपनाएँ, जो उनके अंदरूनी स्वभाव के सबसे अनुकूल हो, इसलिए किसी को वे भक्ति मार्ग के लिए प्रेरित करते, तो किसी को ज्ञान के पथ पर चलने के लिए और जिनके बारे में उनको ऐसा लगता था कि वे सीखने के लिए तैयार हैं तो उनको वे श्वास नियंत्रण एवं

राज योग सिखाते थे।

मैं ख़ुशक़िस्मत हूँ कि इस जीवन में मैं उनकी बेटी हूँ और उनका भरपूर प्रेम तथा मार्गदर्शन मुझे मिला। यह मेरा सौभाग्य है कि मैंने उनको केवल साधु, हिमालय के गुरु के रूप में ही नहीं जाना, बल्कि एक पिता, मित्र तथा अपने एवं अपने भाई के बच्चों के दादा के रूप में जाना। यह मेरी ख़ुशक़िस्मती है कि मुझे उनके ज्ञान, मेधा, हँसी-मज़ाक़ और बच्चों जैसी मासूमियत की झलक देखने का अवसर मिला।

उनके कविता संकलन *लव व्हिस्पर्स* से निम्नलिखित पंक्तियाँ आज भी मेरे अंदर गूंज रही हैं:

> साधु, ओ साधु एक पल के लिए ठहरो;
> करूण भाव से अपने रहस्यों को खोलो
> क्या हम मौसमी फूल भर हैं,
> या अनंत समय के यात्री?
> तुम अनंत कमल समान हो जिसको किसी ने छुआ नहीं
> मूसलाधार वर्षा के दौरान

——

इस किताब का नाम 'हिमालय एक खोज: संत, लामा और नास्तिक' इसलिए रखा गया है क्योंकि हर सच्चे और विवेकशील गुरु और उनके शिष्य के बीच एक काला दर्पण रहता है, जो गुरु और अतिसंवेदनशील भक्तों के बीच अहं का संचार करता है।

इस लेख में भूषिता वशिष्ठ ने बड़ी मेहनत से काठमांडू नेपाल के बाहरी हिस्से में 11 साल तक ओशो कम्यून में रहने के अपने अनुभवों को नए सिरे से देखने का प्रयास किया है, जिसमें वह किसी को भी नहीं बख़्शती हैं, अपने आपको भी नहीं। इसमें स्वत्व तथा स्वाग्रह की ओर उनकी यात्रा दर्ज है एवं सामूहिक सोच के बीच अपनी वैयक्तिकता को बचाए रखने की जद्दोजहद है। 'यह कहानी पतन की है, देव की, सडाँध की और एक व्यक्तित्व के खो जाने की।'

'यह समझने में मुझे बहुत वक़्त लगा कि वह, यानी हमारा नेता, और हम यानी अनुयायी, एक दूसरे की ओर इसलिए खिंचे हुए हैं क्योंकि हमारी विकृतियाँ एक-दूसरे की पूरक थीं,' उन्होंने सार रूप में कहा। रास्ते में छोटी-छोटी बातों का सामना करने से अधिक उन्होंने पूरी मेहनत से जो ज्ञान हासिल किया था, वह अधिक मायने रखता था।

अध्याय 17

चमत्कार की तलाश में

भूषिता वशिष्ठ

मैं जिस वाक्य से भी इस कहानी की शुरुआत करती हूँ वह गलत लगने लगता है।

यह ग़लत इसलिए लगता है क्योंकि मैं इस कहानी को ईमानदारी से कहना चाहती हूँ। लेकिन ईमानदार लेखन एक बीमारी है, है कि नहीं? 'जैसे का तैसा' की विकृत व्याख्याओं के आधार पर हम अपने यथार्थ को बनाते हैं ताकि अपने आपको निरोग दिखा सकें। शायद व्याख्या करना विकृत करना होता है। लेकिन मैं कोशिश करुंगी।

वह जुलाई की एक आम दोपहर थी। मुझे काम दिया गया था ओशो कम्यून के प्रधान से शाकाहार पर बातचीत करने का। मैं उससे फ़ोन पर भी यह बात कर सकती थी, जिस तरह से जीवन-शैली से जुड़ी खबरों के लिए लोगों से फ़ोन पर बात करती थी। लेकिन यह मेरी पहली ऐसी खबर होने वाली थी, जिसमें मेरी बाईलाइन जाने वाली थी और कम्यून को लेकर मेरी दिलचस्पी भी थी। ओशो को मरे दो दशक हो चुके थे, लेकिन उन्मुक्त लोगों के गुरु के रूप में उनकी ख्याति बढ़ती ही जा रही थी।

क्या ऐसी कोई दुनिया हो भी सकती है जिसमें लोग उस तरह से उन्मुक्त होकर प्यार कर सकते हैं, जिस तरह से प्यार करने की बात ओशो ने कही थी? क्या शादी के पुराने पड़ चुके यक़ीन से बचने का कोई रास्ता था? क्या सेक्स उतना ही मुक्तिकारी और काव्यात्मक हो सकता है जैसा कि ओशो ने उसको बनाया था?

मेरी उम्र सत्रह साल थी और मैं एक अख़बार में स्ट्रिंगर के रूप में अपनी पहली नौकरी कर रही थी। मेरे पास बहुत सारे सवाल थे इसलिए मैं कम्यून में जाने के अवसर को खोना नहीं चाहती थी ताकि मैं स्वयं जवाब पा सकूँ। इसके अलावा, मेरे साथ काम करने वाला एक पत्रक़ार तो कम्यून में ही रह रहा था। मैं उसकी बौद्धिकता एवं व्यक्तित्व से प्रभावित थी। इसलिए मुझे वह यात्रा संभावनाओं से भरी लग रही थी।

मैंने सुबिधानगर में अपने दफ़्तर के बाहर से एक बस पकड़ी।

मैं एक छोटे शहर से थी, जहां सभी एक-दूसरे को जानते थे। सभी एक जैसा जीवन जी रहे थे। तब मुझे यह नहीं पता था कि मानवता व्यवस्थित रूप से इस तरह से एकरस हो चुकी थी कि वह अपने रोज़मर्रापन में अप्रत्याशित के स्वागत की बेचैनी से बचकर रहना चाहती थी। अगर किसी ने मुझे चेतावनी दी होती कि किसी दिन अप्रत्याशित को हज़म कर पाने की क्षमता मेरे अंदर कम पड़ जाएगी, तो मैंने उसका मज़ाक़ उड़ा दिया होता। मुझे लगता था कि

मैं बेहतर जीवन जीने के लिए बनी थी—अधिक रोमांचक, जोशीली और उस सबसे अधिक जो मैं अपने आसपास देखती थी।

हालाँकि, अधिक की चाह का जो अपरिभाषित रूप था, वह समय के साथ और अमूर्त होता गया। ज़ाहिर है, मैं महज सत्रह साल की थी। मेरा शरीर ऐंद्रिक अनुभवों को अधिक महसूस करने लगा था। मेरी जो ज़िंदगी उस समय थी, मैं उससे संतुष्ट नहीं थी। मेरी दिलचस्पी किताबों में, मेरे काम और पुरुषों में होने लगी थी, जब वे मुझे गौर से देखते थे, तो मुझे अच्छा महसूस होता था। लेकिन मुझे महसूस होता था कि मैं जो आनंद चाहती थी, वह इन सभी चीजों से परे था।

ऐसे में मुझे ओशो कम्यून में जाने का अवसर मिला, जो काठमांडू के बाहरी क्षेत्र में था। जब मैं रवाना हुई तो कुछ साधारण जीवन से हटकर नहीं लगा; धुआँ उड़ाती हुई बस आगे बढ़ी, सड़क के किनारे खड़े पाप्लर के पेड़ों पर काला धुआँ और धूल उड़ाती। बाहर जाकर शहर उदासीन और थका हुआ लग रहा था। सभी बेचैन से लग रहे थे। मैंने उनके अनाम अस्तित्व की ओर देखा और जिस तरह से वे एकरस ढंग से शहर की कुरूप वास्तुकला से बेपरवाह चले जा रहे थे। बस में यात्री भरे हुए थे लेकिन मैं किसी को नहीं जानती थी। मुझे यह भीड़ तथा यह बेगानापन दमघोंटू लग रहा था।

बस नागार्जुन पहाड़ी की तलहटी में रुक गई। मैं नीचे उतरी तो मैंने देखा कि मेरा पत्रकार दोस्त मुस्कुराता हुआ मोटरसाइकिल लिए मेरा इंतज़ार कर रहा था।

'सफ़र अच्छा रहा?' उसने पूछा।

'हम्म।' कहते हुए मैंने जवाबी मुस्कान छोड़ी। अनाम लोगों की उस भीड़ में किसी परिचित को देखकर मुझे बहुत अच्छा लग रहा था।

'हम बहुत दूर नहीं हैं,' वह बोला। हम उसकी बाइक पर सवार हो गए।

कम्यून नागार्जुन नेशनल फ़ॉरेस्ट रिज़र्व के एक कोने पर था। मोड़ से भरा रास्ता, जो तरह-तरह की घास से भरा हुआ था, उसको पार करते हुए सड़क पहाड़ के नीचे तक जाती थी। बीच-बीच में हवा चलने से नीचे सीढ़ियों पर फूल गिर जाते थे। मुझे अंदर से बहुत शांति महसूस हो रही थी और अचानक मेरे अंदर की जो आक्रामकता थी, जो कई साल से खुद को साबित करने की कोशिश में मेरे अंदर भर गई थी, अब वह निरर्थक लग रही थी। मैं इसके लिए तैयार नहीं थी। हम बांस के गेट को पार कर सीढ़ियों से नीचे उतर रहे थे, ऊपर से लताओं की छाया थी। मुझे वह छाया महसूस हुई, जो मेरे

ऊपर क्रोशिया के पर्दे की तरह झूल रही थी। जंगल की आत्मा मेरे अंदर भर रही थी; मैं अंदर से पिघल रही थी।

ऐसा महसूस हुआ मानो मैं कल्पना लोक (यूटोपिया) में आ गई थी। लेकिन तब मुझे यह नहीं पता था कि अंग्रेज़ी के शब्द 'यूटोपिया' का दोहरा मतलब होता है—ऐसी जगह जहां रहा जा सके/ ऐसी जगह जो हो ही नहीं सकती। नक़्शानवीस यूटोपिया को नहीं तलाश सकते। वे यथार्थ की छाया में रहते हैं, जिसमें कविता, ईश्वर तथा अन्य तरह की विकृतियाँ पनपती हैं। लेकिन मैं तो बस 17 साल की थी। कविता और ईश्वर दोनों मुझे बहुत आकर्षित करते थे। मैं जानबूझकर उनके बंधन में थी।

मैं आश्रम में संन्यासिन बन गई। लेकिन ओशो का सिद्धांत हिंदू संन्यास परम्परा से अलग था, उसमें संन्यासिन को पार्टनर रखने की आज़ादी थी। बल्कि जितने चाहे उतने।

मैं बाहर की दुनिया में पत्रकार थी और कॉलेज भी जाती थी, लेकिन मेरी ज़िंदगी पर धीरे-धीरे कम्यून की गतिविधियों का असर होने लगा। हम लोग उठने के बाद जमकर विरेचक ध्यान करते थे। हम लोग चिल्लाते और रोने लगते, हंसने लगते। मैं उस दर्द के लिए रोती, जिसे मैं न जाने कब की भुला चुकी थी। मैं लोगों पर चिल्लाती, जिनसे मैं अपनी वास्तविक दुनिया में तेज आवाज़ में बोल भी नहीं सकती थी। मुझे नहीं पता था कि मैं अंदर से इतनी टूटी हुई थी। गुरु ने हम लोगों से कहा था कि हम सुंदर मासूम फूल थे, जिन्हें बाहर की क्रूर दुनिया ने बड़ी बेरहमी से नोच डाला। मैं इस स्वीकृति से हैरान थी। मुझे बहुत ख़ास महसूस हो रहा था। जहां शहर के बेगानेपन ने मेरे दिल को जकड़ लिया था, वहीं आपस में गहराई से जुड़ा यह समुदाय, जिसमें हम एक साथ खाना खाते थे, साथ-साथ डांस करते थे, ध्यान की हर मुद्रा के बाद एक-दूसरे से गर्मजोशी से गले लगते थे, और इस सबसे मेरे दिल की जकड़न धीरे-धीरे पिघलने लगी।

समुदाय में क़रीब 50 लोग ऐसे थे जो वहाँ नियमित रूप से रहते थे और करीब सौ लोग ऐसे थे जो विशेष आयोजनों में वहाँ आते थे। दक्षिण एशिया के मानकों के हिसाब से देखें तो वह बहुत उदार और प्रगतिशील था। वहाँ कुछ शादीशुदा जोड़े भी थे, लेकिन बहुत सारे युवा थे, जो बिना इस बात की परवाह किए एक साथ रह रहे थे कि उनका रिश्ता स्थायी रहेगा या नहीं। या हो सकता है कि उस समय वे मुझे बेपरवाह लग रहे हों। वहाँ रहने वाले मेहनत करते थे और बदले में कम्यून उनकी बुनियादी ज़रूरतों का ध्यान रखता था।

बहुत से लोग मेरी तरह थे, जो बाहर काम करते थे और वहाँ रहने के लिए भुगतान करते थे। युवा रचनात्मक पेशेवर लोगों के उस समुदाय में मैं अपने आपको भरी-पूरी महसूस कर रही थी, जो आध्यात्मिक गुरु के रूप में अपनी वैकल्पिक जीवन शैली की तलाश में थे।

धीरे-धीरे मैं अपने उस पत्रकार दोस्त से प्यार करने लगी, जो मुझे उस कम्यून में लेकर आया था।

हमलोग एक परिवार की तरह से थे, जिसमें सर्वशक्तिशाली गुरु था जो वहाँ के लोगों के लिए पिता समान था। हमारे गुरु, ओशो के पहले दौर के शिष्य थे, जो बड़ी मेहनत से लोगों को दीक्षा देने, उनको उपदेश देने, ध्यान शिविरों को चलाने तथा कम्यून के कामकाज को देखने के काम में लगे रहते थे। वे सिविल इंजीनियर थे और वे जिस परिवार से आते थे उसका राजनीतिक संपर्क बहुत अधिक था।

उनके जैसे कृपालु व्यक्ति से मैं कभी मिली नहीं थी। उनका अपना निजी जीवन आदर्श नहीं था। उन्होंने दो शादियाँ की थीं, लेकिन दोनों टूट गई थीं और अब वे अपने बंगले में अकेले रहते थे; उनकी दूसरी पत्नी भी कम्यून में रहती थी। वह हम लोगों को इस बात के लिए प्रेरित करते रहते थे कि हम अपने अंदर के बने-बनाए साँचे तथा ईर्ष्याभाव से बाहर निकलें और 'बिना किसी उम्मीद' के प्यार करें।

'प्रेम' शब्द मेरे लिए विस्तृत और बहुआयामी हो गया। लोगों के लिए, पहाड़ों के लिए, पेड़ों के लिए मुझे अच्छा महसूस हो रहा था। मैं वहाँ महसूस कर रही थी।

और फिर एक दिन मैंने पाया कि मेरा प्रेमी, वहाँ रहने वाली किसी और स्त्री के साथ सम्भोग कर रहा था।

क्या हम लोग चुनिंदा नहीं थे, जो बिना किसी उम्मीद और ईर्ष्या के प्रेम कर रहे थे? अगर ऐसा था तो मेरे दिल में घाव क्यों था?

अपने प्रेमी के सामने विरोध जताते हुए मैं शर्मिंदा महसूस कर रही थी। हम दोनों के लिए प्यार का यह पहला अनुभव था। एक धुंधली, आदर्श दुनिया में हम अंतरंगता की तलाश में थे, जिसमें यह आशा की जाती थी कि प्रेम ईर्ष्या जैसी ओछी भावना से मुक्त रहे, वैसे में हम लोगों को ऐसा महसूस हुआ जैसे हम दो खोए हुए जीव हों, जो एक तश्तरी में तैर रहे हों। साल दर साल प्रेम के लिए नई ज़मीन की तलाश करते हुए, हम लोगों को पुराने भय के सिवा कुछ महसूस नहीं हो रहा था। हम लोगों में से किसी को भी यह समझ में नहीं आ

रहा था कि हम लोगों ने एक ऐसे आदर्श को चुना था, जिसको हम जी नहीं सकते थे। और अब हम हमेशा के लिए छद्म जीवन जीने के लिए बंध गए थे।

यूटोपिया ऐसी जगह थी जिसमें रहा जाए/ जो जगह थी ही नहीं।

अपनी ईर्ष्या, अपनी असुरक्षाओं को स्वीकार करते हुए मैं खुद को बुद्धू महसूस कर रही थी। जब हम विरेचन ध्यान करते थे, तो मैं फूट-फूटकर रोने लगती थी। लेकिन इसके अलावा मैं खुश, उन्मुक्त संन्यासिन थी, उन सारे दुखों से दूर, जो आम इंसानों को अनुभव होते हैं। इस भावना को जीते हुए मैंने अपने प्रेमी को उसी तरह से तकलीफ़ पहुँचाई, जिस तरह से उसने पहुँचाई थी। और मेरी ही तरह उसने भी इस बात को स्वीकार नहीं किया कि उसको कितनी तकलीफ़ हो रही थी। आख़िरकार, हम ओशो के संन्यासी थे, दुनिया की एक नई व्यवस्था के अग्रदूत।

कई महीने बीत गए। मेरा झूठमूठ का अभिमान मुझे दबाए जा रहा था। आख़िरकार मैं गुरु के पास गई और उनसे पूछा कि इससे मुक्ति का क्या रास्ता था, यह सीखने के लिए कि किस तरह से अपनी ईर्ष्या और अपने दर्द को कम करूँ। उन्होंने बहुत ध्यान से और बहुत प्यार से मेरी बात सुनी। उनके कमरे में पीली रोशनी थी, उनकी चादर के ऊपर मोगरे की छाप थी, जो मुलायम और ख़ुशबूदार लग रही थी। मैं टूट गई और रोने लगी। वह धीरे-धीरे मेरे सिर को थपथपाते रहे और फिर अपनी तरफ़ खींच लिया। मुझे सुरक्षित महसूस हुआ। उन्होंने मुझसे कहा कि जब भी मेरा मन करे उनके पास चली जाया करूँ। अपनी सफ़ेद दाढ़ी और क़रीने से तराशे हुए सफ़ेद बाल में, वह उस पीली रोशनी में अधिक संत लग रहे थे। सम्मान के साथ उनके पैरों में झुकने के बाद मैं वहाँ से चली गई।

'गुरु पिता होता है,' उन्होंने मुझसे कहा। 'और माँ भी। गुरु सबकुछ होता है।'

मैं अपने परिवार से दूर होने लगी। विशेष रूप से मेरी माँ को इस बात से बहुत परेशानी थी कि मैं बिना शादी के किसी पुरुष के साथ रह रही थी। मैं अपने परिवार को लगाव और ईर्ष्या का पोषक मानती थी, जो इंसान की 'खुलकर प्रेम करने' की क्षमता को बाधित करता था। मैं इस ओछेपन से ऊपर उठना चाहती थी। इसलिए मैंने अपने परिवार के साथ अपने लगाव को कम

करना शुरू किया। और धीरे-धीरे गुरु इस ख़ालीपन को भरने के लिए आए।

हर गुजरते दिन के साथ प्रेम का मेरा विचार और अधिक अस्थिर होता जा रहा था। मैंने अपने आपको जानबूझकर अनाथ बना लिया था। लेकिन मैं अभी एक बच्ची ही थी। जब मैंने अपने आसपास देखा तो पाया कि कम्यून में रहने वाले लगभग हम सभी लोग वयस्क शरीर में फँसे हुए बच्चे ही थे। हम अपने बचपन के इस भ्रम से उबरे ही नहीं थे कि हम अपने सर्वशक्तिशाली पिता की सेवा कर रहे थे। हम एक ऐसे पितृतुल्य के निर्माण को लेकर बहुत बेताब थे, जो सर्वत्र था और सबसे ताकतवर भी था। हमने अपनी उमीदें, अपने सपने और अपने भ्रमों को उनसे जोड़ लिया था, अपने गुरु से। हम चाहते थे कि वे दोषरहित रहें। अपनी मानवीय कमज़ोरियों को ढँक लें। हम लोगों ने बहुत उदारता से उन्हें बहुत कुछ समझ लिया था। कई बार हम इस बात पर गर्व भी करते थे कि वे कितने मानवीय थे।

उनका मानवपन अपने-आपको बार बार जताने लगा। अब जब पीछे मुड़कर देखती हूँ, तो मुझे यह समझ आता है कि किस तरह किसी भी पंथ में अनुयायियों को अपने स्वत्व को नष्ट करने की प्रक्रिया में यहाँ तक ले जाया जाता है कि वे सेवा के क्रूर से क्रूर रूप के समक्ष भी समर्पण के लिए तैयार रहते हैं।

सभी धार्मिक एवं आधात्मिक समूह इस बात को लेकर एकमत हैं कि व्यक्ति का अहं उसकी भक्ति में सबसे बड़ी बाधा होती है। जिसके ऊपर हमारे अपने दुखों का बोझ होता है, जो वास्तविक संसार में सफलता एवं ख़ुशी के खाली वादे से संभ्रमित रहता है। हमें ऐसा लगता है कि कमी हमारे अपने ही अंदर है, और हमारा अहं हमारा बंधन है। और अपने आपको इससे मुक्त करने के क्रम में हमें अपनी निजी सीमाओं को जाने देना होता है। हम मुक्त और संवेदनशील हो जाते हैं। हम किसी उच्च चेतना के सामने अपने आपको समर्पित करना चाहते हैं, जो हमें अपने आपसे मुक्त कर दे। जब आत्म ही नहीं रहेगा तो इस खेल के बारे में हमें अधिक पता भी नहीं रहेगा। इसके बाद आप सही और ग़लत में अंतर नहीं कर सकते। ज़िंदगी कोहरे से घिरी लगने लगती है। अजीब हाथ और मुँह इस कोहरे से बाहर आने लगते हैं, आपको टटोलते हुए, आपको सहलाते हुए, आपको आशीष देते हुए, आपको मुक्त करते हुए। *सब ठीक हो जाएगा,* आप अपने आप से कहते हैं। और आप और अधिक दर्द जुटाते रहते हैं। और अधिक शर्म।

किसी-किसी रात जब सब सो जाते थे और आध्यात्मिकता अंधेरे में

चली जाती थी, तो मैं अपने आपमें वापस लौटने की कोशिश करती। लेकिन अब कोई आत्म बच ही नहीं गया था। मैं बस छाया रह गई थी, किसी ऐसी चीज़ की गूंज जिसको मैं नहीं समझ पाती थी। मैं एक झुंड की कमजोर कड़ी थी, लेकिन अपने आप में आने पर मैं कुछ भी नहीं रह जाती थी। मुझे अकेले रहने में डर लगता था।

एक दिन मैंने अपने आपसे यह स्वीकारने का साहस किया कि मैं कष्ट में थी। मैं गुरु के पास गई और उनके सामने मैंने स्वीकार किया कि मैं तकलीफ में थी। उनके यूटोपिया और उनकी कृपा से मेरी पीड़ा दूर नहीं हुई, बल्कि मैं यह कहना चाहती थी कि वह और बढ़ गई थी। जब मैंने आख़िरकार यह स्वीकार कर लिया कि राजा *सच में* नंगा था, हमारे चेहरे के नक़ाब हट चुके थे। और उस नक़ाब के नीचे हम सबका ऐसा चेहरा था, जिसको दूसरे नहीं पहचान सकते थे।

मुझे यह बात समझने में बहुत समय लग गया कि वह यानी नेता और हम यानी अनुयायी एक दूसरे की तरफ़ इसलिए आए थे क्योंकि हम सबकी एक जैसी बीमारी थी। हम बड़ी बेचैनी से अपने सर्वशक्तिशाली पिता के साथ सुखद बचपन को फिर से जीने की कोशिश कर रहे थे और वह भी उतनी ही बेताबी से बच्चों की तरह सर्वशक्तिशाली होने के राहत को जीना चाह रहे थे। यह एक विचित्र खेल था। हम लोगों में से कोई वह नहीं था, जो हम जताने की कोशिश कर रहे थे। हम बेहद प्राचीन उस कल्पना को जीने की कोशिश कर रहे थे, जिसमें ईश्वर पिता होता था और हम उनके बच्चे।

होर्खे लुई बोर्खेज ने एक बार कहा था, 'सबसे बड़ी भूलभुलैया वह पेचीदा रूप नहीं होती है जो हमें हमेशा के लिए फँसा लेती है, बल्कि एक सीधी रेखा होती है।' वह इससे सही बात हो ही नहीं सकता था। मैंने जीवन को समझने के क्रम में अपने आपको थका लिया था, मेरी सौंदर्यात्मकता, मेरी बौद्धिकता, मेरी संवेदना सबके माध्यम से, उस अमूर्त को अधिक टटोलना चाह रही थी। एक के बाद एक किताब पढ़ते हुए, एक के बाद एक प्रवचन सुनते हुए, वृत्त चित्र देखते हुए, घंटों ध्यान लगाते हुए, मैं उस मार्ग से चल रही थी जिसका वादा था कि वह समझ की ओर जाता था।

लेकिन फिर भी कहीं पहुँची नहीं।

मुझे यह बात समझ में आ गई थी कि बच्चे और वयस्क में एक ही अंतर होता है अर्थ को लेकर माँग बहुत बढ़ जाती है। बच्चा जीवन को सह सकता है या उसका आनंद भी उठा सकता है, बिना उसके अर्थ की चाह के। लेकिन वयस्कों के लिए जीवन नीरस हो जाता है, अपने आप एक दिनचर्या बन जाती है, भावनाएँ वैसी प्रबल नहीं रह जाती हैं और धीरे-धीरे मौत एक निश्चित की तरह हर सुबह हमारे अस्तित्व का हिस्सा बन जाती है। जब हम उठते हैं और ताक़त बटोरकर अपने आपको फिर से सिसिफ़स के खेल के लिए तैयार करते हैं। इस एकरसता से ऊबकर हम ईश्वर की शरण लेते हैं या किसी बड़े मकसद की शरण में जाते हैं। और किस तरह से इंसान मृत्यु, ग़रीबी और पीड़ा को सहन कर सकता है?

लेकिन क्या कोई बड़ा मकसद होता भी है?

एक दिन मैं कम्यून से निकल गई, वह सबकुछ पीछे छोड़ते हुए, जिसको मैंने बड़ी सावधानी से 11 साल में बनाया था। मैं एक बार फिर से सड़क पर थी, मेरे पास अपना कहने के लिए कुछ भी नहीं था। मैं इस बात से जाग उठी थी कि कोई ईश्वर नहीं है, कम से कम उस अर्थ में तो नहीं ही जिस अर्थ में संगठित धर्म हमें बताना चाहते हैं। कहीं कोई उत्तर नहीं है। कहीं किसी तरह की व्यथा नहीं है, हर कहीं बस पीड़ा है, और यह इंसान होने की पूर्व शर्त है। इस अफ़रातफ़री के बीच हमें अपना मक़सद तलाश करना चाहिए; काल्पनिक देवताओं और गुरुओं को सामने रखते हुए नहीं। ज़िंदगी इतनी विराट है कि कोई भी सर्वज्ञ होने का दावा नहीं कर सकता है। हम सबकुछ नहीं समझ सकते, कोई नहीं समझ सकता, और इसमें कोई बुराई भी नहीं है।

धीरे-धीरे सुंदरता मुझसे एक बार फिर बतियाने लगी। मैं इस बात की कभी कल्पना भी नहीं कर सकती थी कि ईश्वर का भ्रम टूट जाने से मैं किस कदर बिखर गई थी। सालों से मैं जगह-जगह जाकर अपने अविश्वास को तौलती रही। विश्वास न कर पाने की क्षमता से अधिक बेचैनी होती है।

लेकिन धीरे-धीरे हिमालय की घाटियों में अकेले घूमते हुए, इसकी धवनियों और आहों को सुनते हुए, मैं फिर से श्रद्धालु होना सीख रही हूँ। लेकिन यह श्रद्धा अब किसी एक व्यक्ति के लिए नहीं रहने वाली है। मैं जीवन के अन्याय और उसकी सुंदरता के सामने समर्पित हूँ। मैं उस अच्छे और बुरे के सामने नतमस्तक हूँ जो वह हम सबमें भर देती है।

मैं जीवन के सामने नतमस्तक हूँ जो साधारण भी है और चमत्कारी भी।

—

सिद्धार्थ पेंटर हैं, लेखक हैं और संत हैं। उनके आध्यात्मिक अभ्यास में हिमालय में दूर-दूर की ऊँचाइयों तक यात्रा करना शामिल है, जहां वे जड़ी-बूटियों, अपनी कलाकृतियों में भरने के लिए प्राकृतिक रंगों और डाई की तलाश करते हैं। इन्हीं यात्राओं के दौरान उनका लाल बाबा जैसे दिलचस्प व्यक्तित्व से पहली बार सामना हुआ था और उनसे उन्होंने रंगों, आनंद और स्वतंत्रता के उनके दर्शन को समझा था।

अध्याय 18

लाल बाबा

लाल बाबा और जीवनदायिनी जड़ी-बूटियों का रहस्य

सिद्धार्थ

।। तपोवन यहां तप करते महाऋषि सालों साल बैठे कंदराओं में।

रूद्र गंगायें बहती हैं यहां। रंग-बिरंगी धारायें। हरी, लाल, पीली, मटियाली

और शुद्ध जल से बहती शोर करती कि बात नहीं कर सकते न सुन सकते अपनी ही सांस।

ऐसी है करामात रंगों की शोर की।।

।। वहां नीचे श्वेत गौमुख यहां से भगीरथी का उद्‌गम बहती धारा प्रबल निर्मल। बहुत सी धाराओं का मिलन। पर्वतों से बहते झरने। जड़ी-बूटियों से भीगी नदियां। वासुकि ताल का निर्मल जल भगीरथी के रूप में गौमुख के द्वार से बहता कलकल।।

।। शिवलिंग पर्वत का दर्शन। नीचे बहती भगीरथी छोटे बच्चे की तरह लुढ़कती खेलती पत्थरों को तोड़ती गेंद जैसे ठेलती शोर करती ऐसा कि पास खड़े की बात न सुने। महाचुप्पी महाध्यान मग्न मन चलते जा रहे यात्री। अंदर भी जैसे कोई चुप हुआ बोल रहा था जो न जाने कब से।।

।। कोई छन्न से कूद के सामने आ खड़ा हुआ। लाल रंग के वस्त्र, लाल-ललाट, जटाजूट सा बाहें फैलाये खड़ा था पत्थरों पर संकरी सी पगडंडी के ऐन बीचो-बीच। ऊंचे स्वर में दहाड़ता सा बोला, 'क्यूं आये तुम यहां इस पावन धरती पर तपोवन में, इस नन्दन वन की शांति भंग करने। नहीं है कोई तुम्हारा काम यहां मेरे लाल बाबा के स्थान पर मेरे हनुमान की बगीया में। जाओ लौट जाओ अपने संसार में दूर इन संजीवनियों से बहुत दूर। जाओ, जाओ लौट जाओ।।'

।। लामा जी रुके मंत्रजाप करते मुस्कुराए: 'हे लाल बाबा ठीक कहा तुमने। क्या काम यहां हमारा? क्यूं आये हैं हम क्या लेने आये क्या खोजने आये यहां ठीक कहा है साधू तुमने।।'

।। शांत हुआ लाल बाबा धीरे-धीरे फुसफुसाता सा बोला, 'क्या सोचते हो यह वन तुम्हारी उपस्थिति को अनुभव करके तुम्हारी अशांति को हर लेगा या फिर रंग देगा तुम्हें अपने रंग में और कर देगा तुम्हारे मानस को एक सुर इस अंतहीन ब्रहमाण्ड के साथ। क्या तुम हो सकोगे इन संजीवनियों के साथ में दुख हरने व मानस सुख धरने वाले। अभी तो तुम्हें इन पगडंडियों पे भी चलना नहीं आता शांति से। नहीं आता पग धरना, देख के, चेतन में। रौंदते हुए चलते हो प्रकृति के मालिक बनके।।'

।। 'हे लाल बाबा तुम इस सबके स्वामी क्योकर बन बैठे हो, इस सर्ग के महा स्वर्ग में और इतना गुस्सा इतना आवेश क्यों और इतने लाल कैसे हो

गये हो साधू बाबा।।'

।। एकटक एक ओर को देखता सा बोला बाबा। 'भाई यह तो यहां की नदियां लाल हैं। रंग दिया है मेरे मुख को, रंग दिए हैं मेरे वस्त्र भी और मुझको सारे का सारा तुम्हारी तरह बाजार से खरीद करके लाल कपड़े नहीं पहन लिए हैं मैंने।।

।। 'रूद्र गंगायें बहती हैं यहां तीव्र स्वर में गाती। विचार शून्य शांत हुआ है मानस मेरा। पर सुनी मैंने अभी-अभी एक चीख-पुकार रुदन एक जड़ी का, तुममें से किसी एक ने रौंद दिया है पैरों तले या फिर तोड़ लिया है अनजाने में किसी बूटी को।।

।। 'देखो क्या हुआ, देखो क्या किया तुमने। सब्र टूट गया, अशांत हुआ हूँ। बिखर गया था, रोक न पाया खुद को। विह्वल चित्त के दुख में डूब गया क्षण भर। इस सर्ग के महा स्वर्ग में दुख पहुंचाया तुमने मेरी जड़ी बूटी को। तुम तो डण्डा घुमाते रौंदते पैरों तले चलते जाते अपनी राह।।

।। 'यह जड़ी संजीवनी बूटियां, पेड़, पक्षी, पशु, कीट-पतंगे इस ब्रहमाण्ड के साथ एक सुर एक रूप हैं। सदा थे, हैं और रहेंगे। एक में एकग्र। ठहराव में निरंतर। यह है एक समय में व्यापित एक ईश्वरीय जगत में आसक्त प्राणी, प्रेम घृणा बैर विरोध के आचरण से रहित, सत्य सर्वा स्वंयम्भू, जो तुम हो नही सकते।।'

।। 'साधू साधू ! ठीक कहा बाबा धन्यवाद दर्शन देने के लिये महा ईश की कृपा सच कहा हे लाल बाबा हम मैं से भरे चलते सोये-सोये इस प्राकृतिक बगीया जैसे सर्ग में उसकी सर्वसत्ता से अनबूझ प्राणी और अनबूझ है स्वयं से भी।।

।। 'नतमस्तक हूँ तुम्हारे मानस को। करता हूँ एक विनती। हे लाल बाबा, मैं तेरे संग सत्संग की लालसा करके कुछ और समय व्यतीत करना चाहता हूँ कृपया आप स्वीकार करें।' हँसा वह निश्छल सा, बहते झरने की तरह। 'हे जगयासू तुम आ ही गये हो, मिल ही गये हो। सब निश्चित है। इस प्रकृति में सब का होना सच। है कौन किसी को क्या देगा, नहीं जानते।।

।। 'अपने स्वामी होना, स्वयंभू होना। प्रकृति की तरह सहज होना महा-प्रसाद है। अपने स्वामी होकर ही जान पाओगे इस चराचर जगत में व्यापित सभी की सत्ता को द्वैत के पार।।'

।। हम बाबा के पीछे चलते-चलते एक गुफा के सामने जा खड़े हुए। 'इस गुफा के गर्भ में रहता हूं मैं। इस की शरण महाशांति पुंज मां के गर्भ जैसी।

नमस्कार करके, झुक के अंदर आ बैठो अतिथि। धूल को गंदा मति समझना। यह तो धरती मां का प्रसाद जो घूमती हवा ले आती है उड़ा के अपने संग। बांटने को हमारे साथ।।

।।'आया था मैं यहां दोस्तों संग भ्रमण करने बहुत बरस बीते। वनस्पति विज्ञान का विद्यार्थी था मैं दिल्ली में। यहीं मेरे गुरु लाल बाबा से मिलन हुआ अचानक और तभी से मेरे बाबा की कृपा और इस प्रकृति का सुख साथ प्राप्त हुआ मुझे। मैं रुक या ठहर गया सदा सदा इसी गुफा में। अपने गुरु लाल बाबा के चरणों में और कभी लौट कर नहीं गया इस माया संसार में फिर से कभी।'

'मेरे बाबा कहते थे:

इस नन्दन वन में बसती है आत्मायें भले बुरे के पार
निशब्द शून्य विचार
एक सुर बिन द्वैत
अनजाने संदेसे देती रुमकती हवायें, बजाती साज़, गाती लोरियां
सुनते रहना इस महा नाद को मेरे प्यारे पर सो मति जाना।।
सो ही जाते हैं हम बहार में
जागती है आग
भूख की आग, दुख की आग, ईर्ष्या की आग, शरीर की आग
यह भी कैसी जाग, कैसा जागरण, मेरे प्यारे सो मति जाना एक नाद
बज रहा अनादि बुना है ताना-बाना ब्रहमाण्ड एक सुर में एक साथ
अनेक में एक एक सुर एक साथ।।
।। सुनता है आकाश धरती पाताल सूर्य चांद सितारे पौधे पेड़ पहाड़
सुनते पानी अग्नि शरीर
एक नाद है बज रहा अनादि
देता संदेसे सुनता ध्यानी स्वर शब्द वाक् कण-कण, फल-फूल, पत्ता-पत्ता,
बूटा, कीट पतंगा जड़िया, संजीवनियां
करते निशब्द बात सुन सकते हो जगयासू यह महा नाद
समर्पण से इस महा नाद के साथ समर्पण करो तो सही एकबार।।

।। ढलते सूर्य के साथ दूर पहाड़ सोने से चमक उठे। गुफा के कोने अंधेरे होने लगे। धूनी की आग में लकड़ी डालते बाबा बोले खाने का समय हो चला है। 'लाओ लाल पानी डालो बरतन में एक-एक

कटोरी सब के लिये और आंच पे रख दो' कह वह उठे और कुछ सूखी जड़ी बूटीयां और पत्ते ला के उबलते पानी में डाल दिये और चुपचाप देखते बैठे रहे। जड़ी बूटियां खिल के हरी हो सारे बर्तन में भर गई। बाबा दोनों हाथ जोड़ प्रार्थना करते रहे फिर सबको एक-एक कटोरी प्रसाद की तरह बरता दी। ऐसी खुशबू, ऐसा स्वाद आज तक चित्त में बसा है। यह कोई चमत्कार सा था। यह कोई ईश्वरीय प्रसाद था।।

।। 'हां तो आप ने पूछा मेरा नाम।' वह हँसे बोले, 'मेरा नाम अब नहीं। मेरे बाबा, गुरु का नाम ही मेरा नाम है। मेरे गुरु के गुरु देव भी लाल बाबा और मैं भी लाल बाबा। हम रंग से जाने जाते हैं। यहां नीचे बहती नदी के पानी को जड़ी बूटीयों और लाल फूलों ने लाल रंग दिया है और हमें भी अपने रंग में रंग के कर दिया लाल बाबा। बहुत गुण अदभुत चमत्कारी गुण हैं इस लाल पानी में।

।। 'तीन पीढ़ी से इसी गुफा में रहकर इस सर्ग की जड़ी-बूटियों पर शोध कर रहे हैं। भूत के महा ऋषियों के पुरातन ग्रंथों का अध्ययन भी किया है। देखो वहां लाल कपड़े में लपेटे रखे हैं मेरे बाबा की कुल पूंजी।।

।। 'हमने इस सर्ग की प्रत्येक बसने वाली जड़ी बूटी को जानने और पहचानने की कोशिश की है। उनका आकार, पतियां, फूल, जड़ें, उनका स्वाद और मानव शरीर पर होने वाले प्रभाव और मन मानस होने वाले प्रसाद को भी अपने स्वयं पर परखा जाता है। लिख दिया है और चित्र भी किया है इन्हीं जड़ियों के रंग से भोज पत्र पर। भोज पत्र यहीं के भोज के पेड़ों से मांग के ग्रंथ रूप में सिल दिया है। लगभग दो सदी का शोध है इन पत्रों पे।' लाल बाबा एक-एक पत्र को ऐसे पलटते सम्भाल के जैसे किसी नवजात बच्चे को पकड़ते हैं।

'हम साधना करके एक-एक वाक्य को मन में मंत्र की तरह दोहरा दोहरा के कई कई दिन, फिर एक वाक्य इन पत्रों पर उतारते हैं। हमारे लिये एक पत्र भी ईश्वर समान है। ईश्वर का निरादर तो कर नहीं सकते। तभी तो वह हमें बक्शेगा महा प्रसाद।।'

।। वह लिखत और चित्र देखकर बाबा के हाथों को चूमने और अपना सिर उनके पावन पैरों में रख देने को हुआ सदा सदा। आंखों में नमी भर आई और शरीर हल्का फूल सा होके उड़ने सा लगा।।

।। बोले बाबा 'इसको पढ़ने के लिये इसके योग्य होना होगा। इसको

छूने के लिये उतना ही पवित्र।।

।।'हे भिखू, जगयासू जड़ी-बूटी के गुण धर्म और रंग रसायण को जानने की विधि, ध्यानस्त अवलोकन और स्वाद के प्रति महीन जागरण जो हठ योग कर्म द्वारा शरीर और मन की शुद्धि करके प्राप्त होता है।।

।। 'जड़ी का आकार, सुंदरता, चमक, ज्यामिति, आकाश की ओर बढ़ना या फिर धरती पर रेंग के फैलना। सूर्य के साथ साथ मुख मोड़ना या अंधेरे में डिप के कंदराओं में दीवारों पर चिपक कर चलना। बहते पानी या सूखे में बढ़ना। जड़ों का प्रसार गहराई। पत्तों का रंग और कांटों का आकार इत्यादि सब को ध्यानवत हो देखने से निर्विचार हो के निहार लेने से उन के गुण रसायण को जाना जा सकता है। सुंदर और चमकदार चमचमाते रंगों वाली जड़ियां और फलों में बहुत तेज है। वह मानव शरीर के लिये बहुत तीखा प्रभाव देने वाला या फिर जहरीला रसायण हो सकता है। पर देखो प्रकृति का खेल कि उनका प्रभाव कम करने को दूसरी एक जड़ी ऐन उसके पास या फिर उसी पौधे के नीचे जीवंत पाई जाती है। ऐसी रंगीली चमकदार जड़ियों का स्वाद भी तीखा, तेजाबी या कड़वा रहता है।।

।। 'मेरे देखे कांटों भरी और खुरदरी दिखने वाली और मटिआले रंग की वनस्पति, जड़ी-बूटियां मानव शरीर को स्वास्थ प्रदान करके हितकारी हैं।।

।।'हमारे मुंह की लार में बहुत से रसायण होते हैं। किसी भी पौधे, जड़ी बूटी, फल फूल, शाल या टहनी के छोटे से टुकड़े को मुंह में रख धीरे-धीरे चबाने से प्राप्त रंग और रसायण के स्वाद से उसकी उपयोगिता का पता लगाते हैं। रंग का उपयोग चित्र बनाने के लिये भी करते हैं।।

।।'गंध से हमारे मस्तिष्क में होने वाली क्रिया कार्यवंत होने से भाव दशा को जान कर उस रसायन का गुण धर्म निर्धारित होता है।।

।। 'हे भिखू, जड़िया और इंसानों को एक तरह से पहचान समझ और जान। अपनी चुप्पी और शून्य विचार में ठहरे चित्त से ध्यानस्त हो सुनके, देखके अपने अंदर से आते पहले संदेसे को सुन जाग्रत अवस्था में पहचान कर जान।।'

।। तारों भरा आकाश और चांद की चांदनी में चमकते बर्फीले पर्वतों का आंगन चांदना हो गया था। नदी का एक सुर गीत, दूर कहीं लुढ़कता पत्थर और बीड़ को मिलन संगीत से भर गया था वायु मंडल। भीनी-भीनी गंध और टिमटिमाते उड़ते जुगनू ऐसे जैसे आकाश गंगा भी बह रही हो भगीरथी के साथ।।

।। समाधित्व लाल बाबा धीमे-धीमे करता प्रार्थना। 'हे ईश्वर इस जगत में शांति बरसा, हे ईश्वर बना दो हमें पवित्र ऐसा जैसे सुप्रभात और ओस की बूँद।।'

।। पक्षिओं की चहचहाट वहां दूर लाल प्रकाश नदी का बढ़ता शोर खुल गया आकाश फिर एक सूर्य से भरी प्रभात एक दिवस जीवंत शुभ सवेर फिर से एकबार।।

।। लाल नदी में हाथ मुंह धोकर हम भी हो गये लाल। हँसे लाल बाबा, 'चलो एक दिन के लिये तुम भी हो गये लाल। जाओ भिखू अपनी राह अभी बहुत कुछ देखना सुनना जानना है। बाकी है अभी बहुत से दुख-सुख।।'

जड़ी-बूटी के सताईस बीजों से हाथ से बनी माला देते बोले बाबा, 'मेरा प्रेम सदैव तुम्हारे संग साथ रहेगा। मिलेंगे जरूर फिर से एक बार।
जाओ भिखू अपनी राह।'

वह फिर से हँसे ठहाका मार और हँसते रहे साथ में पहाड़।।

—–

त्सेरिंग डोंडुप का उपन्यास 'द हैंडसम मंक' समकालीन तिब्बती उपन्यासिका है, जिसका अंग्रेज़ी अनुवाद किया है क्रिस्टोफर पीकॉक ने। यह संशयवादी प्रकृति का उपन्यास है, या क्या डोंडुप संशयवादी हैं या आस्थावान हैं? हँसी मज़ाक़ से भरपूर, बेहद विडम्बनापूर्ण, त्रासद। वह इसमें पाखंड की कथा कहते हैं, समकालिकता की तथा प्रभुप्रकाश की जबकि साथ ही सहनशील और बेचैन समाज की एक झलक भी इसमें प्रस्तुत करते हैं।

डोंडुप बहुत लोकप्रिय लेखक हैं और आलोचकों ने उनके लेखन को बहुत सराहा भी है, वे पारम्परिक तिब्बती जीवन के बारे में लिखते हैं। इस उपन्यास की कथा काल्पनिक स्थान त्सेजूँग में अवस्थित है। उनकी कृति संगठित धर्म के पाखंड को सामने लाती है, चीनी शासन के अपमान की और मानव जीवन के सार्वभौम बेतुकेपन को।

अध्याय 19

द हैंडसम मंक

त्सेरिंग डोंडुप

अंग्रेज़ी अनुवादः क्रिस्टोफ़र पीकॉक

एक

तिब्बत के कैलेंडर के दसवें महीने के अंतिम दिनों में बर्फ़ पड़ने लगी, जिसके कारण जाड़े के दिनों में ठंड और बढ़ गई। शाम के समय ठंड और बढ़ जाती थी, जब गहरे काले बादल आसमान पर छा जाते थे। पेशाब करते समय गेंदुन ग्यात्सो ने घर के ऊपर आसमान की तरफ़ देखा तो वह बुरी तरह काँपने लगा। उसने मैरून रंग की अपनी जैकेट की चेन को कसकर बंद किया और अपने हाथों को अपनी बाँहों के भीतर छिपा लिया, और मुश्किल सीढ़ियों से उतरते हुए कैम्प के पीछे की तरफ चला गया। करीब सात या आठ बच्चे थे, जो भुने हुए जौ चबा रहे थे, उसको देखकर उसके अभिवादन के लिए भागकर आए। 'अखु आ गये! आपका बैग मुझे दे दीजिए।' उसका पीले रंग का बैग लिए वे उसके आगे-आगे अंदर की ओर बढ़े।

भाभी को छोड़कर घर में कोई नहीं था, वह अपने लिए त्संपा पका रही थीं। 'माँ कहाँ गई हैं?' गेंदुम ग्यात्सो ने कहा।

'वह तुम्हारी बहन के घर गई हैं। उन्होंने कहा कि वह कुछ दिन नहीं आएँगी।' उसकी भाभी डर के मारे अचानक चौक गईं। 'अखु तुम कितने भयानक लग रहे हो। बीमार तो नहीं हो?'

इन शब्दों को सुनकर गेंदुम ग्यात्सो के दिल की धड़कन कुछ शांत हो गई। 'नहीं नहीं,' वह बोला। वह बैठने ही वाला था कि बाहर से उसको घोड़े के हिनहिनाने की आवाज़ सुनाई दी और उससे किसी सवार के उतरने की आवाज़ आई। 'डैड आ गए,' बच्चे एक साथ चिल्लाए, और एक-दूसरे के साथ धक्कामुक्की करते हुए वे बाहर की ओर भागे। उसका दिल फिर से धड़कने लगा।

'आ त्सी, तुम बड़े अजीब लग रहे हो। बीमार हो या कुछ और?' जैसे ही उसके भाई गोभा ने उसको देखा तो उसके मुँह से गेंदुम के लिए ये शब्द निकले।

'नहीं नहीं, मैं बीमार नहीं हूँ। मैं... आप...'

'मैं? मैं सामान लाने के लिए सीमा पर गया था।'

'सीमा पर... वहाँ किसी ने घात लगाकर हमला तो नहीं किया?'

'कल रात उन डकैतों ने दूसरी यूनिट के कैम्प पर फिर हमला किया। त्रिरत्नों की कृपा से कोई हताहत नहीं हुआ।' गोभा बैठ गया। 'तुम सच में भयानक लग रहे हो। अगर तुम बीमार नहीं हो तो आख़िर तुमको हुआ क्या

है?'

'मैं... मैं आपसे कुछ कहना चाह रहा हूँ...'

'गोभा है? अच्छा तो अखु गेंदुम भी यहीं है!' एक बुजुर्ग पड़ोसी लाठी टेकता हुआ गोभा के घर में आया। दोनों भाई उठकर खड़े हो गये।

'बैठ जाओ, अखु गेंदुम, दोनों कृपा करके बैठ जाओ,' उस बुजुर्ग ने बैठते हुए कहा। जिस तरह से उसने अपनी लाठी ज़मीन पर फेंकी उससे आपको ऐसा लग सकता था कि उसको अब वह लाठी कभी नहीं चाहिए। लेकिन बाद में शायद उसको ऐसा लगा कि उसने अपनी लाठी को कुछ ज़्यादा ही दूर फेंक दिया था, तो उसने अपनी लाठी को वापस लेकर अपने सामने रख लिया। लाठी लेकर चलने के कारण वह बहुत बूढ़ा लगता था लेकिन असल में उसकी उम्र 50 साल से कुछ ही अधिक थी, और उसके बाल अभी भी अधिकतर काले ही थे। दो साल पहले चरागाह को लेकर हुए विवाद में उसको पिंडली में गोली लग गई थी, और चूँकि उसके घाव का तत्काल इलाज नहीं हो पाया, इसलिए उसके बाद से उसको लाठी का सहारा लेकर चलना पड़ता है।

'क्या डाकुओं ने फिर से हमला किया?'

'उन्होंने हमारी दूसरी यूनिट के शिविर में कल रात फिर से हमला किया। लेकिन त्रिरत्नों की कृपा से कोई हताहत नहीं हुआ। एक कैडर तथा सशस्त्र पुलिस की एक टुकड़ी आज ज़िले से आने वाली है। ऐसा लगता है कि लड़ाई को रोकना ही होगा।'

'वे डाकू...' उस बूढ़े आदमी ने ग़ुस्से में आकर अपने घुटने पर मुक्के से मारा। इससे उसके घुटने में दर्द हो गया, और उसके मुँह से आह, आह की आवाज़ आने लगी। 'क्या उनके ऊपर वापस आक्रमण करने के लिए तुम कुछ नहीं कर सकते?' थोड़ी देर के बाद उस बुजुर्ग ने पूछा।

'अगर वे हमारे ऊपर हमला नहीं कर रहे हैं तो ये तो अच्छी बात है। हम उनके ऊपर हमला कैसे कर सकते हैं? हम लोग खाइयों में चलते हैं और जिनके ऊपर वे हैं; अगर आपने अपना सिर ज़रा भी ऊपर की ओर उठाया, तो हज़ारों बंदूक़ें ऐसे चल पड़ेंगी जैसे कढ़ाई में दाने भूनते हैं। आपको अच्छे से पता है कि उन डकैतों के पास कितने अच्छे हथियार हैं।' इस अंतिम बात को सुनकर उस बूढ़े के अंदर भय, चिंता और नफ़रत की भावना एक साथ आ गई। अपने होंठों को काटते हुए वह ख़ामोश हो गया। गोभा ने आगे कहना शुरू किया, 'हम लोग बेहतर स्थिति में हैं, लेकिन सिवाय इसके कि हमें इलाक़े का लाभ है हमारे पास कुछ भी नहीं है। ठंड आ रही है और पहाड़ के ऊपर की

हवा असहनीय होती जा रही है। मुक़ाबला करने की तो बात छोड़िए जब ठंड आएगी तो हमारे लोग ठीक से अपने दोनों पैरों पर खड़े भी नहीं हो पाएँगे। हम मुश्किल स्थिति में हैं।'

'आह, इसमें तुम्हारी कोई गलती नहीं है। लेकिन वे डाकू हमारे इतने सारे लोगों का क़त्ल कर चुके हैं। अगर हम उनसे बदला नहीं ले सकते, तो उनको एक इंच ज़मीन भी नहीं दे सकते। अगर मेरे पैरों की ऐसी हालत नहीं हुई होती, तो मैंने इन बूढ़ी हड्डियों को फिर से युद्ध में झोंक दिया होता। लेकिन जब पास में धन बिलकुल न हो तो ऐसा ही होता है...'

'याक और भेंड़ की आजकल क्या क़ीमत चल रही है?'

'काफी कम ही होगी।'

'अच्छा, वैसे अगर हम कुछ याक और भेड़ों को बेचेंगे नहीं तो हम गोली भी नहीं ख़रीद पाएँगे।'

'अच्छा हाँ- मेरे पास कुछ गोलियाँ पड़ी हुई हैं। उनको ले जाओ। उनके कुछ आदमियों और घोड़ों को मार डालो। अगर तुम अपने पिता का बदला नहीं ले सकते तो कम से कम उन डकैतों में दहशत तो पैदा कर ही सकते हो। मैंने सुना कि गोंपो के यहाँ कोई मुसलमान आया था जो बंदूक़ और गोलियाँ सस्ते में बेच रहा था। आजकल अलाक द्रोंग कहाँ है?' वह बूढ़ा आदमी अचानक गेंदुम ग्यात्सो की ओर मुड़ा। 'यह तुम्हारे अच्छे कर्मों का फल है कि तुम भिक्षुओं को युद्ध के मैदान में नहीं जाना पड़ता है। वह नर्क जैसा होता है। अगर तुमने भिक्षु बनने की शपथ नहीं ली होती, तो आज तुम युद्ध के मैदान में होते, आतंक और दर्द को महसूस करते हुए—क्या पता, तुम आज शायद ज़िंदा भी नहीं होते। आह त्सी, हमारे सुदर्शन भिक्षु को क्या हुआ है, तबियत ठीक नहीं है क्या?'

गेंदुम ग्यात्सो अच्छी क़दकाठी का इंसान था। उसके बाल काले थे और रंगत गोरी थी। ठीक उसी तरह जिस तरह से तिब्बती गाथाओं में यांगचेन ल्हामो को माना गया है, अगर आप उसमें कोई दोष खोजने की कोशिश करते हैं तो आप अपना समय ही नष्ट करते हैं। लोग ग्यात्सो को 'हैंडसम मंक' बुलाते थे। उसके साथी भिक्षु तो यह भी कहते थे कि चूँकि उसके शरीर में 32 सौभाग्यशाली चिन्ह और बुद्ध के 80 शानदार चिन्ह थे, इसलिए वह ज़रूर किसी बड़े लामा का अवतार था। वे उससे उसका आशीर्वाद मांगते थे। बाद वाली बात हो सकता है हँसी मज़ाक़ में कही जाती हो, लेकिन पहली वाली बात की सत्यता से कोई इंकार नहीं कर सकता था। त्सेजूँग की स्त्रियाँ आपस

में इस बात को लेकर हँसी-मजाक भी करती थीं: 'अगर मैं अखु गेंदुम से भिक्षु बनने की शपथ तुड़वा पाने में सफ़ल होती, तो अगले जन्म में ताम्बे के घोड़े पर जलने की क़ीमत चुकाना भी मुझे स्वीकार था!' जब सभी अच्छे से हँसी-मज़ाक़ कर लेते, तो बाद में पछतावा करते हुए कहा जाता: 'ओह, हम तो बस मज़ाक़ कर रहे थे, ओम् वज्रासत्व।' गेंदुम ग्यात्सो जब छह या सात साल का था तो एक लामा उसके घर आया था। उसने जैसे ही गेंदुम ग्यात्सो को देखा तो वह आश्चर्यचकित रह गया, 'आह त्सी, आह त्सी, कितना अच्छा बच्चा है! इस बच्चे को साफ़-सुथरा और स्वस्थ रखना... बहुत अच्छा तो यह रहेगा कि इसको भिक्षु बना दो,' उसने बच्चे के सिर को थपथपाते हुए कहा। उसके पिता इस बात से बहुत खुश हो गए और उन्होंने कुछ समय बाद ही उसको शपथ लेने के लिए भेज दिया, लेकिन गेंदुम ग्यात्सो ने किसी भी बिंदु पर कुछ भी असाधारण नहीं किया। ख़ैर, उसका सुदर्शन रूप और मृदु व्यवहार ऐसा था कि उससे उसकी यह कमी छिप जाती थी कि वह न तो तेज बुद्धि का था न मेहनती, लेकिन लोगों के बीच पसंदीदा बना रहा।

उन दिनों की तुलना में गेंदुम ग्यात्सो सच में अब उतना अच्छा नहीं दिख रहा था। सबसे बड़ा बदलाव उसके चेहरे में आया था, जिसमें अब पहले वाली चमक बिलकुल ही नहीं रह गई थी। उसके चेहरे की रंगत स्याह लग रही थी और उस पर उदासी भी छाई हुई थी, जैसे कोई बीमार आदमी होता है। और उसका भाई इस पड़ोसी के साथ जो बात कर रहा था, उससे उसकी पीड़ा और बढ़ गई थी और डर भी। वह अपनी भावनाओं को वश में करके अपने आपको शांत रखने की कोशिश कर रहा था, लेकिन वह जैसे ही इस बात से ध्यान हटाता कि उसकी धड़कन तेज हो जाती थी। उस रात उसको बिलकुल ही नींद नहीं आई, और अगले दिन तो उसकी हालत और ख़राब हो गई थी। 'तुम्हारी हालत सही में ख़राब लग रही है,' उसके भाई ने कहा। 'जाओ या तो अलाक ड्रोंग से मिल लो या किसी डॉक्टर को दिखा लो। कुछ तो गड़बड़ है।' उसने ग्यात्सो के हाथ में कुछ पैसे ठूँसे और चला गया।

गेंदुम ग्यात्सो ने अपने चेहरे पर हाथ रख लिया, इसके बाद वह अपने भाई के पीछे भागा, जो उस समय तक घोड़े पर सवार हो चुका था।

'अच्छा हाँ,' उसके भाई ने कहा, 'तुम मुझसे कुछ कहना चाह रहे थे?'

ग्यात्सो का कलेजा मानो मुँह को आ गया, और उसको ऐसा लग रहा था जैसे वह साँस भी नहीं ले पा रहा हो। 'मैं... मैं यह कहना चाह रहा था... आपको सावधान रहना चाहिए, अपनी सुरक्षा का ध्यान रखना चाहिए,' उसने

यह बात कई बार थूक निगलने के बाद जाकर कही।

'बस यही?'

'नहीं, मेरे कहने का मतलब था... हाँ बस यही बात।'

'तुम चिंता मत करो।'

जब वह अपने भाई को घोड़े पर सवार होकर जाते हुए देख रहा था तो गेंदुम ग्यात्सो ने सोचा कि *अच्छा तो यही होगा कि इससे मुक्ति पा ली जाए, जिस तरह से दांत उखाड़ा जाता है, एक बार में ही। अधिक से अधिक क्या होगा वह बीच से टूट जाएगा। क्या पता हो सकता है कि अगर मैंने कर लिया होता तो अपने आपको बेहतर महसूस कर रहा होता।* उसको इस बात का अफ़सोस हो रहा था वह अपने भाई से यह कहने का साहस नहीं कर पाया कि उसके दिमाग में क्या चल रहा था।

दो

शाम के समय ग्यात्सो अपनी जगह पर लौट आया। अपने चोगे को सिर से बांधे वह बिना किसी मक़सद के टहल रहा था। उस दिन सवेरे उसने हल्का नाश्ता किया था, और जबकि उसने न दिन के खाने में, न रात के खाने में कुछ खाया था, लेकिन उसको भूख एकदम महसूस नहीं हो रही थी। जब अंधेरा हुआ तो उसने पाया कि वह टहलता हुआ बार में चला गया। शराब आपको परेशानी में राहत पहुँचा सकती है, इसलिए हो सकता है कि एक प्याले से कुछ राहत मिले।

एक लड़की आई और उसकी बग़ल में बैठ गई। 'तुम अभी भी भिक्षु के चोगे में हो,' उसने फुसफ़ुसाकर कहा।

'जाओ। जाकर मेरे लिए एक बियर लेकर आओ।'

वह लड़की खड़ी हो गई, लेकिन लग रहा था जैसे सदमे में हो। थोड़ी देर के बाद वह फिर से बैठ गई। 'अगर तुम शराब पीना चाहते हो, तो तुमको मेरे घर आना चाहिए।'

उस लड़की के घर जाने की गेंदुम ग्यात्सो की कोई इच्छा नहीं थी, इसलिए वह उठा और दरवाज़े की ओर बढ़ गया। जब वह करीब 2 या 3 घंटे के बाद बार में वापस आया, तो वह लगभग नशे में था। शराब उसके दर्द को कम नहीं कर पाई बल्कि उसने किसी लड़की के साथ होने की उसकी ख्वाहिश को फिर से भड़का दिया था। जबकि पिछले कुछ दिनों से उसको

बहुत डर लग रह था और वह बहुत चिंतित था, लेकिन वह उस लड़की को अपने दिमाग से निकाल नहीं पा रहा था। कई बार वह लड़कियों से नफ़रत करता था, तो कई बार प्यार। बाद में तो वह स्वयं इस बारे में कुछ नहीं कह सकता था, लेकिन इतना वह कह सकता था कि उसके साथ होने की ख्वाहिश उसके अंदर बढ़ती जा रही थी। वह औरत ऐसा लगता था कि सच में उससे प्यार करती थी। शुरू में उसने खुलेआम कह दिया था, 'मैं जिस तरह के काम करती हूँ उसमें तो जो मुझे पैसे देगा उसके साथ जाऊँगी, लेकिन मैं तुम्हारे जैसे सुंदर आदमी से पहले कभी नहीं मिली थी। सच बताऊँ तो मुझे तुम अच्छे लगते हो। लेकिन मैंने कभी किसी भिक्षु का संकल्प नहीं तुड़वाया है, और अभी भी ऐसा करने का मेरा कोई इरादा नहीं है। मुझे लगता है कि तुम कोई साधारण भिक्षु नहीं हो। मेरे ख़याल से सबसे अच्छा तो यही होगा कि तुम इस तरह की बातों को भूल ही जाओ।'

उस समय गेंदुम के अंदर ऐसी ख्वाहिश जगी कि उसका एक ही मन कर रहा था कि उसी समय उस औरत के साथ हमबिस्तर हो जाए। उसके साथ हमबिस्तर होने के बाद उसको चाहे मरना ही पड़ जाए और नर्क में ही क्यों न जाना पड़ जाए वह इसके लिए तैयार था। 'मैंने तो अपना संकल्प पहले ही तोड़ दिया है,' उसने झूठ बोला।

'फिर तुम अभी भी भिक्षु के चोगे में क्यों हो?'

'मैंने कल ही संकल्प तोड़ा है। इस समय मेरे पास और कोई वस्त्र नहीं है। मैं योजना बना रहा हूँ कल घर जाकर अपने दूसरे कपड़े ले आऊँ।'

'तुम चाइनीज़ कपड़े क्यों नहीं ले लेते? क्या आजकल बहुत सारे पूर्व भिक्षु चाइनीज़ कपड़े नहीं पहन रहे हैं।'

'मैंने अपनी ज़िंदगी में कभी चाइनीज़ कपड़े नहीं पहने, और पहनने का मेरा कोई इरादा भी नहीं है। अब देर मत करो।'

उसने जब उस औरत को पैसे देने चाहे तो उसने साफ़ मना कर दिया, और इससे गेंदुम ग्यात्सो को अच्छा महसूस हुआ। 'तुम्हारे जैसी सुंदर और प्यारी लड़की को ऐसी जगह पर काम नहीं करना चाहिए। दुआ करता हूँ कि तुमको पति मिल जाए और तुम सही मार्ग पर आ जाओ,' उसने जब उस समय उससे यह बात कही, तो वह दिल से कह रहा था।

'जो लड़की इस तरह के काम करती है, उसको कभी पति नहीं मिल सकता, ख़ासकर अच्छा पति,' उसने आह भरते हुए कहा।

'एक भिक्षु और एक वेश्या। क्या हमारी जोड़ी सही नहीं है?' इसके

बाद ग्यात्सो ने एक भिक्षु के बारे में सच्ची कहानी बताई, जो उसी के मठ में रहता था और जिसने बाद में साधारण जीवन अपना लिया था। अपने संकल्प को छोड़कर उसने एक वेश्या से विवाह कर लिया था, और दोनों को एक बच्चा भी है।

'तुम मेरा मज़ाक़ उड़ा रहे हो।'

उसको भी नहीं समझ आ रहा था कि वह मज़ाक़ कर रहा था या गम्भीर था। जो भी हो उसको अगले दिन अपने घर जाकर अपना फर जैकेट वापस लेकर आना था—इसको अब टाला नहीं जा सकता था। लेकिन उसको अब बहुत अफ़सोस हो रहा था, ज़्यादा यह सोचकर कि उसने अगर भिक्षु का चोगा उतारा तो उसको लड़ाई के लिए सीमा पर जाना पड़ेगा, जहां उसको अपने पिता का बदला लेने के बारे में सोचना पड़ेगा। वैसे भी बचपन से ही उसको भिक्षुओं के मठ की ऊष्मा अच्छी लगती रही थी। यहाँ तक कि जब वह वापस अपने घर आता, तो उसको सोने में बड़ी दिक़्क़त होती थी, वह ठंड को बर्दाश्त नहीं कर पाता था। लड़ाई से भी अधिक जो एक चीज़ थी, जिसको वह सहन नहीं कर सकता था, वह थी समुद्र तल से तेरह हजार फ़ीट की ऊँचाई पर पहाड़ की ठंडी हवा में बैठना। इससे भी बढ़कर लड़ाई ख़त्म हो जाने के बाद भी उसको बाहर हवा और बारिश में पशुओं की देखभाल के लिए रहना पड़ता। अपना पेट भरने के लिए उसको भेड़िए की तरह से निगरानी करनी पड़ती। संकल्प तोड़ने की तरह से यह भी एक बात थी। जब आप इस तरह से सोचते हैं, तो आप यह कैसे कह सकते हैं कि वे सभी चतुर लोग जो सांसारिक जीवन को छोड़कर एकांत का जीवन चुनते हैं, वे ऐसा लोगों के कल्याण के लिए करते हैं? और वे सिपाही जो युद्ध के मैदान को छोड़कर भाग जाते हैं और जिनको तिरस्कार और उपहास का सामना करना पड़ता, और उसके बाद का अभिशप्त जीवन...

'आह खा, मैं भी कितना बुद्धू हूँ!' गेंदुम ग्यात्सो ने अफ़सोस के साथ कहा। 'तुम राक्षसी हो, एक शातिर राक्षसी, देखो तुमने मेरा क्या हाल कर दिया।' वह छाती पीट पीट कर रोए जा रहा था।

'तुमने ही तो कहा था कि तुमने संकल्प तोड़ दिया है?'

'मैं तुमसे झूठ बोल रहा था। मैं अपने आप से झूठ बोल रहा था।'

'आह हो, तुमने मुझे बरबाद कर दिया! अग़ल जन्म में मैं क्या करूंगी!?'

'वेश्याओं को तो वैसे भी अगले जन्म के बारे में कुछ नहीं सोचना होता है। तुम अगला जन्म पेशाब, पखाने, पीब और खून के बीच बिताओगी।'

यह सुनकर वह औरत गुस्साई नहीं, उसने रोते हुए अपना सिर गेंदुम ग्यात्सो के शरीर से टिका दिया। 'मुझे कोई अफ़सोस नहीं है। मुझे किसी तरह का अफ़सोस नहीं है।'

'मुझे भी नहीं है,' गेंदुम ने अपनी बांह उसके गले पर रखते हुए कहा। ये महज शब्द नहीं थे। वैसे भी अब जो होना था हो चुका था, उसने सोचा, अब अफ़सोस करने से कुछ नहीं होने वाला था। वैसे भी वह अकेला तो नहीं था जिसने अपने संकल्प को तोड़ा था, और सबसे बढ़कर बात यह कि यह औरत सच में बहुत सुंदर थी—दुनिया में सबसे सुंदर चीज़ औरत ही तो होती है न। *क्या बहुत सारे लोगों ने औरत के लिए अपना जीवन नहीं वार दिया?* इसके बावजूद कुछ देर के बाद उसको फिर से अफ़सोस होने लगा, और पीने के बाद उसको और भी यह महसूस हो रहा था—*यह मैंने क्या कर दिया?* वह अपने आपको इसकी सजा देगा। इसके ठीक बाद उसको फिर से अफ़सोस होने लगा और डर भी लगने लगा, इसलिए वह पिए जा रहा था, इसको भूल जाने की पूरी कोशिश कर रहा था।

तीन

एक नई कहावत है: अधिकतर पुरुषों को ताशी कहा जाता है, और अधिकतर ताशी व्यापारी होते हैं; अधिकतर स्त्रियों को ल्हामो कहा जाता है, और ज़्यादातर ल्हामो वेश्याएँ होती हैं। लेकिन जिस औरत से ग्यात्सो को प्रेम हो गया था वह ल्हामो नहीं थी, वह लहात्सो थी। लहात्सो ने रेड लैंटर्न बार के पीछे एक कमरा किराए पर ले रखा था। कमरे में एक बड़ी सी चारपाई थी, जिसने आधे कमरे को घेर रखा था, जिसके सिर की तरफ अलमारी थी। अलमारी में मेकअप के सामान के अलावा पीले रंग की एक किताब थी जिसका नाम था, *द लाइनेज ऑफ़ नाइजर मोनेस्ट्री*। उस कमरे में वह किताब देखकर ग्यात्सो की उत्सुकता बढ़ गई। उसने लहात्सो से उस किताब के बारे में पूछा।

'कुछ दिन पहले एक ग्राहक गलती से यहाँ छोड़ गया था। उसने कहा कि वह पर्यटक था। मैं इसको फेंकने ही वाली थी कि इसमें लामाओं और मठों की तस्वीरें देखकर मैंने वापस रख दिया।'

वैसे तो कमरा साफ़ लग रहा था लेकिन उससे दुर्गंध आ रही थी। गेंदुम ग्यात्सो को शंका हुई कि यह शायद वीर्य की गंध थी। वह बार-बार अगरबत्ती

जलाने लगा, लेकिन दुर्गन्ध दूर हो ही नहीं रही थी। इस कारण से वह उस छोटे से कमरे में कम से कम समय बिताता और दूसरे बारों में, क्लब में और ख़ासकर विडियो स्टोर में घूम-घूमकर समय बिताता रहा। हालाँकि उन जगहों पर भी सुंदर-सुंदर 'ल्हामो' थीं। लेकिन उसकी निगाह में कोई भी उस दयालु लहात्सो जैसी नहीं थी। हर शाम वह घूम फिरकर वापस लहात्सो के पास आ जाता था, उस समय वह आमतौर पर नशे में होता था। पहले तो वह उसको काले दिल वाली औरत कहता, चुड़ैल कहता और दुष्ट औरत कहता, उसके बाद वह रोते हुए उसकी छाती में मुक्के मारने लगता। *मैं इस तरह से नहीं रह सकता... अब जीने का मतलब ही क्या रह गया है...* कई बार वह मन ही मन सोचता, और कई बार तो आत्महत्या के बारे में भी सोचता।

'अगर तुम मरना ही चाहते हो, तो कहीं और जाकर मरो,' उस झगड़े के बाद लहात्सो कहती। उसके बाद वह उसको पकड़ लेती। 'प्लीज़, अपने आपको इस तरह से मत सताओ। तुम अकेले नहीं हो जिसने अपना संकल्प तोड़ा है। यहाँ तक कि लामा भी संकल्प तोड़ देते हैं, आम भिक्षुओं की बात ही क्या है। जब उनको कोई अफ़सोस नहीं होता तो तुमको क्यों हो रहा है? अपना चोगा उतार दो और शराब पीना छोड़ दो। हम लोग साथ मिलकर कोई दुकान खोल लेंगे या गेस्टहाउस खोल लेंगे।' वह इस तरह की बातों से उसको दिलासा दिलाने की कोशिश करती।

'नहीं, नहीं। तुमको कुछ पता नहीं है! अगर मैंने अपना चोगा उतार दिया तो मुझे बंदूक़ लेकर सीमा पर लड़ाई के लिए भेज दिया जाएगा, क्योंकि जिस आदमी ने मेरे पिता को मारा था वह सीमा पर है, इसलिए मुझे उससे लड़ने के लिए सीमा पर जाना पड़ेगा, और उन डकैतों के पास बेहतर हथियार हैं—तुम कुछ नहीं समझती हो...'

'तो ये बात है।'

'हाँ, यही बात है। मैं एक पतित भिक्षु हूँ, मैं कायर भी हूँ। अब समझ गई।'

'फिर... हम मेरे शहर वापस क्यों नहीं चले जाते?'

'तुम्हीं ने तो कहा था कि तुम चुकार क़स्बे की रहने वाली हो?'

'हाँ।'

'हाहा—ठीक उसी जगह पर उस आदमी ने मेरे पिता को मारा था। वह अभी भी हमारे कैम्प के साथ लड़ रहे हैं।'

'अच्छा... अब समझी। फिर हम कहीं और क्यों नहीं जा सकते?'

गेंदुम ग्यात्सो ने अपना सिर हिला दिया, अब वह और बात नहीं करना चाहता था, और वह सो गया।

रोज़ सुबह के समय गेंदुम ग्यात्सो द *लाइनेज ऑफ़ नाइजर मोनेस्ट्री* पढ़ता, अपनी परेशानियों को भुलाने के लिए भी और दिन काटने के लिए भी। किताब में खाम के निंग्मा मठ के मठाधीशों की वंश परम्परा के बारे में लिखा था। उसमें नाइजर त्सांग की तस्वीरें थीं, जो मठ के सबसे बड़े लामा थे, जो उसी की तरह से दिखते थे। नाइजर त्सांग की मृत्यु 25 साल की उम्र में हो गई, जो उस समय से जोड़ने पर गेंदुम ग्यात्सो के जन्म के एक साल पहले की बात थी। किताब में लिखा हुआ था कि एक बड़े से पत्थर में उसने अनुष्ठान के भाले को घुसा दिया था जो मठ की सबसे मूल्यवान कलाकृति है।

हालाँकि गेंदुम ग्यात्सो के चेहरे मोहरे में पहले जैसा पानी अब नहीं रह गया था, उसके बाल लम्बे हो गए थे, लेकिन उसको अब भी कोई देखता उसको यही लगता कि उसमें कुछ ख़ास बात थी। जब वह पूल खेल रहा होता या वीडियो प्लेस में कोई गंदी फ़िल्म देख रहा होता, या जब भी वह नशे में होता, तो सब उसकी ओर देखने लगते थे। इसी वजह से अब वह अब बाहर नहीं जाना चाहता था, और वह अपने आपसे क़सम खाता रहता था कि अब वह नहीं जाएगा। बहरहाल, लहात्सो के छोटे से गंधाते कमरे में दिन-रात बिताना उसके लिए किसी जेल से कम नहीं था। 'उनका कहना है कि यह संसार राक्षसों का कैदख़ाना है—कितनी सही बात है,' आख़िरकार उसने अपने आप से कहा, और कमरे से बाहर निकल गया। पहले वह पूल खेलने के लिए गया—यहाँ वह अपने संकल्प को तोड़ने के पहले से ही जाता रहा था। उस छोटे से शहर में शायद ही कोई ऐसा था जो उसके मुक़ाबले का खेलता हो, इसलिए उसको अब पैसे भी बर्बाद नहीं करने पड़ते थे। वह अपने प्रतिद्वंद्वी खिलाड़ियों को ज़रा सा भी मौक़ा नहीं देता था, और हर बॉल के साथ उसका मिज़ाज सही होता जाता था। लेकिन जल्दी ही उसके आसपास लोगों की भीड़ इकट्ठा हो गई, सब हैरान होकर उसको देख रहे थे। वह असहज महसूस करने लगा और उसने खेल बीच में ही छोड़ दिया और अपना चोगा उसने सिर के ऊपर बांध लिया, और उस स्थान से चला गया। वैसे जब वह नशे में रहता था तो कभी इतना चौकन्ना नहीं रहता था। वह ऐसे लड़खड़ाकर चलता था जैसे हवा में दिए की लौ थरथराती हुई चलती है। कई बार वह अपने लहराते हुए चोगे में उलझकर गिर जाता, उसके बाद वह वहीं पड़ा रहता, फिर घुटनों के बल चलने लगता और बेसिर पैर की बातें बोलने लगता। कभी वह अपनी उँगलियों को मुँह में डालकर उल्टी करने की कोशिश करने लगता।

अगर नहीं कर पाता तो वह कराहने लगता, या पीठ के बल लेटकर बेहोश हो जाता। अगर लोग उसके आसपास जमा होकर उसको देखने लगते, तो वह यह चिल्लाते हुए ज़मीन पर लुढ़कने लगता, 'तुम लोग क्या देख रहे हो? हम सब इंसान हैं। क्या मैं अकेला भिक्षु हूँ जो शराब पीता है? क्या मैं अकेला भिक्षु हूँ जिसने अपना संकल्प तोड़ा हो? अलाक ड्रोंग सिगरेट पीता है, शराब पीता है, और उसकी पत्नी भी है, एक बच्चा भी है, और वह अभी भी पाँच बुद्ध वाला मुकुट पहनता है, वह अभी सारे कर्मकांड करता है, उपदेश देता है, संदेश देता है, लोगों को मजबूत बनाने का मंत्र देता है। आप लोग तमाशा देखना चाहते हैं न, तो जाकर उस तमाशे को देखो। जाओ! जाओ!' कहते हुए वह अपने हाथ के इशारे से लोगों को जाने का इशारा करने लगता था।

'कितने शर्म की बात है, कितना बड़ा धोखा है!' 'घटिया हरकत है, बेहद घटिया,' 'मैं कांग्यूर की क़सम खाकर कह रहा हूँ कि अगर इसने भिक्षु के वस्त्र नहीं पहने होते तो अभी इसको ठिकाने लगा देता,' भीड़ में लोग उसको कोसते हुए कहते।

सौभाग्य से, लहात्सो उसी समय भागती हुई आई। उसने गेंदुम ग्यात्सो को अपनी तिपहिया पर बिठा लिया जो वह भाड़े पर लेकर आई थी, उसको घर लेकर गई और बिस्तर पर लिटा दिया। न सिर्फ़ उसने उसके कपड़ों से उल्टी के दाग हटाए बल्कि उनकी धूल भी झाड़ दी। उसका बरफ जैसा ठंडा दिल प्यार की गर्मी से पिघल गया, और वह रोने लगा। 'चलो शादी कर लेते हैं। हम लोगों को शादी कर लेनी चाहिए।' वह बड़बड़ा रहा था।

लहात्सो को यह सब सुनने की आदत है। 'अभी सो जाओ। जब तुम्हारा नशा उतर जाएगा तो हम शादी के बारे में बात करेंगे,' उसने कहा।

सुबह के समय जब गेंदुन ग्यात्सो का नशा उतरा तो उसकी नाक में वीर्य की दुर्गंध फिर से घुसने लगी, और शादी की बातचीत भी बंद हो गई। पिछली रात उसने जो शर्मनाक हरकत की थी उससे वह शर्मिंदा महसूस कर रहा था। वह फिर से द *लाइनेज ऑफ़ नाइजर मोनेस्ट्री* के पन्ने पलटने लगा। उसको वह पतली सी किताब एक तरह से याद हो गई थी और अब विस्तार से पढ़ने में उसकी कोई दिलचस्पी नहीं थी। उसने लम्बी साँस ली और फिर बिस्तर से उठ आया।

चार

मौसम दिन पर दिन ठंडा होता जा रहा था, और अब तो दोपहर में भी बर्फीली हवा चलने लगी थी। कभी कभी न जाने कहाँ से हवा आती और सड़क पर रखे कूड़ेदान को बिखेरने लगती।

एक युवा बंजारा अपनी मोटरसाइकिल के इंजन को तेज कर इधर से उधर घूमा रहा था कि वह एक सुअर से टकरा गया और हवा में पाँच-छह कलाबाज़ियाँ खाकर वह एक और सुअर की पीठ पर जा गिरा, जो उस समय शौचालय से निकलकर अचानक प्रकट हो गया था। ख़ुशी की बात यह रही कि उस आदमी को चोट नहीं लगी और बाइक को भी कुछ नहीं हुआ, लेकिन उस आदमी से वैसी ही दुर्गंध आने लगी जैसी कि शौचालय से प्रकट होने वाले सुअर से आ रही थी। देखने वालों ने अपनी नाक को हाथ से ढंक लिया और पीछे मुड़कर हंसने लगे।

गेंदुन ग्यात्सो ने जब यह देखा तो वह भी हँसने लगा। अपने संकल्प को तोड़ने के बाद वह पहली बार हँसा था। दुर्भाग्य से, यह हँसी कुछ पल के लिए ही रही, क्योंकि युवा भिक्षुओं के एक दल ने जब उसको अपने चोगे को सिर से लपेटे देखा तो उसको संदेह से घूरने लगे।

चूँकि वह ठंड का मौसम था और मौसम बहुत ख़राब था, तो गेंदुन ने यह तय किया कि वह पूल खेलने नहीं जाएगा और वह सीधे बार चला गया। जो भिक्षु उसको घूर रहे थे वे बार में तो नहीं गये, लेकिन उस बार के सामने के रेस्तराँ में चले गए और वहाँ की खिड़की से उसके ऊपर निगाह बनाए रहे।

जब गेंदुन ग्यात्सो बार से लड़खड़ाता हुआ निकला तो सुबह के 5 बज चुके थे। हवा बहुत कँटीली थी और आसपास शायद ही कोई था। जो भिक्षु उसको देख रहे थे, उन्होंने अपने-अपने चोगे सिर से बांधे और रेस्तराँ से बाहर निकलकर उसके सामने खड़े हो गए। 'अखु तुम्हारा चोग़ा ज़मीन पर गिर गया है,' एक भिक्षु ने चोगे को एक सिरे से पकड़ा और उसको गेंदुन ग्यात्सो के सिर से बांध दिया, उसका चेहरा भी ढँक दिया।

ग्यात्सो हक्का-बक्का था, उसने चोगे को अपने सिर से हटाना चाहा लेकिन किसी ने उसके हाथ को इतने ज़ोर से पकड़ रखा था कि वह अपने हाथ को हिला भी नहीं पाया। उसको कुछ समझ में नहीं आ रहा था कि क्या हो रहा था। इससे पहले कि वह कुछ समझ पाता, वे लोग उसको घसीटते हुए अनजान दिशा में ले जाने लगे। वह चीखने-चिल्लाने लगा, लेकिन उस कँटीली हवा में

उसकी आवाज़ इतनी मंद थी कि वह स्वयं भी नहीं सुन पा रहा था। वह भरपूर संघर्ष कर रहा था, लेकिन उसको दोनों तरफ़ से जिन लोगों ने पकड़ रखा था वे पहाड़ की तरह से सख़्त थे, और वह उनको एक इंच भी नहीं हिला पाया।

एक रात पहले उसको एक सपना आया था। कई भिक्षु मिलकर उसको खींचते हुए एक बड़े सभा कक्ष में लेकर जा रहे थे, या शायद अलाक ड्रोंग के घर में। लकड़ी की एक चम्मच से अलाक ड्रोंग ने उसके गुप्तांगों का अच्छी तरह निरीक्षण किया और फिर हँसते हुए यह घोषणा की, 'इसने अपने संकल्प को नहीं तोड़ा है!'

भिक्षुओं ने उसको तत्काल छोड़ दिया, और बड़े आदर के साथ उससे माफ़ी माँगते हुए उसको फिर से कपड़े पहना दिए।

वह बहुत खुश हो गया और इस बात से इतना प्रभावित हो गया कि वह रोने लगा। जब उसको यह बात समझ में आ गई कि उसने अपने संकल्प को नहीं तोड़ा था तो वह और खुश हो गया। लेकिन वह लहात्सो को छोड़ना नहीं चाहता था, इसलिए उसने उसको कसकर भींच लिया। इससे लहत्सो की नींद खुल गई, और वह उसको जगाने के लिए चिल्लाने लगी। ग्यात्सो को बुख़ार जैसा लग रहा था और पसीने-पसीने हो गया था, वह एक बार फिर से पीड़ा का भंवर में डूब गया।

पिछले दिनों उसको इस तरह के अनेक सपने आए थे। क्या यह भी कोई सपना था? या मृत्यु के देवता के दूत उसको दूसरे जीवन में ले जा चुके थे? *नहीं, नहीं,* उसने एक बार फिर सोचा, *भले मैं देख नहीं पा रहा लेकिन मैं निश्चित रूप से इंसानों की दुनिया में ही हूँ। हो सकता है कि कोई मेरे साथ मज़ाक़ कर रहा हो?* उसी समय वे रुक गए, और किसी ने उससे कहा, 'अच्छा यह बताओ, लोग अपने संकल्पों को तोड़ते रहते हैं, लेकिन संकल्प तोड़ने के बाद भिक्षुओं वाला चोग़ा कौन पहने रहता है? तुम अभी भी भिक्षुओं की तरह से कपड़े क्यों पहनते हो?'

हवा शायद अचानक से शांत हो गई थी क्योंकि अब उसको सबकुछ साफ़-साफ़ सुनाई दे रहा था।

उन लोगों में एक आदमी, जिसकी आवाज़ स्त्रियों जैसी थी, ने उसका गला पकड़ लिया। 'बौद्ध धर्म के चोगे को इस तरह से मैला करने का क्या मतलब है? क्या तुमको बौद्ध धर्म के चोगे से कोई समस्या है?'

गेंदुन ग्यात्सो को अब पूरा विश्वास हो गया था कि वह न तो सपना देख रहा था न ही वह दूसरी दुनिया में था, वह कुछ कहना चाह ही रहा था

कि उन लोगों में से किसी ने उसका गला पकड़ लिया। 'हरामी कहीं के, तुम अलाक ड्रोंग के बारे में अनाप-शनाप बोल रहे थे। देखो अब क्या हाल होता है तुम्हारा!' यह कहते हुए उस आदमी ने उसके चेहरे पर एक घूँसा जड़ दिया। उसको दिन में तारे नज़र आने लगे और मुँह में खून का स्वाद आ गया।

'तुम अलाक ड्रोंग के बारे में अनाप-शनाप बकने का साहस फिर करोगे?' एक दूसरे आदमी ने कहा और उसके पेट में एक घूँसा मारा। वह चक्कर खाकर नीचे गिर गया, उसकी हिम्मत जवाब दे गई थी।

'ये लो, फ़र्जी इंसान!' इस आवाज़ के साथ उसके सिर पर पीछे से कोई भारी चीज़ टकराई और वह बेहोश हो गया।

जब तक गेंदुन ग्यात्सो को होश आया, तब तक अंधेरा पूरी तरह से गहरा चुका था, चाँद की हल्की रोशनी में उसको यह समझ में आया कि वह एक पतली गली में था। उसको ठंड लग रही थी, उसके सिर में दर्द हो रहा था, उसको प्यास लगी हुई थी, और उसके मुँह में खून का स्वाद आ रहा था। कुछ समय के बाद उसने अपने हाथ से अपने सिर को छुआ, और उसने पाया कि उसके सिर से कोई गीली चीज़ चिपकी हुई थी, जो ज़ाहिर है कि खून था—और वह घबरा गया। पूरी ताक़त लगाकर उसने उठना चाहा लेकिन उसका सिर उसके शरीर से भी भारी लग रहा था। उसके पैर उसको सहारा नहीं दे पा रहे थे इसलिए वह फिर से ज़मीन पर गिर गया। उसने अपने हाथ से अपने सिर को फिर से छुआ। घाव उसकी दो उँगलियों के बराबर गहरा था और उससे अभी भी खून रिस रहा था, इससे वह और भी चिंतित हुआ।

युद्ध के मैदान में जाना इससे बुरा नहीं हो सकता था। मुझे अब इस चोगे से निकलना ही पड़ेगा, गेंदुन ग्यात्सो ने सोचा और अपने माथे को ज़मीन से टिकाकर वह दर्द के मारे कराहने लगा। उसने पैरों की आहट सुनी तो अपने हाथों की मदद से अपने सिर को ज़रा सा उठाया। जब पैरों की आवाज़ पास आई तो उसके ऊपर टॉर्च की रोशनी पड़ी, और एक आदमी ने चिल्लाते हुए कहा, 'आ त्सी! कोई यहाँ गिरा पड़ा है!'

'ओह ओह, यह एक भिक्षु है!' एक औरत की आवाज़ ने चिल्लाते हुए कहा।

गेंदुन ग्यात्सो ने उन लोगों से कहा कि किसी ने उसके साथ लूटपाट की थी और उन लोग़ों से कहा कि वे उसके लिए एक तिपहिया मँगवा दें। उन लोगों ने उसके लिए केवल तिपहिया ही नहीं मंगाई बल्कि वे लोग उसके साथ अस्पताल भी जाना चाहते थे लेकिन उसने मना कर दिया।

उनके जाने के बाद गेंदुन ग्यात्सो ने तिपहिया के चालक से कहा, 'मुझे रेड लैंटर्न बार ले चलो।'

'क्या? वह जगह भिक्षुओं के लिए नहीं है। मेरे ख़याल से आपको अस्पताल जाना चाहिए।'

'जैसा मैंने कहा वैसा ही करो।'

पाँच

गेंदुन ग्यात्सो ने उन चीनी वस्त्रों को पहन लिया जो लहात्सो उसके लिए लेकर आई थी और अपने बालों में कंघी की, और वह उतना ही सुंदर लग रहा था, जितना सुंदर वह तब लगता था जब भिक्षु था। लेकिन उसके सिर का दर्द कम होने का नाम ही नहीं ले रहा था, बीच-बीच में उसको चक्कर भी आ रहा था और वह गिरने को हो जा रहा था। लहात्सो उसको सहारा देकर अस्पताल ले गई।

जब वे अस्पताल पहुँचे तो अस्पताल के अहाते में उस दिन कुछ अधिक ही लोग थे। कुछ रो रहे थे, कुछ सदमे में खड़े थे, और कुछ लोग डॉक्टर से कुछ कह रहे थे जो आगे पीछे कर रहे थे। गेंदुन ग्यात्सो ने उन लोगों पर ध्यान नहीं दिया। चोर की तरह सिर झुकाए वह ओपीडी में चला गया। गलियारे में फ़र्श पर दाएँ बाएँ दोनों तरफ लोग लेटे हुए थे, बुरी तरह से कराह रहे थे। एक बुजुर्ग आदमी को छाती में दायीं तरफ़ गोली लगी थी, और जब वह साँस ले रहा था, तो छाती के छेद से लाल बुलबुले निकल रहे थे। उसके पास करीब बीस साल का एक आदमी खड़ा था और उसके बाएँ कंधे से घाव ऐसे दिख रहा था, जैसे फूल खिलते हैं। जिस बर्फीले नर्क के बारे में बताया जाता है, जिसमें इंसान कमल के फूलों की तरह से बिखरे रहते हैं वह शायद इसी तरह का होता होगा, गेंदुन ग्यात्सो ने सोचा। 'त्रिरत्न कृपा करें,' उसने फुसफुसाते हुए कहा। जबसे उसने अपने संकल्प को तोड़ा था, उसके बाद से उसने पहली बार प्रार्थना की थी। एक आदमी जिसने अपने सिर में पट्टी बांध रखी थी डर के मारे काँप रहा था और हवा के कुछ घूँट मुँह में ऐसे भर लिए, मानो वह भरी सर्दी में ठंडे पानी में कूद गया हो, फिर वह शांत हो गया। जिस आदमी की गोद में उस आदमी का सिर था, वह 'डॉक्टर, डॉक्टर,' चिल्लाने लगा, फिर उसने तेज आवाज़ में कहा, 'डॉक्टर! डॉक्टर कहां हैं? डॉक्टर—' लेकिन किसी ने उसकी बात का जवाब नहीं दिया। उसने अपनी गोद में पड़े आदमी

– या कहें, लाश—को टिकाया और एक के बाद एक कमरे में दौड़भाग करते हुए डॉक्टर को ढूंढने लगा। आख़िरकार उसको एक डॉक्टर मिल गया और वह उसको लगभग घसीटते हुए लेकर आया। डॉक्टर ने अपने बाएँ हाथ को कोट से निकाले बगैर, अपने दाएँ हाथ के अंगूठे और तर्जनी से उस आदमी की आँख खोलकर देखी—जिसकी गर्दन अब कंधे पर लुढ़क चुकी थी। उसने जल्दी से उस आदमी की गर्दन पर हाथ रखा और बोला, 'यह अब नहीं रहा।'

उस आदमी ने डॉक्टर को कसकर पकड़ लिया। 'क्या मतलब है आपका?' वह आँखें फैलाए रो रहा था।

'यह अब नहीं रहा। इसकी साँस थम चुकी है।'

उस आदमी ने डॉक्टर को छोड़ दिया और जैसे उसको अचानक कुछ याद आ गया हो वह चिल्लाने लगा, 'दोस्तो! दोस्तो! अलाक ड्रोंग कहाँ है? अलाक ड्रोंग कहाँ है?' लेकिन उसकी बात का किसी ने जवाब नहीं दिया। फिर एक आदमी, जिसकी आवाज़ लड़कियों जैसी थी, चिल्लाया, 'डॉक्टर! डॉक्टर! जल्दी आइए।' कहते हुए वह डॉक्टर की क़मीज़ पकड़कर उसको खींचने लगा। उस आदमी की अजीब सी आवाज़ से ग्यात्सो को कुछ ध्यान आया। जब उसने ध्यान से देखा, तो जैसे वह नींद से जागा हो, उसने पाया कि वे लोग उसके ही कैम्प के थे। वह आदमी जिसकी अभी-अभी कंधे पर गर्दन लुढ़कने से मौत हुई थी, सेंगी क्याब था। उसके साथ वह बचपन में पशुओं को चराने के लिए जाता था।

गेंदुन को अचानक अपने भाई की याद आई और वह पागलों की तरह दौड़ने लगा। पहले वाला डॉक्टर एक चोटिल आदमी को ऑक्सिजन देने में लग गया था। वह आदमी स्ट्रेचर पर मुँह ऊपर किए पड़ा हुआ था। उसका शरीर कोट से ढँका हुआ था इसलिए उसके घाव दिखाई नहीं दे रहे थे, लेकिन उसकी आँखों की पुतलियाँ दिखाई दे रही थीं, और उसके गले से कराह निकल रही थी, उसी तरह से जिस तरह से गाय के मुँह से उस समय निकलती है, जब मुस्लिम कसाई उसको काट रहा होता है।

गेंदुन ग्यात्सो ने एक बार और प्रार्थना की और फिर हर कमरे, हर गलियारे में खोजने लगा। उसके लिए बहुत राहत की बात यह रही कि उसको अपने भाई गोभा का पता तो नहीं चला, साथ ही उनमें उसका कोई रिश्तेदार भी नहीं था। उसने सोचा कि यह भी देख लिया जाए कि कोई और तो नहीं था, जो चोटिल हुआ हो, लेकिन अपने हालात को याद करके उसने यह तय पाया कि उसको इस जगह पर नहीं रहना चाहिए और वह झट से अस्पताल

से बाहर निकल गया। बाहर निकलकर उसने गहरी साँस ली और फिर अपने चलने की रफ़्तार धीमी कर दी।

'क्या चल रहा है?' घबराई हुई लहात्सो ने गेंदुन से पूछा।

'यह तुम्हारे चुकार कस्बे की वजह से हुआ है।'

'जेटसन ड्रोलमा कृपा करें!'

'अगर उनको यह पता चल गया कि तुम चुकार की हो तो, वे तुमको ज़िंदा जला डालेंगे।'

'और उनके ऊपर कोई इल्ज़ाम लगाने की हिम्मत भी नहीं कर पाएगा? मुझे डर लग रहा है।'

'मुझे भी डर लग रहा है। सच में।'

'चरगाह के लिए होने वाली लड़ाइयाँ बहुत भयानक होती हैं।'

'मेरे ख़याल से इसी को वे संसार चक्र कहते हैं।'

जब उसकी साँस सामान्य हुई, तो ग्यात्सो ने कसम ली कि वह भिक्षु का अपना चोग़ा उतार देगा और शराब पीना छोड़ देगा। *चाहे मैंने अपना संकल्प तोड़ दिया हो लेकिन बौद्ध धर्म के पवित्र वस्त्र को गंदा करना सही नहीं रहेगा, और इस तरह से रहने के बजाए—न तो भिक्षु, न आम आदमी, न आदमी और न राक्षस—लड़ाई के मैदान में जाने से अफ़सोस कम होगा।* इसलिए उसने अपना चोग़ा उतार दिया। लेकिन अस्पताल में उसने जो कुछ देखा था, वह देखकर उसका हौसला जाता रहा। वह जैसे ही लहात्सो के कमरे पर पहुँचा तो उसने फिर से चोग़ा धारण कर लिया। अपने भाई और परिवार की चिंता के कारण तथा अपने बर्ताव के कारण उसका दिमाग चक्कर खा रहा था और वह शांत नहीं हो पा रहा था। आख़िरकार उसने लहात्सो को आवाज़ दी और उससे बियर लाने के लिए कहा।

'तुमको अब शराब नहीं पीनी चाहिए। वैसे भी हमारे पास अब पैसे भी बहुत कम बचे हुए हैं।'

गेंदुन ग्यात्सो को पता था कि जबसे वह लहात्सो से मिला था, तब से उसने दूसरे पुरुषों से मिलना छोड़ दिया था, लेकिन वह किराया दे रही थी, खाने का खर्चा था, सबसे बढ़कर उसके शराब और कपड़ों पर भी खर्च कर रही थी। जब उसके दिमाग़ में यह बात आई, तो उसने राहत की साँस ली। 'सही कह रही हो। सब पैसे की ही बात है...'

लहात्सो ने उसको राहत पहुँचाने के इरादे से कहा, 'ख़ैर इतना तो है ही

कि बियर ख़रीदी जा सके। मैं बियर ले आऊँगी,' उसने कहा और बाहर जाने के लिए उठ खड़ी हुई।

'नहीं, नहीं, मुझे अब नहीं चाहिए। और अब मैं भविष्य में भी नहीं पियूँगा। वादा रहा।'

छह

धीरे-धीरे कमरे से वीर्य की गंध भी दूर हो गई और उसको उस कमरे से लगाव हो गया मानो वह उसका ही कमरा हो।

जब यह सब हो रहा था तो काग़ज़ से भी सफ़ेद चेहरे वाला एक आदमी जो रेड लैंटर्न बार में हर सप्ताह आता था और वहाँ मुफ़्त में ही काम करता था, वह असल में पुलिस वाला था। वह उस दिन पुलिस की वर्दी में आया और उस जगह की मालकिन के कान में फुसफुसाते हुए कुछ कहा।

उसके जाने के बाद मालकिन ने वहाँ की सभी वेश्याओं को बुलाया और यह घोषणा की, 'आज पुलिस हमारे यहाँ रेड डालने वाली है। इसलिए सावधान रहना। आज ग्राहकों को यहाँ नहीं आना चाहिए।' इसके कारण ग्यात्सो को मजबूर होकर रात एक होटल में जाकर बितानी पड़ी।

जब हम तिब्बतवासी बड़े शहर में जाते हैं, तो होटल वाले हम लोगों को एक ही कमरे में रख देते हैं, इसी तरह छोटे शहर के होटल वाले भिक्षुओं को एक ही कमरे में ठहरा देते थे। जिस कमरे में ग्यात्सो को ठहरा गया था, उस कमरे में दो भिक्षु और थे। उन्होंने बताया कि वे खाम के रहने वाले थे।

'क्या आप लोग कभी नाइजर मोनेस्ट्री गए हैं?' गेंदुन ने पूछा।

'संयोग से हम लोग नाइजर मोनेस्ट्री के ही हैं।'

सुनते ही गेंदुन उत्साहित हो गया। 'अच्छा मुझे यह बताइए कि क्या वह पत्थर वहाँ आज भी है, जिसमें नाइजर त्सांग ने भाला घुसाया था?'

अचानक एक बूढ़ा भिक्षु उठा और उसने दूसरे भिक्षु के कान में फुसफुसाते हुए कुछ कहा, 'सुनो, इसको गौर से देखो। यह...' उसके बाद उसने ग्यात्सो की तरफ मुड़ते हुए पूछा, 'क्या आप कभी नाइजर मोनेस्ट्री गए हैं?'

'नहीं।'

'हम आपकी उम्र जानना चाहते हैं?'

'मैं 25 साल का हूँ।'

दो बुजुर्ग भिक्षु मुँह बाए एक दूसरे को देख रहे थे, अब वे गेंदुन ग्यात्सो को देखने लगे। 'आप...' गेंदुन ग्यात्सो ने कहा, वह कुछ असहज महसूस कर रहा था। दोनों भिक्षु होश में आ गए। उनमें से एक भिक्षु अपने बैग में कुछ ढूँढने लगा, फिर कुछ समय के बाद उसने अपने बैग से एक तस्वीर निकाली। उसने बड़े ध्यान से वह तस्वीर ग्यात्सो को दिखाई।

गेंदुन ग्यात्सो ने तस्वीर को एक नज़र देखा और कहा, 'हाँ, यही नाइजर त्सांग हैं।'

दोनों बुजुर्गों ने अचंभित होकर एक-दूसरे को देखा और पूरी तरह से चुप हो गए। थोड़ी देर में दोनों में से जो अधिक बुजुर्ग था वह कुछ-कुछ बोलने लगा, और जब कुछ भी ठीक से नहीं बोल पाया तो अपनी भौंहों और नाक के सिरे से बहते पसीने को पोंछ लिया। दूसरा बुजुर्ग, जो उससे कम उम्र का था उसने सीधे काम की बात शुरू की, 'क्या आप हमें अपने सिर के पीछे का हिस्सा देखने देंगे?' उसने पूछा।

गेंदुन ग्यात्सो को समझ में नहीं आ रहा था कि कहीं वह फिर से कोई सपना तो नहीं देख रहा था। उसको मन ही मन अपने सिर के पीछे की घाव की याद आई और वह हैरान होकर अपने सामने बैठे दोनों भिक्षुओं को देखने लगा।

'अच्छा... साफ़ बात करूँ तो नाइजर अवतारों के सिर के पिछले हिस्से में ड्रैगन की छवि होती है।'

गेंदुन ग्यात्सो को अपने सिर के पिछले हिस्से का एक बार फिर से ध्यान आया, अब उसको सबकुछ साफ़-साफ़ समझ में आ रहा था। लेकिन अजीब बात यह थी कि वह उन दोनों भिक्षुओं से अधिक घबराहट में आ गया। 'नहीं, नहीं, मेरे सिर के पीछे ड्रैगन का निशान नहीं है,' अपने पैरों पर कूदते हुए उसने कहा।

दोनों भिक्षुओं ने एक-दूसरे को देखा और गेंदुन ग्यात्सो को किसी पागल आदमी की तरह पकड़ने के लिए दौड़े। वह दुखी होकर रोने लगा और अपने आपको छुड़ाने की उसने पूरी कोशिश की, लेकिन वह उनकी पकड़ से अपने आपको छुड़ा नहीं पाया। जब दोनों ने उसक सिर के पीछे के हिस्से को देखा तो अचानक उसको छोड़ दिया। 'अब कोई शक ही नहीं रह गया,' एक ने दूसरे से कहा।

'हमारा काम पूरा हो गया।' दोनों में से जो कमउम्र का भिक्षु था, उसने

गेंदुन ग्यात्सो के पैर में तीन बार सिर झुकाया, और जब उसका सिर ग्यात्सो के पैर से छू गया तो वह ख़ुशी के मारे रोने लगा।

दोनों में से बुजुर्ग भिक्षु ने भी तीन बार सिर झुकाया, उसके बाद उसने बहुत सारे पैसे एक धार्मिक रूमाल रख, उसको गेंदुन के सामने प्रस्तुत किया। यह देखकर गेंदुन और घबरा गया। 'नहीं, नहीं, आप लोगों से कोई गलती हुई है। मैं अवतार नहीं हूँ, यह संभव नहीं हो सकता!' वह चिल्लाया। उसने तो उन लोगों को यहाँ तक बता दिया कि वह तो ठीक से भिक्षु भी नहीं था। लेकिन दोनों बुजुर्ग उसकी बात सुन ही नहीं रहे थे; बल्कि उन्होंने उसको यह बताना शुरू कर दिया कि मरने के पहले नाइजर ने किस तरह से अपने आख़री आदेश में यह कहा था कि उनके अवतार के लिए उनको 25 साल तक इंतज़ार करने की कोई ज़रूरत नहीं है, उनका अवतार जब 25 साल का हो जाएगा, तब उनको उसकी तलाश करनी चाहिए। 'अब आप इस तरह से बात मत करिए। कृपा करके एक बार मोनेस्ट्री आइए न,' दोनों ने कहा।

गेंदुन ग्यात्सो को समझ में नहीं आ रहा था कि उन लोगों को किस तरह समझाए, और ऐसा लग रहा था कि दोनों भिक्षु इतने व्यग्र थे कि वे इसको ऐसा करने का मौक़ा भी नहीं देने वाले थे। 'आप लोग उठिए। इस बारे में हम बाद में बात कर लेंगे,' उसने हार मानकर कहा, और उनको बिस्तर पर बिठाया। 'मेरी तो पत्नी भी है,' उसने शर्माते हुए कहा।

दोनों भिक्षुओं ने एक-दूसरे को देखा और लगभग एक साथ ही जवाब दिया, 'नाइजर के अवतारों की हमेशा से पत्नियाँ रही हैं।'

'लेकिन मेरी पत्नी... और मैं शराब भी पीता हूँ।'

'नाइजर के अवतारों ने हमेशा सुधा का पान किया है।'

ग्यात्सो का दिमाग घूम रहा था। *ये सब क्या हो रहा है?* उसने सोचा। क्या यह महज़ संयोग है? अचानक उसको लहात्सो का ध्यान आया और उसको देखने की बेतरह इच्छा होने लगी, वह उठा और दरवाज़ा खोलकर भागने लगा। दोनों बूढ़े भिक्षु उसके पीछे ऐसे दौड़े जैसे सिपाही चोर के पीछे भागते हैं।

रेड लैंटर्न बार के बाहर भीड़ जुट गई। दो पुलिसवालों ने लहात्सो को धक्का मारते हुए गाड़ी में बिठाया और सायरन बजाते हुए चले गए। ग्यात्सो हैरान परेशान होकर पुलिस की गाड़ी को देखता रह गया।

वह दिन उस क़स्बे में उस साल का सबसे ठंडा दिन था। पहाड़ की चोटी पर तेरह हजार फ़ीट की ऊँचाई पर शायद और अधिक ठंड थी।

——

डॉक्टर लिनिन ने एक भूगर्भशास्त्री, गहरे समुद्र में मछली पकड़ने वाले, मानवतावादी, राहत कार्य कार्यकर्ता, पहाड़ पर मार्गदर्शक एवं लेखक के रूप में बीस साल दुनियाभर में घूमते हुए बिताए हैं, उनकी प्रमुख किताबों में शामिल हैं, 'हार्ट ऑफ़ द हिमालयाज' एवं 'परफ़ेक्ट मोशन'।

इस किताब में जो अंश लिया गया है उसमें भारत की सबसे पवित्र नदी गंगा के उद्गम गंगोत्री के बारे में लिखा गया है और इसको 'हार्ट ऑफ़ द हिमालयाज' से लिया गया है। इसमें लेखक इस बात पर विचार कर रहे हैं कि सच्चे साधुओं के बीच फ़र्ज़ी साधु भी किस तरह से आ जाते हैं। उनका सामना एक अजीब से दृश्य से हुआ। '... सुनसान सी जगह में दूर कोने में तीन नौजवानों को एक साथ बांधकर रखा गया था और दो हट्टे-कट्टे दाढ़ी वाले साधु लाठी लेकर उनकी रखवाली कर रहे थे।'

कहानी में मोड़ यह आया कि बॉलीवुड की फ़िल्म की तरह वह अपहरण का मामला था, फिरौती की माँग और निर्जन गाँव में पीछा करने की बात थी। समझे।

अध्याय 20

हिमालय के बीचों-बीच

जोनो लिनिन

8 नवम्बर

मैं गंगोत्री दोपहर में पहुँचा और उस गाँव में पहुँचकर मुझे बहुत आश्चर्य हुआ। यमुनोत्री के बाद मुझे उम्मीद थी कि वहाँ जीर्ण-शीर्ण घर व दुकानें होंगी। लेकिन मैं ग़लत था क्योंकि वह जगह साफ़-सुथरी थी, जिस तरह यूरोप में, जाड़ों में समुद्र के किनारे रिसॉर्ट होते हैं। वहाँ सिर्फ़ साधु रहते थे और यह बात मेरे लिए एक और कौतुक की बात थी।

हिंदुओं में साधु वे लोग कहलाते हैं, जिन्होंने इस बात का प्रण लिया होता है कि वे उच्च ज्ञान को पाने के लिए कठिन मार्ग को अपनाएँगे। हिन्दू जीवन के पहले तीन लक्ष्यों, काम, अर्थ और धर्म का उन्होंने त्याग किया होता है, ताकि वे पूरी तरह से चौथे लक्ष्य, मोक्ष पर ध्यान केंद्रित कर सकें। कहा जाता है कि भारत में आज भी 40-50 लाख साधु हैं। इनमें से अधिकतर अपने मार्ग के प्रति समर्पित होते हैं, लेकिन दुर्भाग्य से, इनमें पाखंडी भी बहुत हैं। साधु दूसरों के दान-पुण्य पर जीते हैं। भारत के लोग आमतौर पर साधुओं को लेकर बहुत उदार होते हैं, लेकिन कुछ साधु उतने विश्वसनीय नहीं होते हैं, उनका खर्चा डकैती से चलता है।

इन पाखंडी साधुओं में एक आदत यह होती है कि ये उन इलाक़ों में पाए जाते हैं, जहां पश्चिमी देशों के साधु अधिक आते हैं। मैं इसके बारे में अनुमान से कह सकता हूँ क्योंकि हिंदू धर्म के बाहर के किसी आदमी के लिए यह समझ पाना मुश्किल होता है कि कौन असली है और कौन नक़ली। सच्चाई यह है कि पिछले पाँच साल के दौरान भारत में मुझे असल में कोई समर्पित साधु मिला था या नहीं इस बारे में मैं कुछ नहीं कह सकता। लेकिन गंगोत्री में मुझे जो साधु संत मिले वे अलग तरह के थे क्योंकि वे धर्म कर्म में डूबे हुए थे। दिल्ली कलकत्ता में मैं जिन साधुओं से मिला था, उनके विपरीत उन लोगों ने मेरे ऊपर ख़ास ध्यान नहीं दिया। लेकिन उनके कार्यव्यापार को देखते हुए मुझे यह आभास हुआ कि गंगोत्री में ख़ास बात थी, यह जगह धार्मिक ऊर्जा से भरपूर थी। गाँव के बीचों-बीच गंगा माई का मंदिर देखकर मेरी उम्मीदें बढ़ गई थीं।

हिंदू गंगा को माँ की तरह से ही देखते हैं। वह सबकुछ देने वाली हैं, लेकिन कभी-कभी कठोर भी हो जाती हैं। यह एक ऐसी ऊर्जा है, जो हमेशा आपके साथ रहती है। करीब-करीब हर हिंदू के घर में गंगाजल की एक शीशी ज़रूर पाई जाती है। गंगाजल को धरती पर सबसे शुद्ध तत्व माना जाता है और

जो भी इसके संपर्क में आता है, वह शुद्ध हो जाता है। गंगा देवी को सुंदर, आकर्षक महिला के रूप में दिखाया गया है, जिसके हाथ में एक कलश होता है, जिसको प्रचुरता के प्रतीक के रूप में देखा जाता है।

धरती पर गंगा के आने की जो कथा है, उसमें हिंदू देवता के विशिष्ट गुणों का परिचय मिलता है। कथा कुछ इस प्रकार से है:

> राजा सागर की दो पत्नियाँ थीं। एक को साठ हजार बच्चे हुए जबकि दूसरी पत्नी को केवल एक, जिसका नाम था असमंजस। एक बार राजा ने एक विशेष यज्ञ किया जिसमें एक विशेष घोड़ा था, लेकिन ईर्ष्यालु इंद्र ने राजा का घोड़ा चुरा लिया। पूरी धरती और पाताल को खोदने के बाद वह घोड़ा जहां मिला, वहाँ कपिल मुनि का आश्रम था। यह सोचकर कि उस मुनि ने घोड़े को चुरा लिया है, राजा के लड़के उनको गालियाँ देने लगे। इससे उस मुनि की तपस्या भंग हो गई। ग़ुस्से में आकर मुनि ने राजा सागर के 60 हजार लड़कों को भस्म कर दिया।
>
> राजा को नारद ने आकर उनके बेटों के इस दुर्भाग्य के बारे में बताया। इस नुक़सान की भरपाई के लिए राजा ने अपने बेटे असमंजस के पुत्र अंशुमन को भेजा। अंशुमन जाकर कपिल मुनि से मिला, जो उस युवक से प्रभावित हुए। राजा के लड़कों को वापस ज़िंदा तो नहीं किया जा सकता था लेकिन कपिल ने यह वरदान दिया कि अगर गंगा के जल से स्पर्श किया जाए, तो उन लड़कों का पुनर्जन्म हो सकता है। उस समय गंगा माई स्वर्ग में रहती थीं। हालाँकि, यह भागीरथ से कई पीढ़ी पहले की बात है, जो सागर के पड़पोते थे, जिन्होंने अपनी तपस्या से देवी को प्रसन्न कर लिया और देवी धरती पर आने के लिए तैयार हो गईं। लेकिन भागीरथ को यह पता था कि अगर गंगा की धारा सीधे धरती पर गिरी, तो उससे धरती नष्ट हो जाएगी और इस झटके को केवल भगवान शिव के द्वारा ही सहन किया जा सकता था। इसलिए भागीरथ एक बार फ़िर से ध्यान में चले गए और शिव को इसके लिए तैयार किया कि वे गंगा के प्रवाह को अपनी जटाओं में संभाल लेंगे। अंततः गंगा नीचे आई और उसके ज़ोरदार झटके को शिव ने अपनी जटाओं में सँभाल लिया और इस तरह वह धरती पर बहुत सहज गति से आई। जहां शिव ने गंगा के वेग को सहन किया था आज गंगोत्री में उस स्थान पर मंदिर है। इसके बाद भागीरथ ने हल की मदद से जल की धारा को दक्षिण की तरफ मोड़ दिया, जहां 60 हजार पुत्रों का अवशेष थे। उन पुत्रों की आत्मा को मुक्ति मिली और

> वहाँ समुद्र का निर्माण हुआ। आज, वह पश्चिम बंगाल का गंगा सागर है, जिस स्थान पर गंगा बंगाल की खाड़ी में गिरती है।

गंगा माई का मंदिर बहुत साधारण है, एक चट्टान के चार कोण हैं और बीच में एक शिखर है। वह वहाँ के आसपास के अनुरूप है। वर्तमान मंदिर का निर्माण गोरखा सेनापति अमर सिंह थापा द्वारा सत्रहवीं सदी में करवाया गया था।

जब मैं वहाँ था तो बहुत कम लोग थे और भागीरथ नदी के जल की धारा ही वहाँ की शांति को भंग करती थी। मंदिर बंद था (मंदिर हिंदू पर्व दीवाली के आसपास बंद हो जाता है और फिर मई में जाकर खुलता है), लेकिन मैंने पाया कि मंदिर के अंदर की तरफ़ की सफ़ेद दीवारों पर हज़ारों बिंदियाँ लगी हुई थीं। बिंदी को दोनों भौहों के बीच लगाया जाता है, जिसको छठा चक्र कहा जाता है। हिंदू धर्म में उसको गुप्त ज्ञान का केंद्र माना जाता है। इस तरह से स्त्रियों ने एक तरह से अपने अस्तित्व का एक हिस्सा देवी की देखभाल में छोड़ दिया था। असंख्य लाल बिंदियाँ थीं, जो ऑस्ट्रेलिया के आदिवासियों की बिंदी-चित्रकला के समान है, जो यह बताता है कि उस समुदाय का प्रकृति एवं वहाँ के भूदृश्य के साथ ऐसा रिश्ता था।

लेकिन सच्चे भारतीय रूप में सच्चाई कुछ और थी। मैंने देखा कि वहाँ ख़ाली पड़े प्रांगण के एक कोने में तीन नौजवान एक साथ बांधकर रखे गए थे, और दो दाढ़ी वाले हट्टे-कट्टे साधु लाठी लेकर उनकी रखवाली कर रहे थे।

मैंने जब हिंदी में पूछा कि यह सब क्या था, तो एक रक्षक ने यह बताया कि उन तीनों ने उत्तरकाशी के एक अमीर परिवार के लड़के का अपहरण कर लिया था और उसको गंगोत्री की एक ख़ाली पड़ी झोपड़ी में छुपाकर रखा था। उन साधुओं को इस बारे में कुछ पता नहीं था लेकिन उनको एक दिन एक ख़ाली पड़ी झोपड़ी से धुआँ निकलता दिखाई दिया। उनको यह बात अजीब लगी कि बिना किसी को बताए कोई साधु की ख़ाली पड़ी झोपड़ी में रह रहा था, इसलिए उनको लगा कि कुछ तो गड़बड़ थी। उन साधुओं ने झोपड़ी को घेर लिया और उन लोगों को पकड़ने के लिए गए, तो वे तीनों भागने लगे। साधु उनके पीछे-पीछे भागे और अंत में जाकर वे एक सुनसान गाँव में पकड़ में आ गए। मुझे यह अच्छा लगा: साधुओं ने अपहरणकर्ताओं को पकड़ लिया, जिनके पास चाकू भी थे। अपहरणकर्ताओं को तब तक वहाँ रखा गया था, जब तक उत्तरकाशी से पुलिस नहीं आ गई। उन साधुओं के साथ मैंने एक प्याली

चाय पी: अपहरणकर्ता धरती को देखे जा रहे थे।

वहाँ के ख़ाली पड़े विश्राम गृह में मैंने रात बिताई। वह आधिकारिक रूप से तो खुला हुआ नहीं था, लेकिन जब मैंने कमरे के बारे में पूछा तो एक भारी-भरकम जटाधारी साधु ने मेरे कंधे पर हाथ रखकर मुझे अपने पीछे आने के लिए कहा। वह कुछ बोल नहीं रहा था – शायद वह मौनव्रत पर था। लेकिन जब हम जा रहे थे, तो उसने मुझे एक चाभी दी और मुझे एक कमरे में ले गया। उसने पैसे माँगे तो नहीं, लेकिन मैंने उसको मंदिर बनवाने के नाम पर कुछ चंदा दे दिया।

—

त्सेरिंग ताशी का यह लेख गत्यात्मक ऊर्जा से भरपूर है। यह लेख ध्यान के प्रकार के रूप में गति की बात करता है, एवं अंदर का जो स्थिर केंद्र होता है, उसको ईंधन देता है। लेखक, शोधार्थी एवं फ़ेस्टिवल निदेशक इस लेख में हमें ऐसे साधकों के बारे में बताते हैं, जिनको भूटान एवं तिब्बत में 'लंग गोंपा' या काँग जोर' कहा जाता है, जापान में 'सेन नीची काइहो' और पश्चिमी देशों में 'ट्रांस रनर' कहा जाता है।

त्सेरिंग ताशी ने इस लेख में तीन ऐसे भिक्षुओं के बारे में बताया है, जिनसे उनका निजी रूप से सामना हुआ था और जिनके अंदर यह कौशल था। जिस प्रकार से ये साधक और उन्नत कौशल वाले आध्यात्मिक व्यक्ति अपने काम को करते हैं उनमें एक हद तक संकोच का भाव होता है, जिसको हल्के में नहीं लिया जाना चाहिए, न ही उसके बारे में बढ़ा-चढ़ाकर कहा जाना चाहिए। अकल्पनीय दूरी तक बहुत तेज गति से दौड़ने के बात किसी तरह की असावधान उत्सुकता की बात नहीं है—यह गुप्त विद्या के क्षेत्र में आता है। इन सीमाओं का सम्मान करते हुए लेखक ने किसी और दुनिया की झांकी दिखाई है जिसमें भौतिक एवं आध्यात्मिक ऊर्जा एक होकर शरीर, मस्तिष्क एवं आत्मा को एक कर, उसका विस्तार असंभव सीमा तक करते हैं।

इसमें एक मूल्यवान अंश रेने वॉन नेबेस्की-वोकविज का भी है, जिसमें वह एक रहस्यमय मैराथन के बारे में लिखते हैं, जिसका हर 12 साल में बर्फ़ में आयोजन किया जाता है। इस बेहतरीन लेख से यह भी समझ में आता है कि 1959 में चीन द्वारा तिब्बत पर क़ब्ज़ा कर लेने के बाद कितना कुछ गूढ़ ज्ञान और दस्तावेजी सामग्री नष्ट हो गई।

अध्याय 21

ट्रांस रनर्स

हवा की सवारी

त्सेरिंग ताशी

हिमालय ऐसी दुनिया का हिस्सा है जिसमें बहुत सी आध्यात्मिक एवं अव्याख्येय चीजें संभव हैं। ऐसा ही एक रहस्य है ऐसे लोगों में विश्वास जिनके अंदर यह कौशल होता है कि वे कम समय में ही बहुत लम्बी दूरी तय कर लेते हैं, ऐसे जैसे हवा की सवारी कर रहे हों।

इस योग्यता को भिन्न नामों से जाना जाता है। तिब्बत और भूटान में, इसे 'लुंग गोम्पा' (हवा में ध्यान लगाना) कहा जाता है। तिब्बत में ऐसी योग्यता वाले आम लोगों को भी 'कंग जोर' या तेज टांगों वाला कहा जाता है। पश्चिमी विद्वान् उन्हें ट्रांस रनर कहते हैं।

इस तरह के साधक अन्य स्थानों पर भी होते हैं। जापान में ऐसे लोगों का बहुत सम्मान है और इनको 'सेन नीची काइहो' कहा जाता है। यह उपाधि केवल उन्हीं गम्भीर साधकों को दी जाती है, जो 100 दिन में 8,400 किलोमीटर की दूरी तय कर लेते हैं। यह उनकी 1000 दिनों की साधना का हिस्सा होता है।

स्कूल

अगर साधनावस्था में चलने वाले ऐसे धावक, यानी ट्रांस रनर हैं, तो उनके लिए कोई स्कूल भी ज़रूर होना चाहिए। अपने शोध के दौरान मैंने ऐसा ही एक स्कूल देखा भी था।

अपनी किताब, *बियोंड सेवन ईयर्स इन तिब्बत* में लेखक हेनरिक हैरर ने उस स्कूल में जाने के अपने अनुभव के बारे में लिखा भी है। उन्होंने शुला गोंपा मोनेस्ट्री के बारे में लिखा है, जो शिगात्से और ज्ञान्त्से के बीच है। यह एक बहुत अलग तरह की मोनेस्ट्री है, क्योंकि इसमें प्रसिद्ध लुंग गोंपा का स्कूल है।

हैरर इस मोनेस्ट्री में गए थे और उन्होंने इस बात पर गौर किया था कि यह एक विशिष्ट प्रकार का स्कूल था, जो बहुत चुनिंदा छात्रों के लिए था। इस स्कूल में भिक्षुओं को पूरी तरह से अलग-थलग रखकर प्रशिक्षण दिया जाता था। उनको अनेक तरह के व्यायाम करने पड़ते थे, उनको 'अनाज के ढेर पर दौड़ाया जाता था, जिससे कि उनके पैरों की मांसपेशियाँ मजबूत होती थीं, और बहुत सख़्त मिज़ाज के अध्यापक मानसिक प्रशिक्षण देते थे।'

उस मोनेस्ट्री की यह परम्परा थी कि सबसे योग्य विद्यार्थी को स्कूल का प्रतिनिधित्व करने के लिए चुना जाता था। उस भिक्षु को यह साबित करना पड़ता था कि वह मानसिक रूप से मजबूत था और वह लम्बी दूरी तक दौड़

सकता था।

'सेन नीची काइहो' की तरह तिब्बत के भिक्षुओं को लम्बी दूरी तक दौड़ना पड़ता था। हैरर ने इस बात को लिखा है:

> ...भिक्षु को बिना खाए-पिए या आराम किए सैकड़ों मील चलकर ल्हासा की यात्रा करनी पड़ती थी। उस पवित्र नगर में पहुँचने के बाद धावक के सम्मान में गार्ड ऑफ़ ऑनर दिया जाता था। उसके बाद वह पत्थर की असंख्य सीढ़ियों को ऊपर पोटाला जाता, जहां उसकी इस उपलब्धि के एवज़ में दलाई लामा उसको गमछा पहनाते थे।

उसके बाद उस भिक्षु को तिब्बत के ज्ञानियों में का दर्जा दिया जाता। 'उसको योगी की संज्ञा दी जाती थी, ऐसे व्यक्ति की जो भौतिक चीजों से अपने आपको मुक्त कर सकता था।'

हैरर ने आगे लिखा है,

> इस तरह के असाधारण कौशल की बदौलत तिब्बत के ये अंधाधुंध धावक ओलम्पिक में पदक जीत सकते थे और अपने देश का मान-सम्मान बढ़ा सकते थे। बिना अति संवेदी प्रतिभा के चार से छह हज़ार मीटर की ऊँचाई पर प्रशिक्षण लेने मात्र से ही वह दूसरे देशों के एथलीटों से बेहतर स्थिति में हो जाता।

हैरर ने उनके बारे में पता करने की बहुत कोशिश की लेकिन किसी तरह की सूचना हासिल कर पाने में वे सफल नहीं हो पाए। उन्होंने कहा कि वह केवल उसके नज़दीकी दोस्तों के साथ ही इसके ऊपर चर्चा कर पाए।

तिब्बत में इस तरह से दौड़ने को धार्मिक आयोजन के रूप में देखा जाता था। हैरर ने लिखा है कि अगर कोई इस तरह के धावकों की लगभग अतिप्राकृतिक क्षमताओं का ग़ैर धार्मिक कारणों से उपयोग करने की कोशिश करता तो उस क्षेत्र का शासक ऐसे लोगों को बहुत सख़्त सजा देता था।

ल्हासा के निषिद्ध शहर में सात साल पूरे होने के अंत में उसने लिखा है उसने कभी 'इस बात को सिद्ध या असिद्ध करने की कोशिश नहीं की, कि क्या तिब्बती सच में अपनी आत्मा को अपने शरीर से अलगा लेते थे या नहीं।'

शम्पा

भूटान में भी इस तरह के धावक हैं, जिनको ट्रांस रनर या अंधाधुंध धावक कहा जाता है, लेकिन उनको प्रशिक्षण देने के लिए किसी तरह का न तो कोई स्कूल है न ही उनके दौड़ने के कौशल को दिखाने के लिए किसी तरह के त्योहार का ही आयोजन किया जाता था।

देश में तीन सबसे सम्मानित शम्पा या साधु ऐसे थे, जिनमें ऐसा कौशल था कि वे कम समय में लम्बी दूरी की यात्रा कर सकते थे। कई सालों के दौरान मैं उनसे अनेक बार मिला और उनकी कहानियों को दर्ज किया।

इन तीनों ने अपने जीवन का अधिकांश हिस्सा एकांत में बिताया, लेकिन भूटान के अधिकांश लोग उनके बारे में जानते थे। शम पेंजोर सत्तर साल के हैं, लोपेन कादो अस्सी साल से ऊपर के हैं और लोपेन चुकी लोटे करीब अस्सी साल के (जिस समय यह लिखा जा रहा था)। वे देश के सबसे बड़े तपस्वियों में एक हैं।

इन तीनों ने तो मेरे सवालों का जवाब नहीं दिया, लेकिन बाक़ी दो साधकों ने इस बात को माना कि लोपेन चुकी बहुत अच्छे ट्रांस रनर हैं।

लोपेन चुकी

गुरु लोपेन चुकी से मैं पहली बार 1995 में पारो, भूटान में मिला था, जहां वे मेरे दादाजी के अंतिम संस्कार में भाग लेने के लिए आए थे। मेरे चाचा और मुझे यह ज़िम्मेदारी दी गई थी कि हम उनको थिंपू ले जाएँ और फिर वहाँ से उन्हें थिंपू की ऊँची पहाड़ी पर बने फाजोडिंग की मोनेस्ट्री ले जाएँ। उस आश्रम तक जाने के लिए चार घंटे की कठिन चढ़ाई करनी पड़ती थी।

उस समय, मेरी उम्र बाइस साल थी। खिलाड़ी होने के कारण मैं फ़िट था लेकिन लोपेन की उम्र 69 साल थी और वे कमजोर लग रहे थे। फिर भी वे बड़े आराम से चल रहे थे और मुझे तथा मेरे चाचा को उनके साथ चल पाने में मुश्किल हो रही थी।

लोपेन के कंधे पर कपड़े का एक झोला लटक रहा था। उन्होंने चीन का बना सस्ता जूता पहन रखा था और मोज़े भी नहीं पहने थे। उन्होंने अपने चोगे को टखनों तक उठा रखा था और और मैंने उनको एक बार भी हाँफते हुए नहीं देखा।

चार घंटे की चढ़ाई के दौरान वह बीच-बीच में किसी स्तूप के पास रुककर हमारा इंतज़ार करने लगते और हम लोग़ों को खाने के लिए सुपारी देते, जिसे वे जोर-जोर से चबा रहे थे।

अंत में जब हम उनकी मोनेस्ट्री में पहुँचे, जो पहाड़ पर क़रीब चार हजार फ़ीट की ऊँचाई पर थी, तो मैंने पाया कि मेरी क़मीज़ पसीने से तरबतर थी। मुझे अपनी क़मीज़ को सुखाने के लिए तथा अपने शरीर को गर्म रखने के लिए आग के पास रहना पड़ा। जैसी कि उम्मीद थी, उस ऊँचाई पर मेरी साँस उखड़ने लगी और साँस को सामान्य होने में मुझे कुछ देर का समय लगा। लेकिन लोपेन एकदम सामान्य थे। उन्होंने आग जलाई और हमारे लिए चाय बनाने लगे।

लोपेन को उनके उपनाम लोपेन बोसो कार्प के नाम से जाना जाता है। वह भिक्षुओं की केंद्रीय संस्था में यांगबी लोपेन थे, यानी चार प्रमुख आध्यात्मिक गुरुओं में एक। सेवानिवृत्त होने के बाद वे थिम्पू घाटी के ऊपर फाजोडिंग के आश्रम में ज्ञान-ध्यान में अपना समय बिताने लगे।

मेरे परिवार की तरह ही बहुत से लोग उनको अपने घर बुलाया करते थे और फिर वापस मोनेस्ट्री में पहुँचा आते। देखते-देखते लोगों को उनकी चलने की क्षमता के बारे में पता चलने लगा और जल्दी ही बात फैल गई। जब उनके साथी भिक्षुओं ने उनकी विशेष क्षमता की पुष्टि की तब जाकर लोग उनको लुंग गोंपा से जोड़कर देखने लगे।

पिछले पाँच साल के बीच मैं उनसे मिलने के लिए फाजोडिंग मोनेस्ट्री तीन बार गया और ट्रांस रनर्स के बारे में जानने की कोशिश की लेकिन सफलता हाथ नहीं लगी।

हालिया दौरा 2009 की सर्दियों में लगा, जब मैं अपने रिश्ते के भाई सोनम नीमा के साथ मोनेस्ट्री गया था। इतवार के दिन बर्फ़ पड़ी थी, जिसके कारण हमारी रफ़्तार कम पड़ गई थी। दुर्भाग्य से, जब हम मोनेस्ट्री पहुँचे, तो हम लोगों ने यह पाया कि लोपेन एक साल के लिए तपस्या पर थे।

इसलिए हम लोगों ने उनके भतीजे शेवांग नोरबू से बात की, जिसकी उम्र 25 साल थी और वह उनके सहायक के रूप में काम करता था।

नोरबू दोस्ताना था और उसने हम लोगों को मक्खन चाय दी और हम लोग़ों ने उसकी छोटी सी रसोई में उससे बातचीत शुरू की।

मैंने बहुत सावधानी से इस विषय को उठाया और मुझे कुछ भी सुनने की उम्मीद नहीं थी। आश्चर्य की बात यह थी कि इस बारे में उसने थोड़ी

बहुत बातें बताईं।

उसने बताया कि उसके सभी दोस्त यह कहते थे कि उसके गुरु हवा की सवारी कर सकते थे। उसको भी ऐसा लगता था क्योंकि उसने कई बार लोपेन के साथ यात्रा की थी। जब उससे विस्तार से बताने के लिए कहा गया, तो उसने बताया कि उसके गुरु अपने कंधे से लटके झोले में चाय-पत्ती, चीनी और दूध रखते थे। वह लाल रंग का औपचारिक जूता पहनकर भी बड़े आराम से चल सकते थे।

नोरबू हान में किसानों के एक गाँव का रहने वाला था और उसने बहुत संघर्ष किया था। वह पूरी तरह से चुस्त था और कई-कई घंटे तक चल सकता था। उसने बताया कि थिंपू से फाजोडिंग की चढ़ाई के दौरान उसके गुरु उसके लिए इंतज़ार करते रहते थे, सुपारी चबाते हुए, और उससे कहते, 'आजकल के भिक्षुओं को ठीक से चलना भी नहीं आता।'

उसने बताया, 'एक बार मैंने उनसे कहा कि वे हवा की सवारी करना सिखाएँ।' जवाब में उसके गुरु ने उसकी ओर देखकर कहा, 'बकवास मत करो।' उसके बाद से उसने इस विषय में कभी बात नहीं की।

हमारे जाने के पहले उसने बताया, 'मेरे गुरु अपनी तपस्या अप्रैल में पूरी कर लेंगे, आप तब आकर उनसे सवाल पूछ लेना?'

जब हम रसोई से निकलने के लिए खड़े हुए तो मैंने खिड़की से देखा कि लोपेन पालथी मारकर बैठे हुए थे और शरीर के ऊपरी हिस्से में कोई कपड़ा नहीं था। मेरा ध्यान उनके सफ़ेद बालों पर गया।

यह कहा जाता है कि लोपेन चुकी जैसे बौद्ध गुरु इतने सक्षम होते थे कि वे अपनी मानसिक अवस्था को स्थगित कर सकते थे। इस तरह के गूढ़ रूप तांत्रिक अभ्यास के मूल में हैं जैसे तेज गति से चलना, और चूँकि इसको गुप्त माना जाता है, इसलिए इसको ग़लत समझा गया और इसका ठीक से अध्ययन भी नहीं किया गया। डच बुद्धवादी जे.डब्ल्यू.डे जांग के शब्दों में, 'बौद्ध अध्ययन के क्षेत्र में तंत्र विद्या का अध्ययन आज भी कम हुआ है।'

गूढ़ बौद्ध धर्म आध्यात्मिक जागृति की नए सिरे से व्याख्या बिलकुल अलग तरह से करता है। यह माना जाता है कि इस महान यात्रा पर जाने की क्षमता सभी में होती है, लेकिन हमारा कमजोर मनोवैज्ञानिक एवं अस्पष्ट संवेदी आधार हमें इसके अनुभव से रोकता है।

ट्रांस रनर्स के बारे में कभी सार्वजनिक रूप से चर्चा नहीं की जाती। भिक्षु इसको तांत्रिक गुप्त विद्या के रूप में देखते हैं लेकिन ऐसा कहा जाता है कि

अगर आप उस दिशा में अपनी प्रवृत्ति को दिखाएँगे, तो वे आपको सिखाने के लिए तैयार मिलेंगे। कई सालों में सक्षम बौद्ध गुरुओं ने इन शिक्षाओं को बौद्धिक विमर्श के माध्यम से आगे बढ़ाया। भूटान के संन्यासी यह कहते हैं कि इस तरह की शिक्षाएँ मुख्य रूप से मौखिक होती हैं और यह ऐसे ही भिक्षुओं को दी जाती हैं, जिन्होंने एक ख़ास स्तर तक ध्यान अर्जित कर लिया होता है।

लोपेन चुकी अब 96 साल के हैं और अभी भी थिंपू की पहाड़ी पर फाजोडिंग मोनेस्ट्री में रहते हैं, और उनका भतीजा दुनिया के इस अंतिम माने जाने वाले ट्रांस रनर की सेवा में लगा रहता है।

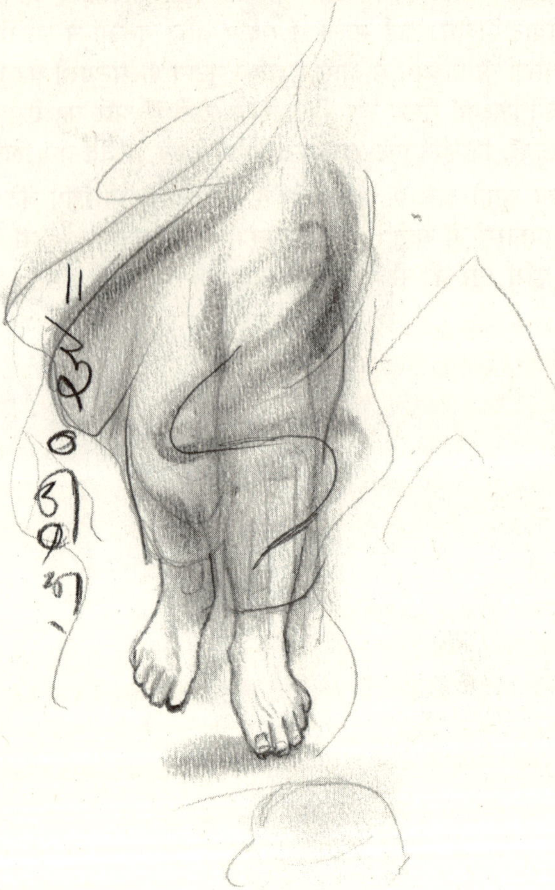

अध्याय 22

रहस्यमय मैराथन

रेने वॉन नेबेस्की-वोकोविज

मैंने एक तरह के मैराथन के बारे में बहुत सुना है, जो हर साल बर्फ़ की भूमि पर आयोजित किया जाता है। तिब्बत की यात्रा करने वाले कुछ यात्रियों के वर्णन में इस तरह के संयोग मिलते हैं, जिसमें तिब्बत के ऐसे रहस्यमय धावकों का वर्णन आता है, जिनके बारे में यह कहा जाता है कि वे कई दिनों तक बिना रुके चलते हुए देश की सीमा को पार कर गए, ऐसा लगा मानो वे उन्माद की अवस्था में चल रहे हों। तिब्बत के एक योगी के बारे में भी बताया जाता है कि किसी ख़ास मक़सद से उसने राजधानी तथा मध्य तिब्बत के मठों के कुछ समूहों तक की यात्रा को बहुत कम समय में पूरा कर लिया। पश्चिम ने इस तरह की बातों को बहुत संदेह की नज़र से देखा और इसके बारे में लिखते हुए ऐसे लिखा है मानो वे इसको समझ न पाए हों। लेकिन तिब्बत के लोगों के साथ बातचीत के बाद मैं इस बात को समझ गया कि इन दिलचस्प लगने वाली कहानियों के पीछे कुछ न कुछ सच तो रहा ही है। साधुओं तथा आम आदमियों, अधिकारियों एवं व्यापारियों ने मुझे इस बात का भरोसा दिलाया कि हर बारह साल के काल में बर्फ़ से ढँकी इस धरती के दो सबसे महत्वपूर्ण योगी, अपने दो सबसे ख़ास शिष्यों के साथ पूरे देश की यात्रा पर निकलते हुए ल्हासा से गुजरते थे। ऐसे रहस्यमय व्यक्तित्वों को महकेटोंगवा या 'महानिर्णायक' कहा जाता था।

रिंपोचे डांडो तुलकू ने भी मुझे महानिर्णायक के बारे में बताया था कि शिखर सचिव लोबसांग फंटसोक तथा मेरे दोस्त नीमा को ल्हासा में मंत्री काबशोपा के घर में ऐसे ही एक व्यक्ति से आशीर्वाद लेने का सौभाग्य भी मिला था। जब मैंने उससे पूछा कि ऐसे महानिर्णायक का उनके ऊपर कैसा प्रभाव पड़ा, तो उसने अपने कंधे को उचकाते हुए जवाब दिया, 'वह किसी भी दूसरे लामा जैसा ही था। जो बात मेरे दिमाग में रह गई है वह यह है कि उसके कपड़ों से मक्खन की गंध आ रही थी।'

रहस्यमय धावक के बारे में मेरी सूचना के मुख्य स्रोत फ़ूँखांग से थे, जो सिक्किम की राजकुमारी कूकुला के पति थे; फ़ूँखांग से के एक भाई उस मठ के अवतारी पुजारी थे, जिनमें से एक में महकेटोंगवा रहते थे। इस मोनेस्ट्री का नाम है नागतो किफ़ूँग, 'ऊपरी जंगल, आनंद की गुफा'। इसमें रहने वाले भी ठेलचोंग लिंग मोनेस्ट्री की तरह काग्यपा पंथ के अनुयायी थे, यह दूसरे महकेटोंगवा का घर भी है। ये दो मोनेस्ट्री मध्य तिब्बत के प्रांत त्सांग में हैं और इनको तिब्बत योग के बड़े केंद्र के रूप में जाना जाता है। इसमें रहने वाले सभी भिक्षुओं को योग की अलग-अलग पद्धतियों का प्रशिक्षण तीन साल, तीन महीने और तीन दिन के लिए दिया जाता है। अगर कोई चाहता है वह इनका

ज्ञान गहराई से हासिल करे, तो वह छह, सात, या यहाँ तक कि बारह साल तक यहाँ रहकर प्रशिक्षण हासिल करता है।

जब किसी नए महकेटोंगवा की आवश्यकता होती है, तो इन मठों से चुने गए करीब दो सौ भिक्षुओं में से सर्वश्रेष्ठ का चुनाव किया जाता है। यह चयन मूलत: उसकी क्षमता के आधार पर किया जाता है, लेकिन भविष्यवक्ता की सलाह भी इसमें ली जाती है। हर बारह साल के बाद, तिब्बत के कैलेंडर में पक्षी वर्ष में, दो महकेटोंगवा अपने दो अनुभवी शिष्यों के साथ रहस्यमय मैराथन पर निकलते हैं।

इस कठिन परीक्षा के ग्यारह साल पहले, जिसको तिब्बत योग की सबसे ऊँची कला का प्रदर्शन माना जाता है—किसी शुभ दिन, तीन योगियों को अलग-अलग कक्षों में बंद कर दिया जाता है। बाहर की दुनिया से उनका संपर्क बस एक छोटी सी खिड़की के माध्यम से ही रहता है, जिसके माध्यम से उनको भोजन तथा दिए के लिए तेल दिया जाता है। इन सालों के एकांत में वे जिन योगासनों का अभ्यास करते हैं उनमें से गुप्त विद्याओं का अध्ययन भी शामिल होता है।

पक्षी वर्ष के ग्यारहवें माह की शुरुआत में उन कक्षों के दरवाज़ों को खोला जाता है। भिक्षु को तीन योगियों के साथ शालू भेजा जाता है, जो पड़ोस शिगात्से की एक महत्वपूर्ण मोनेस्ट्री है, जिसमें उस महायोगी की परीक्षा ली जाती है। उसको एक खुले कमरे में रख दिया जाता है, जिसकी छत में एक चौकोर छेद होता है जो सीधे खुले आकाश में खुलता है—इसी रास्ते से वह एक सप्ताह के बाद उस कक्ष से बाहर निकल जाता है। इस काल अवधि में महकेटोंगवा को खाने-पीने के लिए कुछ भी नहीं दिया जाता है, और कड़ी ठंड के बावजूद उसको एक पतला वस्त्र ही पहनने को दिया जाता है।

जिस दिन उसको उस कक्ष से निकलना होता है, उस दिन शालू से बहुत सारे लोग यह देखने के लिए आते हैं। प्रांत की राजधानी शिगात्से के दो गवर्नर भी तिब्बत की सरकार के प्रतिनिधि के रूप में इस परीक्षा को देखने के लिए आते हैं। वे तत्काल आकर उस छिद्र के पास अपनी जगह ले लेते हैं, जो उस कक्ष की ओर जाने वाली होती है, और उनके ही संकेत पर महकेटोंगवा को उड़कर छत तक जाना होता है और उस छिद्र से उसको निकलना भी होता है। अगर वह ऐसा कर पाने में सफल हो जाता है, तो उसके शरीर को बर्फ में डूबी याक की खाल से लपेट दिया जाता है जिसको उनको थुमो से सुखाना पड़ता है। ऐसा कर लेने के बाद महकेटोंगवा और उनके दो शिष्य यात्रा पर

जाने के लिए तैयार हो जाते हैं।

वे आम लामाओं की तरह के वस्त्रों में ही होते हैं और उनके गले में रेशम का दुपट्टा होता जिनके ऊपर दोनों गवर्नर की मुहरें लगी होती हैं। इन मुहरों से यह बात साबित हो जाती है कि रास्ते में कहीं आराम करने के लिए उन योगियों ने अपने वस्त्र उतारे नहीं हैं। तीनों के कान में सीप से बने कुंडल होते हैं जो बड़े आकार के होते हैं। उनके लम्बे बाल कंधे से झूल रहे होते हैं, लेकिन कुछ महकेटोंगवा के बालों को सिर पर बांधकर रखा जाता था, जो वज्रपात से बचाव के लिए होता था। अपनी भौंहों पर वे जादुई चश्मा चढ़ाए रहते थे। भालू के बालों के गुच्छे नीचे नाक तक आते थे और आँखों के सामने रहते थे। उस महाध्यानी के शिष्य लम्बी छड़ी लेकर चलते थे; उसके अपने हाथों में एक त्रिशूल रहता था जिसमें रेशमी रूमाल बंधा होता था, और बाएँ हाथ में हड्डी की बनी तुरही रहती थी। उसके अलावा उसके गले में माला रहती थी और अपनी पेटी में वह जादुई छुरी लेकर चलते, जो राक्षसों से लड़ाई के लिए होती थी।

घोड़े पर सवार सेवकों एवं अधिकारियों के साथ तीनों योगी लम्बी यात्रा पर निकल जाते। जैसे ही उनका दिखाई देना बंद हो जाता गवर्नर शालू में हुए परीक्षण की विस्तृत रिपोर्ट तैयार करना शुरू कर देते, जिसको तत्काल ल्हासा में सरकार को भेज दिया जाता था।

बिना थके, दौड़ते-दौड़ते योगी राजधानी पहुँच जाते, संदेश वाहक उनके आगे चलते थे और लोगों को उनके आगमन की सूचना पहले ही दे देते। रास्ते में लोग क़तार लगाकर खड़े रहते थे ताकि महकेटोंगवा के त्रिशूल में लगे फ़ीते को छूकर उनका आशीष ले सकें।

जिन लोगों ने उन महाध्यानियों एवं उनके शिष्यों को देखा था उनका कहना था कि तीनों योगी असल में दौड़ते नहीं थे बल्कि तेज गति से चलते थे। कुछ नौजवान लोगों को ऐसा लगता था कि इन रहस्यमय धावकों की रफ़्तार ऐसी तेज नहीं है और वे उनके साथ दौड़ लगाने की कोशिश करते थे। लेकिन वे दौड़ में हार जाते थे क्योंकि उनके अंदर वैसी कूवत नहीं होती थी।

योगियों को रात में तीन या चार घंटे आराम करने के लिए दिए जाते थे। वे कुछ खाते-पीते थे और शेष समय ध्यान में लगाते। उनके इस अल्पविराम के दौरान साथ चल रहे अधिकारी इस बात पर नज़र रखते कि वे कहीं सो न जाएँ। योगियों को शायद कुछ घंटे ध्यान से कहीं अधिक लाभ होता था बजाय कुछ घंटे सोने के।

महाधावक का पहला लक्ष्य होता है ल्हासा में पोटाला पहुँचना। दलाई लामा के आवास के नीचे से वह तुरही बजाता: इस संकेत के मिलते ही वहाँ खड़े सेवक महल के सभी दरवाज़ों को खोल देते और हर कमरे में अगरबत्ती जला देते। जब महकेटोंगवा पोटाला जाने वाली सीढ़ियों पर चढ़ना शुरू कर देता तो वह दूसरी बार तुरही बजाता, और जब वह दरवाज़े पर पहुँचता तो तीसरी बार तुरही बजाता। वह पोटाला महल के कमरों में घूमता जाता और अपने हाथ से चावल छिड़कता जाता जिससे कि अगर किसी कोने में कोई बुरी आत्मा हो तो वह दूर हो जाए।

दलाई लामा से संक्षिप्त मुलाक़ात के बाद महकेटोंगवा और उनके शिष्य मंत्रियों के घर जाकर शुद्धि का काम करते, जो योगियों को आमंत्रित करते थे कि वे आएँ और उनको तथा उनके आश्रितों को आशीष दें। उसके बाद तीनों धावक राजधानी से निकलकर साम्ये मठ में जाते, उसके बाद ल्होखा प्रांत से होते हुए वे वहीं वापस आ जाते जहां से उन्होंने अपनी यात्रा की शुरुआत की होती थी। कहा जाता है कि तेज गति से चलने वाले कारवाँ को इस मार्ग को पार करने में कई सप्ताह का समय लग जाता था जबकि ये धावक उस दूरी को महज़ 15 दिन में पूरी कर लेते।

बहुत से तिब्बतियों का ऐसा मानना था कि ऐसा नहीं था कि ये योगी ध्यानावस्था में दौड़ते थे, बल्कि उनको कोई जादुई सूत्र पता होता था जिससे कि उनकी चाल तेज हो जाती थी। लेकिन मैंने जितने भी लोगों से इस बारे में सवाल किया उनका जवाब बहुत सीधा था। उनके अनुसार इन धावकों के इस शानदार प्रदर्शन का कारण अपने शरीर पर ग़ज़ब का नियंत्रण था, जिसको वे सालों के कष्टकारी अभ्यास से हासिल करते थे, और वे अपने अंदर की कुछ शक्तियों का विकास कर लेते थे, जो सभी के अंदर होती है।

लेखिका, कलाकार एवं भूतपूर्व ब्यूटी क्वीन बिजोया स्वैन हमें शिलोंग ले गई हैं, अपने बचपन के दिनों में जहां 11 साल की उम्र में, जब उनका पहली बार एक पुजारी से सामना हुआ था, जो मुर्गे को मारकर उसकी आँतों का निरीक्षण कर रहा था। स्वैन ख़ासी समाज की थीं और उनके परिवार में अभी भी नियाम ख़ासी की परम्परा का पालन किया जाता है। लेकिन उनकी दादी परिवार में भविष्यवाणी की परम्परा को बढ़ावा नहीं देती थीं।

ख़ासी धर्म में निराकार देवता यू ब्ले का आह्वान किया जाता है, हर कहीं—अंदर और बाहर भी। हर घर मंदिर माना जाता है, तथा पूजा कहीं भी की जा सकती है।

स्वैन हमें भविष्यवाणी की प्राचीन कला के बारे में बताती हैं, जिसका ख़ासी की पहाड़ियों में अभ्यास किया जाता है, और इसके माध्यम से देवताओं की इच्छा जानने की कोशिश की जाती है। पुजारियों और ओझाओं द्वारा सवाल सत्रों का आयोजन करके परिवार के ईर्ष्यालु सदस्यों द्वारा कोई भेजी कोई नकारात्मक ऊर्जा या किसी तरह के अभिशाप को दूर करने का प्रयास किया जाता है। हमें इसमें यह भी पता चलता है कि यू थ्लेन नामक सर्प राक्षस आज भी ख़ासी पहाड़ियों में रहता है, ऐसा माना जाता है, उसको साल में एक बार इंसान का खून पिलाया जाता है जिससे कि परिवार में धन धान्य की वृद्धि हो।

सोचने पर लगता है कि दुनिया में आज जिस तरह से बुराइयाँ बढ़ी हैं उसमें यू थ्लेन का रूपक बहुत सही है।

अध्याय 23

दैव-वाणी

मेघालय में भविष्यवाणी की कला

बिजोया स्वैन

पहाड़ की बेटी होने के कारण मैंने बहुत सी जानी-अनजानी सीमाओं को पार किया है, वास्तविक भी और शायद अवास्तविक भी।

मेघालय की राजधानी शिलोंग ख़ासी पहाड़ियों में है, जहां मैं पली-बढ़ी। वह पहाड़ों से घिरे एक पठार पर अवस्थित है, जो चारों ओर से चीड़ के जंगलों से घिरा हुआ है। अधिक ऊँचाई पर, जिस जगह पर लोग नहीं जाते, उनके बारे में कहा जाता है कि वहाँ रात में भूतों का वास होता है, अपने मानव रूप को बिस्तर में छोड़कर वे बाघ का रूप धारण कर लेते हैं।

मैं ग्यारह साल की थी। इतवार की सुबह थी और हमारे खेलने का समय था। हमेशा की तरह मैं अपने परिसर के पश्चिम की तरफ एक विशाल झाड़ी के पास गई और वहाँ से अपनी सहेली को आवाज़ लगाई, जो नीचे अपनी बुआ के घर में रहती थी। उस दिन वह अपने होंठों पर उँगली रखे भागती हुई आई और मुझे अपने साथ चलने के लिए कहा। ऐसा वह नहीं करती थी और मुझे लग नहीं रहा था कि मेरी माँ मुझे जाने भी देगी या नहीं। लेकिन किसी कारण से मैं चल पड़ी।

मैंने जो देखा वैसा मैंने पहले कभी नहीं देखा था और यह मेरी कल्पना से परे था: बेंत की कुर्सी पर एक पुजारी बैठा हुआ था, उसके हाथ में एक कटा हुआ मुर्गा था और वह उसकी अंतड़ियों को बाहर खींच रहा था। अंतड़ियों को रोशनी के सामने रखकर वह उनको बहुत गौर से देख रहा था, जबकि मेरी दोस्त के परिजन चुपचाप बैठे हुए थे। डर के मारे मैं वहाँ से भागी और सीधे अपनी दादी माँ के कमरे में जाकर उनको सारी बात बताई।

उन्होंने मुझे शांत किया और भविषयकथन के बारे में बताया और साथ ही यह भी बताया कि वे इसमें विश्वास नहीं करती थीं, इसी वजह से मैंने अपने घर में इस तरह के किसी अनुष्ठान को होते नहीं देखा था। उनकी एक बहन के बारे में भविष्यवक्ता ने बताया था कि बच्चे का जन्म देते समय उनका देहांत हो जाएगा और इसका कोई इलाज भी नहीं था। दादी और उनका पूरा परिवार नौ महीने तक पीड़ित रहे और तब वह अवश्यम्भावी घटना होकर रही, जिसके बारे में भविष्यवक्ता ने भविष्यवाणी की थी: बच्चे को जन्म देते हुए उनकी बहन की मृत्यु हो गई। इसके बाद से उन्होंने घर में किसी भी तरह की भविष्यवाणी के आयोजन से ही तौबा कर ली।

मैं एक पारम्परिक ख़ासी परिवार में पैदा हुई थी जिसमें हम अपनी संस्कृति और रिवाजों का सख़्ती से पालन करते थे। हम नियाम ख़ासी का पालन करते थे। हमारे लिए प्रार्थना का मतलब होता था रूपहीन देवता, 'यू

ब्ले' से सीधा संवाद, जो हर कहीं रहते थे और हमारे अंदर भी। हर घर एक मंदिर है और धरती का हर टुकड़ा प्रार्थना के काबिल है। नवजात बच्चे के नामकरण, विवाह और मृत्यु के अवसर पर पूजा पाठ होता था। त्योहार के पहले छोटी पूजा की जाती थी, या जब घर की नींव रखी जाती थी, जन्मदिन के अवसर पर, नए साल के अवसर पर तथा परिवार की इच्छा पर अन्य अवसरों पर।

पुजारी यू ब्ले का आह्वान करते हुए पूजा की शुरुआत करता। वह पानी से भरे पात्र में कुछ चावल छिड़क देता। चावल के कुछ दाने डूब जाते और कुछ तैरते रह जाते, उनके अनुसार वह मिलने वाले संकेतों को परिवार के सामने बोलता था। इसका एक और तरीक़ा यह था कि वह पीतल की थाली में चावल के कुछ दाने छीट देता और उन चावलों से जो रूपाकार बनता उसके आधार पर वह भविष्यवाणी करता। उसके बाद वह शांति, अच्छे स्वास्थ्य तथा समृद्धि के लिए प्रार्थना करता और अनुष्ठान यहीं पूरा हो जाता।

ऐसे मामलों में जब कोई व्यक्ति या पूरा परिवार किसी अकथनीय पीड़ा से गुजर रहा होता है, या उसको किसी तरह की बीमारी होती है और उसके उपाय भविष्यकथन के माध्यम से पूछे जाते, तो इसकी प्रक्रिया अधिक जटिल होती है; हालाँकि यह कभी हमारे घर में नहीं हुआ।

अब समय बदल चुका है और जब कोई बीमार पड़ता है, तो वह सबसे पहले एलोपैथिक या होमियोपैथी डॉक्टर के पास जाता है या जो परम्परागत चिकित्सा पद्धति में विश्वास रखता है वह आयुर्वेद या गाँवों में रहने वाले भगत के पास जाता है। लेकिन जब इलाज से बीमारी पर कोई असर नहीं होता है, तो वे भविष्यवक्ता के पास जाते हैं। भविष्यकथन से जुड़ी अधिक कठिन क्रियाओं का आयोजन ज़रूरत पड़ने पर किया जाता है, जो पूरी तरह से उस व्यक्ति की इच्छा पर होता है, ऐसा करना कभी अनिवार्य नहीं होता है।

भविष्यकथन या दैववाणी आमतौर पर ऐसी विद्या है जिसका उपयोग अतिप्राकृतिक तरीक़े से ज्ञान, उत्तर और समाधान के लिए किया जाता है। ऐसा माना जाता है कि भविषयकथन में खुलासा होता है, जैसे किसी नाराज़ पूर्वज का क्रोध, परिवार में किया गया कोई गुप्त अपराध, जैसे हत्या, या अप्राकृतिक क्रियाएँ गलत हो जाने से ऐसा हो जाता है। सबसे बढ़कर इनके उपाय भी भविष्यकथन के माध्यम से ही पाए जाते हैं।

इसकी शुरुआत अंडा फोड़ने से होती है, जब अंडों और चावलों में संकेतों को पढ़ा जाता है। पुजारी पूरब की दिशा में मुँह करके मोढ़े पर बैठ

जाता है। परिवार वाले उसके दोनों तरफ, इस बात का ध्यान रखते हुए बैठते हैं कि पूर्व की दिशा बाधित न हो। उसके सामने लकड़ी की एक तश्तरी रखी जाती है, जिसमें चावल का ढेर लगाया जाता है और उसके ऊपर एक अंडा रख दिया जाता है। इसके बाद वह अंडा उठाकर यू ब्ले, देवताओं तथा पूर्वजों की पूजा करने लगता है कि वे आएँ और उसकी मदद करें तथा उन कारणों को बताएँ जिनके कारण उस परिवार के ऊपर विपत्ति आई। जब उसको लगता है कि देव शक्ति का आगमन हो गया है और अंडा भारी हो गया है, तो वह उस अंडे को तश्तरी में फोड़ देता है।

दायीं और बायीं तरफ़ अंडे के छिलके जिस तरह से गिरते हैं उसी आधार पर संकेतों को पढ़ा जाता है; और किस तरह से अंडे की ज़र्दी तश्तरी में फैली है, या अंडे के छिलके नीचे की तरफ हैं या ऊपर की तरफ या उस अंडे के अंदर ज़र्दी कितनी है और सफ़ेद हिस्सा कितना है। इन सभी चीजों का कुछ न कुछ मतलब होता है, जिसको केवल पुजारी ही समझ सकता है। भविष्यवक्ता में यह हुनर या तो अपने पूर्वजों से आया होता है या उसने इस विद्या को किसी से सीखा होता है।

इस दौरान मिलने वाले संकेतों से अनंत बातों का खुलासा होता है। हो सकता है कि पितृदोष हो, कोई पाप जिसका उपाय किया जाना हो, किसी रिश्तेदार या किसी और ने जादू टोना कर दिया हो या उस परिवार ने अनजाने में जंगल से गुजरते समय वहाँ रहने वाली आत्माओं को परेशान कर दिया हो। कई बार तो यह बुरी नज़र लग जाने का मामला भी हो सकता है। कई बार किसी अपने शब्दों या कर्म से नुक़सान पहुँचाया हो, या कई बार यह भी होता है कि आपने किसी मदद के बदले देवता से कोई वादा किया हो और बाद में उसको भूल गये हों।

अगर प्रार्थना से सफलता नहीं मिलती है तो एक ऐसा अनुष्ठान किया जाता है, जिसमें पशुबलि दी जाती है। बलि देने के लिए मुर्गा, बकरा, सुअर, गाय का चुनाव किया जाता है। इन पशुओं के किन हिस्सों की बलि चढ़ानी है, यह इस बात पर निर्भर करता है कि पुजारी ने क्या सलाह दी है या उस परिवार की परम्परा इस संबंध में क्या रही है। आमतौर पर संकेतों को पेट के हिस्सों, जिगर, रीढ़ की हड्डी, किडनी, फेफड़े और तिल्ली के आधार पर पढ़ा जाता है।

बलि चढ़ाने के लिए सबसे अधिक उपयुक्त मुर्ग़े को माना जाता है, जब तक कि आरम्भिक पूजा में किसी और चीज़ की बलि चढ़ाने के लिए न कहा

गया हो। पुजारी चावल और पानी छिड़ककर दोनों हाथों से मुर्ग़े को पकड़ लेता है, फिर परिवार की भलाई के लिए प्रार्थना करने लगता है और उन संकेतों को बताता है, जो समस्या से जुड़े होते हैं। एक बार जब प्रार्थना पूरी हो जाती है और उसको यह महसूस हो जाता है कि बलि चढ़ाने के लिए सबकुछ तैयार है, वह सांकेतिक रूप से मुर्गे को नहलाकर, एक तेज चाकू से उसकी गर्दन काट देता है। खून को एक पात्र में इकट्ठा कर लिया जाता है, उसके बाद वह अतड़ियों को तब तक निकालता रहता है, जब तक कि उसका हाथ छोटी आँत तक नहीं पहुँच जाता। उसके बाद वह उन अंगों में किसी तरह की विकृति को देखता है, जो बीमारी, किसी चीज़ के खो जाने या स्वाभाविक-अस्वाभाविक मृत्यु आदि के बारे में बताता है। अगर इनमें से कुछ निकलता है, तो इसका मतलब यह होता है कि आगे भी पूजा करवानी है। छोटी आँत के अंत में छोटा सा एक फूला हुआ स्थान होता है, जो नाभि होती है। नाभि की अवस्था भी बिलकुल सही होनी चाहिए और उसके ऊपर किसी तरह के दाग धब्बे नहीं होने चाहिएं। छोटी और बड़ी आँत दिखाई देंगी, जिसका आकार चार या पाँच इंच होना चाहिए। बायीं तरफ की आँत पुरुष का प्रतीक होती है, दायीं ओर की आँत ईश्वर का प्रतीक होती है और उसका आकार बड़ा होना चाहिए। यह अच्छा संकेत होता है और इसका मतलब यह होता है कि प्रार्थना और बलि कारगर साबित होगी एवं बुराई पर अच्छाई की जीत होगी।

हालाँकि अगर इस बात के संकेत मिलते हैं कि परिवार ने कुछ ग़लत किया है तो दैवी मदद से साफ़ इंकार कर दिया जाता है। ऐसे मामलों में, पुजारी पहले इस बात को सुनिश्चित करता है कि परिवार पहले उस पाप के लिए पश्चाताप करे, जो उसने किया है तथा उसके लिए उपयुक्त विधि-विधान किए जाते हैं और फिर उसके बाद उसके उपाय से जुड़ी पूजा करवाने का प्रावधान है।

पुजारी यह बता देता है कि वास्तव में क्या होने वाला है—कैसे, कहाँ, क्यों और कब। इससे जो खुलासे होते हैं वे आश्चर्यजनक होते हैं तथा कई बार वह उससे जुड़े व्यक्ति के लिए भी पूरी तरह से अनजान नहीं होते हैं। हो सकता है कि वह कोई ऐसा अपराध हो जो गुप्त हो। हो सकता है कि उससे जुड़ा हुआ व्यक्ति जीवित न हो, लेकिन उसका क्रोध किसी न किसी रूप में नकारात्मक ऊर्जा के रूप में बाक़ी हो, जो या तो परिवार के किसी सदस्य के ऊपर हो या जिसका असर पूरे परिवार पर हो, जिसके कारण परिवार के ऊपर तरह-तरह की परेशानियाँ आ रही हों। भविष्यवक्ता को यह सब साफ़ तौर पर दिखाई देता रहता है।

इसके लिए सलाह यह दी जाती है कि अगर उस त्रासदी से मुक्ति पानी हो तो एक और मुर्गे को काट दिया जाए, और तब तक मुर्गे की बलि चढ़ाई जाती रहे जब तक कि ऐसी आंत न मिल जाए, जिस पर न तो दाग धब्बे हों, न किसी तरह की गाँठ हो, न ही वह कटी-फटी हो। जब परिवार को बर्बाद करने के लिए उसके ऊपर काला जादू किया गया हो, तो उसमें अधिक समय लग सकता है और करीब दर्जनभर मुर्गों की बलि चढ़ानी पड़ती है, और प्रार्थना बहुत देर तक की जाती है। कई बार पुजारी सफल हो जाता है तो कई बार वह सफल नहीं हो पाता है। सफल नहीं होने की अवस्था में अनुष्ठान के लिए कोई और दिन चुना जाता है। दुखद बात यह है कि कई बार पुजारी असफल हो जाता है, जिससे वह कथित त्रासदी परिवार के साथ हो जाती है। तब उस त्रासदी को भाग्य का लेखा मानकर स्वीकार कर लिया जाता है।

जो इस कला को नहीं समझते हैं, उनके लिए यह रहस्य ही रहता है कि पशुओं के शरीर के अलग-अलग अंगों से इतना सब कैसे दिखाई देने लगता है। हत्या जैसे अपराध की भी पहले से भविष्यवाणी कर दी जाती है और वह हत्या किस तरह से होगी भविष्यवक्ता इस बात को भी बता देता है। अगर भविष्यवक्ता से कोई पूछे तो वह पूरी प्रक्रिया को बता देता है, लेकिन उसको समझ पाना आसान नहीं होता है, और मेरा अपना अनुभव यह है कि इस पूरी प्रक्रिया का मनोवैज्ञानिक आयाम भी होता है। पुजारी बस इतना ही कहता है कि 'मैं जिसकी हत्या की जा रही हो उसको और हत्यारे दोनों को देख सकता हूँ', 'मैं इस बात को देख सकता हूँ अपराध हुआ और क्यों हुआ', 'उस बीमारी का कारण एक नज़दीकी रिश्तेदार है क्योंकि...' और फिर वह उस रिश्तेदार के बारे में बताने लगता है और उसका घर किस स्थान पर है यह भी बता देता है।

एक बार एक परिवार के लिए जीवन के हर क्षेत्र में बहुत बुरे दिन चल रहे थे। उनकी बेटियों का या तो विवाह नहीं हुआ या उनको संतान नहीं हुई, जिसको हमारे जैसे मातृसत्तात्मक समाज में बहुत बड़ा शाप समझा जाता है। भविष्यकथन के माध्यम से परिवार को यह पता चला कि दो पीढ़ी पहले उसके मामा का निधन ठीक उस दिन के बाद हो गया, जब उसने अपनी भांजी की शादी एक आदमी से करने से मना कर दिया क्योंकि वह उसको उसके लायक़ नहीं लगा। (हम लोग एक ही गोत्र में विवाह नहीं करते, और इस बात की अच्छे से जाँच-पड़ताल भी की जाती है कि जिनकी शादी होने वाली है वे दोनों किसी भी तरह से आपस में रिश्तेदार नहीं हैं)। ऐसा माना जाता है कि मामा को गुप्त रूप से ज़हर दे दिया गया था, और शादी उनके निधन के बाद हो

गई। किसी को इस बात पर संदेह भी नहीं हुआ कि उनकी किसी ने हत्या की भी हो, लेकिन एक पूरी पीढ़ी को जान-माल का नुक़सान उठाना पड़ा। बेटियाँ विकलांग पैदा हुईं, किसी को पैरों में ख़राबी हुई तो किसी को बोलने में, कोई नेत्रहीन पैदा हुई तो किसी और तरह की शारीरिक बीमारी के साथ पैदा हुई।

जब अगली पीढ़ी में भी जाकर कुछ बच्चों की कमउम्र में अस्वाभाविक मृत्यु हुई, तो एक बहन ने किसी भविष्यवक्ता से मदद माँगी। अंत में जाकर अपराध का खुलासा हुआ और उसको ठीक करने के उपाय ढूँढे गए।

पूर्वजों को खुश कर पाना इतना आसान भी नहीं होता है और उनकी आत्मा के साथ संवाद स्थापित करने में महीनों प्रार्थना करनी पड़ती है। अंत में, जब मामा कुछ नर्म पड़े तो उन्होंने इस बात का वादा किया कि बच्चों को किसी तरह का नुक़सान नहीं पहुँचाया जाएगा, लेकिन जहां तक नई शादी और बच्चों का सवाल है इस मामले में वह नर्म नहीं पड़े थे। यह पता चला कि परनाना ने शादी का विरोध इसलिए किया था क्योंकि उनकी भांजी जिस लड़के से शादी करना चाहती थी, उसका संबंध ऐसे परिवार से था जिसके ऊपर संदेह था कि उसने यू थ्लेन, उस सर्प राक्षसी को पाल रखा था जो अब ख़ासी पहाड़ी में रहती है। यू थ्लेन को साल में एक बार इंसान का खून पिलाया जाता है जिससे कि वह उस परिवार को अकूत संपत्ति दे, जिसने उसको पाल रखा हो।

थ्लेन की कहानी आज भी रहस्य ही है। मैं आज तक किसी ऐसे आदमी से नहीं मिली, न ही किसी ऐसे आदमी को देखा, जो अपने निजी अनुभव से उसके अस्तित्व की पुष्टि कर सके, लेकिन ऐसा माना जाता है कि वह अभी भी ख़ासी पहाड़ी पर रहता है।

जिन लोगों के पास यू थ्लेन होता है, वे किसी आदमी के कपड़े का एक टुकड़ा काट लेते हैं, या पूरा कपड़ा ही चुरा लेते हैं, या वे उस आदमी के बाल का टुकड़ा काट लेते हैं। वे उस अंश को उस दिन तक सुरक्षित रखते हैं जिस दिन उनको यू थ्लेन को खून पिलाना होता है। उस दिन परिवार के लोग इकट्ठा होते हैं, नगाड़े पर एक ख़ास तरह की धुन बजाई जाती है। साँप अपने छुपने के स्थान से निकलकर बाहर आ जाता है, और जैसे जैसे प्रार्थना की आवाज़ तेज होती जाती है तो कपड़े या बाल का टुकड़ा खून में बदल जाता है और साँप उस खून को पी जाता है। कपड़े का टुकड़ा या बाल का टुकड़ा जिस आदमी का होता है वह बीमार पड़ने लगता है। अगर पीड़ित परिवार को समय रहते इस बात का पता चल जाता है कि क्या हो रहा है तो उस आदमी को बचाया जा सकता है, लेकिन अगर पता नहीं चल पाता तो उस आदमी का

देहांत हो जाता है, जिससे खुश होकर थ्लेन स्वयं को खिलाने वाले परिवार को भरपूर धन-धान्य देता है।

भविष्यवक्ताओं ने अपने कौशल से अनेक जानों को बचाया और थ्लेन पालने वालों के पीड़ितों को आराम पहुँचाया।

शिकार या किसी तरह के खेल के आयोजन के पहले, या यात्रा पर निकलने के पहले या पुराने जमाने में युद्ध पर जाने के पहले भविष्यवाणी के कार्यक्रम का आयोजन किया जाता था। यू ब्ले का आह्वान अलग-अलग रूपों में किया जा सकता है—परिस्थिति के अनुसार स्त्री-पुरुष दोनों रूपों में। घरवास या आमतौर पर सालाना पूजन में हम कालिंग यानी घर की देवी का आह्वान करते हैं, शिकार पर निकलने के पहले मे रामयू, धरती माँ का; युद्ध पर जाने के पहले कालेखिरदोप का यानी युद्ध की देवी का।

वैसे इस पर संदेह करने वाले भी बहुत हैं। अपने जीवन के पहले बीस साल तो मैं भी इसके ऊपर विश्वास नहीं करती थी, क्योंकि मेरी दादी ने यह कहा था कि हम लोगों को भगवान की पूजा करती रहनी चाहिए और ज़िंदगी के हर रूप को स्वीकार करना चाहिए।

इसके बाद ऐसी एक घटना हुई, जिसने मेरे जीवन को बदलकर रख दिया। मेरा कोई करीबी अप्रत्यक्ष रूप से एक त्रासद घटना का हिस्सा था, जिसमें पुलिस द्वारा गोली चलाने से अनेक युवा लोगों की मृत्यु हो गई। उसके जूनियर अफ़सर को जब उसके सीनियर ने गोली चलाने के लिए कहा, तो उसने ऊपर हवा में गोली चलाने के बजाय घबराहट में सामने गोली चला दी। सीनियर अफ़सर इससे इतना निराश हुआ कि उसने पूरी ज़िम्मेदारी ले ली। इसके ठीक बाद वह गम्भीर रूप से बीमार पड़ गया और उसको क्या बीमारी थी इस बारे में आसपास के किसी डॉक्टर को समझ में नहीं आ रहा था। वह खा पी भी नहीं पा रहा था और बहुत चिंताजनक रूप से बीमार होता जा रहा था। अंत में उसके बहनोई को जब कोई रास्ता नहीं सुझाई दे रहा था, तो उसने भविष्यवक्ता से संपर्क करने की कोशिश की। यह लम्बी प्रक्रिया थी क्योंकि संकेतों से यह समझ में आ रहा था कि कोई उपाय काम नहीं करने वाला था।

अंत में पूजा के छठे दिन जाकर जवाब आया। मुझे वह दिन अच्छे से याद है क्योंकि हम सभी उस रिश्तेदार की वापसी की प्रतीक्षा में थे, जो भविष्यवक्ता को लाने गए थे। एक रात पहले सभी लोगों ने पूजा की थी और उनके तकिए के नीचे चावल के कुछ टुकड़े रख दिए थे ताकि भविष्यवक्ता आए तो उसका अध्ययन करे। शुरुआती पूजा के बाद भविष्यवक्ता को चावल

के दानों की विशेष स्थिति के कारण संकेत मिले। उसने भगवान से माफ़ी माँगने के लिए प्रार्थना की, और यह कहा कि पीड़ित व्यक्ति के भाग्य में उस दिन मरना लिखा था और उसमें शामिल अफ़सर उसके दुर्भाग्य के कारण थे। यह बात काम कर गई।

जिस डॉक्टर को पहले बीमारी का कारण समझ में नहीं आ रहा था उसी को बीमारी का पता चल गया। दवा दी गई और उसकी क़ीमती जान बच गई।

एक बार जब आप अज्ञात के जादू के गिरफ़्त में आ जाते हैं, तो आपको यह बात समझ में आ जाती है कि हालात पर किसी का कितना काम क़ाबू रहता है। या हमारे वश में होता है लेकिन हम उत्तरों को स्वीकार नहीं करते? सवाल अनगिनत होते हैं तथा उनके जवाब की तलाश में कई बार हमें ऐसे जवाब मिल जाते हैं, जिनकी हमने कभी कल्पना भी नहीं की होती है, जिससे फिर ऐसे सवाल उठ खड़े होते हैं जिनके बारे में हम लोगों ने कभी सोचा भी नहीं होता है।

इस अध्याय में जिन कर्मकांडों का वर्णन किया गया है उनका संदर्भ राबोन सिंह खारसुका, की *का किताब नियम खेन की ख़ासी* (शिलांग: फ़ेयर ब्यूलाह लिंग्दोह), अध्याय 5, 6, 7 से लिया गया है।

——

प्राध्यापिका, लेखक और संग्रहालय क्यूरेटर डॉक्टर अलका पांडे का यह लेख बहुत निजी क़िस्म का है और यह हिमालय के पवित्र भूगोल को समर्पित है। जब सती देवी ने इस दुःख के मारे यज्ञ की अग्नि में कूदकर जान दे दी कि उनके पिता ने उन्हें यज्ञ में आमंत्रित नहीं किया था। इसके बाद निर्माण और विनाश के देवता भगवान शिव ने सती के जले हुए शरीर को अपने कंधे पर उठाया और तांडव करने लगे, जिससे संसार का विनाश हो सकता था। जब देवताओं ने उनके तांडव को रोकने की कोशिश की तो सती के शरीर के अलग-अलग अंग धरती पर गिरने लगे, वे जहां-जहां गिरे वहाँ मातृशक्ति को बल मिला।

इस लेख में डॉक्टर पांडे ने मातृशक्ति एवं तीन शक्ति पीठों के बारे में बात की है, जो पहाड़ पर अवस्थित हैं, जिनसे उनका गहरा भावनात्मक लगाव रहा है। उन्होंने नैनीताल की नैना देवी के बारे में लिखा है, कहा जाता है कि उस स्थान पर सती की आँखें गिरी थीं; हिमालय के काँगड़ा में ज्वालामुखी देवी के बारे में लिखा है, कहा जाता है कि वहाँ देवी की जीभ गिरी थी। तीसरा स्थान गुवाहाटी के पास कामाख्या है, जिसके बारे में कहा जाता है कि वहाँ सती की योनि गिरी थी।

श्रुति और स्मृति की कथा के आधार पर डॉक्टर पांडे हमें हिमालय की विराट उपस्थिति के बीच आस्था और विश्वास की पगडंडी पर ले जाती हैं।

अध्याय 24

मेरी देवी, मेरी शक्ति

अलका पांडे

या देवी सर्वभूतेषु माँ शांति रूपेण संस्थिता।
या देवी सर्वभूतेषु माँ शक्ति रूपेण संस्थिता।
या देवी सर्वभूतेषु माँ सिद्धिदात्री रूपेण संस्थिता।
नमस्तस्यै नमस्तस्यै नमस्तस्यै नमो नमः।
या देवी सर्वभूतेषु माँ बुद्धि रूपेण संस्थिता।
नमस्तस्यै नमस्तस्यै नमस्तस्यै नमो नमः॥

—देवी महात्म्य[53]

मेरी माँ कुमाऊँ की रहने वाली थीं, और वह मेरे लिए शक्ति स्वरूप थीं। उनमें मुझे सकल माँ का स्वरूप दिखाई देता था।

मैं एक बेहद धार्मिक एवं परम्परागत परिवार में पली बढ़ी, जहाँ रिवाज, संस्कार का अधिकांश काम मेरे पिता किया करते थे, क्योंकि मेरी माँ से पूजा का तामझाम नहीं होता था। 1960 और 1970 का दशक भारत में स्त्रियों के लिए बहुत चुनौतीपूर्ण था। आधुनिकता उनके जीवन का हिस्सा तो बन चुकी थी, लेकिन पारम्परिक रूप वाले आधुनिक परिवारों में स्त्रियों को घर-परिवार की देखभाल की चुनौती का सामना तो करना ही पड़ता था, साथ ही वे आर्थिक रूप से आज़ाद भी होना चाहती थीं। उच्चवर्गीय पेशेवर घरों में उनको बड़ी ज़िम्मेदारी सँभालनी पड़ती थी।

मैंने अपनी माँ तथा उनकी जैसी स्त्रियों को इन असमानताओं की राहों पर संघर्ष करते देखा था। वह घर में संतुलन बनाए रखती थीं, अपने सफल लेकिन पितृसत्तात्मक पति को सँभालती थीं, चार बेटियों को पाल पोसकर बड़ा किया और उनको अपने ऊपर गर्व करना, सम्मान करना तथा कुछ पाने के लिए प्रेरित होना भी सिखाया। वह स्वयं प्रशिक्षित संगीतकार थीं तथा बच्चों, कुत्तों और कभी-कभी अपने असहनीय पति को सँभालने जैसी कभी न ख़त्म होने वाली दिनचर्या के बीच कविताएँ भी लिखती थीं।

जब मैं स्वयं पत्नी एवं माँ बनी तो मुझे समझ में आया कि वह अपनी अनेक समकालीन स्त्रियों के आक्रामक विद्रोह के विपरीत चुपचाप किस हद

53. कार्तिकेय तिवारी। नवरात्रि में नौ दुर्गा को इन नौ मंत्रों से करें प्रसन्न, हर मनोकामना होगी पूर्ण। दैनिक जागरण 30 सितंबर, 2019. https://www.jagran.com/spiritual/puja-path-navratri-2019-mantras-formaa-durga-puja-nine-mantras-for-nine-devis-19626749.html

तक त्याग करती रहती थीं। मैं सच में पूरी श्रद्धा से उनके लिए 'नमस्तस्यै नमस्तस्यै' थी।

मुझे ऐसी मजबूत स्त्री की बेटी होने पर गर्व था, जिन्होंने प्रेम भरी भावनात्मक मज़बूती से परिवार को जोड़े रखा। उनसे ही मैंने देवी को आदर देना सीखा। वह पूरी निष्ठा से 'देवी भागवतम' का पाठ करती थीं और कहती थीं कि उसमें बताई गई अनेक कहानियों में मानव स्वभाव के अनेक पहलुओं के बारे में बताया गया है। जबकि मेरे पापा 'चंडी-पाठ' करते थे और नवरात्रि के एक दिन पहले कलकत्ता रेडियो से चंडी-पाठ 'महालया' सुनने के लिए सुबह 4 बजे जाग उठते थे, उसी दिन देवी महिषासुर का वध करने के बाद नीचे उतरी थीं। मेरे पापा के लिए यह कर्मकांड अपनी आस्था को जगाने वाला था, जबकि मेरी माँ वास्तव में आस्था को जी रही थीं।

मैं उत्तराखंड में कुमाऊँ की रहने वाली हूँ, जो हिमालय की घाटी स्थित, सही मायनों में देवभूमि है। वास्तव में, मैं उस भूमि को शिव और शक्ति का निवास समझती हूँ। वैसे तो शिव के बारे में यह प्रसिद्ध है कि वह अपनी संगिनी पार्वती के साथ मानसरोवर में रहते थे, मैं उनको ऐसी देवी के रूप में देखती हूँ जो सर्वशक्तिमान हैं, भय पैदा करने वाली। वह पालने-पोसने वाली माँ हैं और वह देवी जो सबसे भयानक देवियों का भी मुक़ाबला करती हैं। देवी पहाड़ों में रहती हैं और घूमती रहती हैं, जबकि बदले में पहाड़ शक्तिशाली देवी को क्रियाशील बनाए रखते हैं।

जब मैंने अपनी निजी आस्था तथा अपने गहरे सैद्धांतिक अध्ययन के आधार पर देवी की अपनी समझ का विकास किया तो मुझे महसूस हुआ कि मैं सौभाग्यशाली हूँ कि ऐसे परिवार में पैदा हुई, जिसमें वैज्ञानिक तर्क को धार्मिक विश्वास से संस्कारित किया गया था। इसी मेलजोल के कारण, जिस उर्वर भूमि में मैं पैदा हुई, उसमें देवी ने मेरे मानस पर गहरा असर छोड़ा।

मिथ शब्द को ऐसी कहानियों के रूप में देखा जाता है, जो 'शब्दों की उपज'[54] होती हैं, और हज़ारों सालों से भारतीय उप-महाद्वीप मिथक कथाओं की भूमि रहा है। ऐसी कहानियाँ जिनमें रोज़मर्रा के जीवन को कल्पना के साथ मिलाया

54. डेविड लाइमिंग, *ऑक्सफ़ोर्ड कम्पेनियन टू वर्ल्ड माइथोलॉजी* (चित्रित संस्करण)। (ऑक्सफ़ोर्ड: ऑक्सफोर्ड यूनिवर्सिटी, 2009)

गया और जिनको मौखिक रूप से तथा हस्तलिखित कविताओं के रूप में भी आगे के लिए बचाया गया। संस्कृत में इस तरह की कृतियों को वेदों एवं पुराणों की श्रृंखला के रूप में देखा जा सकता है।

जिसको आज हिंदू परम्परा कहा जाता है वह सनातन धर्म से आया है, जीवन और आस्था की गहरी व्याख्यात्मक जीवन-शैली, जिसके लिए न तो किसी संहिता की ज़रूरत है न किताब की।[55] यह एक परम्परा है, जो अस्थायी रूप के अनुमान के आधार पर रूपहीन यथार्थ को लेकर आती है। 'हिंदू के लिए धर्म का मतलब है दैवी ब्रह्म की अनंत तलाश, उस एक सत्य की तलाश जो असल में कभी ख़त्म नहीं हुई थी...'[56]

इस तरह ढेर सारे मिथकीय किरदार तथा उनकी कल्पनात्मक छवि जीवन के सार का प्रतिनिधित्व करते हैं। 'जीवात्मा ब्रह्म से निकलती है, अपने जन्मों के नाटक के माध्यम से गुजरती है, फिर अंत में अपने मूल रूप में वापस जाने की ख्वाहिश करती है। सभी हिंदू धर्मग्रंथों में, महाकाव्यों में, आयोजनों में, त्योहारों में आध्यात्मिकता भरी रहती है।'[57]

देवी के बहुत सारे रूपों में एक रूप सती का है, जो ब्रह्मा के मानस पुत्र दक्ष की बेटी थी। दक्ष की पुत्री के रूप में सती को दक्षयानी कहा गया। उनका विवाह शिव से हुआ था।

देवी शब्द संस्कृत के 'दिव' से बना है, जिसका अर्थ होता है चमकना, वह चमकदार होता है। 'शक्ति का अर्थ होता है सत्ता, बल, स्त्री-शक्ति, क्योंकि स्त्री ब्रह्मांड के आदिम रचनात्मक सिद्धांत का प्रतिनिधित्व करती है।'[58] महत्वपूर्ण बात यह है कि आदिम सत्य कहता है कि सभी चीजों का अस्तित्व देवी माँ में होता है। ईश्वर को देवी के रूप में देखना हिंदू धर्म की बहुत बड़ी विशेषता है और इसको लेकर इस भ्रम में नहीं पड़ना चाहिए कि जिसमें किसी ख़ास क्षेत्र के अभिभावक के रूप में देवी की पूजा की जाती है। हिंदू धर्म में, देवी को संपूर्णता में कल्पित किया गया है न कि उसके एक रूप में, इसकी पूजा 'सर्वोच्च ब्रह्मांडीय शक्ति के स्रोत के रूप में की जाती है।'[59]

---

55. अलका पांड, 'शक्ति: 51 सेक्रेड पीठास ऑफ़ द गोडेस', अर्पुता रानी सेनगुप्ता (संपादित), *कल्ट ऑफ गोडेस* (डी.के. प्रिंटवर्ल्ड, 2015)
56. वही।
57. V.(2008)। *शक्ति: रियल्म ऑफ द डिवाइन मदर* (चित्रित संस्करण)। इनर ट्रेडिशंस।
58. अलका पांड, 'शक्ति: 51 सेक्रेड पीठास ऑफ़ द गोडेस', अर्पुता रानी सेनगुप्ता (संपादित), *कल्ट ऑफ गोडेस* (डी.के. प्रिंटवर्ल्ड, 2015)
59. सी.एल. भरानी, 'द सुप्रीम इज फ़ीमेल', अर्पुता रानी सेनगुप्ता (संपादित), *कल्ट ऑफ गोडेस*

भगवान शिव की पत्नी, देवी सती पार्वती के पहले थीं। कहानी यह है कि सती के पिता दक्ष ने एक बार एक यज्ञ का आयोजन किया, जिसमें शिव को नहीं बुलाया गया। यह कहानी तथा शिव एवं सती के विवाह की कहानी इससे भी पुरानी मिथक कथाओं में आती है, जो दक्ष तथा शिव के बीच की शत्रुता को लेकर है।[60]

जब सती को यह बात समझ में आ गई कि उन लोगों को यज्ञ में तो बुलाया ही नहीं गया था, तो वह ग़ुस्से में आ गईं। वह अपने पिता के घर गईं और यज्ञ के अग्निकुण्ड में कूदकर उन्होंने आत्मदाह कर लिया। कहते हैं कि दुखी शिव ने तब सती के जले हुए शरीर को अपने कंधे पर रखकर विनाशक रुद्र तांडव करना शुरू कर दिया। तांडव शिव का नृत्य है और इसके बहुत से रूप हैं। यह निर्माण, संरक्षण और विनाश का नृत्य है। एक तो शिव का दुःख और ऊपर से उनका क्रोध, इसकी वजह से वे इतना तन्मय होकर नृत्य करने लगे कि संसार के विनाश का ख़तरा उपस्थित हो गया। चिंतित होकर देवतागण इसके समाधान के लिए विष्णु के पास गए। तब विष्णु ने सुदर्शन चक्र का इस्तेमाल किया और सती के शरीर के कई टुकड़े कर दिए।

शिव का नृत्य इतना उग्र था कि सती के शरीर के टुकड़े धरती पर उत्तर से दक्षिण और पूर्व से पश्चिम चारों तरफ़ गिरे। जिन स्थानों पर सती के अंग गिरे, उन स्थानों को शक्ति पीठ के रूप में सम्मान दिया गया।

भागवत पुराण में 108 शक्तिपीठों के बारे में बताया गया है, जहाँ सती के अंगों के अवशेष गिरे थे। जब उनका अस्तित्व नहीं रहा, सबकुछ अस्त-व्यस्त लगने लगा, तो देवताओं एवं साधुओं ने देवी की पूजा की। प्रसन्न होकर देवी चकाचौंध के रूप में प्रकट हुई और यह वचन दिया कि वह शिव की पत्नी और हिमालय की बेटी के रूप में वापस लौटकर आएँगी।

धरती के कुछ हिस्सों से जुड़ी कहनियाँ हैं, जो सती के बिखरे अंगों एवं आभूषणों के गिरने के कारण पवित्र मानी गईं। इन स्थानों का संबंध विभिन्न नदियों के पवित्र भूगोल से तथा प्राचीन पवित्र स्थलों से है। वे देवी माँ का आह्वान पालन-पोषण करने वाली तथा उनके विनाशक पहलूओं के रूप में करते हैं तथा इस ब्रह्मांड के अस्तित्व के पीछे की दैवी शक्ति के रूप में भी।

(डी.के. प्रिंटवर्ल्ड, 2015)

60. डेविड आर. किंसले, *हिंदू गोडेसेज: विजन ऑफ डिवाइन फ़ेमिनिन इन द हिंदू रिलीजन ट्रेडिशन* (खंड12) *(हर्मेन्युटिक्स: स्टडीज़ इन द हिस्ट्री ऑफ रिलीजंस)* (प्रथम संस्करण), (कैलिफ़ोर्निया: यूनिवर्सिटी ऑफ कैलिफ़ोर्निया प्रेस, 1988)

> भारत में हज़ारों तीर्थ स्थल हैं, कुछ की प्रसिद्धि देश भर में है, कुछ की स्थानीय रूप से। इन महान तीर्थ चक्र में शामिल हैं सप्तपुरी; चार धाम; तथा देवी की पीठ, सभी का संबंध देवी के शरीर के किसी न किसी अंग से है। संपूर्ण भारत शरीर के ब्रह्मांड की तरह है।[61]

मिथ की अवस्थिति ऐतिहासिक काल में होती है। एक ही मिथक कथा जो मध्यकाल में पुराणों में आती है, पहले की कथा से भिन्न हो सकती है। देवी की पूजा से जुड़ी कहानियाँ समय और स्थान के हिसाब से बदलती रहती हैं। उनकी पूजा स्वतंत्र रूप से होती है तो शिव, विष्णु, ब्रह्मा आदि देवताओं के साथ भी होती है।

भारत में लोक कथाओं का विशेष स्थान है क्योंकि परम्परागत रूप से पीढ़ी दर पीढ़ी ज्ञान का संचार मौखिक रूप से होता रहा है। जैसा कि ललिता वरदराजन ने कहा है, 'लिपि के विकास के बाद भी ज्ञान के प्रसार के लिए लिखित के बजाय मौखिक रूप को प्रमुखता दी जाती रही।'[62] इसके अलावा, मौखिक एवं लिखित में आदान-प्रदान भी बहुत होता रहा है: '...मौखिक और लिखित का यह आदान-प्रदान भारतीय साहित्य संस्कृति की सबसे विशेष उपलब्धि है।'[63]

मार्कण्डेय पुराण (छठी शताब्दी की रचना) के *देवी महात्म्य* में वह मिथ है, जो पीठों से जुड़ा है। इस मीलस्तम्भ कृति के अनुसार, देवी पुरुष संगी से मुक्त रूप में हैं, चाहे श्रेष्ठ रूप में हों या हीन रूप में।

> क्योंकि *देवी महात्म्य* में माया विष्णु की समकालीन या अधीन नहीं है, जैसा कि अन्य कृतियों में दिखाया जाता रहा है, न ही प्रकृति पुरुष के द्वारा संतुलित या स्थगित मानी गई है, जिसके साथ प्रकृति को अक्सर जोड़कर दिखाया जाता रहा है। न ही शक्ति को पुरुष देवता शिव के साथ जोड़कर देखा जाता रहा है। देवी में इस तरह के गुण स्वयं में माने गए हैं, इस तरह से इनके द्वारा यथार्थ का निर्माण इस तरह से

---

61. जॉन स्ट्राइटन हॉवले एवं डोना मारी वुल्फ़, *देवी: डे गोडेसेज ऑफ इंडिया*, (नई दिल्ली: एलेफ़ बुक कंपनी, 2017).
62. लोटिका वरदराजन, 'ओरल टेस्टीमोनी ऐज हिस्टारिकल सोर्स मैटेरियल फॉर ट्रेडिशन एंड मॉडर्न इंडिया', *इकनॉमिक एंड पोलिटिकल विकली*, 1979.
63. शेल्डन पोलोक, *द लैंग्वेज ऑफ द गोड्स इन द वर्ल्ड ऑफ मेन: संस्कृत, कल्चर एंड पॉवर इन प्रीमॉडर्न इंडिया* (प्रथम संस्करण) (यूनिवर्सिटी ऑफ कैलिफ़ोर्निया प्रेस, 2009)

> किया जाता है, जो स्वतंत्र रूप से स्त्री के होते हैं।[64]

वास्तव में, उनको स्त्री के रूप में अपने क्षेत्र में समान रूप से प्रतिनिधित्व दिया गया है जैसे युद्ध के मैदान में; उदाहरण के लिए, दस महाविद्या एवं सात मातृका। *देवी महात्म्य* में शक्ति को 'एकल एवं सार्वभौम रूप में देखा गया है—जिस तरह से देवी को देखा जाता रहा है।'[65]

तीन शक्तिपीठ ऐसे हैं, जिनसे मेरा निजी रूप में जुड़ाव रहा है। ये हैं: नैनीताल का नैना देवी मंदिर, काँगड़ा, हिमाचल प्रदेश में ज्वालामुखी मंदिर; एवं गुवाहाटी असम में कामाख्या मंदिर। इन तीन मंदिरों में न केवल देवी के अलग-अलग पहलुओं का महत्व है बल्कि उनकी मेरे जीवन में गहरी मौजूदगी भी रही है। अन्य तमाम शक्ति पीठों की तरह ये तीन देवियाँ भी हिमालय में वास करती हैं, जो अपने आसपास को पवित्र बनाती हैं।

जब भी मैं नैनीताल जाती हूँ, तो मैं नैना देवी मंदिर ज़रूर जाती हूँ, जहां मैं तब से जा रही हूँ जब मैं बच्ची थी। मेरी माँ वहाँ पूजा करने के लिए जाती थीं, तो उनका पल्लू पकड़कर मैं भी चली जाती, वह हमारे इष्ट देवी थीं। नैना देवी की मूर्ति सुंदर नैनी झील की ओर देखती हुई है और वह रहस्यमय पाषाण देवी मंदिर के बहुत पास है, जिनके बारे में कहा जाता है कि वह हर साल देवी को समझाने जाती हैं।

कुमाऊँ के पहाड़ों में नैना देवी न केवल रोज़ की प्रार्थना का हिस्सा हैं बल्कि पूर्वजों की पूजा के स्थानीय अनुष्ठान 'जागर' का भी हिस्सा हैं। जागर एक स्थानीय त्योहार है, जिसको हर गाँव में अपने ही अन्दाज़ में मनाया जाता है, जिसमें शराब की बहुत अहमियत होती है और हो सकता है कि हम आज यह कहें कि यह देवी से जुड़े पैगन कर्मकांड का हिस्सा है। जागरिया देखते हुए इसका सेवन किया जाता है—जिसके बारे में यह माना जाता है कि वह स्थानीय देवी या देवता का माध्यम होते हैं और जो उसके शरीर में प्रवेश कर चुके होते हैं।

---

64. जॉन स्ट्राइटन हॉवले एवं डोना मारी वुल्फ़, *देवी: द गोडेसेज ऑफ इंडिया*, (नई दिल्ली: एलेफ़ बुक कंपनी, 2017).
65. वही

ज्वालामुखी मंदिर ज्वालामुखी यानी प्रकाश की देवी को समर्पित है, जिनको दाहक देवी भी कहा जाता है। वह अल्मोड़ा रोड पर पलियूँ गाँव के पांडे लोगों की कुल देवी भी हैं।

यह एक उग्र पीठ है और यहाँ तांत्रिक प्रभाव है, जो यहाँ के पूजा-पाठ में दिखाई देता है। ज्वाला देवी की पूजा देवी के रूप में नहीं की जाती है, बल्कि मंदिर की गुफाओं से निकलने वाली लपटों की पूजा की जाती है। इस मंदिर को विशाल हवनकुंड के लिए जाना जाता है, जहां शहद, घी, तिल आदि से देवी की पूजा की जाती है, जिनको वैसे भी हवन के लिए आवश्यक सामग्री के रूप में देखा जाता है।

कई सालों से रोज़ाना पूजा-पाठ करते रहने से मुझे देवी की शक्ति तथा शक्तिशाली माँ में विश्वास हो चला है, जिनको मैं अपने आसपास देखती रहती हूँ, विशेष रूप से अपनी माँ में, जो मुझे आदिम देवी का ही साकार रूप लगती हैं।

एक दिन कामाख्या सहज रूप से मेरे दिमाग में प्रवेश कर गईं, और देखते-देखते मैंने पाया कि मैं उनके मंदिर में थी। कामाख्या मंदिर की मेरी पिछली यात्रा यादगार थी। मुझे मेरी दोस्त माला बरुआ ने आमंत्रित किया था, जो मंदिर के ऊपर एक किताब लिख रही थीं, तथा चित्रों के माध्यम से मंदिर का विजुअल इतिहास भी सहेज रही थीं।

मंदिर को एक अन्य शक्तिशाली स्त्री की नज़र से देखने का अनुभव मेरे लिए बहुत अस्वाभाविक और ज्ञानवर्धक रहा। जब मैं संकरी अंधेरी सीढ़ियों को पार करते हुए, मंदिर के गर्भगृह में पहुँची, जहां पहाड़ की दरार ठंडे गहरे पानी में डूबकर महान देवी की योनि का चिन्ह बना रही थी। मैंने उस पवित्र जल में अपनी उँगलियों को डुबाया और उसको अपने माथे से लगाया, तो मुझे बहुत शांति महसूस हुई। वह उतना ही अंधेरा और रहस्यमय लग रहा था, जिस तरह से कामाख्या की ऊर्जा।

माला मुझे दस महाविद्या मंदिर दिखाने के लिए ले गई, जो कामाख्या मंदिर के आसपास ही था। हालाँकि मैं तारा के मंदिर में प्रवेश करने ही वाली थी कि मुझे फ़ोन आया और यह बताया गया कि मेरे पिता, जिनकी उम्र 89 साल थी, को दिल्ली के एक अस्पताल के आइसीयू में ले जाया गया था। मैं बहुत हैरान-परेशान हो गई, सत्रह महीने पहले ही फेफड़े के कैंसर से मेरी माँ का देहांत हुआ था। अब मेरे पिता को बहुत बड़ा ट्यूमर हो गया था, जिससे लगातार खून रिस रहा था। लेकिन मुझे अंदर से ऐसा लग रहा था कि

शक्तिशाली देवी मुझे बचा लेंगी। मेरे पिता को लोग तारा के नाम से भी जानते थे, और मैं सोच रही थी भला देवी उनको कैसे नहीं बचाएँगी।

देवी को लकर मेरी अपनी समझ, मेरी अपनी अंतरदृष्टि का परिणाम थी, और मेरे माता-पिता जिस तरह से उनकी पूजा करते थे, उससे यह श्रद्धा पैदा हुई थी। मेरे पिता शाक्त थे, मेरी माँ वैष्णव थीं, दोनों ही देवी माँ की शक्ति में बहुत यक़ीन रखते थे। बाद में मैं कला इतिहासकार के रूप में प्रशिक्षित हुई तथा अपनी पीएचडी शिव और शक्ति के अर्धनारीश्वर रूप को लेकर की। देवी के बारे में मैंने जो ज्ञान अर्जित किया वह अनेक स्त्रोतों से आया था: पुराणों से (देवी भागवत पुराण, शिव पुराण, स्कंद पुराण, कालिका पुराण, विष्णु पुराण, मत्स्य पुराण, आदि); स्थानीय स्त्रोतों से, शैव और शाक्तों के ग्रंथों से (आदि शंकराचार्य का शक्ति पीठम स्त्रोत महत्वपूर्ण है); तंत्र का अध्ययन तांत्रिक कृतियों के साथ (सबसे महत्वपूर्ण है *तंत्र चूड़ामणि*)।

मेरे जैसे आस्थावानों के लिए देवी की सत्ता में तार्किक तथा अतार्किक दोनों तरह के विश्वास बहुत सारी कहानियों एवं मिथकों से लिए गए हैं, यह भारत में श्रुति एवं स्मृति परम्परा से प्राप्त विशाल विरासत का प्रमाण है। शायद यही सनातन धर्म का सार है, इसी तरह से वह काम करता है।

महाविद्या महामाया महामेधा महास्मृति,
महामोहा च भवति महादेवी महासुरी।।
प्रकृतिस्त्वं च सर्वस्य गुणत्रयविभाविनी।
कालरात्रि महारात्रि मोहरात्रिस्च दारूणा।।

—देवी महात्म्य[66]

66. देवी महात्मय: श्री दुर्गा सप्तशती, https://www.anandamayi.org/ashram/Durga.pdf पर उपलब्ध।

आभार

समस्त ब्रह्मांड का आभार कि मुझे ज्ञान और शिक्षा से भरपूर इस किताब के संपादन की अनुमति उसने दी। मैं उन सभी लोगों की ऋणी हूँ जिनके शब्द इस किताब के पन्नों पर हैं। कृष्ण चोपड़ा एवं सोमक घोषाल का आभार जिन्होंने मुझे इस यात्रा की दिशा दी। शुक्रिया अमृता मुखर्जी, हमेशा की तरह आपके सब्र और सहयोग के लिए, शुक्रिया उदयन मित्रा और अनंत पद्मनाभन कि आप लोगों ने मेरे ऊपर यक़ीन किया और मुझे समर्थन दिया। बोनिता वाज़-शिमरे का आभार कि उन्होंने इस किताब के सार को समझा और उससे प्रेरित होकर कवर बनाया। सुखमन खेड़ा का आभार कि उन्होंने इस संकलन की शुरुआत करने में मेरी मदद की और किताब के पहले प्रारूप को देखा। अनिशा लालवानी का आभार कि उन्होंने शुरुआती संपादन किया और लगातार मेरी मदद की। तनिमा साहा का आभार कि उन्होंने बड़ी लगन से समस्त सामग्री को एक रूप दिया। बहुत सारे अन्य लोगों का आभार, इतने लोग हैं कि यहाँ सभी के नाम लिख पाना संभव नहीं है, हृदय से आभार।

लेखकों का परिचय

होली गेले तिब्बत में समकालीन बौद्ध साहित्य की विद्वान और अनुवादक हैं और वर्तमान में कोलोराडो बोल्डर विश्वविद्यालय के धार्मिक अध्ययन विभाग में एसोसिएट प्रोफेसर के पद पर कार्यरत हैं। इसके अलावा गेले ने *लव लेटर्स फ्रॉम गोलोक: ए तांत्रिक कपल इन मॉडर्न तिब्बत* (2016) के नाम से एक किताब लिखी है और *वॉयसेस फ्रॉम लारुंग गार: शेपिंग तिब्बती बौद्धिज्म फॉर द ट्वेंटी-फर्स्ट सेंचुरी* (2021) की संपादक हैं।

एंड्रयू क्विंटमैन तिब्बत और हिमालय में बौद्ध धर्म के विद्वान हैं, और वेस्लेयन विश्वविद्यालय में धर्म विभाग में एसोसिएट प्रोफेसर हैं। वह बौद्ध साहित्य और इतिहास, पवित्र भूगोल और तीर्थयात्रा, और हिमालय क्षेत्र की दृश्य संस्कृतियों से जुड़े विषयों पर लिखते, पढ़ाते हैं और व्याख्यान देते हैं। द *लाइफ ऑफ मिलारेपा* का उनका नया अंग्रेजी अनुवाद पेंगुइन क्लासिक्स द्वारा 2010 में प्रकाशित हुआ है।

वाल्टर येलिंग इवांस-वेंट्ज़ (1878-1965) एक अमेरिकी मानवविज्ञानी और लेखक थे। उन्होंने अपना पूरा जीवन तिब्बती बौद्ध धर्म के अध्ययन के लिए समर्पित कर दिया था। वाल्टर द *तिब्बतन बुक ऑफ द डेड* (1927) के अंग्रेज़ी अनुवाद के लिए प्रसिद्ध हैं। इसके अलावा उन्होंने, *तिब्बत'स ग्रेट योगी मिलारेपा* (1928), *तिब्बतन योग एंड सीक्रेट डॉक्ट्रिन* (1935) और द *तिब्बतन बुक ऑफ द ग्रेट लिबरेशन* (1954) का अनुवाद भी किया और परमहंस योगानंद की *ऑटोबायोग्राफी ऑफ ए योगी* (1946) की प्रस्तावना भी लिखी है।

रंजीत होसकोटे एक कवि, सांस्कृतिक सिद्धांतकार और क्यूरेटर हैं। उनके कविता संग्रह में *वैनिशिंग एक्ट्स: न्यू & सेलेक्टेड पोयम्स* 1985–2005 और *डाई अंकुनफ़्ट डेर वोगेल* शामिल हैं। उनकी कविताएँ *अक्ज़ेंटे, बुलेवार्ड मैजेंटा, फुलक्रम, ग्रीन इंटीजर रिव्यू, आयोवा रिव्यू, एनथपोज़िशन* और *वेस्पेनेस्ट* प्रकाशित हो चुकी हैं। होसकोटे इंटरनेशनल राइटिंग प्रोग्राम, यूनिवर्सिटी ऑफ आयोवा (1995) के फैलो रह चुके हैं, उसके अलावा उन्हें विला वाल्डबर्टा, म्यूनिख (2003) में राइटर-इन-रेजिडेंस की फ़ेलोशिप के साथ ही बीएके/बेसिस वूर एक्टुएल कुन्स्ट, यूट्रेक्ट (2010 और 2013) में शोध छात्र के रूप में रहने का मौक़ा मिल चुका है।

नवतेज सरना का हालिया प्रकाशित उपन्यास है, *क्रिमसन स्प्रिंग*। पूर्व-प्रकाशित उनके उपन्यासों में *द एक्साइल* और *वी वर नॉट लवर्स लाइक दैट,* शॉर्ट स्टोरी में *विंटर इवनिंग्स* और कथेतर की अन्य किताबें शामिल हैं। चार दशक तक पेशेवर राजनयिक रह चुके सरना अमेरिका में भारत के राजदूत, यूके में हाई कमिश्नर, इज़रायल में भारत के राजदूत और विदेश मंत्रालय में सचिव के पद पर कार्यरत रह चुके हैं।

पचास से ऊपर किताबों, सैकड़ों अकादमिक लेखन और हज़ारों की संख्या में अख़बारों/पीरियोडिकल लेखों के लेखक और संपादक **मकरंद आर. परांजपे** जवाहरलाल नेहरू विश्वविद्यालय में अंग्रेज़ी के प्रोफ़ेसर हैं। उन्होंने इंडियन इंस्टिट्यूट ऑफ एडवांस्ड स्टडी, शिमला के निदेशक पद पर भी अपनी सेवाएँ दी हैं। उनके हाल के प्रकाशनों में *स्वामी विवेकानंद: हिंदुइज्म एंड इंडियाज रोड टू मॉडरनिटी* (हार्परकॉलिन्स, इंडिया, 2020) शामिल है।

एलेक्जेंड्रा डेविड-नील (1868-1969) एक ओपेरा गायिका, एक बौद्ध विद्वान, एक विपुल लेखिका और अपने समय की अग्रणी महिला खोजकर्ताओं में से एक थीं। वह एकमात्र यूरोपीय महिला हैं, जिन्हें लामा के पद से सम्मानित किया गया था। उन्होंने कई किताबें लिखी हैं, जिनमें *माय जर्नी टू ल्हासा* (1924 में तिब्बती राजधानी का उनका यात्रावृत्तांत है, जब यह बाहरी लोगों के लिए बंद था।) और *इनिशियेशंस एंड इनिशियेट्स इन तिब्बत* प्रमुख हैं।

राजीव मेहरोत्रा चालीस वर्षों तक परम पूजनीय चौदहवें दलाई लामा के शिष्य रहे हैं। वह परम पूजनीय के फाउंडेशन फॉर यूनिवर्सल रेस्पोंसिबिलिटी के सचिव और ट्रस्टी के रूप में अपनी सेवा देते हैं। राजीव ने नौ किताबें लिखी हैं। एक स्वतंत्र डाक्यूमेंट्री फ़िल्म-निर्माता, कमिशनिंग एडिटर और निर्माता के रूप में मेहरोत्रा ने अब तक कुल बत्तीस राष्ट्रीय पुरस्कार जीते हैं। वह लोक सेवा प्रसारण ट्रस्ट के प्रबंध ट्रस्टी के रूप में भी कार्यरत हैं।

उन्होंने कई समितियों और बोर्डों में काम किया है और टेम्पलटन प्राइज फॉर रिलीज़न के जज भी रह चुके हैं।

परमहंस योगानंद (1893–1952) एक आध्यात्मिक गुरु थे और उन्होंने सेल्फ-रियलायज़ेशन फेलोशिप नामक एक संगठन की स्थापना की थी। एक स्कूल की स्थापना करने के बाद जहाँ छोटे लड़के समग्र शिक्षा प्राप्त कर सकें, वह 1920 में अमरीका चले गए। 1924 में उन्होंने देश भर में व्याख्यान देने के लिए अपनी यात्रा शुरू कर दी। 1925 में, उन्होंने लॉस एंजिल्स में सेल्फ-रियलायज़ेशन फेलोशिप के पहले केंद्र की स्थापना कि। बाद के वर्षों में, उन्होंने कई अन्य केंद्र भी शुरू किए। 1946 में, उन्होंने *ऑटोबायोग्राफ़ी ऑफ ए योगी* के नाम से अपनी आत्मकथा लिखी, जिसकी पाँच लाख प्रतियाँ बिक चुकी हैं और अब तक कई भाषाओं में अनुवाद भी हुआ है।

सुजाता प्रसाद एक लेखक, कला स्तंभकार, क्यूरेटर और विरासत संरक्षणवादी हैं। एक पूर्व प्रशासनिक अधिकारी रह चुकी सुजाता वर्तमान में नेशनल गैलरी ऑफ मॉडर्न आर्ट की सलाहकार हैं। इसके अलावा वह डिपार्टमेंट ऑफ साइंस एंड टेक्नलॉजीज साइंटिफिक एडवाइज़री कमिटी फॉर हेरिटेज रिसर्च के विशेषज्ञ के रूप में भी अपनी सेवाएँ देती हैं। वह इंस्टिट्यूट ऑफ ह्यूमन डेवलपमेंट की संचालन इकाई की सदस्य होने के साथ ही वर्ल्ड क्राफ़्ट कौंसिल की एशिया-पैसिफ़िक अध्याय का हिस्सा भी हैं। सुजाता ने कई किताबें लिखी हैं, उनकी हाल की प्रकाशित सबसे नई किताब जयप्रकाश नारायण की आत्मकथा है। वह नैशनल गैलरी ऑफ मॉडर्न आर्ट की नई पत्रिका, जर्नल ऑफ आर्ट एंड एस्थेटिक्स की संपादक हैं और इसके अलावा कई महत्वपूर्ण संग्रहालय प्रकाशनों के संपादन का कार्य भी देखती हैं।

एक मीडिया कर्मी के रूप में **रमोला बुटालिया** ने प्रिंट, विज़ुअल और डिजिटल तीनों ही तरह के मीडिया में काम किया है। वह इंडिया ट्रैवलॉग की

संपादक और सेव कुमाऊँ की सह-संस्थापक हैं। हिमालय के योगियों की परंपरा की शिक्षक और अभ्यासकर्ता के रूप में उन्हें श्रीजी का नाम दिया गया है। उन्होंने *इन दी प्रेजेंस ऑफ मास्टर्स* और *श्री बाबाजी इममॉर्टल योगी ऑफ दी हिमालय* नाम से दो किताबें लिखी हैं। ज्ञान और आनंद की उनकी खोज ने हिमालय के साथ निरंतर जुड़ाव को जन्म दिया, जहां वह एकांतप्रिय जीवन व्यतीत करती हैं।

मधु टंडन अल्मोड़ा से आगे, मिरतोला आश्रम में सात वर्षों तक रहीं, जहां प्रत्येक अनुभव को विकास के एक अवसर के रूप में देखा जाता था। वहाँ उन्होंने अपना जीवन, अपने सपनों के आधार पर जिया और जिससे उन्हें उनकी पहली किताब *फ़ेथ & फ़ायर: ए वे विदिन* लिखने की प्रेरणा मिली। इसके अलावा उन्होंने *ड्रीम्स & बियोंड: फाइंडिंग योर वे इन द डार्क, हेमिस: ए नॉवेल* और द *लॉजिक ऑफ़ ड्रीम्स* के नाम से तीन अन्य किताबें भी लिखी हैं। इन सबके अतिरिक्त मधु ने संकलन में अपनी लघु कथाओं का योगदान भी दिया है। उन्होंने अंतर्राष्ट्रीय सम्मेलनों में धार्मिक सपनों पर कई पेपर प्रस्तुत किए हैं और सपनों पर कार्यशालाएं आयोजित की हैं। वह और उनके पति, पक्षियों और मधुमक्खियों के साथ सात ताल की पहाड़ियों में रहते हैं।

रेने वॉन नेबेस्की-वोजकोविट्ज़ (1923-1959) एक प्रतिष्ठित ऑस्ट्रियाई मानवविज्ञानी थे, जिन्होंने हिमालयी लोगों की किंवदंतियों, रीति-रिवाजों और धार्मिक परंपराओं के अध्ययन के लिए तिब्बत और पड़ोसी पर्वतीय देशों की यात्रा की। *ओरेकल एंड डेमन्स ऑफ तिब्बत* (1956) नाम की उनकी किताब तिब्बती देवता पंथों का पहला विस्तृत अध्ययन थी।

देवयानी मुंगली स्वामी राम की पुत्री हैं और पिछले तीस से अधिक वर्षों से अध्यापन का काम कर रही हैं। वह संस्कृति ग्रुप ऑफ स्कूल्स, पुणे की संस्थापक हैं। उन्हें बच्चों में रचनात्मकता को विकसित करने का शौक़ है और कविताएँ लिखती हैं। उनकी कविताओं की हिन्दी में अब तक तीन और अंग्रेज़ी में एक किताब प्रकाशित हो चुकी हैं। देवयानी ने पेंटिंग की तंजौर और वरली शैलियाँ सीखी हैं और एक प्रशिक्षित भरतनाट्यम नर्तकी हैं।

भूषिता वशिष्ठ एक लेखक हैं और नेपाल में रहती हैं। वर्तमान में वह फुलब्राइट स्कॉलरशिप के तहत अमेरिका में एमएफए लेखन कार्यक्रम का

हिस्सा हैं।

सिद्धार्थ, मूलतः एक साइनबोर्ड पेंटर हैं, और उन्होंने चंडीगढ़ के कॉलेज ऑफ आर्ट से पेंटिंग में डिप्लोमा किया है। सिद्धार्थ ने विभिन्न उस्तादों से फ्रेस्को पेंटिंग, थांगका पेंटिंग तकनीकों, मधुबनी पेंटिंग और कश्मीर पेपियर माचे का प्रशिक्षण लिया है। उन्होंने राष्ट्रीय और अंतरराष्ट्रीय दोनों ही स्तरों पर कई सोलो कार्यक्रमों का आयोजन किया है और सामूहिक कार्यक्रमों में भी हिस्सा लिया है। उनके कामों को भारत एवं अन्य देशों के संग्रहालयों द्वारा अधिग्रहित और प्रदर्शित किया गया है। उन्होंने कई पुरस्कार भी जीते हैं। एक लेखक, डॉक्युमेंट्री फ़िल्म-निर्माता, मूर्तिकार और चित्रकार सिद्धार्थ एक बहुमुखी प्रतिभा संपन्न कलाकार हैं।

त्सेरिंग डोंड्रूप का जन्म 1961 में किंघई, चीन में हुआ था। उन्होंने 1980 के दशक की शुरुआत में लिखना शुरू किया और अब तक उनके लघु कथा साहित्य के कई संग्रह और चार उपन्यास प्रकाशित हो चुके हैं। उनके लेखन का कई भाषाओं में अनुवाद हो चुका है। इसके अलावा त्सेरिंग को तिब्बती, मंगोलियाई और चीन में राष्ट्रीय स्तर के कई साहित्यक पुरस्कारों से सम्मानित किया जा चुका है।

डॉ. जोनो लिनिन ऑस्ट्रेलिया के राष्ट्रीय संग्रहालय में क्यूरेटर हैं, जहां वह देश की सबसे बड़ी सामाजिक इतिहास परियोजना, डिफाइनिंग मोमेंट्स इन ऑस्ट्रेलियन हिस्ट्री का प्रबंधन करते हैं। उनका शोध कहानी कहने, चलने और रचनात्मकता के बीच संबंधों पर केंद्रित है। एक युवा के रूप में उन्होंने अपने जीवन के लगभग बीस साल जंगलों में घूमने वाला, स्की रेसर, बेकर, फिशर, माउंटेन गाइड, मानवीय राहत कार्यकर्ता और लेखक के रूप में काम करते हुए बिताये हैं और दुनियाभर के देशों की यात्रा की है। उनके द्वारा लिखित किताबों में *रिवर ट्रायोलॉजी, इंटू द हार्ट ऑफ द हिमालयाज़, परफ़ेक्ट मोशन* और *सर्चिंग फॉर द ब्रीद* शामिल है।

त्शेरिंग ताशी भूटान में स्थित एक लेखक हैं। उन्होंने कई किताबें लिखी हैं और नियमित रूप से भूटान के राष्ट्रीय समाचार पत्र में लेख लिखते हैं। वह भूटान इकोज़, ड्रुक्युल के साहित्य महोत्सव के निदेशकों में से एक हैं।

बिजोया स्वैन एक लेखक एवं अनुवादक हैं और मेघालय से संबंध रखती हैं। खासी से अंग्रेजी में स्वदेशी संस्कृति के उनके अत्यधिक प्रशंसित अनुवाद विवेकानंद केंद्र इंस्टीट्यूट ऑफ कल्चर गुवाहाटी द्वारा प्रकाशित किए गए हैं। सावियन ने *शैडो मैन: ए नॉवल एंड टू स्टोरीज़* (टैगोर साहित्यिक पुरस्कार 2020 के लिए नामित) और *ए फ़ैमिली सीक्रेट एंड अदर स्टोरीज* नाम से किताबें लिखी हैं।

डॉ. अलका पांडे एक कला इतिहासकार, क्यूरेटर, कला प्रबंधक, विपुल लेखिका और भारत और विदेशों में कई प्रतिष्ठित और अत्यधिक प्रतिष्ठित पुरस्कारों की विजेता हैं। उनकी रुचि जेंडर अध्ययन, पहचान, लैंगिकता और पारंपरिक कला एवं विरासत जैसे क्षेत्रों में है। वह तीन दशकों से अधिक समय से दृश्य कला की दुनिया से उत्साहपूर्वक जुड़ी हुई हैं। वह नई दिल्ली में इंडिया हैबिटैट सेंटर में विजुअल आर्ट्स गैलरी की कला सलाहकार और क्यूरेटर के रूप में अपनी सेवाएँ देती हैं।

कॉपीराइट आभार

होली गेली का 'द लिविंग प्रेजेंस'

पहली बार *बुद्धधर्म* (विंटर, 2007) में प्रकाशित हुआ था। अनुमति के साथ पुनर्प्रस्तुत।

एंड्रयू क्विंटमैन का 'मिलरेपा'

पहली बार 'द ट्रेज़री ऑफ लाइव्स' में प्रकाशित हुआ था, https://treasuryoflives.org/biographies/view/Milarepa/3178. अनुमति के बाद पुनर्प्रस्तुति।

रंजीत होसकोटे का 'लल द्यद'

आई, लल्ला: द पोयम्स ऑफ लल द्यद, अनुवाद, रंजीत होसकोटे (गुरुग्राम, PRH इंडिया), 2013 (पुनर्मुद्रित संस्करण) से अनुमति के बाद पुनर्प्रकाशित।

स्वामी राम का 'द सेज फ्रॉम द वैली ऑफ फ्लावर्स'

स्वामी राम की किताब *लिविंग विद द हिमालयन मास्टर्स* से अनुमति के बाद पुनर्प्रकाशित। कॉपीराइट 1978, 1999 हिमालयन इंटरनेशनल इंस्टीट्यूट ऑफ योगा साइंस एंड फ़िलोसॉफ़ी ऑफ द यूएसए। सर्वाधिकार सुरक्षित।

राजीव मेहरोत्रा का 'रिइंकारनेशन'

ऑल यू एवर वांटेड टू नो फ्रॉम हिज होलिनेस द दलाई लामा ऑन हैपीनेस, लाइफ़ लिविंग एंड मच मोर (न्यू दिल्ली: हे हाउस), 2009.

त्सेरिंग डोंडूप का 'द हैंडसम मंक'

द हैंडसम मंक (न्यू यॉर्क: कोलंबिया यूनिवर्सिटी प्रेस), 2019 से अनुमति के

बाद पुनर्प्रस्तुत।

जोनो लिनीन का 'इंटू द हार्ट ऑफ हिमालयाज़'

जोनो लिनीन का *इंटू द हार्ट ऑफ हिमालयाज़* (नई दिल्ली: स्पीकिंग टाइगर बुक्स) तथा पॉटर्सफ़ील्ड प्रेस (कनाडा), 2020 से अनुमति के बाद पुनर्प्रस्तुत।

एलेक्जेंडर डेविड नील का 'मैजिक एंड मिस्ट्री इन तिब्बत'

एलेक्जेंडर डेविड नील के *मैजिक एंड मिस्ट्री इन तिब्बत* (न्यू यॉर्क: क्लाउड कैंडल), 1932 का अंश।

परमहंस योगानंद का 'माई इंटरेप्टेड फ़्लाइट टुवर्ड द हिमालयाज़'

परमहंस योगानंद की किताब *ऑटोबायोग्राफी ऑफ ए योगी* 1946 का अंश।

रेने वॉन नेबेस्की-वोकोविज़ का 'व्हेयर द गॉड्स आर माउंटेंस'

व्हेयर द गॉड्स आर माउंटेंस: थ्री ईयर्स अमंग द पीपल ऑफ द हिमालयाज़, अनुवाद माइकल बुल्लॉक, (न्यू यॉर्क: रेनल एंड कंपनी), 1957 से अंश।

डब्ल्यू.वाई. इवान वेंट्ज़ का 'तिब्बत'स ग्रेट योगी मिलारेपा'

डब्ल्यू.वाई. इवान वेंट्ज़ के *तिब्बत'स ग्रेट योगी मिलारेपा* (काठमांडू: पिलग्रिम्स पब्लिशिंग), 1928 से अंश।

संपादक परिचय

नमिता गोखले इक्कीस किताबों की लेखिका हैं। इन इक्कीस किताबों में, उनके ग्यारह उपन्यास हैं और अनेक संकलनों का संपादन शामिल हैं। उनके पहले उपन्यास, *पारो: ड्रीम्स ऑफ पैशन* का प्रकाशन 1984 में हुआ था, जो बेहद चर्चित हुआ। हाल की उनकी कृतियों में द *ब्लाइंड मैट्रिआर्क, जयपुर जर्नल* और *बेट्रेयड बाय होप* शामिल हैं।

नमिता जयपुर लिट्रेचर फेस्टिवल की सह-संस्थापक एवं सह-निदेशक भी हैं।

नमिता गोखले अपने लेखन और बहुभाषी भारतीय साहित्य और अंतर-सांस्कृतिक साहित्यिक संवाद के प्रति अपनी प्रतिबद्धता के लिए प्रख्यात हैं। उनको 2021 में साहित्य अकादमी (राष्ट्रीय पत्र अकादमी) पुरस्कार मिला, और 2017 में उन्हें साहित्य के लिए प्रतिष्ठित प्रथम शताब्दी राष्ट्रीय पुरस्कार से सम्मानित किया गया।

अनुवादक परिचय

प्रभात रंजन लेखक, अनुवादक तथा जानकीपुल.कॉम के मॉडरेटर।